böhlau

STADT UND GESELLSCHAFT
Studien zur Rheinischen Landesgeschichte

Herausgegeben vom
LVR-Institut für Landeskunde und Regionalgeschichte
Redaktion Helmut Rönz, Wolfgang Rosen und Keywan Klaus Münster

Band 12

Die „Bonner Republik" in Zeitzeugengesprächen

Geschichte und Erinnerung aus regionaler Perspektive

Herausgegeben von Alexander Olenik, Helmut Rönz,
Keywan Klaus Münster

in Verbindung mit Lara Giovanna Bettin, Benjamin Burtz, Kira
Gatzemeier, René Schulz, Hanna Wagner, Mara Weber, Dana Werner

Böhlau Verlag Wien Köln

Gedruckt mit Unterstützung des Landschaftsverbands Rheinland.

Eine gemeinsame Publikation des LVR-Instituts für Landeskunde und Regionalgeschichte und des Stadtarchivs und Stadthistorischen Bibliothek Bonn

Bibliografische Information der Deutschen Nationalbibliothek:
Die Deutsche Nationalbibliothek verzeichnet diese Publikation in der
Deutschen Nationalbibliografie; detaillierte bibliografische Daten sind
im Internet über https://dnb.de abrufbar.

© 2024 Böhlau, Lindenstraße 14, D-50674 Köln, ein Imprint der Brill-Gruppe
(Koninklijke Brill BV, Leiden, Niederlande; Brill USA Inc., Boston MA, USA; Brill Asia Pte Ltd,
Singapore; Brill Deutschland GmbH, Paderborn, Deutschland; Brill Österreich GmbH, Wien, Österreich)
Koninklijke Brill BV umfasst die Imprints Brill, Brill Nijhoff, Brill Schöningh, Brill Fink, Brill mentis,
Brill Wageningen Academic, Vandenhoeck & Ruprecht, Böhlau und V&R unipress
Alle Rechte vorbehalten. Das Werk und seine Teile sind urheberrechtlich geschützt.
Jede Verwertung in anderen als den gesetzlich zugelassenen Fällen bedarf
der vorherigen schriftlichen Einwilligung des Verlages.

Umschlagabbildung: Rathaus und Marktplatz vor und während der Abstimmung zur Bonn-Berlin-
Entscheidung, Pressekonferenz mit Oberbürgermeister Daniels, Ausschnitt aus der Negativrolle,
Foto: Friedhelm Schulz, 20.6.1991 (StA Bonn, Bildarchiv, Nr. 4536).

Herausgeber: Alexander Olenik, Helmut Rönz, Keywan Klaus Münster
Redaktion: Benjamin Burtz, Lisa Kröger, Maximilian Lange, Lea Raith, Anna-Maria Ramm,
Stefan Rubel, Louise Seven
Bildredaktion: Benjamin Burtz
Register: Lisa Kröger, Lea Raith, Jan-Luis Wolter
Satz: SchwabScantechnik, Göttingen
Druck und Bindung: ⊕ Hubert & Co, Ergolding
Printed in the EU

Vandenhoeck & Ruprecht Verlage | www.vandenhoeck-ruprecht-verlage.com

ISBN 978-3-412-52796-9

Inhalt

Die „Bonner Republik" in Zeitzeugengesprächen. Geschichte und Erinnerung
aus regionaler Perspektive: Eine Einführung 9
Alexander Olenik, Keywan Klaus Münster, Helmut Rönz, Henning Türk

Bundesebene 23

Interview mit Monika Faßbender
    Eine distanzierte Binnensicht auf den politischen Liberalismus der
    Genscherzeit: Monika Faßbender 25
    Dokumentiertes Gespräch mit Monika Faßbender vom 22. März 2022 28
Mara Weber

Interview mit Christa Nickels
    Christa Nickels, DIE GRÜNEN und die „Bonner Republik" 39
    Dokumentiertes Gespräch mit Christa Nickels vom 4. März 2022 42
Dana Werner

Interview mit Christian Patermann
    Christian Patermann: Zwischen Politik und Wissenschaft, Bonn und der Welt 57
    Dokumentiertes Gespräch mit Christian Patermann vom 3. Juni 2022 61
René Schulz

Interview mit Hermann Schäfer
    Hermann Schäfer: Geschichte für ein vereintes Deutschland 77
    Dokumentiertes Gespräch mit Hermann Schäfer vom 11. April 2022 80
Mara Weber

Interview mit Monika Wulf-Mathies
    Monika Wulf-Mathies und „der Ort, an dem alle wichtigen politischen
    Entscheidungen fielen" 99
    Dokumentiertes Gespräch mit Monika Wulf-Mathies vom 20. April 2022 ... 103
Dana Werner

Kommunale Akteure ... 113

Interview mit Rolf Beu
Kommunalpolitik in der Bundeshauptstadt: Rolf Beu und DIE GRÜNEN
in Bonn ... 115
Dokumentiertes Gespräch mit Rolf Beu vom 5. Mai 2022 ... 118
Hanna Wagner

Interview mit Jürgen Endemann
Jürgen Endemann über den Lebensraum Bonn: Die Hauptstadt als Metapher
des Unkomplizierten ... 127
Dokumentiertes Gespräch mit Jürgen Endemann vom 28. Juni 2021 ... 129
Lara Giovanna Bettin

Interview mit Monika Hörig
Eine Stadt stellt sich neu auf: Monika Hörig und das Presseamt
der Stadt Bonn ... 137
Dokumentiertes Gespräch mit Monika Hörig vom 29. Juni 2022 ... 140
Benjamin Burtz

Grenzgänger zwischen Bund und Kommune ... 153

Interview mit Johanna Bittner-Kelber
Johanna Bittner-Kelber und die persönlichen Folgen des Bonn-Berlin-
Gesetzes ... 155
Dokumentiertes Gespräch mit Johanna Bittner-Kelber vom 4. April 2022 ... 158
Kira Gatzemeier

Interview mit Stephan Eisel
Stephan Eisel oder die Nahaufnahme zweier Bonns ... 171
Dokumentiertes Gespräch mit Stephan Eisel vom 21. Juni 2021 ... 174
Dana Werner und Benjamin Burtz

Interview mit Rolf Kampmann
Kommune trifft auf Bundespolitik: Rolf Kampmanns Perspektive ... 187
Dokumentiertes Gespräch mit Rolf Kampmann vom 14. Juni 2021 ... 189
Kira Gatzemeier

Beobachter ... 199

Interview mit Konrad Paul Karl Adenauer
Ein Leben mit der „Bonner Republik": Konrad Paul Karl Adenauer ... 201
Dokumentiertes Gespräch mit Konrad Paul Karl Adenauer vom 5. Juli 2021   204
Hanna Wagner

Interview mit Günter Bannas
Günter Bannas: Zeichner des Politischen zwischen Bonn und Berlin ... 213
Dokumentiertes Gespräch mit Günter Bannas vom 23. Februar 2022 ... 216
René Schulz

Interview mit Heli Ihlefeld
Eine Pionierin des Journalismus in der „Bonner Republik": Heli Ihlefeld ... 229
Dokumentiertes Gespräch mit Heli Ihlefeld vom 7. Juni 2021 ... 231
Mara Weber

Interview mit Jürgen Rausch
Jürgen Rausch und das Bundesbüdchen: Ein persönliches Denkmal der „Bonner Republik" ... 241
Dokumentiertes Gespräch mit Jürgen Rausch vom 21. Februar 2022 ... 244
Lara Giovanna Bettin

Abbildungsnachweis ... 251

Register ... 253
Ortsregister ... 253
Personenregister ... 258

Die „Bonner Republik" in Zeitzeugengesprächen
Geschichte und Erinnerung aus regionaler Perspektive: Eine Einführung

Alexander Olenik, Keywan Klaus Münster, Helmut Rönz, Henning Türk

Der 20. Juni 1991 war für Bonn und die Region ein besonderer Tag: Der Bundestag debattierte in seinem Ausweichquartier, im Pumpenhaus des Alten Wasserwerks, über die Zukunft der Hauptstadt. Es ging um die Frage, wo Parlament und Regierung des wiedervereinigten Deutschlands künftig tagen werden. Mehr als 100 Rednerinnen und Redner ergriffen das Wort. Über eine Großleinwand verfolgten mehrere tausend Menschen vom Bonner Marktplatz die Live-Übertragung. Momentaufnahmen dieses denkwürdigen Ereignisses finden sich auf dem Buchcover.

Die Bonn-Berlin-Debatte begleiteten leidenschaftliche Diskussionen, die nicht selten von hochemotionalen Assoziationen und Bildern beider Städte geprägt waren – teilweise bis heute. Wolfgang Thierses Mahnung von damals gilt auch für die historische Betrachtung: „Die Wirklichkeit beider Städte [...] widerspricht solchen Versuchen, die allzuleicht zu Karikaturen geraten. Beide Städte sind in jedem Falle grauer oder vor allem bunter als ihre Verzeichnungen."[1]

Wahrnehmungen und Zuschreibungen sind Inhalt des vorliegenden Bandes. Die hier versammelten Interviews gehen zurück auf eine Übung aus dem Sommersemester 2021 an der Rheinischen Friedrich-Wilhelms-Universität Bonn. Das Ergebnis ist somit auch der Mitwirkung engagierter Studentinnen und Studenten zu verdanken.

In der von den Herausgebern durchgeführten Veranstaltung besprachen Studentinnen und Studenten mit 15 Interviewgästen wesentliche Ereignisse und Entwicklungen sowie Brüche im Werden und Verstetigen der als Provisorium angelegten Bundeshauptstadt am Rhein. Ein wichtiger Fokus lag auf den alltagskulturellen, mentalen und räumlichen Auswirkungen auf die ehemalige Hauptstadtregion sowie deren Wahrnehmung und Rezeption. Die Interviews boten Raum für die Schilderung des subjektiven Erlebens und der persönlichen Interpretation des Hauptstadtgeschehens. Ebenso wurde die Erinnerung an politische Einschnitte und Großereignisse, die politische Geografie der Stadt und die Verschränkung von Stadt- und Hauptstadtgeschehen diskutiert. Dabei wurde auch die Bedeutung des Ortes in den Mittelpunkt gerückt.

Geschichte lässt sich nur am Schnittpunkt von Zeit und Raum begreifen. Der von Günter Gaus (1924–2004) einmal als aufklärerisch bezeichnete „Eigensinn von

---

1 Rede von Wolfgang Thierse vor dem Bundestag, 20.6.1991, abgerufen unter: https://webarchiv.bundestag.de/cgi/show.php?fileToLoad=758&id=1082 (abgerufen am 8.10.2023).

Erinnerungen"² wird doch maßgeblich von beiden Faktoren bestimmt. Den Ort des Geschehens mitsamt dazugehörigen Deutungen und Interpretationen transportiert die alte Bundesrepublik schon im Namen: „Bonner Republik".

I. Bonn und die „Bonner Republik"

Orte stehen für Inhalte. Die Stadt Bonn und die sie umschließende Region fungierten nicht nur als passiver Schauplatz der Bundespolitik, sie entfalteten auch eine eigene kulturelle und räumliche Prägekraft. Die Langlebigkeit des Provisoriums respektive die mit ihm assoziierte Ortswahl führten rasch zur Bedeutungsgleichheit von „Bonn" und Bundesrepublik.³ Mit der „Bonner Republik" wird zugleich die Idee eines liberalen, in der westlich-demokratischen Staatenwelt verorten Verfassungsstaats assoziiert – eine Bedeutungszuschreibung, die in der Geschichte nicht immer unumstritten war.⁴ Der Begriff „Bonner Republik" wirkt heute jedoch weniger politisiert als in den vergangenen Jahrzehnten.⁵ Sein Ursprung liegt in der Beschäftigung mit der Vergangenheit der deutschen Demokratie.

In Abgrenzung zu der weitläufig als „gescheitert" betrachteten ersten demokratischen Republik von Weimar erhielt der Begriff in den 1950er Jahren seine Prägung. Am langlebigsten wirkte hier wohl die Einschätzung des Schweizer Journalisten Fritz René Allemann (1910–1996) fort: „Bonn ist nicht Weimar".⁶ „Weimar" und „Bonn" sind seitdem zu Gegensatzpaaren geworden. Für Allemann kennzeichnete die junge Bundesrepublik die Andersartigkeit zur ersten deutschen Republik von 1918/19. Denn „selbst dort, wo sich ähnliche Aufgaben stellen wie in den Jahren nach der Umwälzung von 1918, sind die Umstände, unter denen sie angepackt werden müssen, und die Voraussetzungen ihrer Lösung grundverschieden"⁷. Es lasteten nicht die Hypotheken der Weimarer Republik auf der jungen Bundesrepublik, sondern die fehlende nationale Einheit schwebe wie ein Damoklesschwert über dem Weststaat. Trotz dieses wichtigen Makels verkörperte „Bonn" in Allemanns Augen ein stabiles Provisorium, das den Bedürfnissen der Bevölkerung Rechnung trage – fernab der heute zurecht hinterfragten andauernden Krisenhaftigkeit

---

2 Gaus, Günter, Widersprüche: Erinnerungen eines linken Konservativen, München 2004.
3 Vgl. Geppert, Dominik, Geschichte der Bundesrepublik Deutschland, München 2021, S. 12.
4 Siehe Hacke, Jens, Die Bundesrepublik als Idee. Zur Legitimationsbedürftigkeit politischer Ordnung, Hamburg 2009.
5 Zum Prozess der Entpolitisierung in der öffentlichen Nutzung vgl. Schildt, Axel, „Berliner Republik" – harmlose Bezeichnung oder ideologischer Kampfbegriff? Zur deutschen Diskursgeschichte seit 1990, in: Bachem-Rehm, Michaela/Hiepel, Claudia/Türk, Henning (Hgg.), Teilungen überwinden. Europäische und Internationale Geschichte im 19. und 20. Jahrhundert. Festschrift für Wilfried Loth, München 2014, S. 21–32.
6 So der Titel seiner Publikation. Vgl. Allemann, Fritz René, Bonn ist nicht Weimar, Köln/Berlin 1956.
7 Ebd., S. 411.

der Weimarer Republik.[8] Seine Thesen waren Spiegel seiner Zeit. In der politischen Kultur der „Bonner Republik" förderte der Vergleich mit der demokratischen Vorgängerin fortan die eigene Legitimität und wurde zum vielgebrauchten Argument.[9]

In den 1990er Jahren bekam der Begriff einen jüngeren Konkurrenten:[10] die „Berliner Republik". Anfangs benutzte vor allem die rot-grüne Bundesregierung von Bundeskanzler Gerhard Schröder und Außenminister Joschka Fischer das Wortpaar, um die Neuartigkeit ihres Regierungsvorhabens zu beschreiben. Aber auch im Sprachschatz der Berliner CDU war es zu finden.[11] Aktive und ehemalige SPD-Bundestagsabgeordnete gaben 1999 ein Magazin mit der Überschrift „Berliner Republik" heraus, das sich in seiner ersten Ausgabe die neue Hauptstadt programmatisch aneignete.[12] Als „Regierung des Übergangs"[13] inszenierte Rot-Grün eine neue Geisteshaltung, die sich von der Regierung Helmut Kohls (1930–2017) in Bonn abgrenzte.[14] Sie widersprach somit dem Versprechen des Vorgängers, welches vom Altbundeskanzler in der Bundestagsdebatte zum Tagesordnungspunkt „50 Jahre Demokratie – Dank an Bonn" am 1. Juli 1999 unter dem Applaus einer großen Mehrheit der Abgeordneten abgegeben worden war. Kohl adressierte jene, „die heute in einer dümmlichen Weise von ‚Bonner Republik' reden":

„Bewußt oder unbewußt erwecken sie damit den Eindruck, als sei der Staat des Grundgesetzes eine abgeschlossene Episode, sozusagen eine Art kurzer historischer Ausnahmezustand, der jetzt zu Ende geht. Diese Sicht ist falsch. Wir gehen nach Berlin, aber nicht in eine neue Republik. (Beifall bei der

---

8 Vgl. etwa Raithel, Thomas, Noch immer ein Schreckbild? Das heutige Deutschland und die Weimarer Republik, in: VfZ 66 (2018), S. 299–308; Föllmer, Moritz/Graf, Rüdiger/Leo, Per, Einleitung. Die Kultur der Krise in der Weimarer Republik, in: Föllmer, Moritz/ Graf, Rüdiger (Hgg.), Die „Krise" der Weimarer Republik. Zur Kritik eines Deutungsmusters, Frankfurt a. M./New York 2005, S. 9–41.
9 Ullrich, Sebastian, Der Weimar-Komplex. Das Scheitern der ersten deutschen Demokratie und die politische Kultur der frühen Bundesrepublik 1945–1959 (Hamburger Beiträge zur Sozial- und Zeitgeschichte, Bd. 45), Göttingen 2009, S. 413–420.
10 Eine ältere Konkurrentin für „Bonn" mag in der Adenauer-Zeit „Rhöndorf", der Wohnsitz des ersten Bundeskanzlers, gewesen sein. Vgl. Franz, Corinna, Gehört Rhöndorf zu Bonn?, in: Mayer, Tilman/Schulze Heuling, Dagmar (Hgg.), Über Bonn hinaus. Die ehemalige Bundeshauptstadt und ihre Rolle in der deutschen Geschichte, Baden-Baden 2017, S. 93–116, hier S. 93.
11 Beispielsweise genutzt vom Regierenden Bürgermeister Eberhard Diepgen in Parlamentsdebatten. Vgl. Parlamentsdokumentation des Abgeordnetenhauses von Berlin, Plenarprotokoll 13/43, S. 3304D–3331B, 26.3.1998.
12 Siehe z.B. Bartels, Hans-Peter, Unsere Berliner Republik. Zur Aneignung einer schillernden Metapher, in: Berliner Republik. Das Debattenmagazin 1/1999, abgerufen unter: http://www.b-republik.de/archiv/unsere-berliner-republik (abgerufen am 23.6.2022); und Bude, Heinz, Was ist die Generation Berlin? Gesucht wird eine Haltung jenseits von Formschwäche und Identitätswahn, in: ebd., abgerufen unter: http://www.b-republik.de/archiv/was-ist-die-generation-berlin (abgerufen am 23.6.2022). Zum Trend im Allgemeinen Becker, Manuel, Geschichtspolitik in der „Berliner Republik". Konzeptionen und Kontroversen, Wiesbaden 2013, S. 18 f.
13 Wolfrum, Edgar, Rot-Grün an der Macht. Deutschland 1998–2005, München 2013, S. 25.
14 Ders., Der Aufsteiger. Eine Geschichte Deutschlands von 1990 bis heute, Stuttgart 2020, S. 40.

CDU/CSU, der SPD, dem BÜNDNIS 90/DIE GRÜNEN und der F.D.P.) Schon deshalb sollten wir darauf verzichten, von „Berliner Republik" zu reden."[15]

Mit wachsendem zeitlichen Abstand ist die programmatische Verve hinter den Begriffen erlahmt.[16] Gleichwohl wurden in der Bundeshauptstadt Berlin neue bzw. neualte Symbole wie Kanzleramt oder Reichstag geschaffen.[17] Im Ausland wurde der Umzug nüchtern bis positiv aufgenommen.[18] Wissenschaftlich kann der Begriff „Berliner Republik" sowohl zeitlich als auch qualitativ genutzt werden. Die Datierung des Übergangs ist hierbei ein fluider Zeitraum zwischen Mauerfall 1989 und Regierungssitzwechsel 1999. Eine inhaltliche Trennung zwischen den beiden Phasen bundesrepublikanischer Geschichte bietet sich an, zumindest, wenn man staatsrechtliche Aspekte außer Acht lässt. Verwiesen sei auf den Wandel des Parteiensystems, der politischen Kommunikation und Geschichtspolitik sowie die neue geostrategische Lage und die damit verbundene Erwartungshaltung unserer Partner.[19]

Ein kanonisierter Gegensatz ist aus „Bonn" und „Berlin" letztlich wohl nicht geworden – dies bestätigen auch die Interviewpartnerinnen und -partner im vorliegenden Band. Nach über dreißig Jahren deutscher Hauptstadt an der Spree hat sich „Bonn" zu keinem (de-)legitimierenden Argument für die neue Titelträgerin entwickelt. In kritischen Debatten über den Zustand der aktuellen Tagespolitik dominiert weiterhin die Warnung vor dem Eintreten „Weimarer Verhältnisse" oder der Hinweis auf die schnelllebige und unpersönlichere Andersartigkeit des Berliner Politikbetriebs.[20] Alternativ wird der Vergleich mit der gegenwärtigen Situation in anderen Staaten gesucht; am liebsten in einer gewissen Selbstüberschätzung Deutschlands mit den Vereinigten Staaten.

---

15 Plenarprotokoll 14/50, S. 4326 (C), abgerufen unter https://dserver.bundestag.de/btp/14/14050.pdf (abgerufen am 28.6.2022).
16 Siehe die Nüchternheit bei populärwissenschaftlichen Erzeugnissen, z. B. Kurbjuweit, Dirk, Erste Provinz des Landes, in: DER SPIEGEL GESCHICHTE, Jg. 2012, Nr. 5, S. 130–136.
17 Ogiermann, Jan Martin, Der Reichstag. Vom Parlament des Kaiserreichs zum Symbol der Berliner Republik, Berlin 2017.
18 So waren kritische Stimmen aus der französischen Politik und Öffentlichkeit über Berlin eine Ausnahme. Der Eindruck der Kontinuität deutscher Politik überwog. In Großbritannien löste der Hauptstadtumzug auch keine Bedenken mehr aus, wie sie noch während der Wendejahre erhoben worden waren. Vgl. zu Frankreich Marx, Jean-Samuel, Neues Deutschland – neues Deutschlandbild? Selbstdarstellung und Rezeption der Berliner Republik in Frankreich seit 1990 (Sammlung Schöningh zur Geschichte und Gegenwart), Paderborn 2019, S. 202–214. Zu Großbritannien siehe The Economist vom 4.2.1999, abgerufen unter: https://www.economist.com/special-report/1999/02/04/the-berlin-republic (abgerufen am 6.7.2022).
19 Becker, Geschichtspolitik, S. 23–29.
20 Illustre Beispiele aus der jüngeren Vergangenheit finden sich bei Ullrich, Der Weimar-Komplex, S. 9–14.

II. Die Historisierung der „Bonner Republik"

Für die Historisierung der alten Bundesrepublik in ihrer Gesamtheit sind die Voraussetzungen heute besser denn je. Der Fachwelt steht mit der Aufhebung entsprechender Sperrfristen für die späten 1980er Jahre nun auch das komplette archivalische Reservoir zu Verfügung.[21] Die historische Forschung zum westdeutschen Teilstaat hat ihre gegenwartspolitische Bedeutung ein Stück weit eingebüßt. Gesamtstaatliche Phasen der deutschen Nationalgeschichte – Kaiserreich, Weimarer Republik, aber auch das wiedervereinigte Deutschland – haben Konjunktur.[22] Die alte Bundesrepublik wurde und wird (noch) vor allem entlang ihrer Institutionen erforscht – zum Teil in Verflechtung mit deren Vorgängerinnen im „Dritten Reich" oder den Stiefschwestern aus der DDR.[23] Wenn etwa die 1980er Jahre im Fokus stehen, geschieht dies häufig in gesamtdeutscher Perspektive und häufig mit streitbaren Thesen.[24] Gleichwohl ist das kulturgeschichtliche Interesse am Sitz der Bundesregierung von 1949 bis 1999 nicht verschwunden. Ein Anzeichen hierfür ist der zunehmende Trend, sich mit Ereignissen und Erinnerungsorten der deutschen Geschichte in Bonn durch geschichtswissenschaftliche Jubiläumsveranstaltungen zu beschäftigen. 2021 jährte sich etwa der Bonn-Berlin-Beschluss des Bundestages zum 30. Mal. Eine Doppeltagung der Kommission für die Geschichte des Parlamentarismus und der politischen Parteien und verschiedener Partnerorganisationen nahm dies zum Anlass, um über den Erinnerungsraum und historischen Ort der „Bonner Republik" nachzudenken.[25] Als interdisziplinären Chronotopos betrachtet die Düssel-

---

21 2023 erschienen beispielsweise bereits die Akten zur Auswärtigen Politik der Bundesrepublik Deutschland für das Jahr 1992. Vgl. Taschler, Daniela/Geiger, Tim/Szatkowski, Tim (Bearb), Akten zur Auswärtigen Politik der Bundesrepublik Deutschland 1992, hrsg. im Auftrag des Auswärtigen Amtes v. Institut für Zeitgeschichte, Berlin/Boston 2023.

22 Verwiesen sei auf die aktuelle Kaiserreichsdebatte. Vgl. Lappenküper, Ulrich, Deutsches Kaiserreich 1871–1918. Teil I, in: Geschichte in Wissenschaft und Unterricht 73 (2022) 5–6, S. 343–359. Gleiches gilt für die Transformationsgeschichte Ostdeutschlands. Vgl. hierzu die aktuellen Überblicksdarstellungen von Brunner, Detlev, Einheit und Transformation. Deutschland in den 1990er Jahren (Geteilte Geschichte, Bd. 7), Stuttgart 2022; und Großbölting, Thomas, Wiedervereinigungsgesellschaft. Aufbruch und Entgrenzung in Deutschland seit 1990 (bpb-Schriftenreihe, Bd. 10610), Bonn 2020.

23 Vgl. Creuzberger, Stefan/Geppert, Dominik (Hgg.), Die Ämter und ihre Vergangenheit. Ministerien und Behörden im geteilten Deutschland 1949–1972 (Rhöndorfer Gespräche, Bd. 28), Paderborn 2018; Mentel, Christian/Weise, Niels, Die zentralen deutschen Behörden und der Nationalsozialismus. Stand und Perspektiven der Forschung, München/Potsdam 2016, abgerufen unter: https://zeitgeschichte-digital.de/doks/frontdoor/deliver/index/docId/1144/file/mentel_weise_die_zentralen_deutschen_behoerden_und_der_ns_2016.pdf (abgerufen am 23.6.2022).

24 So etwa Morina, Christina, „Tausend Aufbrüche". Die Deutschen und ihre Demokratie seit den 1980er Jahren, München 2023.

25 Siehe Deitmer, Carsten, Tagungsbericht „Ende der Bonner Republik? Der Berlin-Beschluss und sein zeithistorischer Kontext, in: H-Soz-Kult, 14.8.2021, abgerufen unter: https://www.hsozkult.de/conferencereport/id/fdkn-127585 (abgerufen am 23.6.2022); Schmidt, Lennart, Tagungsbericht „Ende der Bonner Republik? Der Berlin-Beschluss 1991 und sein zeithistorischer Kontext Teil 2, in: H-Soz-Kult, 12.11.2021, abgerufen unter: https://www.hsozkult.de/conferencereport/id/fdkn-127840 (abgerufen am 23.6.2022).

dorfer Forschungsgruppe „Bonner Republik" um Gertrude Cepl-Kaufmann und Jasmin Grande seit 2016 das Objekt.[26] Das historiografische Interesse an der Interdependenz von Endlichkeit und Verstetigung des Provisoriums in der politischen Praxis der „Bonner Republik" steigt. Sein Ende rückt derzeit in den Vordergrund.

Abb. 1: Der Plenarsaal im Wasserwerk, 1986, Foto: Michael Sondermann

Seit dem Umzug von Parlament und Regierung nach Berlin kann die Geschichte der Bundesrepublik als „A Tale of Two Cities" (Charles Dickens) gelesen werden.[27] Über den Bonn-Berlin-Vergleich eröffnen sich der Forschung Fragen über Kontinuitäten und Brüche zwischen der alten Bundesrepublik und dem wiedervereinigten Deutschland. Denn zu offensichtlich sind die äußerlichen Unterschiede: Die Hauptstadt befand sich nicht mehr in einer der vielen deutschen Universitätsstädte, sondern in der gut zehnmal größeren Spreemetropole. Teilweise knüpfte man in Berlin mit der Rückkehr in die schon vor 1945 genutzten Regierungs- und Repräsentationsbauten an die nationalstaatliche Tradition an, die in Bonn nicht zur Verfügung stand. Am Rhein ging es 1948/49 jedoch primär

---

26 Siehe Cepl-Kaufmann, Gertrude u. a. (Hgg.), Die Bonner Republik 1945–1963 – Die Gründungsphase und die Adenauer-Ära. Geschichte – Forschung – Diskurs (Histoire, Bd. 131), Bielefeld 2018.
27 Siehe zum Ansatz des Städtevergleichs auch Wietschorke, Jens, Wien – Berlin. Wo die Moderne erfunden wurde, Ditzingen 2023, S. 10–14.

um Verfügbarkeit von Bürokapazitäten und provisorischem Neuanfang.[28] Schwieriger zu beantworten, ist die Frage nach den Kontinuitäten von Politik und politischer Kultur der Bundesrepublik seit 1989/90. Die Bonn-Berlin-Regelung ist dabei nur einer von vielen Faktoren des Neubeginns im sowohl globalen als auch europäischen und nationalen Gefüge. Nur wenige ziehen daraus den Schluss, bei alter und neuer Bundesrepublik von zwei verschiedenen Staaten zu sprechen.[29] Mit der Chiffre „Bonn" bzw. „Bonner Republik" werden jedoch Eigenheiten in innen- und gesellschafts-, außen- sowie geschichtspolitischer Hinsicht assoziiert. Demokratische Stabilität verbunden mit wirtschaftlicher Blüte und einem festgefügten Parteiensystem, eine in multilaterale Systeme eingebettete Außenpolitik sowie ein post-totalitäres Selbstverständnis nach innen kennzeichneten die Jahrzehnte am Rhein.[30] Konrad Repgen (1923–2017) hat das 2001 unter dem Eindruck des Hauptstadtumzugs treffend charakterisiert. Die „Bonner Republik" sei „eine Vokabel mit nicht ausschließlich, aber doch wesentlich historischer und zugleich positiver Konnotation, doch kann auch ein gewisser verächtlicher Unterton mitschwingen".[31]

Die praktischen Auswirkungen des Hauptstadtbetriebes auf Bonn und die engere Region, etwa die bis 1969 selbständigen Städte Bad Godesberg und Beuel sowie das Gebiet des heutigen Rhein-Sieg-Kreises, sind bisher nur in Ansätzen betrachtet worden. Eine tiefgehende regionale Historisierung der Republik, die auch nach den Verflechtungen des politischen Geschehens mit regionalen und städtischen Strukturen fragt, steht aus. Zu nah, so könnte man meinen, liegt die „vergangene Gegenwart".[32]

---

28 Vgl. Vogt, Helmut, „Benötige Quartier für mich, Fahrer und Wagen". Das Arbeitsumfeld des Parlamentarischen Rates in Bonn 1948/49, in: Bonner Geschichtsblätter 57/58 (2008), S. 441–470; Ders., Die Anfänge der Bundesrepublik Deutschland in der provisorischen Hauptstadt Bonn 1949/1950, in: Internetportal Rheinische Geschichte, abgerufen unter: https://www.rheinische-geschichte.lvr.de/Epochen-und-Themen/Themen/die-anfaenge-der-bundesrepublik-deutschland-in-der-provisorischen-hauptstadt-bonn-19491950/DE-2086/lido/57d130731aba22.31860853 (abgerufen am 18.1.2024); Pommerin, Reiner, Von Berlin nach Bonn. Die Alliierten, die Deutschen und die Hauptstadtfrage nach 1946, Köln/Wien 1989. Weiterführend zu den entstandenen Siedlungen auch Kähling, Kerstin, Aufgelockert und gegliedert. Städte- und Siedlungsbau der fünfziger und sechziger Jahre in der provisorischen Bundeshauptstadt Bonn, Bonn 2004.
29 Unter Einbeziehung der DDR geht so weit Gehler, Michael, Deutschland. Von der geteilten Nation zur gespaltenen Gesellschaft 1945 bis heute (bpb-Schriftenreihe, Bd. 10680), Bonn 2021, S. 11. Der englische Buchtitel ist noch deutlicher: Ders., Three Germanies. From Partition to Unification and Beyond, London 2021.
30 Becker, Geschichtspolitik, S. 15–17.
31 Repgen, Konrad, Berlin ist nicht Bonn. Die Hauptstadt-Entscheidungen für Bonn (1948/49) und für Berlin (1990/91) und ihre Folgen, in: Bonner Geschichtsblätter 49/50 (2001), S. 657–667.
32 Den bisherigen Forschungsstand kennzeichnen kulturgeschichtliche Pionierarbeiten. So etwa Trenz, Nicola, Politik an Tisch und Theke. Wie in Bonner Kneipen große Politik gemacht wurde, Bonn 2021; Derix, Simone, Bebilderte Politik. Staatsbesuche in der Bundesrepublik Deutschland 1949–1990 (Kritische Studien zur Geschichtswissenschaft, Bd. 184), Göttingen 2009; Bergmann, Knut, Mit Wein Staat machen. Eine Geschichte der Bundesrepublik Deutschland, Berlin 2018. Manch jüngere Studie kommt sogar zu dem beunruhigenden Fazit, Köln – nicht Bonn – sei die eigentliche Hauptstadt der „Bonner Republik" gewesen. Vgl. Cepl-Kaufmann, Getrude, Köln, die heimliche Hauptstadt der „Bonner Republik", in: Geschichte in Köln 70 (2023), S. 275–306.

III. Vorgehensweise und Struktur

Vor diesem zeithistorischen und forschungsgeschichtlichen Hintergrund setzt der Interviewband an. In seinem Mittelpunkt steht das gesprochene und im Einvernehmen mit den Befragten verschriftliche Wort der Zeitzeuginnen und Zeitzeugen. Damit tritt der Leser in eine individuelle „Geschehenswelt" ein, die ein Gesamtbild der Vergangenheit erzeugt, worin dem Zeitzeugen „als Träger von Erfahrung" legitimierendes Gewicht beigemessen wird.[33]

Unsere Zeitzeuginnen und Zeitzeugen konturieren mit ihren Erlebnisberichten und zurückschauenden Einschätzungen die historische Verortung der „Bonner Republik". Wir möchten diese Interviews deshalb primär als Quelle für die historische Forschung verstanden wissen. Der hier verfolgte Weg nutzt die vieldiskutierte „Oral History" insofern als Forschungstechnik, dass wir uns mit Lutz Niethammer daraus „auf unterschiedlichen Wegen begrenzte, aber lohnende Fortschritte der historischen Erkenntnis und Kommunikation"[34] erhoffen. Es sind individuelle, meist auch regional verortete Einsichten und Wahrnehmungen in unterschiedliche Bereiche des Hauptstadtgeschehens. Unsere Interviewpartnerinnen und -partner sind im politisch-gesellschaftlichen Geschehen der „Bonner Republik" häufig in der „zweiten Reihe" zu verorten. Das unterscheidet die vorliegende Gesprächssammlung von anderen weitaus breiter angelegten Formaten wie dem Zeitzeugenportal des Hauses der Geschichte.[35] Als eigenständige Akteure dienen sie als Anhaltspunkt für Geschichte, Kultur und Praxis der Entwicklung der Bundesrepublik in Bonn. Archivalische Überreste ihres Handelns sind – wenn überhaupt – verstreut vorhanden, so dass dem verschriftlichten Zeitzeugengespräch eine besondere dokumentarische Bedeutung zukommt. Ferner lässt sich aus den Interviews ein Stück weit die Verarbeitung der Transformation Westdeutschlands am prägnanten regionalen Beispiel ablesen.

Ausgangspunkt des Vorhabens war eine Übung im Sommersemester 2021 an der Universität Bonn mit dem Titel „Die ‚Bonner Republik' und das Rheinland", in der die teilnehmenden Studentinnen und Studenten Zeitzeugengespräche vorbereitet und durchgeführt haben. Daraus sind bis Juni 2022 durch die Herausgeber und die Studierenden

---

33 Vgl. Sabrow, Martin, Der Zeitzeuge als Wanderer zwischen zwei Welten, in: Ders./Frei, Norbert (Hgg.), Die Geburt des Zeitzeugen nach 1945 (Geschichte der Gegenwart, Bd. 4/Beiträge zur Geschichte des 20. Jahrhunderts, Bd. 14), Göttingen 2012, S. 13–32, hier S. 14. Sabrow beschränkt die Verwendung des Begriffs auf Opfer diktatorischer Systeme, wenngleich seine engere Begriffsdefinition dies nicht hergibt. Auf die bisher enge Anbindung des Begriffs an die Erinnerung von Holocaust und Zweiten Weltkrieg verweist auch Jong, Steffi de, Zeitzeugin/Zeitzeuge, in: Docupedia-Zeitgeschichte, 25.6.2022, abgerufen unter: https://docupedia.de/zg/Jong_zeitzeuge_v1_de_2022 (abgerufen am 5.7.2022).
34 Niethammer, Lutz, Fragen – Antworten – Fragen. Methodische Erfahrungen und Erwägungen zur Oral History, in: Ders./Plato, Alexander von (Hgg.), „Wir kriegen jetzt andere Zeiten." Auf der Suche nach der Erfahrung des Volkes in nachfaschistischen Ländern, Berlin/Bonn 1985, S. 392–445, hier S. 394.
35 Abgerufen unter: https://www.zeitzeugen-portal.de/ (abgerufen am 19.1.2024). Das Portal unterteilt seine Zeitzeugen in zwei Kategorien: „Personen der Zeitgeschichte" und „Alle Zeitzeugen".

15 Interviews entstanden. Ein Fragenkatalog sorgte, so die Idee, für eine Vergleichbarkeit zwischen den Aussagen der Befragten. Zum Einsatz kamen acht Leitfragen, die jedem Gast gestellt wurden. Um der individuellen Lebenssituation der Miterlebenden Rechnung zu tragen, wurde der Fragenkatalog um drei jeweils personenspezifische Fragen ergänzt. In den Leitfragen geht es zunächst um die Selbst-Einordnung des Gesprächspartners in den Kontext der „Bonner Republik". Von Interesse waren hierbei sowohl die biographische Verortung in der alten Bundesrepublik als auch die persönlichen Assoziationen mit der „Bonner Republik" unter besonderer Berücksichtigung von Orten und Ereignissen. Unsere Gäste historisierten sich und den Topos „Bonner Republik" dabei in einem gewissen Umfang selbst, indem sie immer wieder ihre heutige Sprechposition reflektierten.

Anschließend wollten die Fragestellerinnen und -steller wissen, welche Wechselwirkungen zwischen Kommune und Hauptstadtleben im Alltag und in rückblickend historischen Momenten (z. B. Demonstrationen gegen den NATO-Doppelbeschluss) beobachtet werden konnten. Die Komponente der räumlichen Verortung des Regierungssitzes am Rhein, sowie die Frage nach dem Grad der Unterschiedlichkeit zwischen Berlin und Bonn schlossen die Leitfragen ab. Trotz der Rahmung des Interviews durch die Leitfragen wurde den Antwortenden Raum gelassen ihre Emotionen, Erinnerungen und individuellen Standpunkte selbstbestimmt darzulegen. Uns hat dabei begünstigt, dass unser Erkenntnisinteresse weniger mit erlittenen Traumata oder persönlichen Verletzungen verknüpft ist als andere Themen der deutschen Zeitgeschichte. Sehr freigiebig

Abb. 2: Friedensdemonstration am Hofgarten, 1981, Foto: Camillo Fischer

wurden die personenspezifischen Fragen beantwortet, die jeweils zum Abschluss des Interviews gestellt worden sind.

Pandemiebedingt wurden die Tonaufnahmen mit Hilfe des digitalen Konferenzsystems der Firma „Zoom Video Communications" erstellt. Die Weiterverarbeitung der mündlich generierten Quellen erfolgte zunächst durch die Studierenden selbst. In Zusammenarbeit mit den Herausgebern entstanden die Interviewmanuskripte sowie die hinführenden, auf Biographie und Bibliographie der Interviewpartner eingehenden Texte.[36] Sie ordnen den jeweiligen Interviewgast ein und sind den dokumentierten Gesprächen vorgelagert.

Die Auswahl der Interviewten erfolgte in dem Bestreben, ein möglichst vielseitiges Gesamtkonvolut zu schaffen. So kommen im Band unterschiedliche Personenkreise Bonns aus der Zeit der „Bonner Republik" zu Wort. Die Studentinnen und Studenten interviewten Persönlichkeiten mit ihrem Lebens- und Arbeitsschwerpunkt entweder im Aktionsbereich Stadt Bonn bzw. Umland oder im Handlungsfeld Bundespolitik, -regierung oder -verwaltung. Nicht immer war eine trennscharfe Eingruppierung möglich, da wiederholt „Grenzgänger"-Biografien auftraten. Sie fungieren im Band gleichermaßen als „Brückenbauer".[37] Weniger wichtig war den Herausgebern, ob unsere Gegenüber sich bereits zu dem Thema publizistisch betätigt haben, wie es einzeln der Fall gewesen ist.[38] Das Sample ist somit qualitativer Natur.

Dieser Interviewband gliedert sich in vier Abschnitte, welche entlang der Herkunft und Rolle der Gesprächspartnerinnen und -partner gesetzt worden sind. So finden vier Gruppen Beachtung: Menschen aus der Bundespolitik, aus der Bundesverwaltung, aus dem kommunalen Kontext sowie Beobachterinnen und Beobachter des politischen Geschehens in Bonn. Jedes Interview beginnt mit einer knappen Vorstellung des befragten Gegenübers sowie einer Einordnung von deren bzw. dessen Vita in den Kontext der Fragestellung. Die „Verschränkung von Autor und Erzählung"[39] wollen wir auf diese Weise hinführend ausleuchten.

---

36 Die verschriftlichten und redaktionell überarbeiteten Antworten lagen den Interviewpartnerinnen und -partnern vor der Veröffentlichung vor.
37 Vergleichbare Anwendung – wenn auch in einem gänzlich anderen Kontext -findet das Begriffspaar etwa bei Danyel, Jürgen/Behrends, Jan Claas (Hgg.), Grenzgänger und Brückenbauer. Zeitgeschichte durch den Eisernen Vorhang, Berlin 2018.
38 Siehe Bannas, Günter, Machtverschiebung. Wie die Berliner Republik unsere Politik verändert hat, Berlin 2019; Schäfer, Hermann (Hg.), Abschied von Bonn, Berlin 1999.
39 Sabrow, Der Zeitzeuge, S. 25.

IV. Zentrale Ergebnisse

In den Interviews kehrten bestimmte Themen immer wieder, die sich zu zentralen Ergebnissen verdichten. Gerade aus regionalgeschichtlicher Sicht lassen sich Muster erkennen, anhand derer sich Wahrnehmungen und Zuschreibungen kategorisieren lassen. Sie betreffen das Bonn-Bild der Befragten, die Wahrnehmung der schwindenden Eigenschaft Bonns als Provisorium, den Föderalismus im Alltag, die Verflechtungen zwischen Bundeshauptstadt, Universitätsstadt und Kernstadt sowie die Transformation Bonns nach 1991.

Bonn-Bild jenseits des „Treibhauses"

Kaum jemand wird sich mit dem frühen Hauptstadtgeschehen beschäftigen, ohne nicht mindestens einen Gedanken an Wolfgang Koeppens (1906–1996) Roman „Das Treibhaus" zu verlieren. Das mit gleichermaßen pessimistischer wie (über)spitzer Feder entworfene literarische Bild des unzufriedenen Abgeordneten Felix Keetenheuve im beengten Politikbetrieb Bonns ist zur Metapher geworden. Ungeachtet dieser auch im Historikermund häufig bemühten Anleihe dominiert in der Rückschau hinsichtlich der politischen Kultur ein Bonn-Bild, das im Vergleich zu Berlin eine größere Nähe zur Bevölkerung und eine mediale Gelassenheit suggeriert. Die von Benedikt Wintgens so umfassend eingeordnete „Treibhaus"-Metapher verweist zugleich auf solche Zeitgenossen, die mit der „Adenauer-Zeit" vor allem Desinteresse an Politik und einen biedermeierlichen

Abb. 3: Damenprogramm: Raissa Gorbatschowa und Hannelore Kohl zu Besuch bei Bürgermeister Adi Buchwald in Linz am Rhein, 9.11.1990

Rückzug ins Private verbanden.[40] In der Erinnerung unserer Interviewpartnerinnen und -partner dominierte generationenspezifisch die zweite, 1969 mit dem Antritt der sozialliberalen Koalition angebrochene „Halbzeit" der bundesrepublikanischen Geschichte. Die Interviewten sind zwischen den Jahren 1942 und 1957 geboren. Sie sprechen von einer politischen Kultur, die Streit gekannt und gesucht, dabei aber nie zur Unversöhnlichkeit geführt habe. Privates sei in der öffentlichen Auseinandersetzung privat geblieben.

Das (ver)schwindende Provisorium

Ein weiteres Gesprächsmotiv kreiste um das Gegensatzpaar Provisorisch/Dauerhaft. Dabei bezog sich das Provisorische nicht nur auf die Ortswahl der Bundeshauptstadt, sondern auch auf den Urbanisierungsgrad Bonns. Entgegen des berühmten und wirkmächtigen Fotos mit den grasenden Kühen vor einem Wegweiser zum Parlamentarischen Rat 1948 betonten die Interviews eher das Gegenteil: In Bonn habe sich eine Mischung aus Internationalität und Nähe auf dem Nährboden „rheinischer" Eigenheiten herausgebildet. Dazu zählten die Gesprächspartnerinnen und -partner die Selbstverständlichkeit internationaler Kontakte im Alltag, die Gelassenheit im Umgang mit politischen Ereignissen vor der Haustür sowie die Zugänglichkeit demokratischer Institutionen. Diejenigen von ihnen, die in Bonn oder der Umgebung aufwuchsen, bemerkten schon früh, wie sich die Region baulich vom Provisorium verabschiedete. Vor dem Bau von Regierungsgebäuden hinterließen der Wohnungsbau des Bundes und der Zuzug von Beamten in die Vororte permanente Spuren.

Föderalismus in Politik und Alltag

Das föderale Element der Bundesrepublik empfanden mehrere Zeitzeuginnen und Zeitzeugen in Form der Landesvertretungen im Bundesviertel als sehr sichtbar und durch deren öffentliches Programm zugleich niedrigschwellig erlebbar. Regionale Eigenarten wie die deutschen Dialekte waren in Bonn allgegenwärtig. Diese Wahrnehmung geht synchron mit dem Wandel des Föderalismus im wiedervereinigten Deutschland. Heute ist das Bund-Länder-Verhältnis mehr vom Mitbestimmungsrecht auf Bundesebene als vom Selbstbestimmungsrecht auf Landesebene gekennzeichnet. Dieser Kulturwandel wurde von den Ländern, die der Mitbestimmung auf Bundesebene eine höhere Bedeutung beimaßen als der Bewahrung räumlicher Eigenheiten, aktiv betrieben. Mit den Strukturveränderungen der Europäischen Union ab den 1990er Jahren etablierten sich zudem weitere Aushandlungsebenen wie der Europäische Ausschuss der Regionen.[41]

---

40 Wintgens, Benedikt, Treibhaus Bonn. Die politische Kulturgeschichte eines Romans (Beiträge zur Geschichte des Parlamentarismus und der politischen Parteien, Bd. 178), Düsseldorf 2019, S. 13 f.
41 Weichlein, Siegfried, Föderalismus und Demokratie in der Bundesrepublik (Problemgeschichte der Gegenwart), Stuttgart 2019, S. 206–210.

Dreimal Bonn

Konstitutives Merkmal für Einheimische wie Zugezogene war das Nebeneinander und geringe Miteinander von Hauptstadteinrichtungen und -politik, Kommune und Universität. In den meisten unserer Interviews wird hervorgehoben, dass in Bonn drei Welten relativ unbehelligt voneinander existiert haben: ein „Bundesbonn", ein „Universitätsbonn" und ein städtisches Bonn. Die Wechselwirkungen zwischen den auch räumlich nebeneinanderliegenden Entitäten wurden als gering eingestuft. Offizielle Kontakte zwischen den Entscheidungsebenen seien nicht auf Koordination und Verflechtung ausgelegt gewesen und keiner strukturierten Beziehungspflege gefolgt. Das deckt sich teilweise mit den Forschungsergebnissen zur Bonner Universitätsgeschichte, welche sowohl Episoden von Fremdheit zwischen den drei großen Playern als auch Phasen des Zusammenspiels zum gegenseitigen Vorteil beschreiben.

Die Universität profitierte beispielsweise bereits in den 1950er Jahren von der gestiegenen Internationalisierung der Stadt Bonn durch ihren Status als Bundeshauptstadt sowie einer breiten Sichtbarkeit in der Öffentlichkeit als Programmpunkt bei Staatsbesuchen. Die Interdependenz von Bundesregierung, Stadt und Universität blieb in den 40 Jahren virulent und wurde noch mit der Wiedervereinigung deutlich. In die Ausgleichszahlungen im Rahmen des Bonn-Berlin-Gesetzes bezogen Bundes- und Landesregierung die Universität Bonn mit ein und trugen damit zur Stärkung des Forschungsstandorts bei.[42]

Transformation Bonns nach 1991

Die Abstimmungsniederlage ließen sich Bonn und die Region in den Folgejahren nicht nur „teuer bezahlen" (Wolfgang Clement)[43], sondern die Stadt erfand sich mit Unterstützung der Bundesregierung neu. Eine positive Grundstimmung durchzog die Gegenwartsanalysen aller Interviewten. Bonn habe sich in den 1990er und 2000er Jahren erfolgreich von seiner ehemaligen Rolle als Bundeshauptstadt emanzipiert. Die Vereinten Nationen, die DAX-Konzerne Deutsche Post DHL und Deutsche Telekom und die (neu hinzugekommenen) Bundesbehörden prägen mit ihren Mitarbeiterinnen und Mitarbeitern heute vielmehr das Stadtbild, als es die ersten und zweiten Dienstsitze von Bundespräsident, Bundeskanzler und Bundesministerien vermögen. Von den Vorurteilen, die Bonn nach dem Weggang der Bundesregierung in Feuilleton und Literatur entgegen-

---

42 Scholtyseck, Joachim, Wiederaufbau und Expansion (1945–1965), in: Geppert, Dominik (Hg.), Geschichte der Universität Bonn, Bd. 2: Forschung und Lehre im Westen Deutschlands 1918–2018, Göttingen 2018, S. 197–292, hier S. 257–263; Löwer, Wolfgang, Traditionell modern! (1991–2018), in: Ebd., S. 407–500, hier S. 460–464.
43 Zit. n. Bornhöft, Petra, Art. Boomtown Bonn, in: DER SPIEGEL vom 28.2.1999, abgerufen unter: https://www.spiegel.de/politik/boomtown-bonn-a-7277f371-0002-0001-0000-000009507246 (abgerufen 29.6.2022).

geschlagen seien,[44] liest sich in den 15 Interviews nichts. Klischees von Provinzialität und Biederkeit, werden nicht unhinterfragt übernommen.

Allen 15 Interviews ist zudem eine unterschiedlich stark ausgeprägte, auch über 20 Jahre nach dem Umzug gepflegte positive Grundeinstellung zum Zeitraum der „Bonner Republik" gemeinsam.

Dieses Projekt lebte von dem spannenden Dialog zwischen Interviewgästen sowie den Studentinnen und Studenten – beiden Gruppen gilt der Dank der Herausgeber. Dem Stadtarchiv und der Stadthistorischen Bibliothek Bonn, in erster Linie Dr. Yvonne Leiverkus und Tim Glander, sei herzlich für die konstruktive und geräuschlose Kooperation gedankt. Nicht unerwähnt bleiben, darf das Team hinter den Kulissen: Benjamin Burtz, Lisa Kröger, Maximilian Lange, Lea Raith, Anna-Maria Ramm, Stefan Rubel, Louise Seven und Jan-Luis Wolter haben die Organisation und Drucklegung dieses Sammelbandes im „Institut" auf unterschiedliche Weisen tatkräftig unterstützt.

Bonn, im Februar 2024.

---

44 Herles, Helmut, Anatomie eines Vorurteils und Vorschlag zur Therapie. Bonn minus Bund gleich null? Wider die journalistische Neigung des Bonn-Bedauerns und der Bonn-Häme, in: Mayer/Schulze Heuling, Über Bonn hinaus, S. 281–287.

Bundesebene

Eine distanzierte Binnensicht auf den politischen Liberalismus der Genscherzeit: Monika Faßbender

Mara Weber

Die Geschichte der „Bonner Republik" hat auch eine „liberale Signatur".[1] Damit ist nicht nur, aber auch die Freie Demokratische Partei (FDP) gemeint, die zwischen 1949 und 1990 länger als Christ- und Sozialdemokraten Teil der Bundesregierung gewesen ist.[2] Als Expertin und Zeitzeugin der Geschichte des politischen Liberalismus in der Bundesrepublik Deutschland war Dr. Monika Faßbender unser Interviewgast.

Abb. 4: Porträtaufnahme von Monika Faßbender, 2023

Monika Faßbender, geboren 1950, studierte Geschichte mit Schwerpunkt auf der osteuropäischen Geschichte und Germanistik an den Universitäten in Bonn und Kiel. In ihrer Promotion von 1979 bei Ernst Opgenoorth (1936–2018) untersuchte sie das „Deutsche Staats-Wörterbuch" von Johann Caspar Bluntschli (1808–1881) und Karl Brater (1819–1869) als Beitrag zur Liberalismus-Geschichte. In ihrer Funktion als Grundsatzreferentin der FDP-nahen Friedrich-Naumann-Stiftung schrieb sie von 1979 bis 1983 unter anderem Reden für Günter Verheugen (geboren 1944) und Hans-Dietrich Genscher (1927–2016). Nachdem die FDP 1982 von einer Koalition mit der SPD zur CDU gewechselt war, verließ sie als Anhängerin der sozial-liberalen Koalition die Grundsatzabteilung.

Als Nachfolgerin von Friedrich Henning (1917–2008) übernahm Faßbender die Leitung des Archivs des Deutschen Liberalismus, welches sie bis zu ihrem Ruhestand 2010 zum Archiv des Liberalismus ausbaute. In ihre Amtszeit fiel der Bau eines eigenen Archivgebäudes in der Bildungsstätte Theodor-Heuss-Akademie in Gummersbach (eröffnet 1984), die Übernahme von Schriftgut ausländischer liberaler Organisationen sowie des Parteiarchivs der Liberal-Demokratischen Partei Deutschlands. 2009 wurde der Erweiterungsbau fertiggestellt. Das Archiv verstärkte seine Kontakte in die Wissenschaft und

---

1 Siehe Conze, Eckart, Eine liberale Ära? Politik und Gesellschaft in der Bundesrepublik zwischen „Machtwechsel" und „Wiedervereinigung", in: Jahrbuch zur Liberalismus-Forschung 29 (2017), S. 9–22.
2 Zur Geschichte der FDP siehe u. a. Henning, Friedrich, F.D.P. Die Liberalen. Porträt einer Partei, München 1982; Dittberner, Jürgen, Die FDP. Geschichte, Personen, Organisation, Perspektiven. Eine Einführung, Wiesbaden 2005; Dittberner, Friedrich, Die FDP – von der Regierung in die außerparlamentarische Opposition. Und zurück?, Berlin 2014.

etablierte neue Vermittlungsformate wie das Jahrbuch zur Liberalismus-Forschung (seit 1989) und die jährlichen Liberalismus-Kolloquien (seit 2002). Monika Faßbender engagierte sich zudem in der Begabtenförderung der Friedrich-Naumann-Stiftung.[3] In dieser Zeit hat sie mehrere Werke zur Geschichte der FDP herausgegeben.[4]

Abb. 5: Außenansicht des Archiv des Liberalismus, 2009

In der Bundesrepublik, ob von Bonn oder Berlin aus regiert, kommt den Parteien und den von ihnen gebildeten Regierungskoalitionen eine besondere Bedeutung zu. Ihre wechselnde Zusammenarbeit wird von den Beobachtern mit Schlagworten wie „Ära Adenauer", „sozial-liberal" oder „christlich-liberal" unterstrichen. Die späte Phase der Koalition von SPD und FDP zwischen 1980 und 1982 steht beispielhaft für eine von Konflikten geprägte Zusammenarbeit zweier Parteien in Regierungsverantwortung. Unterschiedliche Auffassungen und sich häufende Auseinandersetzungen führten auf beiden Seiten zu immer lauter werdenden Forderungen, sich vom Koalitionspartner zu tren-

---

3 Vgl. Archiv des Liberalismus/Friedrich-Naumann-Stiftung für die Freiheit (Hgg.), 50 Jahre Archiv des Liberalismus, Gummersbach 2018.
4 Siehe u. a. Faßbender, Monika (Hg.), FDP im Wandel. Aufzeichnungen 1961–1966, München 1994; Dies., „… auf der Grundlage des Liberalismus tätig". Die Geschichte der Friedrich-Naumann-Stiftung, Baden-Baden 2009.

nen.⁵ Die Etablierung der Partei DIE GRÜNEN verstärkte den Druck auf die FDP, die ihre Position als liberale Partei bedroht sah. Hinzu kamen schlechte Wahlergebnisse auf Länderebene, die zunehmend zu einer innerparteilichen Lagerbildung führten.⁶ Obwohl die FDP bei der Bundestagswahl 1980 leichte Zugewinne verzeichnen konnte, war die Stimmung innerhalb der Regierung von Beginn an angespannt. Alt-Bundespräsident Walter Scheel (1919–2016) zweifelte öffentlich an, ob zwischen beiden Parteien noch genug Gemeinsamkeiten bestünden oder diese nicht viel mehr zwischen CDU und FDP zu suchen seien.⁷ Auch der Parteivorsitzende und Außenminister Hans-Dietrich Genscher schloss sich den Forderungen nach einem Politikwechsel an. So entstand ein Klima, das den Koalitionswechsel seiner Fraktion und Partei erst ermöglichte. Während der rechte Flügel der Partei dies befürwortete, lehnten ihn der linken Flügel und die Jugendorganisation der Partei ab und warfen Genscher Verrat an den „Freiburger Thesen" von 1971, dem trotz wirtschaftsliberaler Ergänzungen gültigen Parteiprogramm, vor.

Da die Mehrzahl der Sozialdemokraten eine stärker marktwirtschaftlich orientierte Wirtschaftspolitik ablehnte, musste das am 9. September 1982 veröffentlichte Positionspapier des Wirtschaftsministers Otto Graf Lambsdorff (1926–2009) den Koalitionskonflikt befeuern. Das Lambsdorff-Papier enthielt Pläne zur Bekämpfung von Wachstumsschwäche und Arbeitslosigkeit, welche die SPD-Fraktion nicht mittragen wollte. Am 17. September verkündete Bundeskanzler Helmut Schmidt (1918–2015) im Bundestag schließlich das Ende der Koalition und die Entlassung der FDP-Minister, vermutlich um ihrem eigenständigen Rücktritt zuvorzukommen.⁸ Die FDP wählte daraufhin durch ein konstruktives Misstrauensvotum am 1. Oktober 1982 Helmut Kohl (1930-2017) zum Bundeskanzler und ging eine Koalition mit der CDU/CSU ein. Die meisten prominenten Kritiker des Koalitionswechsel, darunter Günter Verheugen, verließen die Partei.⁹

Monika Faßbender erlebte diese Entwicklungen aus nächster Nähe mit. Die Zerrissenheit innerhalb der FDP-Bundesgeschäftsstelle und der Friedrich-Naumann-Stiftung, die zu dieser Zeit noch in demselben Gebäude, Baunscheidtstraße 15, ihren Sitz hatten, war stark zu spüren. Die Mitarbeiterinnen und Mitarbeiter waren bis zum Bruch der Koalition für die Spitzen beider Lager – Genscher und Verheugen – tätig. Besonders in der politischen Bildungsarbeit und Begabtenförderung der Friedrich-Naumann-Stiftung waren die Auswirkungen dieser emotionalen Phase noch über längere Zeit zu spüren.

---

5 Vgl. Scholtyseck, Joachim, Die FDP in der Wende, in: Historisch-Politische Mitteilungen 19 (2012), S. 197–220.
6 Vgl. Jäger, Wolfgang, Die „Wende" 1982: Bruch der Koalition und Regierungsbildung, in: Historisch-Politische Mitteilungen 19 (2012), S. 167–176, hier S. 169.
7 Siehe Dittberner, FDP, S. 49.
8 Vgl. Jäger, Wolfgang, Die „Wende" 1982, S. 173.
9 Vgl. Dittberner, FDP, S. 67 f.

Dokumentiertes Gespräch mit Monika Faßbender vom 22. März 2022

Interviewt von Mara Weber

Frau Faßbender, welche Rolle haben Sie in der „Bonner Republik" gespielt?
„Rolle" hört sich sehr bedeutsam an, aber ich war, wenn man so will, eher im zweiten oder dritten Glied. Ich habe von 1979 bis 1983 als Grundsatzreferentin bei der Friedrich-Naumann-Stiftung gearbeitet. Zu dieser Zeit waren die Friedrich-Naumann-Stiftung und die FDP personell und räumlich eng verflochten. Erst mit dem vom Bundesverfassungsgericht ausgesprochenen Distanzgebot von 1986 trennten sich beide Organisationen.

Grundsatzreferentin bei der Friedrich-Naumann-Stiftung hieß in meinem Fall: Ich hatte mein Büro in der Bundesgeschäftsstelle der FDP, dem Thomas-Dehler-Haus. Das Thomas-Dehler-Haus war damals eine Art bessere „Baracke" hinter dem heutigen Kunstmuseum der Stadt Bonn, in der sowohl die FDP als auch die Friedrich-Naumann-Stiftung saßen. Meine Aufgabe war im Wesentlichen inhaltliche Zuarbeit für die FDP. So habe ich von 1979 bis zum Bundestagswahljahr 1982 Reden und Aufsätze für FDP-Politiker geschrieben, vor allem für den damaligen Bundesvorsitzenden Hans-Dietrich Genscher und den Generalsekretär Günter Verheugen.

1982 bin ich Leiterin des Archivs der Freien Demokratischen Partei geworden, welches damals noch im Thomas-Dehler-Haus untergebracht war und 1983 nach Gummersbach zog. Der Grund für den neuen Standort Gummersbach war, dass es an der stiftungseigenen Theodor-Heuss-Akademie ein kostenloses Grundstück gab. In der Bundeshauptstadt Bonn war es praktisch unmöglich, ein bezahlbares Grundstück zu kaufen und neu zu bebauen. Mit dem Umzug nach Gummersbach hörte für mich die unmittelbare, direkte Zuarbeit für die FDP auf. Natürlich war die Entscheidung für Gummersbach für das Archiv nicht unproblematisch, weil die räumliche Distanz zu den Akten abgebenden Stellen der FDP den direkten Kontakt erschwerte. Die Akquise von Parteiakten und Nachlässen ergab sich nicht mehr automatisch, sondern erforderte Initiative von Seiten des Archivpersonals. Es gelang jedoch, durch regelmäßige Kontakte mit den verantwortlichen Registraturbildnern das Archiv auszubauen.

Also meine „Rolle" in der Bonner Republik war Zuarbeit und Hilfestellung für Politiker. Insbesondere beim Archiv meldeten die abgebenden Stellen viel Beratungsbedarf an.

Was verbinden Sie persönlich mit der „Bonner Republik"?
Ich bin mit Jahrgang 1950 ein Kind der „Bonner Republik". Ich wuchs im rechtsrheinischen Heisterbacherrott auf. Mein Vater war Arzt im Kloster Heisterbach, wo es ein kleines Krankenhaus gab. Ich habe meine ersten Jahre dort verbracht. 1955 bauten meine Eltern

Abb. 6: Das Thomas-Dehler-Haus in Bonn-Gronau, 1975/1980, Foto: Ernst Linderoth

in Heisterbacherrott ein Haus. Da habe ich die Auswirkungen der „Bonner Republik" auf die Dörfer im Umland mitbekommen: Als wir unser Haus bezogen, war um uns herum freie Fläche und wir gingen mit der Milchkanne beim Bauern die Milch holen. Doch innerhalb von wenigen Jahren waren wir plötzlich umgeben von Einfamilienhäusern und es gab einen Supermarkt. Die „Bonner Republik" zog mit ihrem Personal aufs Land, baute sich Häuser und wurde ansässig. Meine Eltern sprachen von Botschafter XY oder von Ministerialräten als neuen Patienten. Als Kind habe ich das wirtschaftliche Wachstum und den Aufschwung der Bundesrepublik hautnah mitbekommen. Als ich dann in Pützchen auf das von den Nonnen des Sacré-Coeur-Ordens geführte Mädchengymnasium ging, gab es auf einmal Mitschülerinnen, die schon Jahre in Ceylon – heute Sri Lanka – oder in Venezuela oder im Iran gelebt hatten. Das waren die Kinder von Angestellten des Auswärtigen Amtes, die nach Deutschland zurückgekommen waren. So bekam man einen Eindruck von der großen weiten Welt und wir haben immer staunend zugehört, wenn diese Mitschülerinnen erzählt haben. Und ich glaube, die haben auch ein bisschen gestaunt über uns. Das ist auf jeden Fall etwas, was ich mit der „Bonner Republik" verbinde.

Als Jugendliche wurde ich früh politisiert, was sicher an der Schule, aber auch an den Eltern lag. Durch die Nähe zu Bonn und durch ihre Patienten aus dem Hauptstadt-Milieu hatten sie sicher ein anderes Interesse an Politik, als wenn sie vielleicht in Koblenz gelebt hätten. Das ist eine steile These, aber ich hatte immer den Eindruck, wenn man den Ministerialrat persönlich kannte oder den Botschafter, dann war man mehr involviert. Im Elternhaus war Politik selbstverständlich Tischgespräch, ohne dass es in eine parteipolitische Richtung ging.

In meiner Schule gab es einen starken Impuls, sich für Politik zu interessieren und sich auch zu engagieren, obwohl es eine katholische Nonnenschule war. Das lag vor allem an der damaligen Leiterin, Isa Vermehren. Sie war eine Hamburger Protestantin, die im KZ gewesen war, dann zum Katholizismus konvertierte und Nonne wurde. Sie war zwar streng katholisch, aber auch sehr politisch. So sind wir zum Beispiel 1963, als Kennedy auf Staatsbesuch war, mit der ganzen Schule nach Bonn gefahren und haben da Spalier gestanden. Es gibt ein Foto, auf dem meine Klasse zu sehen ist. Für die Demonstration gegen die Notstandsgesetzgebung bekamen wir schulfrei.

Ich habe mich also als Kind der „Bonner Republik", der Bundesrepublik, gefühlt. Das war für mich einfach selbstverständlich. 1991 habe ich die Entscheidung für Berlin nicht verstanden. Ich habe gedacht ‚Warum muss das denn sein? Es läuft doch alles gut'.

Abb. 7: John F. Kennedy auf Staatsbesuch, August 1965, Foto: Camillo Fischer

Gibt es Orte, die Sie mit Bonn und besonders mit der „Bonner Republik" verbinden?
Als ehemalige Studentin ist die Bonner Universität für mich der zentrale Ort der Stadt. Ich habe 1969 angefangen, zu studieren. Sehr nah habe ich dementsprechend die 68er-Bewegung an der Uni mitbekommen. Aber ich schätzte auch den schnellen Kaffee zwischen zwei Veranstaltungen in der Fürstenstraße und natürlich die Pausen auf der Hofgartenwiese.

Ein zweiter Ort, den ich mit der „Bonner Republik" verbinde, ist das Parlamentsviertel. Man konnte dort alles zu Fuß erreichen. Es hatte eine offene Atmosphäre und war fast „gemütlich". Da, wo sich jetzt das World Conference Center Bonn befindet, standen Einfamilienhäuser, kleine Villen, in denen Abgeordnetenbüros waren. Zum Beispiel saß Frau Hamm-Brücher in so einer Villa. Und große Sicherheitsmaßnahmen gab es nicht. Man brauchte zwar einen Hausausweis, um in das Bundeshaus zu kommen, aber richtig geguckt hat danach keiner. Nachdem der „Lange Eugen" gebaut worden war, gab es im obersten Stockwerk ein öffentlich zugängliches Café, in das man mit dem Aufzug fahren konnte. Ich habe in den 1980er Jahren Besuch von einer Archivkollegin aus Ost-Berlin gehabt. Mit ihr bin ich am Rhein entlangspaziert und habe ihr die Villa Hammerschmidt und das Bundeskanzleramt gezeigt und sie konnte es gar nicht fassen, dass alles so greifbar nah war und es sozusagen keine Absperrungen gab. Als wir dann am Bundeshaus vorbei zum „Langen Eugen" gingen, habe ich an ihrem Blick gemerkt, dass sie diese Offenheit nicht ganz glauben konnte. Die Offenheit des Parlamentsviertel steht für mich auf jeden Fall für die „Bonner Republik".

Ein dritter Ort ist das Adenauerhaus in Rhöndorf vor den Toren Bonns. Dieser Ort steht für mich deshalb für die „Bonner Republik", weil es ihre Gediegenheit und Stabilität symbolisiert. Keine Experimente, auch nicht in der Einrichtung.

Wir hatten einen dänischen Freund, der Landwirtschaftsattaché an der dänischen Botschaft in Bonn war. Der hat immer betont, dass man in Bonn jeden Ministerialrat einfach anrufen konnte, um nicht nur Dienstliches zu klären, sondern auch, um sich zum Tennis oder zum Essen zu verabreden. Nachdem er am Bertha-von-Suttner-Platz einen Traktor hatte fahren sehen, meinte er, Bonn sei vermutlich die einzige Hauptstadt der Welt, wo ein Traktor durch die Stadt fährt.

Im Rückblick ist mir die Trennung zwischen den drei Bereichen Stadt, Universität und Politik bewusst geworden. Man sah auf dem Marktplatz, in Oper und Theater oder sonst in der Stadt Politiker oder deren Ehefrauen, sofern man sie denn kannte. Aber ich hatte nie das Gefühl, dass sich das so richtig gemischt hat. Ich habe sehr lange als Studentin in der Südstadt gewohnt. Man wusste, die hiesigen Kneipen wurden auch von Journalisten oder Abgeordneten besucht. Es gab die Lokale, in die eher die Konservativen gingen und die, wo die SPD-Leute hingingen. Außerdem gab es die Szene-Kneipen wie zum Beispiel die Schumann-Klause.

Gerade der Bundestag und seine Umgebung veränderten sich im Lauf der „Bonner Republik". Würden Sie sagen, dass auch die späteren Bauten noch dieses Gediegene, was Sie als charakteristisch für die „Bonner Republik" beschrieben haben, hatten? Oder kann man feststellen, dass die Bundesrepublik versucht hat, sich zu verändern? Der letzte Bundestag hatte schließlich eine andere Dimension, auch wenn er von seiner architektonischen Form her dem alten Anspruch treu geblieben ist.
Ja, richtig. Aber das hängt damit zusammen, dass alles lange als Provisorium gedacht war. Ich glaube, die erste bewusste Modernisierung, bei der auch das Gediegene verschwand, war der „Lange Eugen". Aber auch der hatte diese Offenheit, die meiner Meinung nach so typisch für das politische Bonn war. Der neue Plenarsaal, den ich wunderschön finde, gerade mit dieser Öffnung zum Rhein, wurde unter der Prämisse gebaut,

dass Bonn auf unbestimmte Zeit Hauptstadt bliebe. 1989 feierte man das 40-jährige Jubiläum der Bundesrepublik noch unter der gleichen Perspektive. Wenige Monate später war das alles Makulatur.

Wir unterhielten uns darüber, wie nah Sie den Politikern waren. Sie sprachen davon, dass Sie Herrn Genscher zugearbeitet haben. Wie nah war man denen tatsächlich? Wenn man sich beispielsweise auf dem Markt begegnete, hat man sich dann auch gegrüßt?

Also wenn man sich auf dem Markt traf, grüßte man sich. Herr Genscher konnte allerdings auch über einen hinweg gucken. Und er konnte auch in persönlichen Begegnungen dieses „Pokerface" zeigen, das man von Abbildungen kennt: so richtig wusste man dann nie, was er dachte.

Einen sehr direkten Kontakt gab es bei Günter Verheugen, der 1982 zur SPD gewechselt ist. Nach Büroschluss ist er mit uns oft ins Weingut Sülz in Oberdollendorf gefahren. Er lud die Mitarbeiter auch zu sich nach Hause ein. Herr Verheugen war altersmäßig allerdings auch viel näher an den Kollegen und mir als zum Beispiel Genscher. Herr Genscher hatte dafür seine Leute, bei denen man etwas platzieren konnte, damit es an die richtige Stelle gelangte.

Gab es eine politische Persönlichkeit, mit der Sie zu tun hatten, die Sie besonders beeindruckt hat?

Auf jeden Fall Hildegard Hamm-Brücher, auch Helga Schuchardt. Bei den Männern war es schon ein bisschen schwieriger, vielleicht Burkhard Hirsch.

Welche Ereignisse verbinden Sie mit der „Bonner Republik"? Würden Sie sagen, dass diese Ereignisse „Bonn-spezifisch" sind?

Das erste Ereignis war im Mai 1968 kurz vor meinem Abitur, als wir von der Schule zur Demonstration gegen die Notstandsgesetzgebung gingen. Das wurde damals als eine riesige Demonstration wahrgenommen. Ich habe nochmal nachgeschaut: Es waren nur 2.000 Teilnehmer. Das zweite Ereignis ist die Demonstration gegen den NATO-Doppelbeschluss im Hofgarten. Das Verbindende zwischen beiden Demonstrationen war ihr ruhiger Ablauf. Keine Gewalt und Sachbeschädigungen trotz 250.000 Teilnehmern bei der Demonstration im Hofgarten. Ich fand es damals schon toll, wie die Bonner Geschäftsleute an einem Samstag mit einer solchen Großveranstaltung umgegangen sind. Die Geschäfte wurden geschlossen – das war´s. Vor allem hat auch die Bonner Polizei durch eine deeskalierende Strategie dazu beigetragen, dass alles ruhig verlief.

Mir sind auch Debatten und Entscheidungen im Bundestag in Erinnerung, zum Beispiel die Plenarsitzung über die Notstandsgesetzgebung und vor allem der Misstrauensantrag gegen Brandt 1972. Da studierte ich in Kiel und ich weiß, dass ich mit vielen anderen im Vorraum der Mensa vor einem Fernseher stand und voller Spannung die Abstimmung verfolgte. Die Bundestagsdebatte zur Hauptstadtentscheidung ist mir natürlich auch noch lebhaft in Erinnerung.

Wie haben Sie aus FDP- beziehungsweise politiknaher Sicht, die Bonner Wende 1982 und, wenn man so will, das Drama der FDP mit allem, was noch folgte, erlebt?
Das war sehr spannend und emotional. Der Abteilungsleiter unserer Grundsatzabteilung nahm jeden Montag an der FDP-Präsidiumssitzung teil. Ich weiß noch, dass er einmal von einer Präsidiumssitzung kam und sagte, Genscher säße da wie so ein Maikäfer und wisse nicht, ob er losfliegen solle. Das bezog sich auf die Abkehr der FDP von der SPD zur CDU. Als es dazu kam, waren alle meine Kollegen bis auf einen, der später als Stasi-Spitzel enttarnt wurde, gegen den Koalitionswechsel. Wir waren damals Ende 20/ Anfang 30 und fast alle hatten eine Sozialisation bei den Jungdemokraten hinter sich.

Was mich betrifft: Mit dem Koalitionswechsel bin ich aus der FDP ausgetreten. Als ich zu meinem Chef gegangen bin und ihm das mitgeteilt habe, befürchtete ich, dass es so sei wie bei der katholischen Kirche, und ich nun die Stiftung verlassen müsse. Aber er sagte nur, dass ich auch mal wieder eintreten würde. Zu späteren Zeitpunkten habe ich oft darüber nachgedacht, wieder einzutreten, weil ich mich als Liberale fühlte und die Positionen der FDP mich überzeugten. Aber das war wie eine Wette für mich, die ich nicht verlieren wollte. Ich wollte meinem Chef im Nachhinein nicht recht geben. Sehr irrational, das gebe ich zu!

Nach dem Koalitionswechsel wollte ich in der Grundsatzabteilung nicht mehr arbeiten. Ich hatte das Glück, dass der Archivleiter in Pension ging und ich den Job bekam. Andere Kollegen sind weggegangen, zum Teil in Ministerien oder zu Bundestagsabgeordneten.

Würden Sie denn sagen, dass die Friedrich-Naumann-Stiftung im Hintergrund tendenziell eher koalitionsstützend agiert hat? Beziehungsweise dass die Akteure aus der Stiftung eher pro-sozialliberal agiert haben?
Ja, auf jeden Fall! Günter Verheugen galt zwar als Zögling Genschers, aber er war für die Fortführung der sozialliberalen Koalition. Für Verheugen waren wir „seine Truppe". Nach dem Bruch zwischen ihm und Genscher, sind, wie gesagt, viele aus der Stiftung weggegangen.

Dann sind die „Jungen Liberalen" nachgerückt. Konnte man daran auch eine Art Kulturwandel innerhalb der Stiftung erkennen? Oder fand dieser Kulturwandel erstmal nur in der Partei statt?
In der Bildungsarbeit gab es auf jeden Fall große Auseinandersetzungen, vor allem in der Theodor-Heuss-Akademie. Da waren viele Jungdemokraten unter den Dozenten und Referenten, die sich zwar nicht geweigert haben, mit den Jungen Liberalen zusammenzuarbeiten, aber das lief nicht problemlos ab. Die Theodor-Heuss-Akademie galt eine Zeit lang in der Stiftung und der FDP als linkes Widerstandsnest.

Problematisch war die Zugehörigkeit zu den Jugendorganisationen auch bei der Stipendienvergabe. Hier war das gesellschaftliche Engagement ein entscheidendes Kriterium und es gab in den Sitzungen des Auswahlausschusses heftige Diskussionen, ob es noch als Engagement gewertet werden sollte, wenn jemand Jungdemokrat war oder ob man jungliberal sein müsste. Es hat zwei bis drei Jahre gedauert, bis sich das beruhigt hat.

Wie haben Sie diesen „Überlebenswahlkampf" 1982/83 erlebt? Da hing indirekt ja auch Ihre Stelle dran. Mit der Faust in der Tasche?
Ja, mit der Faust in der Tasche. Und ich war froh, als es geklappt hat und die FDP nicht aus dem Bundestag flog.

Gab es Wechselwirkungen zwischen Kommune und Region einerseits sowie dem politischen Bonn und dem Hauptstadtleben andererseits?
Ich kann diese Frage nur aus der eigenen Wahrnehmung beantworten. Meine Eltern, die aus dem Kölner Umland stammten, sind in Heisterbacherrott bereits als Fremde wahrgenommen worden. Aber auf einmal kamen ganz viele Zuzügler und mit ihnen ein anderer Lebensstil. Sie bauten zum Teil große Häuser mit großen Gärten und nahmen auch nicht so am Vereinsleben teil. Wir wohnten an einer Straße, wo man ab und zu sehen konnte, wenn die Leute mit ihrem großen Mercedes und schick angezogen vorbeifuhren. Da sagten meine Eltern, dass irgendwo in Bonn heute Abend bestimmt wieder ein Empfang sei.

Andererseits sind die Bauern durch die Hauptstadtfunktion von Bonn reich geworden. Meine Eltern haben, glaube ich, drei Mark für einen Quadratmeter Bauland bezahlt, acht Jahre später waren es 30 Mark und dann wurden es 120 Mark.

Haben Ort und Raum den Regierungsalltag beeinflusst?
Die kurzen Wege in Bonn waren etwas Besonderes. Stark empfunden habe ich auch die Form- und Zwanglosigkeit im Regierungsviertel. Ich habe an anderer Stelle die Kneipen erwähnt, in denen man sich traf und mit „Einheimischen" mischte. Auch die Landesvertretungen mit ihrem Veranstaltungsangebot hatten hier eine wichtige Funktion.

Hat sich der Status als Hauptstadt auf den Alltag und das Leben in der Kommune und der Region ausgewirkt?
Das glaube ich schon. Am Beispiel der Geschäftsleute konnte ich das beobachten. Es gibt leider nicht mehr viele von den alteingesessenen Geschäften. Aber wenn man dort heute einkauft, kommt es schon vor, dass sie gerne von der Zeit vor 1991 erzählen. Neulich war ich in einem kleinen Antiquitätenladen und der Besitzer sagte, Helmut Schmidt sei immer vorbeigekommen. Von Margot Mende, der Ehefrau des FDP-Bundesvorsitzenden Erich Mende, weiß ich zum Beispiel, dass sie ein bestimmtes Bonner Geschäft hatte, wo sie immer ihre Kleidung kaufte. Also ich glaube schon, dass die Geschäftsleute den Status der Bundeshauptstadt geschätzt haben.

Die U-Bahn dürfte ebenso dem Hauptstadtstatus zu verdanken sein, wie das damalige Renommee der Oper, die Geld genug hatte, teure Sänger und Sängerinnen zu engagieren. In Bad Godesberg ist bis heute zu beobachten, wie der Hauptstadtstatus einen Stadtteil beeinflusst hat: Viele Botschaften siedelten sich dort an und es gab Geschäfte, die waren super elegant und super teuer. Bad Godesberg hatte fast den Status von Baden-Baden. Mit dem Wegzug der Diplomaten kam es zu einem komplizierten Strukturwandel mit zum Beispiel dem Entstehen vieler Billigläden. Der Bezirk hat gegenüber Bonn stark an Qualität verloren.

Würden Sie von einer Bundesrepublik sprechen oder von „Bonner" und „Berliner Republik"?
Also ich persönlich würde immer von Deutschland oder Bundesrepublik Deutschland sprechen. Ich weiß, dass es Unterschiede im politischen Alltag zwischen „Bonner" und „Berliner Republik" gibt. Aber da ist vieles auch den veränderten Zeitläufen geschuldet, zum Beispiel die hohen Sicherheitsmaßnahmen in Berlin. Dann wird oft gesagt, dass in Berlin die Medien so aggressiv sind, dass da vieles so schnell in die Öffentlichkeit gespielt wird. Im Gegensatz dazu hätte man in Bonn auch mal abends in einer Kneipe was sagen können, ohne dass es am nächsten Tag in der Zeitung stand. Aber das hat vor allem mit der Veränderung der Medienlandschaft und der politischen Landschaft zu tun. In Bonn wäre es bestimmt heute auch nicht mehr so, dass oben im Abgeordnetenhaus ein öffentliches Café geöffnet ist. Schließlich hat sich in den Jahrzehnten nach der Wiedervereinigung die Rolle Deutschlands geändert.

Ich kenne den Berliner Politikbetrieb nur wenig aus eigener Anschauung. Als die Stiftung von der Margarethenhöhe nach Potsdam gezogen war, bin ich eine Zeit lang zwischen Gummersbach und der Truman-Villa am Griebnitzsee gependelt. Ich musste von Potsdam aus Termine in Berlin wahrnehmen. Ich empfand es immer hektisch in Berlin, aber es wäre vielleicht auch hier in Bonn mit einem wiedervereinigten Deutschland hektisch geworden.

Hat sich Ihre Arbeit in der Friedrich-Naumann-Stiftung mit dem Umzug von Gummersbach nach Potsdam verändert?
Der Umzug nach Potsdam war wichtig, denn er stellte den unmittelbaren Kontakt zur Politik her. Sie können zum Beispiel keine Auslandsarbeit machen, wenn Sie nicht persönlich Kontakt ins Entwicklungshilfeministerium oder ins Auswärtige Amt haben. Der Standort Potsdam war eigentlich ein Kompromiss. Es soll die Entscheidung von Otto Graf von Lambsdorff gewesen sein, der damals Vorsitzender der Stiftung war. Er habe nicht gewollt, dass die Stiftung nach Berlin zieht. Die FDP war von diesem Beschluss nicht begeistert, weil sie in der Reinhardtstraße in einem riesigen Objekt saß, in dem die Stiftung auch noch Platz gehabt hätte. Die Stiftung verwies auf das Distanzgebot, allerdings hätte es nicht Potsdam sein müssen. Die Kollegen, die viel mit Ministerien oder der Fraktion zu tun hatten, haben oft über den damit verbundenen Zeitverlust geklagt. Ich habe das auch selber erlebt: Wenn man von der Truman-Villa nach Berlin fuhr, brauchte man mit der S-Bahn 30–45 Minuten. Das war nicht sehr effektiv, wenn man zum Beispiel nur einen Gesprächstermin hatte.

Hatten Sie den Eindruck, dass sich die Professoren der Universität Bonn in der Bundespolitik engagiert haben und sei es auch nur als Berater im Hintergrund?
Ich hatte Politikwissenschaft als drittes Studienfach, da kam es vor, dass Karl Dietrich Bracher oder Hans-Adolf Jacobsen Abgeordnete zum Beispiel in Seminare eingeladen haben. Die Politologen waren als Berater wirklich nah dran an der Regierungsarbeit, und natürlich waren die Politologen auch sonst nah dran an der Politik. Kommilitonen von mir, die beispielsweise bei Bracher oder Jacobsen studiert hatten oder promoviert wurden, fanden oft Stellen im Parlament oder in Ministerien.

Soviel ich weiß, endete das Engagement von Hochschullehrern in der Kommunalpolitik in den 1960er Jahren. In den 1950er Jahren waren zum Beispiel Karl Troll und Paul Martini Stadträte. Das finde ich interessant. Ein späteres kommunalpolitisches Engagement von Hochschullehrern ist mir zumindest nicht bekannt.

Würden Sie sagen, dass sich die Rolle von Frauen in der Politik von der Bonner Zeit zur heutigen Zeit verändert hat?
Auf jeden Fall! Ich kann das nicht empirisch belegen, aber ich finde, es ist völlig selbstverständlich geworden, dass Frauen aktiv in der Politik sind. Wir hatten 16 Jahre eine Bundeskanzlerin. Die Ministerinnen und die Ministerpräsidentinnen zeugen ebenfalls von diesem selbstverständlichen Engagement. Ich höre manchmal, dass Frauen es immer noch schwerer als Männer hätten, in gewisse Positionen zu gelangen. Ich weiß nicht, ob das heute noch stimmt. Damals war das so. Mir hat eine Stipendiatin gegenüber mal vermutet, woran es liegen könnte. Sie sagte, dass die Frauen bei einer Fortbildung oder Tagung abends zwar einen trinken gehen, aber nicht wie die Männer bis nachts um 2 Uhr. Um diese Uhrzeit aber würden dann die Posten ausgehandelt.

Es war damals für Frauen auf jeden Fall effektiv schwerer, politisch Karriere zu machen. So habe ich das bei Helga Schuchardt erlebt oder auch bei Hildegard Hamm-Brücher. Sie ist im Grunde „nur" Staatsministerin im Auswärtigen Amt gewesen. Heute wäre sie sicher Außenministerin geworden.

Wie würden Sie in dieser Hinsicht die Arbeitsatmosphäre in der Friedrich-Naumann-Stiftung beschreiben?
Die Geschlechterbalance war eigentlich sehr gut. Ungefähr die Hälfte der Abteilungsleiter war weiblich. Es war nicht so, dass Frauen nur auf der Sachbearbeiter-Ebene beschäftigt wurden. Trotzdem glaube ich, dass Frauen so eine Organisation heute anders prägen, als wir das damals gemacht haben. Meinem Empfinden nach wussten die Männer immer noch besser, wie man Netze knüpft und Seilschaften organisiert.

Abb. 8: Einweihungsfeier des Archiverweiterungsbaus, 1. Reihe v.l.n.r. Hans-Jürgen Beerfeltz (FDP-Bundesgeschäftsführer), Wolfgang Gerhardt (Vorstandsvorsitzender der Friedrich-Naumann-Stiftung für die Freiheit), Frank Helmenstein (Bürgermeister der Stadt Gummersbach), Monika Faßbender (Leiterin des ADL), 25.5.2009

War die paritätische Besetzung ein Thema, wurde das diskutiert? Oder hat sich diese Besetzung schlichtweg so ergeben?
Es wurde nicht darüber gesprochen. Es gab kein Leitbild. Manchmal denke ich, ob es nicht auch ein bisschen paternalistisch war, Abteilungsleiterstellen mit Frauen zu besetzen, so nach dem Motto: Frauen sind einfacher zu führen. Denn die Führungsebene war ausschließlich mit Männern besetzt. Gleichwohl war das Arbeitsumfeld angenehm.

Frau Faßbender, haben Sie vielen Dank für das Gespräch!

Christa Nickels, DIE GRÜNEN und die „Bonner Republik"

Dana Werner

Die Parteigründung der GRÜNEN erfolgte aus dem Umfeld der Neuen Sozialen Bewegungen. Bis zum erstmaligen Einzug in den Deutschen Bundestag 1983 „waren die Gründungsgrünen nicht mehr nur Bewegung, aber sie waren noch nicht ausschließlich Partei"[1]. Die Entwicklung verlief dezentral; ausgehend von der kommunalen Ebene. Zur Milieupartei links der Mitte entwickelten sich die GRÜNEN erst im Zuge der (Selbst-)Einbindung in die westdeutsche Parteiendemokratie der 1980er-Jahre. Die Partei stellte den liberalen Konsens atlantischer Prägung infrage, der die Nachkriegsjahrzehnte bestimmt hatte und war Ausdruck des fahrtaufnehmenden Strukturwandels in den westlichen Industrienationen. Mobilisierend für DIE GRÜNEN wirkten der NATO-Doppelbeschluss, das geplante Endlager in Gorleben und die Kernschmelzen in Harrisburg und Tschernobyl. Diese aktuellen Herausforderungen und Probleme verbanden sie „mit einer grundsätzlichen gesellschaftlichen Krisendeutung"[2]. DIE GRÜNEN bildeten den sozialen Wandel ab und entsprachen dem gewandelten Zeitgeist in Teilen der westdeutschen Gesellschaft. Damit war zugleich das Bonner Dreiparteiensystem aus CDU, FDP und SPD – letztlich dauerhaft – um einen vierten Akteur erweitert worden.[3]

Aus diesem, zuweilen apokalyptischen, Unbehagen an der Gegenwart speist sich auch das politische Engagement von Christa Nickels. Ihre Biographie ist für eine Politikerin eher ungewöhnlich: Nickels wurde als eines von acht Kindern eines Landwirts 1952 in Setterich (Kreis Geilenkirchen-Heinsberg) geboren. Nach dem Abitur am Bischöflichen Gymnasium Sankt Ursula in Geilenkirchen 1971 machte sie eine Ausbildung zur Krankenschwester. Seit 1977 arbeitete die zweifache Mutter als Nachtschwester auf einer internistischen Intensivstation, seit 1992 als Fachkrankenschwester in der Inneren Intensivpflege.[4] Die gläubige Katholikin begann sich Mitte der 1970er-Jahre politisch zu engagieren. Ihre Anliegen waren vor allem die Kritik an der wachstumsorientierten Industriegesellschaft und an der friedlichen sowie militärischen Nutzung der Atom-

---

1 Mende, Silke, „Nicht rechts, nicht links, sondern vorn". Eine Geschichte der Gründungsgrünen (Ordnungssysteme. Studien zur Ideengeschichte der Neuzeit, Bd. 33), München 2011, S. 7.
2 Bösch, Frank, Zeitenwende 1979. Als die Welt von heute begann, München 2020, S. 297. Damit ähnelten sie dem zeitgleich stattfindenden „neoliberalen" Kurswechsel der britischen Regierung unter Margaret Thatcher.
3 Vgl. Görtemaker, Manfred, Geschichte der Bundesrepublik Deutschland. Von der Gründung bis zur Gegenwart, München 1999, S. 650.
4 Vgl. Vierhaus, Rudolf/Herbst, Ludolf (Hgg.), Biographisches Handbuch der Mitglieder des Deutschen Bundestages, München 2002, S. 601.

Abb. 9: Porträtaufnahme von Christa Nickels als Bundestagsabgeordnete, um 1995

kraft. Ihre Herkunft war jedoch untypisch für die damalige „grüne Bewegung", die „eine durch und durch bürgerliche Bewegung war"[5]. Nickels war Gründungsmitglied des grünen Landesverbandes in Nordrhein-Westfalen 1979 und des Kreisverbandes Heinsberg 1980.

Zu den 28 Abgeordneten der Partei, die als Ergebnis der Wahlen zum 10. Deutschen Bundestag vom 6.3.1983 in das Parlament in Bonn einzogen, zählte auch Christa Nickels. Als parlamentarische Geschäftsführerin (4.4.1984–31.3.1985) gehörte sie dem sogenannten Feminat oder „Weiberrat" an. Unter der Bezeichnung verbarg sich die ausschließlich mit Frauen besetzte Fraktionsspitze der GRÜNEN. Im zweiten Jahr der Legislaturperiode hatten die Sprecherinnen Annemarie Borgmann (geboren 1942), Waltraud Schoppe (geboren 1942) und Antje Vollmer (1943–2023) den Fraktionsvorsitz inne. Trotz medialer Aufregung um diese Neuheit trug das Feminat fraktionsintern zur Beruhigung bei. Nickels verantwortete als Parlamentarische Geschäftsführerin die organisatorischen Aufgaben der Fraktion und koordinierte deren parlamentarische Arbeit. Sie hatten einen Anteil daran, dass die Bundestagsfraktion der GRÜNEN sich gegenüber der Partei sukzessive „zu dem Zentrum grüner Politik und ihrer programmatischen sowie strukturellen Weiterentwicklung" entwickelte.[6] Im Parlament erreichte sie auch mit unkonventionellen Gesten und Redebeiträgen eine größere Aufmerksamkeit. Ihr Anspruch war es, „dem Bürger offenzulegen, wie es zu welchen Entscheidungen im Bundestag kommt"[7].

In ihrer ersten Legislaturperiode war Nickels im Bundestag zudem ordentliches Mitglied des Petitionsausschusses und des Ausschusses für Wahlprüfung, Immunität und Geschäftsordnung. Infolge des von Partei und Fraktion festgelegten Rotationsprinzips schied Nickels 1985 aus dem Bundestag aus. 1987–1990 und 1994–2005 gehörte sie erneut über die grüne Landesliste dem Deutschen Bundestag an. Im Kabinett Schröder wurde sie 1998 zur Parlamentarischen Staatssekretärin im Bundesministerium für Gesundheit berufen; 1998–2002 war sie zugleich Drogenbeauftragte der Bundesregierung. 2008 wurde sie mit dem Bundesverdienstkreuz geehrt.

---

5 Mende, Geschichte, S. 64.
6 Siehe hierzu Heidemeyer, Helge, Die Grünen im Bundestag 1983–1987. Einleitung, in: Ders./Boyer, Josef/Peters, Tim B. (Bearb.), Die Grünen im Bundestag. Sitzungsprotokolle und Anlagen 1983–1987 (Quellen zur Geschichte des Parlamentarismus und der politischen Parteien, Vierte Reihe: Deutschland seit 1945, Bd. 14,1), Düsseldorf 2008, S. X-LII, hier S. XXXIV.
7 Fraktionssitzung vom 3. Mai 1983 (Nr. 21), in: Boyer/Heidemeyer/Peters, Sitzungsprotokolle, S. 111–119, hier S. 117.

Innerhalb der GRÜNEN betätigte sich Christa Nickels als Ansprechpartnerin für die Kirchen; u. a. als erste kirchenpolitische Sprecherin ihrer Partei. 2001 wurde sie als erste Grüne zum Mitglied im Zentralkomitee der deutschen Katholiken gewählt. Sowohl in Bonn als auch in Berlin pflegte sie einen direkten Kontakt zu kirchlichen Akteuren vor Ort, z. B. dem Sacre-Coeur-Orden, in deren Ordenshaus sie während der Sitzungszeiten des Bundestages in Berlin wohnte. Damit hat Nickels etwas angestoßen, was einzelne Kolumnisten in den letzten Jahren sogar dazu antrieb, von den GRÜNEN als „[d]ie neue C-Partei"[8] zu schreiben.

Mit Bonn als Hauptstadt und Dienstort verbindet sie in der Hauptsache Positives. In dem Dokumentarfilm „Die Unbeugsamen" aus dem Jahr 2021, der die Geschichte der Bundesrepublik aus Perspektive von Parlamentarierinnen aus verschiedenen Jahrzehnten erzählt, schildert Christa Nickels zum einen die Schwierigkeiten, die politiktreibende Frauen in den Jahrzehnten der „Bonner Republik" hatten. Bonn war aber auch der Ort, an dem Frauen wie Nickels einen größeren politischen Beitrag leisten konnten und damit nachfolgende Politikerinnengenerationen inspirierten.

So ist es nicht verwunderlich, dass Christa Nickels den Studierenden im Interview mit auf den Weg gibt, dass die Demokratie durch alltägliches Handeln gestärkt werden kann und sich in dieser Staatsform oppositionelle Meinung und Alternativvorschläge ihre Öffentlichkeit erarbeiten und mittelfristig Wirkungsmacht entfalten können. Die GRÜNEN seien für die „Bonner Republik" hierfür das treffende Beispiel.

---

8 Die neue C-Partei, in: Cicero. Magazin für politische Kultur, abgerufen unter: https://www.cicero.de/innenpolitik/die-neue-c-partei/52714 (abgerufen am 6.10.2023); Schmalenbach, Merle/Löbbert, Raoul, Sind die Grünen die neue C-Partei, Herr Habeck?, in: Christ & Welt, abgerufen unter: https://www.zeit.de/2019/26/robert-habeck-gruene-klimawandel-protestantismus-schuld (abgerufen am 6.10.2023).

Dokumentiertes Gespräch mit Christa Nickels vom 4. März 2022

Interviewt von Dana Werner

Welche Rolle spielten Sie in der Bundesrepublik und was hatte diese Rolle mit Bonn zu tun?
Ich war eine von Millionen in Deutschland, die in den 1970er Jahren zunehmend unzufrieden wurde mit der etablierten Politik. Ich bin auf dem Dorf aufgewachsen, wo der Zugang zu Informationen vergleichsweise schwierig gewesen ist. Ich hatte allerdings ein großes Glück, denn ich besuchte ein Mädchengymnasium der Ursulinen, die sehr gute Lehrer und Lehrerinnen hatten.

Ab den 1960er Jahren war eigentlich schon klar, dass wir einer gigantischen Umweltkrise globalen Ausmaßes entgegensahen. Es gab „Umwelt-Bibeln", die man damals gelesen hat und durch die man wusste, was auf einen zukam. Eines dieser Bücher war „Der stumme Frühling" von Rachel Carson, in dem sie wissenschaftlich fundiert belegte, dass vor allem durch DDT und chemische Substanzen, die in der Landwirtschaft eingesetzt wurden, die Vögel zunehmend ausgerottet und die Biosphäre sehr stark in Mitleidenschaft gezogen wurde.

Der nächste Punkt war die Umweltstudie „Global 2000. Bericht an den Präsidenten", die Jimmy Carter in Auftrag gegeben hatte. Hunderte von Wissenschaftlern bilanzierten hierin den Zustand der Biosphäre, inklusive der Meere und der Stratosphäre. Es war klar, dass der Globus insgesamt in Mitleidenschaft gezogen wird, wenn wir so weiter wirtschaften würden, wie wir es taten. Ich halte es für eine Tragödie, wenn man heute erstaunt tut. Alles war schon in den 1970er Jahren absehbar.

Mit Milliarden von Steuergeldern wurde die zivile Atomenergie am Markt etabliert. Das ist eine Energieform, bei der immer ein großer anzunehmender Unfall – hochgerechnet zwar sehr selten – möglich ist. Ich habe zu meinen Lebzeiten mittlerweile schon drei erlebt, Harrisburg-Three Mile Island, Tschernobyl und Fukushima. Und aus diesem Grund versichert auch keine Versicherung diese Schäden. Ein normales energieproduzierendes Unternehmen hätte sich dieser Technologie nie genähert, wenn nicht sehr hohe Summen Steuergeld zur Verfügung gestellt worden wären.

Dazu kam dann noch die zunehmende Konfrontationsstellung der Blöcke. Die NATO und der Warschauer-Pakt, die dann zunehmend auf atomare „Verteidigung" setzten.

Mich hat diese Situation nicht ruhen lassen. Wir haben das große Glück, dass man in einer Demokratie als einzelner Mensch etwas drehen und auch stoppen kann. Das hat mich sehr fasziniert und ich habe es auch genutzt, als eine Frau, die aus einem kleinen Dorf mit damals 450 Einwohnern kam.

Ich habe sehr früh, Anfang der 1970er Jahre, meine Kinder bekommen, nach dem Abitur Krankenpflege gelernt und auf einer internistischen Intensivstation gearbeitet.

Wir hatten hier in Geilenkirchen damals Atomsprengköpfe gelagert, aber das wurde immer abgestritten. Wir wussten es aber und haben uns die Informationen teilweise auch aus Amerika oder über die Studierenden der RWTH Aachen geholt. Das war eine sehr enge Zusammenarbeit. Die engagierten Leute haben sich zunächst an die damals etablierten Parteien gewandt. Ich selber habe auch zwei Jahre bei der Aktionsgemeinschaft Sozialdemokratischer Frauen gearbeitet, ohne Mitglied in der SPD zu werden. Als dann Bundeskanzler Schmidt die Nachrüstung mit atomaren Mittelstreckenraketen massiv forcierte, war das meines Erachtens ein großer Fehler. Schmidt selbst hatte Ende der 1950er, Anfang der 1960er Jahre noch vor der Stationierung gewarnt.

Man hat damals hochgerechnet, dass zwanzig Millionen Opfer in Mitteleuropa das Ergebnis eines Atomkriegs sein würden. Ich konnte nicht einsehen, dass ich auf der Intensivstation versuchte, Menschen am Leben zu halten und nach besten Kräften meine Kinder gut zu erziehen, während gleichzeitig so schlecht mit der Natur umgegangen wurde. Entgegen allem, was man damals schon wusste und wissenschaftlich nachgewiesen wurde, etablierte man eine solche wahnwitzige Verteidigungsstrategie und Energieproduktionsform!

Damals haben sich die Demokratiebewegung, die aus der Studentenbewegung entstand, die Frauenbewegung, die Umweltbewegung und andere Vorläuferorganisationen um 1979 zur Partei DIE GRÜNEN zusammengeschlossen. Da war ich dabei und habe in den ländlichen Regionen am Niederrhein federführend deren Strukturen und die Frauen-Friedensbewegung mit aufgebaut. Direkt (1983) wurde ich für die Bundestagswahl aufgestellt und bin in den Bundestag gewählt worden.

An mir sieht man, dass Menschen, die in einer scheinbar hoffnungslosen Situation sind, in unserer Demokratie nicht eingesperrt werden, wenn sie opponieren oder Alternativen erarbeiten und dass sie durchaus wirkmächtig sein können.

Wir hatten alle gar keine Lust eine neue Partei zu gründen. Parteimitglieder, die aus den K-Gruppen kamen, haben sich teilweise geschüttelt, wenn sie auf Leute wie mich trafen: wertkonservativ, verheiratet, Mutter und auch noch katholisch. Und die Wertkonservativen haben sich teilweise sehr schwer getan mit diesen K-Gruppen oder mit Spontis.

Der CDU-Bundestagsabgeordnete Herbert Gruhl war ebenfalls einer unserer Gründerväter. Er war ein sehr wertkonservativer Mann, der auch verzweifelt ist an diesem Starrsinn, die Realität nicht anzuerkennen. Er hat das Buch „Ein Planet wird geplündert" geschrieben und das war ein konstituierendes Buch für unsere Partei. Aber als DIE GRÜNEN dann existierten, ist er schnell wieder ausgetreten, aufgrund dieser Fliehkräfte und der riesigen Arbeit, widerstreitende Elemente in etwas Gemeinsamen zu verschmelzen.

Ich glaube, dass die engagierten, wertkonservativen Christen eine wichtige Rolle gespielt haben. Als Dissidenten in ihrer eigenen Kirche hatten sie schon einiges ausgehalten und waren davon überzeugt, dass es überlebenswichtig ist, diese Kraft zu bündeln. Mir war es wichtig, unsere Partei für religiöse Menschen wählbar zu machen, indem ich mich ganz klar als engagierte Christin und Reformkatholikin positioniert habe. 1983 wurde ich kirchenpolitische Sprecherin der Fraktion.

Das Establishment der katholischen Kirche hat DIE GRÜNEN insgesamt und mich angegriffen. Sie hatten damit ein Problem, weil sie mich als engagierte und überzeugte Christin kannten. Und umgekehrt in meiner Partei, bei der ich in der ersten Bundestagsfraktion war, waren auch die Linksorientierten sehr erstaunt und meinten, wenn es wirklich um soziale Gerechtigkeit und andere Dinge ginge, sei ich manchmal standfester als ein Linker oder eine Linke. An meiner Person wurde es nämlich möglich, eine Brücke zwischen den GRÜNEN und der katholischen Kirche zu schlagen.

In den 1980er Jahren hatten die christlichen Kirchen noch einen volkskirchlichen Charakter, den sie heute zunehmend verlieren. Mir haben viele Verbandskatholiken später gesagt, dass ich für sie DIE GRÜNEN verständlich und wählbar gemacht hätte.

Auch bedingt durch die Tatsache, dass ich Teil des Feminats, des ersten ausschließlich von Frauen gebildeten Fraktionsvorstandes in unserer Fraktion war, bin ich zu einem Aushängeschild geworden, dass Frauen sich selbst ermächtigen, um in Positionen vorzudringen, die ihnen damals nicht durch eine gläserne Decke, sondern durch eine Betondecke verschlossen waren. Die Fraktion war damals durch die Querrotation mitten in der Legislatur in einer schwierigen Situation. Alle bisherigen Mitglieder des Bundestags haben ihr Mandat niedergelegt und die Nächsten auf der Liste sind nachgerückt. Über die Wahl des Feminats zum Fraktionsvorstand stand die Republik Kopf und die konservative Presse tat so, als wären wir per Putsch ins Amt gekommen.

Das hat riesige Schockwellen, in meinen Augen positive, ausgelöst. Die direkte Wirkung in die CDU war, dass Generalsekretär Heiner Geißler erkannte, dass man etwas tun müsse, damit die CDU auf Dauer auch für die Frauen wählbar blieb. Der Essener Parteitag 1985 mit dem Thema „Frauen" war dann auch eine Grundlage, dass Rita Süssmuth als Quereinsteigerin von Kanzler Kohl als Ministerin in die Regierung geholt wurde.

Ich habe mich auch sehr stark in dem Bereich „Wiedergutmachung für vergessene Opfer" engagiert. Von 1987 bis 1990 haben wir als Grüne die Nichtigkeitserklärung der Erbgesundheitsgesetze und die Rehabilitierung der Deserteure aus dem Zweiten Weltkrieg in den Bundestag und in die Fachausschüsse getragen. Als Mitglied im Rechtsausschuss habe ich diese Themen vertreten. Mir ging es darum alle Opfergruppen mitzunehmen.

Ich lebe im Kreis Heinsberg mit der Stadt Erkelenz und dem Jülicher Land in der Nähe. Als Abgeordnete habe ich acht Flächenkreise betreut. Mir war es im Sinne der Basisdemokratie immer wichtig, dass alle Bürger eine Ansprechperson hatten. Der Braunkohleabbau war damals noch kein bundesweites Thema. Von der Ausdehnung der Tagebauflächen potentiell Betroffene wandten sich an mein Büro, weil sie sonst nirgendwo eine Ansprechperson fanden. Braunkohle wurde so zum Thema der Bundestagsfraktion und wir sammelten Expertise. In den 1980er Jahren warben wir für die Forschung und Investition in erneuerbare Energien.

Ein zweites Thema in meiner Region, die auch den Kreis Euskirchen umfasste, war das „Camp Vogelsang" in der Eifel. Hier hatten die belgischen Truppen einen Stützpunkt und veranstalteten Panzerübungen, bei denen während Schussübungen ganze Straßen abgesperrt wurden. Die Ortsansässigen waren empört, denn es wurde ihnen immer gesagt, dass es gar keine Geräuschemission und Gefährdung gäbe. Ich war in den 1990er Jahren Vorsitzende des Petitionsausschusses und habe zusammen mit Kolleginnen und Kollegen bei einem Ortstermin festgestellt, was da alles schieflief und wie die Leute belogen wurden. Es ist mir damals – zusammen mit dem heutigen ersten Bürgermeister der Stadt Köln und damaligem Schleidener Grünen-Ratsmitglied Andreas Wolter – gelungen, eine überparteiliche Koalition mit dem direktgewählten CDU-Abgeordneten aus dem Kreis Euskirchen, einer SPD-Kollegin und einer FDP-Kollegin herzustellen. Obwohl die regierenden Parteien damals ganz anderer Meinung waren, haben wir als Abgeordnete parteiübergreifend einen Delegationsbesuch im belgischen Parlament gemacht, haben die Fakten den belgischen Parlamentariern auf den Tisch gelegt und ein Bündnis mit dem NRW-Landtag und mit den Kommunen vor Ort organisiert. Das war die Keimzelle dafür, dass wir heute den Nationalpark Eifel haben.

In der Bundestags-Enquetekommission „Ethik und Recht der modernen Medizin" habe ich mich als Obfrau der grünen Bundestagsfraktion für den Schutz menschlichen Lebens engagiert – ein Fachbereich, der auch Querverbindungen zu den „Lebenswissenschaften" der Universitäten hatte.

Außerdem habe ich als Drogenbeauftragte der Bundesregierung den Modellversuch Drogenkonsumräume verantwortet; in Bonn hat damals Guido Westerwelle auf meine Bitte hin die Mehrheit im Kommunalparlament organisiert, damit die Stadt Bonn Teil dieses Modellversuchs wurde.

Was verbinden Sie persönlich mit der „Bonner Republik"?
Die Zeit der „Bonner Republik" war davon geprägt, dass wir im geteilten Deutschland lebten. Natürlich gab es mit der riesigen Herausforderung unmittelbar nach dem Krieg ein Fenster der Offenheit für andere Regelungen, aber nachdem sich das geschlossen und die Blockbildung eingesetzt hatte, war die Politik in einem festen Rahmen. Die Welt war mehr Schwarz-weiß als heute und diejenigen, die das überwinden wollten, also zum Beispiel die Bürgerinitiativen und die Bürgerbewegungen mussten immer hin und her switchen und Grenzen überwinden.

Bei Herausforderungen war es früher einfacher, dass Deutschland aufgrund der Schuld, die es in der Zeit des Faschismus auf sich geladen hatte, militärisch und geopolitisch eine begrenzte Rolle spielen konnte. Im Negativen wurde immer gesagt, das wäre spießig, aber das würde ich nicht so sagen. Denn die Kräfte des Wandels waren schon in den 1960er Jahren sehr stark, auch wenn es eine Minderheit war.

Eine Demokratie muss jeden Tag verteidigt werden und dazu muss man keine großen Heldentaten vollbringen, sondern muss es nur in seinen Alltag einbauen. Dazu gehört in einer Demokratie als Volksherrschaft, dass man mindestens einmal in vier Jahren seinem Abgeordneten mitteilt, was man vermisst, ihn für seine Politik lobt, oder sich bei ihm in der Bürgersprechstunde beschwert. Als Abgeordnete habe ich die Erfahrung gemacht, dass wenn statt fünf nun fünfzig Leute das Bürgerbüro einrennen, das etwas bei den Abgeordneten verändert, die direkt gewählt sind.

Ich habe beide Zeiten erlebt, denn ich war in den 1980er Jahren Bundestagsabgeordnete und habe erlebt, wie in der Legislaturperiode von 1987–90 auch Bundeskanzler Kohl die Hoffnung auf die Einheit aufgegeben hatte. Die riesige Museumsmeile in Bonn war ein Ausdruck davon, dass man das Provisorium zur realen Hauptstadt Westdeutschlands machen wollte und damit rechnete, dass es auf absehbare Zeit so bleiben würde. Aber da hat uns die Geschichte doch sehr überrascht.

Die „Bonner Republik" hatte drei große Kapitel: die unmittelbare Nachkriegszeit, die Zeit der Deutschen Teilung und die Aufbruchszeit um 1989, die auch aus der „Bonner Republik" maßgeblich mitgesteuert wurde. Es war ein großer Fehler, dass die „Bonner Republik" die junge Deutsch-Deutsche Republik paternalistisch überrannt hat. Es gab sehr viele Ansätze aus der DDR, unter anderem von den Bürgerrechtlern, einen gemeinsamen neuen Anfang zu machen.

Ich war auch bei der Initiative für eine neue gemeinsame Verfassung, denn es war verfassungsrechtlich gesehen eine Übernahme der ehemaligen DDR. Ich glaube, dass die „Bonner Republik" eine Chance vertan hat. Es war sehr mutig zu sagen „Wir übernehmen das, wir sind solidarisch" aber andererseits auch sehr engstirnig nach der Devise „Das Bestmögliche ist unser System". Dabei gab es auch praktische Dinge, die man hätte übernehmen können, wie die Klinikambulanzen oder eine gute Kinderbetreuung. Aber auch die strukturellen Voraussetzungen, dass Frauen ganz selbstverständlich erwerbstätig sein konnten.

Als Vorsitzende des Petitionsausschusses habe ich von 1994 bis 1998 waschkörbeweise Post von ehemaligen DDR-Bürgerinnen und -Bürgern bekommen, denen durch die Treuhand und diese radikale Überrollung sehr viel Unrecht widerfahren ist.

Haben Sie den Eindruck, dass diese Kontaktsuche zu den Volksvertretern in der alten Bundesrepublik ausgeprägter gewesen ist als jetzt? Hatten Sie das Gefühl, dass die Bürger in ihrer jungen „Bonner Republik" mit einem sehr viel schärferen Bewusstsein von Demokratie mit ihren Abgeordneten konferiert haben?
Das würde ich verneinen. Ich glaube, dass es gerade in der alten „Bonner Republik" vor der Wende und auch bevor DIE GRÜNEN sich gegründet haben, eine sehr starke Milieubindung gab, die sich jetzt komplett auflöst. Man hatte bis in das kleinste Dorf rein, eine Allianz von Thron und Altar. Da hätte die CDU zum Beispiel einen Besenstiel aufstellen können und der wäre gewählt worden und der Ortspfarrer hätte immer von seiner Kanzel gepredigt, dass man als guter Christ die Partei mit dem hohen C im Namen zu wählen hatte. Das war in den 1980er Jahre auch noch so. Und wenn die Kirche Fragebögen an die Kandidaten schickte, dann konnten wir Grüne die zwar beantworten, die wurden dann aber nicht veröffentlicht. Die Abgeordneten haben da sehr stark die Partei-

linie heruntergebetet. Das war eine Zeit lang anders, als Willy Brandt Bundeskanzler war, aber die konservativen Parteien blieben so.

Als wir damals in den Bundestag kamen, war auf einmal eine Kraft da, die man vorher immer draußen haben wollte. Während der späten 1970er, frühen 1980er Jahre herrschte in der „Bonner Republik", in Bonn selber eine große Demonstrationsbereitschaft mit viel Oppositionsgeist und Friedenswille.

Gibt es Orte, die Sie besonders mit Bonn und der „Bonner Republik" in Zusammenhang bringen?
Die geographische Gegebenheit von Bonn als Stadt am Strom und zwar an einem großen europäischen Strom, der viele Länder Europas verbindet und eine Lebensader darstellt, ist bedeutsam. Der Rhein, der an dem alten Regierungsviertel vorbeifließt, prägt für mich die Stadt. Der Fluss ist ein sehr sprechendes lebendes Symbol.

Ich habe das Privileg gehabt, alle Plenarsäle der Nachkriegszeit zu erleben. Ich finde, dass wir sehr dankbar dafür sein können, dass Deutschland nach dem Krieg dieser pompösen, gewalttätigen und auch überwältigenden Architektur der Nationalsozialisten etwas Bescheidenes entgegengesetzt hat.

Viele verbinden mit der „Bonner Republik" das Provinzielle und wenig Hauptstädtische. Aber das kann ich überhaupt nicht mittragen, denn für mich ist es ein Glücksfall der Geschichte, dass wir in einer kleineren Stadt unsere Hauptstadt hatten, an einem

Abb. 10: Villa Dahm, Sitz der Parlamentarischen Gesellschaft, 1970/1975, Foto: Ernst Linderoth

Abb. 11: Luftaufnahme des Bonner Regierungsviertels, im Hintergrund ist das Bundeskanzleramt erkennbar, undatiert, Foto: Peter Strack

großen europäischen Strom, der viele Staaten verbindet, und in einem funktionsfähigen und würdigen, aber bescheidenen Rahmen.

Ich habe es auch bedauert, dass man die Parlamentarische Gesellschaft abgerissen hat, die auch zu diesem Ensemble gehörte. Diese bescheidenen, aber funktionsfähigen und dialogermöglichenden Räumlichkeiten, wo sich Abgeordnete parteiübergreifend trafen, wenn die Sitzungen vorbei waren, hielt ich für sehr wichtig.
Es ist noch aus dem Bonner Parlament heraus geplant worden, wie das Gesicht der neuen gesamtdeutschen Hauptstadt aussehen würde. Ich hatte große Furcht davor, dass in diesem alten Reichstagsgebäude der Bundestag sein sollte und habe mir nicht vorstellen können, dass dieses von der Vergangenheit belastete Gemäuer der Arbeitsraum und Kraftraum der Demokratie sein würde. Ich war strikte Gegnerin, dass die Hauptstadt nach Berlin umziehen sollte. Wir können Rita Süssmuth und der Parlamentariergruppe danken, die dort die Architektur mit der Glaskuppel durchgesetzt haben, sowie dem Prinzip, dass man den Bundestag als die Werkstatt der Demokratie einsehen kann.

Vor meiner politischen Karriere hatte ich keinen Kontakt nach Bonn und bin vorher nie dort gewesen. Ich bin Bauerntochter und meine Eltern sind nicht gereist. Ich hatte als Mutter von kleinen Kindern ein Haus, einen riesigen Garten und acht Flächenkreise als

Abgeordnete zu betreuen. Ich bin zwischen Heinsberg, Siegburg und Euskirchen überall präsent gewesen. Bonn war für mich hingegen eine Arbeitsstadt. Ich hatte ein Zimmer in Bonn und in den 1990ern habe ich zusammen mit meinem Sohn, der studierte, in einer WG gewohnt. Morgens früh bin ich aufgestanden und zum Bundestag gefahren. Innerhalb des Regierungsviertels bin ich jeden Weg, den ich konnte, zu Fuß gelaufen, und darum ist der Rhein für mich so eindrücklich.

Von der Stadt habe ich mehr mitgekriegt, als ich in der WG mit meinem Sohn wohnte, der mit mir ein Bonn-Programm gemacht hat. Jenseits der Arbeitsebene hatte ich einfach keine Zeit, denn ich habe wirklich von morgens bis nachts gearbeitet. Ich bin morgens nie nach 6 Uhr aufgestanden und bin auch nie vor 22 Uhr aus dem Büro gegangen. Bevor wir in den Bundestag einzogen, gab es zum Auftakt für die neue und zum Abschluss der alten Legislaturperiode „Fidelio" in der Bonner Oper. Das war schon großartig und ich bin gelegentlich mit Freunden etwa zwei Mal im Jahr in der Oper gewesen. Aber das war die Ausnahme. Als später die Museen gebaut waren, konnte man dort ganz leicht hingehen, das habe ich auch getan.

Als Naturbeispiel fällt mir noch das Siebengebirge ein, denn dort wurde viel Buntsandstein abgebaut, der für den Bau des Kölner Doms verwendet worden ist, wo Natur und Kultur Monumente hervorgebracht haben, die symbolisieren, was die rheinische Lebensart ist.

Welche spezifischen Ereignisse verbinden Sie mit der „Bonner Republik" bzw. mit Bonn und würden Sie von einem der genannten Ereignisse als „Bonn-spezifisch" sprechen?

Für mich als Grüne war der Einzug in den Bundestag absolut „Bonn-spezifisch", denn das war ja die Bundeshauptstadt. Der Fotojournalist Jupp Darchinger sagte einmal zu mir: „Frau Nickels, als Sie da einzogen, da kamen Farben und Leben, generationsübergreifend, die Hälfte Frauen, auch junge Frauen, Menschen". Wir haben ganz bewusst unsere normale Kleidung getragen, um zu symbolisieren, Demokratie heißt Volksherrschaft. Das ist nicht nur etwas für eine kleine Elite, sondern alle Bürgerinnen und Bürger, die sich einarbeiten und engagieren, können sich und das Land vertreten. Wir zogen ganz friedlich ein und nutzten das Parteienrecht und die Verfassung, um in dem Rahmen etwas komplett anderes zu machen.

Der NATO-Doppelbeschluss ist für mich auch eng mit der „Bonner Republik" verknüpft. Er stand für diese Blockkonfrontation bis an den Rand der Nuklearkatastrophe. Bonn stand im Zentrum dieses Konflikts. Dass wir dieser Katastrophe so gerade glücklich entronnen sind, ist auch etwas, das ich bis heute nicht verstehe. 1983 hatten wir im November/Dezember diese große Nachrüstungsdebatte im Plenum des Bundestages. Aber im September 1983 wäre beinahe der Atomkrieg ausgebrochen und die Welt in einem nuklearen Inferno zerstört worden, weil es einen Fehlalarm gegeben hatte. In einem sowjetischen Überwachungszentrum erschienen auf einmal Raketen auf dem Überwachungsschirm und man musste davon ausgehen, dass amerikanische Interkontinental-

Abb. 12: Fraktionssitzung der Bundestagsfraktion DIE GRÜNEN in einem Sitzungssaal des Bundestages, 1983

raketen im Anflug auf die Sowjetunion waren. Hätte der wachhabende Verantwortliche, Oberst Petrow, den vorgeschriebenen Dienstweg beschritten, dann wären im Sinne der massiven Vergeltung die sowjetischen Atombomben losgeflogen. Dieser hat abgewartet, obwohl er wusste, dass ein Risiko bestand, dass Russland getroffen werden könnte.

Wie haben Sie selber das Arbeitsklima und die Arbeitsweise des Parlaments wahrgenommen? Mehrere Grüne haben sich über das Arbeitsklima und auch über das Verhalten anderer Parteien ihnen gegenüber beschwert. Bonn ist bis heute eine übersichtliche Stadt, man kann Leuten schwerlich aus dem Weg gehen auf so kleinem Raum.
Es war wirklich anfangs unsäglich. Für die Abgeordneten, die von den GRÜNEN einzogen, sind andere abgewählt worden. Man hat uns monatelang nicht die Räume zugeteilt, die uns zustanden. Dann war es für uns schwieriger, weil wir wegen der Querrotation mit doppelter Besetzung angerückt sind. Das war natürlich unser eigenes Problem, aber trotz Schwierigkeiten sind wir klargekommen und haben uns alle Räume geteilt. Nach der Wahl haben wir draußen vor dem Hochhaus im Tulpenfeld eine öffentliche Fraktionssitzung durchgeführt. Wir wollten demonstrativ darauf aufmerksam machen, dass wir unsere Räume nicht bekamen.
Die eigentliche Arbeit findet in den Ausschüssen statt, die damals noch hermetisch vor der Öffentlichkeit abgeriegelt waren. Dort saßen ausschließlich Abgeordnete und keine Mitarbeitenden. Was sich da abgespielt hat, spottet jeder Beschreibung. Wie sich teil-

weise Kollegen von der CDU/CSU benommen haben, war unterirdisch. Bis weit in die 1980er Jahre hinein war das unsäglich. Die GRÜNEN vertrat ich in den Jahren 1987 bis 1990 im Rechtsausschuss. Wegen der von meinen Kolleginnen und mir eingebrachten frauenpolitischen Initiativen, wie z. B. zur Vergewaltigung in der Ehe, wurden wir sexistisch niedergemacht. Dies ging so weit, dass mich ein CSU-Kollege im Ausschuss für verrückt erklärte, obwohl ich ordentlich argumentierte und fachlich immer gut vorbereitet war.

Wir hatten das genauso erwartet, weil wir das draußen von der etablierten Politik auch so erlebt hatten. Um dem zu begegnen, haben wir uns intensiv in die Geschäftsordnung eingefuchst. Nach einem Jahr im Bundestag wurde ich parlamentarische Geschäftsführerin der GRÜNEN und habe diesen Handwerkskasten genutzt bis zum letzten Unterstrich. Ich bin seitdem eine große Freundin von demokratischen, ordentlichen Strukturen und Geschäftsordnungssatzungen. Es ist wie mit der Demokratie im Ganzen, sie müssen es nur ernst nehmen und anwenden. Wir haben im Gegensatz zu den anderen Fraktionen diese Regularien genutzt. Und wenn man mir das bestritten hat, bin ich auch bis zum Parlamentsdirektor gegangen und habe ihm gesagt „Meines Erachtens wird das falsch ausgelegt". Der damalige Parlamentsdirektor war ein sehr kluger Kopf und so fair, dass er das wirklich mit den Kommentaren verglichen und mir recht gegeben hat.

Ich war später auf der anderen Seite der Barrikade. Als parlamentarische Staatssekretärin und Drogenbeauftragte der Bundesregierung war ich dem Gesundheitsministerium zugeordnet. Dort haben mir alte Ministerialbeamte gesagt, dass sie die GRÜNEN wirklich gehasst haben, weil die sie überzogen hätten mit kleinen und großen, mit mündlichen und schriftlichen Anfragen. So seien sie zugleich gezwungen gewesen, sich auf die Höhe der Zeit und der Wissenschaft zu begeben. Das hat die Kommunikation zwischen Wissenschaften, Fachgesellschaften, Professionen einerseits und Regierung, Ministerien und der Gesellschaft andererseits gefördert.

Es war ein Entwicklungsprozess. „Johnny" Klein, der CSU-Vizepräsident, hat sich mit den ultralinken Frauen bei uns in der Fraktion gut verstanden, weil er interessiert war und die Frauen teilweise witzig fanden, wie er auftrat. Dadurch ergaben sich neue Möglichkeiten miteinander zu sprechen.

Ich bin auch immer in der katholischen Frauengemeinschaft gewesen und hatte viele parteiübergreifende Kontakte zu den Frauen, die in der katholischen Frauengemeinschaft waren. Naturgemäß waren dort viele von der CDU/CSU und der SPD. Ich habe mit denen in vielen Bereichen gut zusammengearbeitet. Die CDU/CSU-Frauen wussten natürlich auch, dass in der Familie viel Gewalt herrscht. Sie hatten ebenfalls Interesse, Frauenhäuser vor Ort zu implementieren und vom Bund die entsprechende Förderung zu verlangen.

Als wertkonservative Frau, also als fromme Katholikin, Krankenschwester mit Kindern und ganz früh geheiratet, erweckte man die Neugierde der anderen Seite. Demokratie lebt davon, dass Leute ganz verschiedener Meinung sein können. Einen richtigen Demokraten, eine richtige Demokratin muss es auszeichnen, dass, wenn es nicht verfassungswidrig ist, man aufeinander hört, miteinander streitet, aber sich als Person nicht runtermacht. Wenn das gegeben ist, machen wir insgesamt einen Sprung nach vorne.

Gab es Wechselwirkungen zwischen Kommune und Region einerseits und dem Hauptstadtleben in Bonn andererseits?
Da kann ich nur wenig zu sagen, denn ich habe meine Zeit in Bonn überwiegend im Regierungsviertel verbracht und bin dann in meine Wohnung gefahren. Bonn war für mich ausschließlich Arbeitsstätte. Das heißt nicht, dass ich die Stadt nicht schätze, sondern ich hatte schlicht keine Zeit.

In welcher Form beeinflussten Ort und Raum den Regierungsalltag und die Arbeit der Regierungsmitarbeiter?
Die Region um Bonn, Köln und Düsseldorf ist natürlich sehr prägend gewesen und eine sehr alte deutsche Kulturlandschaft. Bonn stand für eine „Stadt am Strom", mit Köln auch für den rheinischen Katholizismus und für eine europäische Stadt mit der bekannten Mentalität von „leben und leben lassen" im Sinne des Kölschen Grundgesetzes. Hier galt auch der Adenauer zugeschriebene Spruch: „Die landsmannschaftlichen Besonderheiten sind von der Verfassung jeschützt".

Als in Bonn dann klar war, dass Berlin die Hauptstadt werden würde, hat Bonn schwer gelitten. Es ging darum, Mittel und Möglichkeiten zu bekommen, um weiter der Sitz von internationalen Organisationen zu sein. Allerdings finde ich die geteilten Ministerien nicht zweckmäßig. Aber Bonn zur internationalen Stadt auszubauen, das finde ich richtig.

Wie hat sich andersherum der Status als Hauptstadt auf das Leben/den Alltag in der Kommune und in der Region ausgewirkt?
Mein Netzwerk spielte sich zwischen den Tagen im Tulpenfeld, in den Parteistrukturen oder in der Region ab. Für das Kneipenleben habe ich keine Zeit gehabt.

Wir hatten auch alle einen Diplomatenpass wegen der Ausschusssitzungen in Berlin. Durch meine Kinder bin ich aber selten gereist. Nach Berlin haben wir Material für die Bürgerrechtsbewegung mitgenommen, denn mit einem Diplomatenpass konnten uns die DDR-Grenzpolizei nicht kontrollieren. Sie konnten uns zwar die Stasi dranhängen, aber wir konnten alles rüberbringen.

Würden Sie von einer Bundesrepublik sprechen, oder von „Berliner" und „Bonner Republik"? Wo liegen hierbei die Unterschiede zwischen Berlin und Bonn?
Ich würde den Unterschied betonen und die Geschichte sogar dreiteilen in 1. „Bonner Republik", das heißt von der Nachkriegszeit bis 1990, 2. eine Übergangszeit vom Fall der Mauer bis zur Mitte der 1990er Jahre bzw. bis zum Umzug nach Berlin, also zwischen dem Ende der Zweistaatlichkeit, aber dem Regierungsviertel noch in der alten „Bonner Republik", und 3. die Zeit nach dem Umzug in den Bundestag im Reichstagsgebäude.

Die Bonner Zeit war über lange Strecken überschaubarer für diejenigen, die Politik zu machen hatten, als die Zeit nach dem Zwei-plus-Vier-Vertrag mit ihren Ansprüchen und Herausforderungen. Das macht sich auch an dem Regierungssitz fest, denn Bonn war zwar eine Großstadt, aber sehr idyllisch im Rheintal, fernab von den europäischen Hauptachsen. Und Berlin lag mitten im Fadenkreuz der Konflikte und auf dem Präsentierteller, als eine der wenigen Millionenstädte, die wir in Deutschland haben. Eine Stadt, die auch in einem Atemzug genannt wird mit New York oder Paris. In Bonn ergaben sich viele Möglichkeiten der Zusammenarbeit, wenn es milieuübergreifende Berührungspunkte gab, wie bei mir zum Beispiel mit der katholischen Kirche.

Später in den 1990ern, als wir als West-GRÜNE eine Wahlperiode wegen der Ignoranz bezogen auf die Deutsche Einheit aus dem Bundestag geflogen waren, wurden wir von den Bürgerrechtlern vertreten. Das war einerseits traurig, bezogen auf unsere westdeutsche Ignoranz, aber andererseits schön, weil uns nun die mutigen ostdeutschen Bürgerrechtler gesamtdeutsch vertraten.

Beim Betrachten des Politikbetriebs in der „Bonner Republik" und heute in Berlin fällt einem das damalige große Übergewicht von Männern ins Auge. Wie gelang Ihnen als Frau der Einstieg in den politischen Betrieb? Wie fiel das Feedback der Fraktions- und Regierungskolleginnen und -kollegen aus; wie das der anderen Mitglieder im Bundestag und in der Bundesregierung?

Wir GRÜNEN haben eine Bresche für die Anwesenheit von Frauen in der Politik geschlagen. Wir hatten von der Gründung an einen hohen Frauenanteil. Wir hatten niedrigschwellige hierarchische Strukturen und wollten eigentlich eine Partei ohne Führung sein, aber mussten uns schließlich nach dem Parteigesetz gründen. Wir hatten aus diesem Grund anfangs auch sehr viele Frauen, die versucht haben, sich nach Zeit und Möglichkeiten einzubringen. Wir haben dann bei uns GRÜNEN 1986 das Frauenstatut durchgekämpft, dass unter anderem die Mindestparität festlegt, wonach jeder ungerade Platz mit einer Frau besetzt wird und zwar nicht nur um Frauen zu bevorteilen, sondern um sicherzustellen, dass immer, auch bei ungeraden Zahlen von Gewählten, mindestens die Hälfte der Ämter und Mandate für Frauen zur Verfügung stehen. Wir haben dann auch in der Fraktion gesagt, dass sich dies bei den Mitarbeitenden widerspiegeln muss, da natürlich um jeden Platz viele Leute konkurrieren und in der Regel Männer wieder das Rennen machen. Uns war auch wichtig, dass die Arbeitsbedingungen für Frauen in der Politik anders sein müssen. Wir grüne Abgeordnete haben damals viel Geld abgeben müssen. Diese Summe ging nicht an die Partei, sondern an Öko-Fonds, SoLi-Fonds und internationale Fonds. Ich habe zum Beispiel eine Kinderfrau für die Zeit der Sitzungswochen gebraucht, die ich auch fest angestellt habe. Das hat man mir zugestanden, also brauchte ich dementsprechend weniger zu spenden. Das galt für alle Männer und Frauen, die nachweisen konnten, dass sie einen Betreuungsbedarf hatten. Auf der kommunalen Ebene wurde den Eltern, überwiegend den Frauen, damals für die Fraktionssitzungen, die oft abends stattfanden, das Geld für die Kinderbetreuung gezahlt. Dann haben wir von Anfang an auch immer dafür gesorgt, dass auf allen Parteitagen auch Kinder qualifiziert betreut werden konnten.

Im Bundestag wollten wir einen Kindergarten, einen Hort, einrichten, damit die Mitarbeitenden und die Abgeordneten ihre Kinder während ihrer Arbeitszeit vernünftig betreut wussten. Das wurde natürlich mit Gelächter abgetan, denn Frauen und Kinderkram hätten nichts mit großer Politik zu tun.

In dieser Frage habe ich was Entscheidendes gelernt: Denn nicht nur Kinder lernen vom Beispiel, sondern auch Demokratie lernt vom Beispiel. Wenn sie etwas wollen, müssen sie es selber mit den Mitteln, die sie haben, machen. Wir haben mit Fraktionsmitteln einen Kinderhort errichtet und dort war auch eine Köchin, die vernünftig kochte. Die Abgeordneten durften ihre Kinder nicht unterbringen, denn das hatte etwas mit dem Parteiengesetz zu tun. Wir haben ferner damals schon denjenigen, die ein ganzes Jahr Elternzeit wollten, das auch bezahlt. Das heißt, wir haben eigenes Geld, eigene „man and woman power" genutzt und Satzungstechnisches durchgefochten, bis wir es hatten. Und dann sind tatsächlich die anderen Fraktionen unter Druck gekommen. Rita Süssmuth hat für den neuen Deutschen Bundestag die Kindertagesstätte durchgesetzt.

Gleichwohl sind wir fraktionsintern als Frauen in einen furchtbaren Konflikt geraten zwischen den Feministinnen aus der „lila Latz-Hosen-Bewegungen" und den wertkonservativen Feministinnen. Wir haben viel Gleichstellungspolitik betrieben, aber irgendwann sagten uns zahlreiche Mütter, dass sie nicht die Kinder kriegen wollten, um sie weg zu organisieren. Sie wollten vielmehr Zeit und Geld für Kinder haben. Ein Teil der Feministinnen sagte, das sei eine Mutterverherrlichung, wie Norbert Blüm sie betreibe.

Und dann haben wir zusammen mit einigen GRÜNEN sowie parteilosen frauenpolitisch engagierten Frauen und dem Jugendinstitut aus München einen Mütterkongress organisiert. Dieser musste durchgefochten werden, denn wir wollten dafür auch Fördermittel haben. Dann haben wir in vielen Arbeitsgruppen die Forderungen zur Vereinbarkeit von Kinder-haben, Beruf sowie Teilhabe an der Gesellschaft und an der Politik erhoben. Der Slogan war „Mehr Zeit und Geld für Kinder" und es waren teilweise bittere Auseinandersetzungen, aber wir sind beieinandergeblieben und haben etwas Neues in die Politik miteingebracht.

Wenn es keine frauenspezifischen Punkte waren, sprachen im Plenum des Bundestages die Fachpolitiker aus den Arbeitskreisen. Dort kannte man sich auch und es wurde nicht rumgepöbelt, sondern fachpolitisch diskutiert. Bei frauenpolitischen, friedenspolitischen und umweltpolitischen Themen wurde hingegen gepöbelt und wenn eine Frau redete, dann noch mehr, denn dann wurde auch der Sexismus-Knopf gedrückt. Hemmungen zu reden, hatte ich trotzdem keine. Meine erste große Rede, die weltweit gezeigt wurde und über die 60 große Zeitungen weltweit berichtet haben, war jene in der Nachrüstungsdebatte. Als ich mit der „Kette der tausend Kraniche" nach vorne ging, fingen die CDU/CSU-Männer an zu pöbeln und zu lachen, vor allem, weil ich eine Frau war. Aber von Satz zu Satz wurden sie stiller und haben zugehört. Da hat keiner mehr gepöbelt, weil es mir offensichtlich gelungen war, die richtigen Worte für diese schwerwiegende Problematik zu finden.

Sie sind im Rheinland verwurzelt. Wie schwer ist Ihnen der Umzug nach Berlin gefallen, der für Sie, so zumindest die Wahrnehmung als Außenstehende, mit einem Karrierehöhepunkt, dem Staatssekretärsamt verbunden war? Welche Bedeutung messen Sie dem Umzug von Parlament und Regierung nach Berlin für die von Rot-Grün angestrebte Politik bei? Der Heidelberger Historiker Edgar Wolfrum spricht in seiner Monografie über die Bundesregierung Schröder-Fischer von einer „Regierung des Übergangs", die „Dinge neu regeln und globale Weiterungen in das Regieren miteinbeziehen; [...] den Aufbruch ins 21. Jahrhundert gestalten" wollte. Überspitzt gefragt: Ging sowas nur in Berlin?

Nein, die Politik machen Politiker und die Inhalte werden durch die Parteien und die Bevölkerung bestimmt, wenn sie sich entsprechend vereinbaren. Das ist zwar ortsunabhängig, aber ich glaube, dass Berlin der richtige Ort für eine sich zunehmend deutlicher herausschälende planetarische Gesellschaft ist.

Ich hatte zu dieser Zeit mehr Freiraum, denn meine Kinder waren schon an der Uni. Ich wollte in Berlin nicht in irgendeiner anonymen Wohnzelle abends nach Hause kommen. Denn das ist eine besondere Form der Einsamkeit, wenn Sie aus einem Alltag kommen, wo dicht getaktet alle möglichen Termine sind. Ich hatte mich mit Schwester Cornelia Bührle, der Juristin der Gesellschaft vom Heiligen Herzen Jesu angefreundet und habe gefragt, ob ich mich in einem Zimmer des Ordenshauses einmieten könnte. Das Zimmer war für mich ein richtiger Glücksfall, denn das ist eine Jugendstilvilla gewesen, die direkt am Waldfriedhof Berlin in einer Sackgasse lag und an eine katholische Grundschule angegliedert war. So hatte ich in Berlin ein Refugium, wo ich mich auch als Mensch aufgehoben fühlte.

Bonn hat seit 2020 eine bündnis-grüne Oberbürgermeisterin und bei der letzten Bundestagswahl erhielt Bündnis 90/DIE GRÜNEN mit knappem Vorsprung die meisten Erst- und Zweitstimmen. Wie sah der Rückhalt für Ihre Partei in Ihrer aktiven Zeit als Politikerin in Bonn und der Region aus? Welches Ansehen, welchen Einfluss genoss man als grüne Bundestagsabgeordnete im Bonn der 1980er und 1990er Jahre?

Es hing davon ab, welchen Hintergrund man hatte. Ich mit meinem ziemlich speziellen Hintergrund hatte großen Rückhalt in den kirchlichen Hilfswerken, denn ich bin viel menschenrechtlich unterwegs gewesen in der planetarischen Gesellschaft. Und diese Vereinigungen, die auch mit Lebensrealitäten zu tun haben, in denen es blutig, schwierig und ungerecht zugeht, die gucken nicht danach, wo Sie herkommen, die gucken, was Sie tun. Da hatte ich immer einen großen Rückhalt und ein großes Ansehen.

In Bonn ist der Katholizismus immer stark verankert gewesen und durch meine Aufgabe als kirchenpolitische Sprecherin der Fraktion sind dann auch selbst Ultrakonservative an mir nicht mehr vorbeigekommen. Teilweise haben sie auch Respekt gegenüber meinem Auftreten bekundet. Es gab aber auch Kardinal Höffner, der einfach aus Köln nach Bonn seine Verdikte aussprach, ohne überhaupt zu wissen, über wen er da urteilte.

Wir hatten in Bonn immer schon eine sehr starke grüne Verankerung in der universitären Landschaft. Viele Kommunalpolitikerinnen und -politiker genossen das Privileg, die Bundestagsfraktion direkt in der Stadt zu haben. Denn wir haben damals sämtliche Fraktionssitzungen zunächst generell öffentlich abgehalten. Erst nach ein paar Jahren waren sie nur noch parteiöffentlich. Viele Grüne vor Ort haben das genutzt und einige Inputs mit eingebracht. Die Bonner GRÜNEN hatten aber keinen überproportionalen Einfluss auf die Entscheidungsfindung, denn da hätten sich diejenigen, die von woanders herkamen, schon beschwert. Aber sie hatten natürlich mehr Chancen, von dieser Expertise und diesem Kraftort zu profitieren.

Aber es ist nicht so, als wenn sie die Fraktion ferngesteuert hätten.

Frau Nickels, haben Sie vielen Dank für das Gespräch!

Christian Patermann: Zwischen Politik und Wissenschaft, Bonn und der Welt

René Schulz

Das Verhältnis von Politik und Wissenschaft lässt sich nicht auf einen einfachen Nenner bringen. Zum einen waren und sind diese beiden Kollektivbegriffe einem tief greifenden Wandel darüber ausgesetzt, was Politik und Wissenschaft jeweils bedeuten und leisten können. Zum anderen lässt sich ihr miteinander stark verwobenes Verhältnis, fern von normativen Idealvorstellungen oder Modellen, als eine multivalente Wechselbeziehung im Austausch von Ideen und Ressourcen beschreiben, auf die beide Seiten angewiesen bleiben.[1]

In Bonn ist die Geschichte von Wissenschaft und Politik auf vielfache und nicht immer problemlose Weise miteinander verflochten gewesen. Dies begann schon mit der Gründung der kurkölnischen Akademie von 1774, die nach ihrer raschen Aufwertung zur Universität unter französischer Herrschaft wieder unterging, und nahm 1818 mit der Errichtung der nach Berlin und Breslau dritten Humboldt'schen Reformuniversität einen erneuten, auf die Akademie und die Bonner Aufklärung zurückgreifenden Anlauf.[2] Als eines der hervorstechenden Merkmale in der Geschichte der ursprünglich als ein Bollwerk Preußens gegründeten Rheinischen Friedrich-Wilhelms-Universität erscheint „eine gewisse Nähe, wenn nicht zur Macht, so doch zu den Mächtigen, die über weite Strecken des 19. und 20. Jahrhunderts beobachtet werden kann."[3] Entwickelte die Bonner Hochschule zuerst als „Prinzenuniversität" eine besondere Nähe zu den Mächtigen,[4] wirkte dieses Naheverhältnis unter gänzlich anderen Vorzeichen und Umständen fort, als sie nach 1949 zur Universität in der neuen, anfänglich noch provisorisch gedachten Bundeshauptstadt avancierte.

---

1 Vgl. in diesem Sinne als Versuch einer Bilanz Ash, Mitchell G., Wissenschaft und Politik. Eine Beziehungsgeschichte im 20. Jahrhundert, in: Archiv für Sozialgeschichte 50 (2010), S. 11–46.
2 Zur kurzlebigen sog. Maxischen Akademie siehe Braubach, Max, Die erste Bonner Hochschule. Maxische Akademie und kurfürstliche Universität 1774/77 bis 1798 (Academica Bonnensia, Bd. 1), Bonn 1966. Zum Humboldt'schen Universitätsmodell und seiner Verwirklichung in Bonn vgl. Becker, Thomas, Diversifizierung eines Modells? Friedrich-Wilhelms-Universitäten 1810 f., 1818, in: Bruch, Rüdiger vom (Hg.), Die Berliner Universität im Kontext der deutschen Universitätslandschaft nach 1800, um 1860 und um 1910 (Schriften des Historischen Kollegs. Kolloquien, Bd. 76), München 2010, S. 43–69.
3 Geppert, Dominik, Die Rheinische Friedrich-Wilhelms-Universität Bonn in 200 Jahren ihrer Geschichte, in: Ders. (Hg.), Geschichte der Universität Bonn, Bd. 1: Preußens Rhein-Universität 1818–1918, Göttingen 2018, S. 15–41, hier S. 40.
4 Vgl. dazu etwa Becker, Thomas, Indianer, Prinzen, Corpsstudenten. Die Universität Bonn und die Hohenzollern, in: Ders./Geppert, Dominik/Rönz, Helmut (Hgg.), Das Rheinland auf dem Weg nach Preußen 1815–1822 (Stadt und Gesellschaft, Bd. 6), Wien/Köln/Weimar 2019, S. 197–215.

Als Station für Staatsgäste und Kulisse großer Demonstrationen prägte die Universität Bonn die politische Szenerie am Rhein. Ihre Wissenschaftler wurden zu „Lehrer[n] der Bonner Republik"[5] und prägten den Politiker-, Beamten- und Mitarbeiternachwuchs der noch jungen, zweiten deutschen Demokratie. Wie kaum eine andere Fakultät konnten die Bonner Rechts- und Staatswissenschaftler mit den Verbindungen ihrer herausragenden Köpfe zu Regierung, Ministerialverwaltung und internationalen Organisationen glänzen.[6]

Die im Mikrokosmos der Universitäts- und Bundeshauptstadt zu beobachtende Internationalisierung[7] zeigte sich auch in der lange Zeit bundespolitisch eher stiefmütterlich behandelten Wissenschafts- und Forschungspolitik. Aber in einer enger vernetzten Welt, die von ökonomischen wie ökologischen Verflechtungen geprägt ist, stand die Bundesrepublik von der Kernenergie und Proliferationsfragen über Luft- und Raumfahrt bis zu den sog. *global challenges* vor politischen Aufgabenfeldern, die sich nur durch internationale Kooperation und Rahmensetzung gestalten ließen und nach wie vor gestalten lassen.[8] Die Stadt und die Region Bonn profitierten vor allem von der einsetzenden internationalen Klima- und Umweltpolitik: Nach dem Umzug von Bundesregierung und Bundestag nach Berlin konnte sich Bonn mit seiner Universität und weiteren Forschungseinrichtungen, den verbliebenen Bundesministerien und -behörden sowie den ansässigen Großunternehmen erfolgreich als „deutsche Stadt der Vereinten Nationen"[9] profilieren, die sich seit der Ansiedlung des VN-Freiwilligenprogramms und -Klimasekretariats 1996 zum Zentrum der Weltklimaforschung und -politik entwickelte.[10]

---

5 So Patrick Bahners in seinem Nachruf über Karl Dietrich Bracher; Bahners, Patrick, Der Lehrer der Bonner Republik, in: Frankfurter Allgemeine Zeitung, 20.9.2016, abgerufen unter: https://www.faz.net/aktuell/feuilleton/nachruf-karl-dietrich-bracher-der-lehrer-der-bonner-republik-14445078.html (abgerufen am 19.9.2023).

6 Man denke etwa an die Völkerrechtslehrer Erich Kaufmann, Karl Josef Partsch oder Christian Tomuschat, die u. a. nicht nur Bundesregierung und Auswärtiges Amt berieten, sondern sich auch in und für Organe der Vereinten Nationen engagierten.

7 In Bezug auf die Universität und die Bundeshauptstadt vgl. Scholtyseck, Joachim, Wiederaufbau und Expansion (1945–1965), in: Geppert, Dominik (Hg.), Geschichte der Universität Bonn, Bd. 2: Forschung und Lehre im Westen Deutschlands 1918–2018, S. 197–292, hier S. 257–263.

8 Siehe als Überblick und Institutionengeschichte Weingart, Peter/Taubert, Niels C. (Hgg.), Das Wissensministerium. Ein halbes Jahrhundert Forschungs- und Bildungspolitik in Deutschland, Weilerswist 2006. Aus der jüngeren Literatur siehe außerdem etwa Nützenadel, Alexander, Stunde der Ökonomen. Wissenschaft, Politik und Expertenkultur in der Bundesrepublik 1949–1974 (Kritische Studien zur Geschichtswissenschaft, Bd. 166), Göttingen 2005; Wieland, Thomas, Neue Technik auf alten Pfaden? Forschungs- und Technologiepolitik in der Bonner Republik. Eine Studie zur Pfadabhängigkeit des technischen Fortschritts, Bielefeld 2009; Türk, Henning, Treibstoff der Systeme. Kohle, Erdöl und Atomkraft im geteilten Deutschland (Die geteilte Nation – Deutsch-deutsche Geschichte, Bd. 3), Berlin 2021.

9 So die Selbstbezeichnung Bonns; Deutsche UNO-Stadt, in: Bundesstadt Bonn, abgerufen unter: https://www.bonn.de/themen-entdecken/uno-internationales/deutsche-uno-stadt.php (abgerufen am 19.9.2023).

10 Siehe dazu näher das Interview mit Christian Patermann. Als allgemeiner Überblick siehe Fakten zur UN-Stadt Bonn, in: Deutschland.de, abgerufen unter: https://www.deutschland.de/de/topic/politik/un-in-bonn-fakten-und-zahlen (abgerufen am 19.9.2023). Zur Entwicklung der Bonner Universität und weiterer Forschungseinrichtung nach der Wende 1989/91 siehe Löwer, Wolfgang, Traditionell modern! (1991–2018), in: Geppert, Forschung, S. 407–500, hier S. 460–464.

Sowohl die Bonner Wissenschafts- und Forschungspolitik als auch die Entwicklung der Stadt als VN-Standort hat der Alumnus und Ehrendoktor der Rheinischen Friedrich-Wilhelms-Universität, Jurist und Ministerialbeamte Christian Patermann maßgeblich begleitet und mitgestaltet. Der 1942 im oberschlesischen Gleiwitz geborene Patermann wuchs in Braunschweig auf und erwarb dort 1962 das Abitur. Seine Studien an den Universitäten Freiburg, Lausanne, Genf, München und Bonn schloss er mit den juristischen Prüfungen ab. An der Universität Bonn wurde er 1969 mit einer Arbeit über „Die Entwicklung des Prinzips der freien Beweiswürdigung im ordentlichen deutschen Zivilprozess in Gesetzgebung und Lehre" bei Kurt Kuchinke (1926–2016) promoviert.

Abb. 13: Das Bonner Juridicum an der Adenauerallee, 1970, Foto: Rainer Tilmann

Von 1971 bis 1996 war Patermann im Bundeswissenschaftsministerium mit der Forschung in der Raumfahrt, Umweltfragen und dem globalen Wandel betraut. Zwischen 1988 und 1993 amtierte er zudem als Pressesprecher und Leiter des Stabes von Bundesforschungsminister Heinz Riesenhuber (geboren 1935). 1996 wechselte er ins Brüsseler Forschungsdirektorat der Europäischen Gemeinschaft, wo er für Umwelt und Nachhaltigkeit verantwortlich war. Als Programmdirektor für „Biotechnology, Agriculture and Food" prägte er dort insbesondere die landwirtschaftlich orientierten Forschungsrahmenprogramme der EU. Seit seiner Pensionierung 2007 ist Patermann als Berater für private und öffentliche Institutionen tätig. 2009 war er Gründungsmitglied des Forschungs- und Technologierats Bioökonomie, als deren deutscher Wegbereiter er gilt.[11]

---

11 Als Einführung und Gesamtschau siehe Thrän, Daniela/Moesenfechtel, Urs (Hgg.), Das System Bioökonomie. Mit einem Vorwort von Dr. Christian Patermann, Berlin 2020.

Für seine politische Arbeit als auch für sein akademisches Engagement erhielt Christian Patermann zahlreiche Auszeichnungen: Die Landwirtschaftliche Fakultät der Universität Bonn verlieh ihm aufgrund seiner Verdienste um die Agrarforschung 2011 die Ehrendoktorwürde der Agrarwissenschaften. Die älteste Landwirtschaftsakademie der Welt, die Florentiner Accademia dei Georgofili ernannte ihn 2012 zu ihrem Mitglied. 2018 folgte die Berufung zum Ehrenmitglied der International Society for Horticultural Science. Nach Christian Patermann ist der Nachwuchs-Forschungspreis des Bioeconomy Science Center benannt, der 2021 zum ersten Mal vergeben wurde.

Der Bonner Bürger und Zeitzeuge Patermann steht dem Begriff der „Bonner Republik" reserviert gegenüber, auch wenn er ihm in einigen Facetten eine Berechtigung zuweist. In der Einschätzung der Wirkung von Ort und Bevölkerung auf Politik und Regierungshandeln ist er mit Blick auf den Primat sowie die Binnenlogiken des Politischen mehr als zurückhaltend. Vielmehr wird anhand von Patermanns Schilderungen deutlich, dass es sich bei Politik und Wissenschaft um keine geschlossenen Pole eines antagonistischen Verhältnisses handelt. Autobiographisch arbeitet er heraus, welche Chancen und Gefahren auf Bonn und eine verantwortliche Wissenschaftspolitik wie -kommunikation warten.

Dokumentiertes Gespräch mit Christian Patermann vom 3. Juni 2022

Interviewt von René Schulz

Herr Patermann, welche Rolle spielten Sie in der Bundesrepublik und was hatte oder hat diese Rolle immer noch mit Bonn zu tun?
Mit Ausnahme von vier Jahren an der deutschen Botschaft in Washington war ich seit 1971 in verschiedensten Funktionen bis 1996 Bundesbeamter in Bonn. Ich hatte in den Bundesministerien Forschung, Technologie, Innovation und Wissenschaft eine ganze Reihe an Aufgaben, von der Raumfahrt bis zur Kernenergie und später auch von der Verwaltung bis zur Umwelt sowie dem Beginn der Nachhaltigkeit. In dieser Zeit bin ich vom Regierungsrat bis zum Ministerialdirigenten aufgestiegen. Leitungsaufgaben im Forschungs- bzw. Wissenschaftsministerium hatte ich sowohl in der sozialliberalen Regierung unter den Ministern Volker Hauff und Andreas von Bülow, und zwar als persönlicher Referent des Staatssekretärs, als auch in der christliberalen Regierung unter Minister Heinz Riesenhuber, zunächst als Leiter der Presse und Kommunikation in der Übergangszeit 1982/83.

Danach bin ich wieder „ins Glied" des Ministeriums zurückgekehrt und leitete das Referat für europäische und internationale Forschungsorganisationen und war dann von 1988 bis 1993 wieder in der Leitung des Ministeriums in Personalunion Leiter des Leitungsstabes von Minister Riesenhuber sowie Planungschef und Pressesprecher. 1996 bis 2003 bin ich als Direktor der Europäischen Kommission für Umwelt, Klimaforschung und -politik sowie Nachhaltigkeit nach Brüssel gewechselt und hatte die Stadt Bonn als auch die Bundesrepublik nur indirekt auf dem Radarschirm. Anschließend wurde ich in Brüssel bis 2007 Direktor für den Gesamtbereich der Biotechnologien, für Landwirtschaft, Ernährung, Forste und später sogar Fischerei. Ich hatte also Linien- sowie Leitungsfunktionen inne, und war von Brüssel aus ein Seitenbeobachter der Entwicklungen in der Bundesrepublik Deutschland.

Das ist eine sehr breite Skala an Tätigkeiten und Themen. Was hatte diese Aufgabenfülle für Sie persönlich bereit gehalten, auch in Bezug auf die Stadt Bonn? Was verbinden Sie mit diesem breitgefächerten Lebensabschnitt im Zusammenhang mit der „Bonner Republik"?
Die Verbindungen zu Bonn sind ganz einfach: Ich bin Bürger von Bonn. Ich war schon als Student seit 1964 hier, auch wenn ich die juristische Referendar-Ausbildung in Düsseldorf gemacht habe. Zwei unserer Kinder sind in Bonn geboren, und ich habe mit nur wenigen Jahren Ausnahme in Bonn gewohnt. Später bin ich zwar für elf Jahre nach Brüs-

sel gegangen, aber im Anschluss wieder nach Bonn zurückgekehrt. Durch die gerade geschilderten Funktionen betrachte ich mich eigentlich als Zeitzeugen der „Bonner Republik" oder der Bundesrepublik Deutschland seit den 1970er Jahren. Das ist meine Verbindung aufgrund von Funktion und Ortsansässigkeit.

Welchen Begriff würden Sie eigentlich, da Sie gerade zwischen den Begriffen wechselten, präferieren: „Bonner Republik" oder Bundesrepublik?
Eindeutig Bundesrepublik. „Bonner Republik" erscheint mir doch ein wenig feuilletonistisch. Der Begriff hat seine Berechtigung in mehreren Facetten, vor allem, wenn man die Regierungsjahrzehnte in Bonn mit einer späteren „Berliner Republik" vergleicht. Gleichwohl würde ich von der Bundesrepublik Deutschland sprechen.

Gibt es denn bestimmte Orte, die Sie mit diesem Abschnitt in der Geschichte der Bundesrepublik in Verbindung bringen, auch vor dem Hintergrund ihrer persönlichen Laufbahn?
Da gibt es eine ganze Menge! Zunächst sind da die Kreuzbauten zu nennen, in deren 14. Etage ich viele Jahre ganz in der Nähe der Staatssekretäre und Minister tätig war. Ich habe noch in dem alten Ministeriumsbau angefangen, der heute in der Nähe des Post Tower liegt. Ich verbinde mit dieser Zeit den alten Saal der Bundespressekonferenz im Tulpenfeld und tatsächlich weniger den Bundestag oder den „Langen Eugen", wo wir eher sehr selten waren. Das gesamte Viertel der Landesvertretungen ist mir ebenfalls sehr präsent. Alles war sehr überschaubar, kompakt und fußläufig erreichbar. Bonn war für meine Begriffe eine fußläufige Republikstadt, und das ist der große Unterschied zu Berlin.

Das Phänomen der Landesvertretungen wie auch der Fußläufigkeit haben viele unserer Interviewpartner in den Gesprächen hervorgehoben.
Mit Recht. Ich möchte ein paar zusätzliche Gründe nennen: Es ist nicht nur die Fußläufigkeit; es hat auch mit unserem Föderalismus zu tun, wird aber oft überhaupt nicht gesehen. Man muss es aber auch menschlich sehen: Die Landesvertretungen boten Möglichkeiten, am Abend zu entspannen, zu chillen, und es war auch ein bisschen Business dabei. Ganz schnell begegnete man vielen Leuten. Darüber hinaus haben sich die Landesvertretungen angestrengt, sehr attraktive Programme zusammenzustellen. Die vielen Abende in diesen Gebäuden gehören zu meinen schönsten Erinnerungen. Und, um das schon mal vorweg zu greifen: Eine ganze Menge davon ist nach Brüssel transferiert worden, wo die Landesvertretungen aus Deutschland zu den aktivsten Akteuren im außerparlamentarischen Politbereich gehören. Das hat sich übertragen, fortgesetzt, erweitert und wurde eigentlich auch als ein Unique Selling Point des deutschen Föderalismus in Brüssel angesehen. Von vielen geschätzt, nicht nur, weil es dort umsonst etwas zu essen und zu trinken gab, sondern weil sehr interessante Programme angeboten wurden, die eben die Vielseitigkeit und die manchmal auch schillernde Dimension der bundestaatlich organisierten Bundesrepublik Deutschland oder später einfach nur Deutschlands zeigten.

Abb. 14: Die Bonner Kreuzbauten, der Hauptsitz des Bundesministeriums für Forschung und Technologie, 1.6.1977, Foto: Bundesbildstelle Bonn

Sie sagten gerade, das wird nicht besonders wahrgenommen. Worauf führen Sie das zurück?
Naja, weil viele Leute Abendveranstaltungen nach Dienstschluss mit Cocktailschwenken verbinden, und das klingt nicht gerade so seriös. Deshalb denkt man daran, aber man spricht nicht darüber. Was ich verstehen kann, aber es ist eigentlich falsch: Denn der Mensch besteht nicht nur aus Vitriolen und Zucker, sondern er hat eben soziale Beziehungen. Es ist nicht nur Gerede, wenn man sagt: ‚Da wurde in den Kellern der Landesvertretung Niedersachsen oft Politik gemacht.' Das war so. Es hatte gleichzeitig einen gewissen menschlichen Zug, aber leider auch in den Augen vieler einen provinziellen.

Trug der viel gescholtene und gelobte Föderalismus in Bonn einen eher provinziellen Anstrich?
Ja und nein. Das Provinzielle ist vornehmlich darauf zurück zu führen, dass Bonn kein imperiales Gepräge besitzt. Wenn Sie sich die Hauptstädte vieler europäischer Staaten anschauen, von London über Paris, Rom und Madrid bis nach Lissabon, dann haben diese doch Monumente, imperiale Gebäude. Das gab es in Bonn nicht: Da hatten Sie den Bundestag in einem kleinen Wasserwerk und das Bundeskanzleramt mit dem Palais Schaumburg. Es ist also die Tatsache der Abwesenheit dieses Imperialen, die zum Verdacht des Provinziellen führte. Vom Inhalt her war dies nicht der Fall: Wenn die deutsche Politik in Bonn provinziell gewesen wäre, dann wäre die Bundesrepublik nie zur ersten Wirtschaftsmacht Europas aufgestiegen.

Wie schätzen Sie denn die Nutzung der kurfürstlichen Kulisse ein? Lieh sich die alte Bundesrepublik nicht etwa mit Schloss Augustusburg in Brühl eine Art Ersatzglanz?
Ehrlich gesagt: Hauptstädte, Kapitale müssen so etwas haben. Ich war selbst mehrfach in Brühl, aber denken Sie im Vergleich einfach an Versailles. Eben kein Vergleich! Für meine Begriffe hat der Petersberg die ausländischen Besucher viel mehr beeindruckt, weil dort die Landschaft im Mittelpunkt steht. Diesen fantastischen Blick zum Mittelrhein und bis nach Köln haben sie in Paris und Rom nicht. Insofern würde ich sagen, hat der kurfürstliche Glanz eigentlich nur eine minimale Bedeutung gehabt.

In der letzten Zeit wird von der sehr zurückhaltenden Repräsentation als Merkmal der alten Bundesrepublik gesprochen. Die Bescheidenheit der Bonner Bauten auch in einem gewissen Kontrast zu Berlin wird gerne betont. Sehen Sie das ähnlich?
‚Bescheidenheit ist eine Zier, doch weiter kommen wir ohne ihr', heißt es ja bekanntlich. Wir dürfen nicht vergessen, Deutschland hatte einen Krieg verloren, und es gab eine für Ihre Generation kaum mehr nachzuvollziehende schwierige Wirtschaftslage. Darüber hinaus hatte man einfach andere Prioritäten: Das Land war zerstört und hatte elf Millionen Flüchtlinge aufzunehmen. Ich denke gerade in diesen Tagen oft an das, was in der Ukraine passiert. Gerade uns Deutsche muss das ganz besonders betreffen.
Die Nachkriegssituation ist das eine, das andere ist der provisorische Charakter: Ursprünglich wurde Bonn für viele Jahrzehnte politisch als Provisorium gehandelt. Wenn ich ein solches Provisorium habe, kann ich hier nicht auf die Pauke hauen. Das alles kam in einer, wie ich es ausdrücken würde, stärkeren Beachtung der Funktionalität zusammen. Dass diese Bescheidenheit ein Merkmal der „Bonner Republik" gewesen sei, kann man so sehen. Für mich ist es aber immer auch eine logische Konsequenz der Entwicklung von 1949 bis zur Wiedervereinigung 1989/90 gewesen, die schon an ihrem Schluss gewisse Änderungen zeigte. Darunter fällt zum Beispiel die Entscheidung des Bundeskanzlers Kohl zur Errichtung der Museumsmeile, an der ich sehr aktiv mitbeteiligt war. Vom ersten Tag an war ich Kuratoriumsmitglied der Bundeskunsthalle bis zu meiner Pensionierung 2007 in Brüssel. Ich bin auch von Brüssel aus zu jeder Kuratoriumssitzung

Abb. 15: Bundespressekonferenz im Tulpenfeld, 1972/74, Foto: Camillo Fischer

nach Bonn gefahren. Dieses Projekt war eigentlich auch ein Zeichen dafür, dass man aus dem Provisorium ausbrechen wollte. Aber um die Entwicklung ganz zu verstehen, braucht es eine sehr viel komplexere Beschreibung als nur der Blick auf ein Merkmal, wie das der Bescheidenheit im Äußeren.

Sie erwähnten den Faktor Landschaft, der die Auswärtigen beeindruckte. Hatte diese Landschaft Auswirkungen darauf, wie Politik in ihr gemacht wurde?
Ich war selbst wenige Male bei politischen Events auf dem Petersberg, und das interessanterweise erst nach der Wiedervereinigung. Dort haben wir nach der Auflösung des Ostblocks und dem Zusammenbruch der Sowjetunion mit den Wissenschafts- und Forschungsministern der neuen Staaten im Osten, von Estland bis Bulgarien, mehrfach getagt. Von daher kann ich hier nur eine begrenzte Perspektive einbringen. Ich glaube nicht, dass sich durch die Landschaft etwas am Inhalt geändert hat. Dafür sind die Akteure alle viel zu professionell. Aber schöne Landschaft schafft eine angenehme Stimmung und verdeutlicht, was vielen oft nicht bewusst ist, dass Deutschland zum Teil sehr schöne Landschaften besitzt. Die meisten Ausländer hatten damals über Deutschland entweder das Bild von München und Bayern oder vom Ruhrgebiet im Kopf. Sie haben die gewisse Romantik vom Rheintal und seinem Wein gerne mitgenommen. Aber eine angenehme Stimmung bedeutet nicht, dass man in irgendeiner Sachfrage nachgibt.

Ich würde in diesem Zusammenhang hinzufügen, dass sich die Rheinaue in Bonn seit dem Ende der Siebzigerjahre zu einem sehr interessanten und positiven Merkmal für alle Besucher und Events in Bonn entwickelt hat. Ich weiß noch, als wir aus den USA zurückkehrten und in Bonn die Bundesgartenschau stattfand. So etwas hatte man zuvor auch nicht gehabt. Der Ort wurde danach, was ganz wichtig ist, weiterentwickelt und kultiviert. Die Feierlichkeiten zu 40 Jahren Grundgesetz wurden in der Rheinaue sehr schön umgesetzt.

Gibt es weitere Ereignisse, die Sie in dieser Art mit Bonn verbinden?
Ich empfand die Zeit der Wiedervereinigung zwischen Mitte 1989 bis Ende 1990 als unglaublich spannend, als ein fast ununterbrochenes Megaevent. Die politische Relevanz, die Deutschland damals besaß, hat es nie wieder erreicht, aus welchen Gründen auch immer. Die internationale Presse überschlug sich geradezu. Viele meiner Freunde und Kollegen, die im Auswärtigen Amt tätig waren, baten in dieser Zeit darum, ja nicht versetzt zu werden, weil es einfach so unglaublich spannend und es auch oft gar nicht klar war, wie offene Fragen ausgingen, etwa bei den Verhandlungen mit den Alliierten. Insofern sehe ich diese Zeitspanne von eineinhalb Jahren als vielleicht die dynamischste Zeit der neuen bundesdeutschen Geschichte. Vieles wäre vermutlich heute gar nicht mehr so möglich. Wir sind viele Male mit der Fluglinie „Germania" frühmorgens nach Berlin geflogen und abends wieder zurück, wo man dann viele Leute wiedertraf, die man acht oder neun Jahre nicht mehr gesehen hatte – obwohl Bonn eine kleine überschaubare Stadt war. Das waren so persönliche Reminiszenzen. Ich bin dankbar, dass ich diese Zeit mitgestalten durfte.

Das glaube ich Ihnen sofort. Gibt es in diesem unheimlich kompakten Zeitfenster Ereignisse oder Auswirkungen, von denen Sie sagen würden, dass sie „Bonn-spezifisch" gewesen sind?
Ich würde sagen, nein. Ich fände es sehr vermessen, zu behaupten, dass die Überschaubarkeit und „Provinzialität" Bonns ein wichtiger Faktor war, die Sowjets, Franzosen oder Briten zu überzeugen, dass es zu einer Wiedervereinigung kommen musste bzw. sollte. Ich glaube das nicht. Das lag einfach am Zeitgeist und einer besonders glücklichen Fügung verschiedener Faktoren, die wir von den militärtechnischen Auswirkungen von „Star Wars" über die Sklerose der Sowjetunion bis zur geschichtlich-systemischen Sichtweise des Bundeskanzlers und der Unterstützung einiger Fürsprecher wie des spanischen Ministerpräsidenten González hatten. Ich halte mich zurück, Bonn als einen Faktor in diesem historischen Prozess anzusehen.

Würden Sie Wechselwirkungen zwischen der Stadt und der sie umgebenden Region ausmachen?
Das ist ein ziemlich delikates Thema. Eine Kommune, die zugleich Bundeshauptstadt ist, muss hierüber ein Verständnis entwickeln. Nur Bonn war hierauf nie vorbereitet. Ich habe auch meine eigene Meinung über die Art und Weise, wie die umgebenden Kom-

munen damit fertig geworden sind. Das kann man vielleicht auch nicht erwarten. Eine Stadtverwaltung in Paris hat eine ganz andere Tradition mit imperialer Macht umzugehen, als eine Universitätsstadt Bonn am Rhein, wo zwar Kaiser Wilhelm II. studiert hat, was aber für solche neuen Herausforderungen nicht von Belang ist.

Haben Sie den Eindruck gehabt, dass Bonn und die Region erst in ihre Rolle hineinwachsen mussten?
Ja, und das ist ihnen nach meiner Meinung nicht immer gelungen. Sie müssen sehen: Wer in Bonn war, der ging in die Bundesregierung und nicht in die Kommune. Die Bundesregierung war eben more glamorous. Dann kam auch noch eine gewisse rheinische Mentalität hinzu, die durchaus positiv zu sehen ist, ferner das Konkurrenzverhältnis zu Köln und Düsseldorf sowie die Tatsache, dass Bonn letztlich über Jahrzehnte als Provisorium betrachtet wurde. Es gab eine Menge Barrieren, die in diesem Provisoriumsgedanken lagen. Schauen Sie sich mal die wichtigsten Events an: Der Bundespresseball, an den ich mich sehr gerne erinnere, fand eher überschaubar und schlicht in der Beethovenhalle statt. Auch das Bonner Theater ist nun kein umwerfendes Gebäude. Das relativ einfache Rathaus mit dem Marktplatz, zu dem viele Würdenträger kamen, um sich ins Goldene Buch einzutragen, ist nicht so einzigartig. Ich pflegte gerne zu sagen: ‚Bonn ist nicht die offizielle Hauptstadt der Bundesrepublik Deutschland, sondern deren politisches Zentrum'. Es kursierten damals durchaus persiflierte Aussagen zur ‚heimlichen Hauptstadt Deutschlands', als die mal Düsseldorf, mal München galten. Man sprach von Bonn eher als der ‚provisorischen Hauptstadt'. Die ‚echte Hauptstadt', das war stets Berlin. So passte der Hauptstadtbegriff für Bonn nicht immer. Das hat man aber nicht laut gesagt, sondern einfach akzeptiert.

Für Sie ist also das „politische Zentrum" der passende Begriff. Sie würden sich aber nicht solche Begriffe wie „Bundesdorf" aneignen?
Ich finde den Name „Bundesdorf" ehrlich gesagt unglücklich. Das hört sich ein wenig nach Asterix und Obelix an, und das war es wirklich nicht. Von den diplomatischen Kollegen, die damals in Bonn auf Posten waren, kenne ich bis hinauf zu den Botschaftern niemanden, der sagte: „Bonn war aber doof". Alle waren sehr angetan und fanden den Aufenthalt in Bonn angemessen, überschaubar und im Gegensatz zu ihren späteren Verwendungsorten wie Rom, Buenos Aires oder Lagos einfach angenehm. Man hatte schnellste Verbindungen zu den Kollegen. Es gab durchaus interessante Dinge kultureller Art, Beethoven wurde ja damals schon gepflegt, es gab das Museum Bahnhof Rolandseck. All das spielte eine Rolle, so dass man Bonn mit dem Begriff eines Dorfes nicht erfasst.

Gab es bestimmte Auswirkungen des Alltags im „politischen Zentrum" auf die Stadt und ihr Umfeld?
Es ist trivial, aber Sie hatten mehr Verkehrsstörungen, wenn Staatsgäste kamen. Daran gewöhnt man sich, wie überall. Das habe ich in Brüssel genauso erlebt. Das wurde akzeptiert und die morgendliche Rushhour ist heute eher schlimmer geworden, da wir mit der Post DHL Group und der Telekom DAX-Unternehmen haben, die in ähnlicher Weise tausende Menschen jeden Morgen anziehen. Im Gegenteil: Bonn war für Künstler, Musiker oder Persönlichkeiten, die sonst in eine 300.000 Einwohner starke Stadt kämen, viel attraktiver als heute, weil es einfach das politische Zentrum war, und davon hat auch die Stadt profitiert. Insofern gab es eine ganze Reihe von indirekten Auswirkungen auf das tägliche Leben, vom Kulturellen bis hin zur Mobilität.

Wie haben Sie denn die Haltung der Bonner Bevölkerung wahrgenommen? Weit verbreitet ist der Eindruck, die Bonner hätten den politischen Betrieb nur freundlich zur Kenntnis genommen.
Da bin ich etwas anderer Auffassung. Die Zahl und der Einfluss des berühmt-berüchtigten „Bonners" ist, so glaube ich, zurückgegangen, weil die Zugereisten zumindest in den 1980er und 1990er Jahren doch sehr dominierten. Heute ist es vielleicht anders, auch weil es andere Akteure wie die DAX-Unternehmen, die Universität und den internationalen UN-Bereich mit seiner großen Bedeutung für die globale Klimathematik gibt. Ohne Zweifel existiert die alte Bonner Gesellschaft. Zum Teil ist sie in den äußeren Rändern sehr wohlhabend geworden. Bauern in Holzlar und Bornheim wurden durch den höheren Wert ihrer Grundstücke Millionäre. Das hat nicht unbedingt die Bonner in Poppelsdorf betroffen, aber auch deren Immobilienwerte sind gestiegen. Für meine Begriffe dominierten eigentlich später die Zugereisten, auch weil sie zahlenmäßig stark waren. Durch den Regierungsumzug nach Berlin ist wieder eine andere Bevölkerungsmischung zustande gekommen. Viele jüngere Leute arbeiten in den DAX-Konzernen. In einer Kantine der Telekom finden Sie heute nur noch Leute zwischen 25 und 50.

Würden Sie sagen, dass sich der Einfluss der Zugereisten auch auf die kommunale Politik niedergeschlagen hat oder war diese eher das Refugium der Altbonner?
Ich würde sagen, halb und halb. Ich kenne nur sehr, sehr wenige, die bewusst nach Bonn zugereist sind, um in die Verwaltung oder kommunale Politik zu gehen. Es gibt welche, aber nicht viele.

Gab es andersherum einen Einfluss des Ortes oder der Bevölkerung auf den Regierungsalltag und ihre Amtsgeschäfte?
Nein, den spürte ich nicht. Das ist heute, glaube ich, etwas stärker geworden. Heute ist der Einfluss der Bevölkerung zum Beispiel auf die Verkehrssituation viel stärker als damals. Da wurde früher alles von Öffentlichkeits- und Regierungserwägung über-

schattet. Die direkte Betroffenheit des Bürgers spiegelt sich heute in seiner Beteiligung an Entscheidungsprozessen stärker als damals.

Was ich nach meiner Rückkehr aus Brüssel feststelle, ist der deutliche Bedeutungsgewinn der umliegenden Region. Ich sehe im Rhein-Sieg-Kreis eine echte Konkurrenz für die Stadt Bonn, was ich zum Beispiel an dem Verhältnis von Universität Bonn und Fachhochschule Rhein-Sieg erkenne. Ich bin sehr mit der Universität Bonn verbunden, da ich ihr Ehrendoktor bin. Aber ich sehe auch die enorme Dynamik, die im Rhein-Sieg-Kreis vorhanden ist. Durch die neuen Informations- und Kommunikationswege ist es einfach nicht mehr so entscheidend, ob ich mitten in Bonn oder 40/50 Kilometer weiter weg wohne. Und das ist etwas, worauf die Kommune in Bonn nach meinen Begriffen sehr viel mehr reagieren müsste.

Hatte die Lage Bonns und seine Nähe zu Frankreich, den Benelux-Staaten und auch nach Brüssel Auswirkungen auf den Regierungsalltag?
Ja, eindeutig. Neben Frankreich und den Niederlanden sind es insbesondere Belgien und Luxemburg, die von Nordrhein-Westfalen aus in zweieinhalb Stunden erreichbar sind. Mein Rekord waren eine Stunde und 55 Minuten im Auto von Holzlar bis nach Brüssel, wo ich ganz in der Nähe vom Cinquantenaire wohnte. Das war allerdings auch spät am Sonntagabend. Die Verbindungen waren so, dass man früh morgens nach Brüssel hin und abends zurück fahren konnte, ohne irgendein Problem. Ich hatte Kollegen, die einfach nur zu einer Nachmittagsveranstaltung aus Brüssel nach Bonn kamen. Und das ist etwas, was man nicht unterschätzen sollte. Das gilt heute gleichermaßen, wo die persönliche Teilnahme noch bedeutender wird, weil wir nach der Pandemie gemerkt haben, was ohne sie nicht geht. Das ist eine besondere Lage, die Bonn und Nordrhein-Westfalen in europäischen Angelegenheiten durchaus wettbewerbsfähig zu den Niederlanden, Belgien und Frankreich erscheinen lässt. Eine solche Ausgangslage hat man nicht in München und auch nicht in Potsdam.

Wenn man Politik in Bonn gemacht hat, war man dann westlich orientierter? Hatte die Lage auch mentale Auswirkungen auf die Arbeit?
Ja, ganz eindeutig. In meiner und der etwas älteren Generation war das Bewusstsein stark ausgeprägt, dass nach der Nazizeit der Krieg verloren war und dass Frankreich vom Gegner zum Partner wurde. Das spielte politisch eine riesige Rolle. Dazu kam ein bestimmtes Verhältnis von Nordrhein-Westfalen zu den Niederlanden. Über Belgien wusste man leider wenig, auch heute noch. Die starke Westorientierung in der neuen deutschen Politik hatte ganz sicher auch damit zu tun, dass das politische Zentrum der Bundesrepublik Deutschland im Rheinland lag. Das nachzuweisen ist nicht einfach, aber dies ist meine emotionale Erfahrung.

Mit Ihren Tätigkeiten und dem akademischen Engagement bewegten und bewegen Sie sich zwischen Politik und Wissenschaft. Wie gestaltete sich das Verhältnis zwischen beiden Feldern im politischen Zentrum und der Universitätsstadt Bonn?
Nicht einfach. Dafür muss ich weiter ausholen. Im Forschungsministerium arbeitete ich zunächst zum Thema Raumfahrt und habe dann in den USA als Wissenschaftsreferent eigentlich alles gemacht, war aber in dieser Zeit sehr viel mit Kernenergiefragen beschäftigt. Deutschland musste sich damals gegenüber den USA aufgrund des deutsch-brasilianischen Kernenergieprogramms rechtfertigen, in dessen Zusammenhang den Brasilianern Kerntechnologie geliefert wurde, zum Beispiel zur Wiederaufbereitung. Das war problematisch im Hinblick auf den Nichtverbreitungsvertrag. Als ich 1978 dann zurückkehrte, ging es weiter mit einer längeren Tätigkeit in der Bewertung des internationalen nuklearen Brennstoffkreislaufs (INFCE) wo wir Ende der 1970er Jahre zu dem Ergebnis kamen, dass wir ohne Kohle, Öl und Gas auf absehbare Zeit nicht auskommen werden. Zugleich kamen die Auseinandersetzungen um Gorleben und Wackersdorf auf. Dann übernahm ich wieder die Raumfahrt-Agenden, war aber auch stark in der europäischen Wissenschaftspolitik engagiert: Ich war zuständig für die europäische Raumfahrtbehörde ESA und ihre Programme, für den großen Teilchenbeschleuniger CERN in Genf, für den optischen Teleskopbau in Chile, für die Molekularbiologie und die Vereinten Nationen. Ich hatte übrigens zuvor das Glück gehabt, beim Beitritt der Bundesrepublik zu den Vereinten Nationen 1973 Teil der deutschen Delegation zu sein.

Danach kam die Wiedervereinigung, die uns ein ganz anderes Portfolio eröffnete und unsere Politik völlig durcheinanderbrachte. Die gesamte Wissenschaftslandschaft wurde neugestaltet, indem z. B. die Blaue-Listen-Institute (spätere Leibniz-Gemeinschaft), die man fast alle einstellen wollte, jetzt zu neuer Blüte kamen und wir die ostdeutsche Industrie in einigen Teil retten mussten und sie doch nicht retten konnten.

1994/95, zuständig als Ministerialdirigent für Umweltforschung und -technologie, hatte ich die ersten Berührungen mit der internationalen Klima- und Umweltpolitik, wovon Bonn mittlerweile sehr stark profitiert. Es gibt zwei Dinge, mit denen ich mich sehr aus dieser Zeit verbunden fühle: Das eine ist die Gründung des Forschungszentrums Caesar – Center for Advanced European Studies and Research in Bonn, das später in die Max-Planck-Gesellschaft eingegliedert wurde. Die Region Bonn erhielt ca. 800 Millionen DM im Zuge des Berlin-Bonn-Ausgleichs zugesagt und wir haben dann diese große wissenschaftliche Einrichtung unter der Ägide des Forschungsministeriums gegründet. Ich bin für den Namen Caesar direkt verantwortlich. Das andere ist eine Fülle von kleineren Aktivitäten gemeinsam mit der Stadt und Universität Bonn zur allmählichen Vorbereitung von Bonn als zentraler Standort der Weltklimaforschung und -politik.

Mitte der 90er Jahre gab es noch keine Weltklimakonferenzen, es gab nur die sich entwickelnde Klimaforschung und -wissenschaft. Letztere war im Hinblick auf das Ozonloch aktiv geworden, unabhängig von den sonstigen Fragen des gesunden Planeten. Eine Reihe von internationalen Organisationen, die gar nicht internationale Organisationen waren, wie z. B. das IGBP – International Geosphere-Biosphere Programme, arbeiteten an einzelnen Fragen. Damals herrschte noch nicht der Begriff der Klimaforschung vor, sondern es gab den Begriff der „global challenges", der globalen Herausforderungen, und der „global challenges research". Es ging hierbei um sehr viel Chemie, Physik, ein bisschen Biologie, aber die Sozioökonomie mit den ökonomischen und sozialen Fragen, die damit auch verbunden waren, wurde sehr vernachlässigt. Vor diesem Hintergrund hatte sich eine dies ändernde Wissenschafts-Initiative entwickelt, das IHDP – International Human Dimensions Programme, das noch keinen Standort gefunden hatte. Wir konnten die Stadt und Universität Bonn davon überzeugen: ‚Das Sekretariat vom IHDP kommt nach Bonn!' Diese Einrichtung zog 1996/97 ins Geographie-Institut der Universität Bonn ein. Das war im Grunde genommen der Anfang des städtischen Interesses am Klima-Thema.

Abb. 16: Haus Carstanjen in Bonn-Bad Godesberg, April 1996, Foto: Michael Sondermann

Wir hatten dann eine ausgesprochen glückliche Fügung: Das Weltklimaprogramm in der World Meteorological Organisation (WMO) in Genf suchte einen neuen Standort. Als wir das erfuhren, konnten wir damals in einer sehr konzertierten Aktion mit dem Oberstadtdirektor Dieter Diekmann und später mit der Oberbürgermeisterin Bärbel Dieckmann erreichen, dass sich die Stadt Bonn um den Standort bewarb und das Sekretariat im Wettbewerb mit der Stadt Genf nach Bonn kam, die Keimzelle des heutigen mächtigen und einflussreichen Klimasekretariats der Vereinten Nationen. Wer damals von Klimaforschung sprach, galt schnell als Spinner oder Ökofreak und wurde wissenschaftlich belächelt. Wenn dann noch ein soziologischer Aspekt reinkam, wurden Sie von niemandem irgendwo ernst genommen.

Diese Aktion sehe ich als einen meiner größten beruflichen Erfolge an.

In Brüssel war ich dann ab 1996 für Energie, Planung, Umwelt, Klima und Meeresforschung zuständig und konnte fortsetzen, was ich in Bonn angefangen hatte. Damals begannen wir auch den IPCC – Intergovernmental Panel on Climate Change stärker mit eigenen Experten zu beschicken. Sie können sich nicht vorstellen, wie schwer das war. Diese Wissenschaft wurde, wie bereits erwähnt, anfangs nicht für voll genommen. Die gesamte Modellierung war vielen suspekt. Von Nachhaltigkeit redete keiner. Die Kreislaufwirtschaft wurde von niemandem richtig beachtet. In Brüssel habe ich die Entwicklung weiterverfolgt. Die Entscheidung, dass das Klimasekretariat nach Bonn kommt, war für Europa ein riesiger Erfolg, den die meisten aber damals noch nicht begriffen. So ähnlich, wie viele heute noch nicht sehen, dass Bonn in Zukunft auch die Chance hat, zum Zentrum der mittelfristigen Wettervorhersage in Europa zu werden. Das alles war ein Vorgriff darauf, dass Bonn zu einem weltweit führenden „Cluster für Klima, Nachhaltigkeit und planetarische Fragen" werden kann. Dieser Anfang war seinerzeit sehr schwierig, aber er funktionierte.

Nachdem das Klimasekretariat da war, bekam Bonn eine Magnetfunktion. Auf einmal interessierten sich die Verantwortlichen für die Wüstenkonvention dafür, ihre Arbeit in Bonn einzubetten. Etwas später kam die Biodiversität, ein sehr starker Zukunftsbereich, dazu. Heute können wir mit Recht behaupten, dass dieser oben erwähnte Kristallisationspunkt für die Zukunft ein Unique Selling Point für Bonn sein wird. Die Bonner Verwaltung hat sich da sehr wacker geschlagen. Der jüngste Zugewinn in diesem Zusammenhang ist das European Forest Institute (EFI), das vor fünf Jahren in das alte Bundeshaus auf den UN-Campus gezogen ist. Die Universität Bonn hat diese Entwicklung durchaus aufgenommen. Ich wünschte mir allerdings, dass mit diesem Pfund für die Stadt noch ein bisschen mehr international gewuchert würde.

Welche Rolle spielte Ihr Ministerium und Ihre Arbeit in dem Bewusstseinswandel seit den 1970er Jahren und welchen Stellenwert bekamen klima- und umweltpolitische Themen in ihrem Haus?

Ich will nicht sagen, dass es ein „Kampf" war. Das ist sicherlich das ganz falsche Wort. Aber man musste sich schon sehr klar auseinandersetzen mit dem Hang und Drang nach Kompartimentierung und Spezialisierung, was man heute als Silodenken bezeichnet.

Das war in den 1980er und 1990er Jahren stark ausgeprägt, gepaart mit einer relativ stiefmütterlichen Behandlung von Wissenschaft, Forschung, Technologie und Innovation in der öffentlichen Wahrnehmung. Das Wort Innovation hatte null Relevanz. Ich weiß noch, dass ich in den 1990er Jahren den Vorschlag gemacht habe, den Namen des Bundesministeriums für Forschung und Technologie – BMFT – mit einem I für Innovation zu ergänzen. Damit bin ich krachend gescheitert. Wenn überhaupt Innovation, dann musste das in das Wirtschaftsministerium. Dafür gab es auch gute Argumente. Letztlich fehlte im Bewusstsein aber das Gesamtbild. Ich musste als Sprecher von Riesenhuber kämpfen, dass wir irgendwie abgedruckt wurden, dass wir irgendwo im Fernsehen – das war schon eine Sensation, da wurde eine Flasche Sekt aufgemacht – vorkamen. Wir kämpften um jeden Abdruck, jedes Zitat, jede Minute im Rundfunk. Das war so schwer – heute ist es viel einfacher! Heute ist das öffentliche und private Bewusstsein der Bedeutung von Forschung, Wissenschaft, Technologie etc. ganz anders. Insofern haben wir damals ziemliche Kärrnerarbeit leisten müssen und, ich wiederhole nochmal, es war nicht einfach.

Und das an zwei Fronten, wie ich Sie verstanden habe: Sowohl im Politik- und Ministeriumsbetrieb als auch gegenüber der Öffentlichkeit.
Sie müssen natürlich auch sehen, dass diese Entwicklung sehr disruptiv verlief. Sie erleben heute das Wiederaufflackern der Kernenergiedebatte. Ich war Sprecher und musste der Öffentlichkeit nahebringen, dass wir den THTR-300 und den „Schnellen Brüter" einstellten – ein Milliardengrab. Das macht natürlich die Perspektiven für eine erfolgreiche, in die Zukunft gerichtete Wissenschaft und Forschung nicht heller. Es war nicht trivial, so etwas zu verkaufen.

Trotz Disruptionen und des Verlusts des politischen Zentrums hat Bonn an Bedeutung gewonnen und wird auch, wie Sie prognostizieren, weiter an Bedeutung gewinnen. Wie würden Sie den Wettbewerb um staatliche oder internationale Organisationen für Bonn in Zukunft einschätzen?
Für meine Begriffe hat Bonn aus fachlich-objektiver Sicht eine gute Pole-Position inne. Aber leider werden Entscheidungen nicht immer nach fachlich-objektiven, wirtschaftlich-ausgewogenen Aspekten getroffen, sondern da ist immer diese berühmte Politik dabei: Da kann es um den Standort, um Win-Win-Situationen, um Do-ut-des, oder oft auch persönliche Dinge, wie den Wohnort oder den Wahlkreis gehen. Wenn ich davon abstrahiere, gibt es doch eine Reihe sehr guter Argumente, dass für Bonn in der Zukunft noch gewisse Luft nach oben sein wird. Gerade die Kombination von zwei wichtigen Infrastrukturgiganten, nämlich der Deutschen Post DHL Group in der Logistik und der Deutschen Telekom in der Kommunikation, die immer bedeutender und innovativer werden, bedarf ganz viel Wissenschaft, Forschung und in die Zukunft gerichtetes Arbeiten an der Universität und/oder Fachhochschule. Was mir bisher in Bonn fehlt, sind postindustrielle Unternehmen. Das ist letztlich sehr schade. Wir haben einen Haufen von Zulieferern, von kleinen Start-ups, leider weniger Scale-ups. Das liegt einfach

daran, dass es hierfür keinen lokalen Raum gibt. Nicht nur dass Haribo in den Kreis Ahrweiler gegangen ist, ich weiß von anderen Kolleginnen und Kollegen, die Spin-offs gründen, dass sie in Bonn keine Grundstücke bekommen. Sie gehen schließlich in die umliegenden Kreise und stärken das Umland. Ich sehe eigentlich auf mittlere bis längere Sicht eine neue Techno-Metro-Region, die hier aufkommen kann. Wenn die Bonner vernünftig mit den Kölnern, Koblenzern oder Aachenern zusammenarbeiten, und das nicht nur auf dem Papier, dann kann Bonn gerade im Hinblick auf die Wettbewerber in den Niederlanden und Teilen Belgiens eine wettbewerbsfähige Region bleiben. Jetzt kommt noch dazu, dass das benachbarte Rheinische Revier durchaus große finanzielle Mittel für die Braunkohlerehabilitation und die Revitalisierung dieser Region erhält. Es sind gute Ausgangslagen vorhanden, und ich hoffe sehr, dass auch die Landesregierung ganz stark in diese Richtung geht.

Inwiefern spielt da vielleicht noch die ehemalige Hauptstadtfunktion eine Rolle? Spielt sie überhaupt eine Rolle?
Nein, sie spielt für meine Begriffe keine Rolle mehr. Das ist Vergangenheit. Die Lokalitäten sind da, aber wenn Sie sich die baulichen Veränderungen ansehen, können die vorhandenen Facilities kein Argument mehr sein. Es sind die beiden großen Giganten Post und Telekom, die hier ihren Standort haben und wo alles getan werden sollte, dass sie hier auch bleiben, die den Kernhumus für viele Zulieferer und Wertschöpfungsketten bilden. Allerdings wird der Bund als Arbeitgeber noch weiterhin eine wichtige Rolle spielen, von der Existenz der verbliebenen Rumpfministerien bis hin zu oberen Bundesbehörden, deren es noch recht viele in Bonn gibt und geben wird.

Welche Rolle messen Sie den verbliebenen Bundesministerien und -behörden zu, die zum Teil auch neu in Bonn angesiedelt wurden?
Diese sind für den Übergang sehr wichtig gewesen. Dass Bonn nach der Hauptstadtverlagerung abrutschen könnte, habe ich persönlich als riesiges persönliches Risiko betrachtet. Das ist nicht eingetreten, weil eine Auffangaktivität erfolgreich gestartet worden ist: Von dem Angebot der Arbeitsplätze in den neu angesiedelten Einrichtungen bis zu deren Magnetwirkung und Einfluss. Man muss bloß aufpassen, dass nicht irgendwie der Eindruck entsteht, Bonn wäre eine Verwaltungsstadt. Damit hatte ich am Anfang große Probleme, aber durch die beiden Großunternehmen und alles, was sich darum herum entwickelt hat, ist dies erfolgreich konterkariert worden.

Wie war eigentlich Ihre Einstellung zum Bonn-Berlin-Beschluss und wie haben Sie die Debatte als betroffener Zeitgenosse wahrgenommen?
Meine Familie war gespalten. Meine beiden älteren Töchter waren eindeutig für Bonn, meine Frau und ich für Berlin. Das hat aber ganz andere Gründe, die mit Bonn nichts zu tun hatten. Meine Frau und ich sind im „Zonenrandgebiet" in Braunschweig aufgewachsen. Wir hatten immer ein ganz besonderes Verhältnis zur Teilung. Wenn Sie

30 Kilometer von der Zonengrenze entfernt gelebt haben, im Harz waren, zum Brocken hinüber blickten und die Rotarmisten sahen, hatte der Fall der Mauer eine ganz andere Bedeutung als für meine Töchter. Meine Töchter hatten schon sehr valide Gründe, die nicht weit hergeholt waren. Sie sagten einfach: ‚Was wollt Ihr eigentlich? Wir haben furchtbare Kriege gehabt. Beide Male war Deutschland die Speerspitze. Das Ganze ist irgendwo auch mit einem preußischen Inhalt versehen und Berlin die Hauptstadt gewesen. Wir sind groß geworden in den 40 Friedensjahren. Wir sind nach Westen ausgerichtet, haben die Europäische Gemeinschaft und die NATO. Wenn Ihr jetzt nach Berlin geht, was soll das eigentlich? Ist da nicht die Gefahr, dass wieder etwas passiert?' Wir sagten wiederum: ‚Kann gar nicht anders sein, wir haben schon immer gesagt Berlin …' Insofern ist meine Antwort auf Ihre wichtige Frage sehr subjektiv.

Führte auch Ihre Herkunft aus Schlesien zu einem größeren Berlin-Bezug?
Das hatte überhaupt keine Auswirkungen. Ich habe an meinen Geburtsort Gleiwitz in Oberschlesien überhaupt keine Erinnerung und ich habe auch eigentlich keine Bindung dorthin, weil ich einfach zu jung war. 1946 wurden wir ausgewiesen, sind mit einem Güterzug rüber und per Zufall in Braunschweig gelandet. Allerdings muss ich sagen, dass mein Interesse für die Dinge im Osten immer sehr viel stärker ausgeprägt gewesen ist als bei meinen Kollegen in Brüssel. In der heißen Phase der Beitrittsvorbereitungen der osteuropäischen Staaten 2001 bis 2003, würde ich behaupten, gehörte ich zu den aktivsten Leuten. Ich habe die Verhandlungen über bestimmte Kapitel mit Polen, Lettland und Rumänien geführt und sehr viel später die ersten Kontakte zu Kroatien geknüpft. Das sicherlich mit einem Interesse, das davon herrührt, dass ich in Schlesien geboren bin. Aber es hat mein Verhältnis zu Berlin und in der Hauptstadtfrage überhaupt nicht beeinflusst.

Ich darf Ihnen dazu eine kurze Geschichte erzählen, die mir 2001 passiert ist, als ich alleine zu Verhandlungen nach Warschau fuhr und mir gegenüber drei polnische Staatssekretäre saßen. Die hatten natürlich meinen CV und darin gelesen, dass ich in Gleiwitz geboren bin. Die Stimmung am Anfang war nicht warm, eher unterkühlt. Es war Unsicherheit, das merkte ich richtig. Die Gegenseite wusste nicht genau, wie lange ich in Oberschlesien gewesen bin und was ich für ein Verhältnis zu den Polen habe. Als ich dann nebenbei meine Schulzeit in Braunschweig erwähnte, merkte ich, wie es bei meinen Gegenübern Klick machte. Von diesem Moment an war das Eis gebrochen. Am Schluss der ersten Runde hat mich der Staatssekretär im polnischen Wissenschaftsministerium für die übernächste Sitzung nach Gleiwitz, Kattowitz und Krakau eingeladen. Ich wurde in Gleiwitz von der Frau des damaligen polnischen Ministerpräsidenten Jerzy Buzek geführt. Beide, Buzek wie seine Frau, kommen nämlich auch aus Gleiwitz. Buzek wurde später Präsident des Europäischen Parlaments und seit dieser Zeit bestand ein enges Verhältnis zwischen ihm und mir, das über seine Frau zustande kam. Auch so ist manchmal das Leben!

Wir leben in einer Zeit, wie man es oft sagt, hört und liest, von einem bisher unbekannten Maß an Skeptizismus, Idealismus und Wissenschaftsfeindlichkeit. Wie haben Sie das in ihrer Tätigkeit im Wissenschaftsministerium erlebt? Krankt es an der Kommunikation oder mit welchen Problemen sind wir hier konfrontiert?
Heute kennen wir viele sehr kundige Wissenschaftsjournalisten in den Medien, die wissen, worüber sie berichten. Vor 30 bis 40 Jahren war dies sehr viel seltener. Andererseits stelle ich subjektiv eine stärkere Ideologisierung der Inhalte fest. Man geht von vornherein häufiger und intensiver als früher mit einem Vorurteil, mit vorgefasster Ansicht an die Berichterstattung heran. Für meine Begriffe ist es manchmal so, dass einzelne Journalisten auch ihre Vorlieben mit einfließen lassen. Das war früher weniger der Fall. Da es früher viel weniger Journalisten gab, die sich damit beschäftigten, konnten diese sich das gar nicht leisten.

In der naturwissenschaftlich-technischen Grundbildung hat sich nicht viel verbessert. Ich bin zum Beispiel glücklich, dass die bayerische und die baden-württembergische Landesregierung in ihren Bioökonomie-Strategien, die zu den modernsten der Welt gehören, Aktionen eingefügt haben, dass zum Beispiel die Bioökonomie Schulfach werden soll. Das ist nicht trivial. Es geht nicht nur um das Schulfach; es müssen Lehrer entsprechend ausgebildet, die Schulbücher entsprechend geschrieben werden und in den Schulbuchverlagen Redakteure sein, die in die entsprechende Richtung gehen und offen hierfür sind. Leider ist diese offene Denkweise aus meiner Perspektive in den Kultusministerien nicht immer sehr ausgeprägt. Sie unterscheidet sich auch von Bundesland zu Bundesland sehr stark.

Wir haben im Übrigen eine ähnliche Ausgangslage bei privaten Investoren. Es ist recht viel anzulegendes Kapital vorhanden, aber die Investoren scheuen es z. B. in viele Bereiche der Lebenswissenschaften zu investieren, weil sie zu wenig Fachwissen besitzen und es auch ein gewisses Misstrauen gegenüber fachlich tätigen Lobbyisten gibt. Deshalb würden sie sich liebend gerne von Universitäten unabhängig beraten lassen. Bloß haben die Universitäten bis auf wenige Ausnahmen noch nicht ganz begriffen, dass lebenslanges Lernen für Führungspersönlichkeiten und auch Coaching etwa von Private Equity Managern sehr wichtig und Teil ihrer Arbeit sein könnte.

Hier sehe ich wichtige und neue Aufgaben für die Wissenschaft. Sehr viele Akademiker denken nach wie vor zu sehr in Disziplinen. Das ist wichtig für die Exzellenz, aber man darf nicht das eine tun und das andere lassen: Man muss beides tun. Ich hoffe sehr, dass dies nur eine Frage der Generation ist. Man muss das Wissen der Wissenschaft richtig nutzen, kanalisieren und vor allem Vertrauen aufbauen mit so wenig Ideologie wie möglich.

Herr Patermann, haben Sie vielen Dank für das Gespräch!

Hermann Schäfer: Geschichte für ein vereintes Deutschland

Mara Weber

„Unsere Republik, die Bundesrepublik Deutschland, entstand im Schatten der Katastrophe. Sie hat inzwischen ihre eigene Geschichte. Wir wollen darauf hinwirken, daß möglichst bald in der Bundeshauptstadt Bonn eine Sammlung zur deutschen Geschichte seit 1945 entsteht, gewidmet der Geschichte unseres Staates und der geteilten Nation."[1]

In seiner Regierungserklärung vom 13. Oktober 1982 legte Helmut Kohl (1930–2017) die Grundlage für die Errichtung eines zeithistorischen Museums der deutschen Geschichte, das spätere Haus der Geschichte der Bundesrepublik Deutschland in Bonn. Dem Haus sollte dabei die Aufgabe zukommen, „die Geschichte der Bundesrepublik

Abb. 17: Porträtaufnahme von Hermann Schäfer, 2015, Foto: Anja Schlamann

Deutschland einschließlich der Geschichte der Deutschen Demokratischen Republik unter Einbeziehung der Vor- und Entstehungsgeschichte darzustellen und Kenntnisse hierüber zu vermitteln."[2] Kohls Pläne und die Vorschläge der eingesetzten Gutachterkommission wurden durch alle Parteien hinweg kontrovers diskutiert. Neben der Kritik an spezifischen Inhalten der geplanten Dauerausstellung wurde der Vorwurf erhoben, es werde versucht, ein „vereinheitlichtes, regierungsamtliches Geschichtsbild [zu] oktroyieren".[3]

Erschwerend kam hinzu, dass die Wiedervereinigung, die in die Bauzeit des Museums fiel, die Beteiligten vor neue Herausforderungen stellte. Plötzlich hatte das Museum die Aufgabe, neben der Geschichte des geteilten Deutschlands auch die des geeinten Landes darzustellen. Auch kam die Frage auf, ob es angesichts dieser Umstände überhaupt

---

1 Regierungserklärung des Bundeskanzlers vor dem Deutschen Bundestag. Koalition der Mitte: Für eine Politik der Erneuerung, in: Presse- und Informationsamt der Bundesregierung, Bulletin, Nr. 93, 14.10.1982, S. 853–868, abgerufen unter: https://www.1000dokumente.de/index.html?c=dokument_de&dokument=0144_koh&object=abstract&st=&l=de (abgerufen am 9.11.2023).
2 § 2 des Gesetzes zur Errichtung einer Stiftung „Haus der Geschichte der Bundesrepublik Deutschland" vom 28. Februar 1990, BGBl. I, S. 294.
3 Blumenwitz, Dieter, Möglichkeiten des Umgangs mit der Geschichte. Zur Eröffnung des Hauses der Geschichte der Bundesrepublik Deutschland in Bonn, in: Zeitschrift für Politik N.F. 41 (1994) 4, S. 435–437, hier S. 435.

die richtige Entscheidung sei, ein Museum zur deutschen Geschichte in Bonn und nicht in Berlin zu errichten.[4]

In welche Hände das Projekt gelegt wurde, war von Bedeutung: Für die Position des Gründungsdirektors der Stiftung Haus der Geschichte der Bundesrepublik Deutschland wurde 1987 der Historiker Hermann Schäfer ausgewählt. Über 20 Jahre sollte er die Geschicke der Stiftung und ihrer Häuser in Bonn und Leipzig (Zeitgeschichtliches Forum) lenken, die 1994 bzw. 1999 öffneten.

Schäfer, geboren 1942 in Wittlich, studierte in Frankfurt, Bonn und Freiburg Geschichte und Anglistik. 1977 wurde er in Freiburg mit einer Arbeit über die badische Wirtschaftspolitik im Ersten Weltkrieg promoviert. Er habilitierte sich dort 1986 über das Thema Technologietransfer im 19. Jahrhundert am Beispiel der Textilmaschinen- und Lokomotivfabrik André Koechlin in Mühlhausen/Elsass. Vor seiner Berufung in die Stiftung war er Kurator am Landesmuseum für Technik und Arbeit in Mannheim.

Schäfer baute gemeinsam mit seinem Team das Haus der Geschichte auf und setzte hierbei auf neue Methoden in Museumspädagogik und Ausstellungstechnik. Dabei ließ er sich auf seinen Reisen in den Vereinigten Staaten von den dort erprobten musealen Ansätzen inspirieren, die vor allem auf den verstärkten Einsatz von modernen Medien setzten. Dieser Einfluss ist in der Dauerausstellung des Hauses der Geschichte, die auch 90 Medienstationen umfasst, bis heute sichtbar. Schäfer legte einen weiteren Schwerpunkt auf das Konzept der Besucherorientierung. Seiner Ansicht nach war die Vermittlung der Inhalte gegenüber dem Besucherpublikum genauso von Bedeutung wie das wissenschaftliche Arbeiten. Er legte Wert darauf, dass die Konzeption des Museums immer wieder überdacht und zielgruppenspezifisch angepasst wurde. Zu diesem Zweck führte das Haus der Geschichte als erstes Museum in Deutschland Besucherumfragen durch.[5]

Schäfer betätigte sich zudem als Autor. In dieser Funktion beteiligte er sich mit seiner Veröffentlichung „Abschied von Bonn" an der Debatte rund um den Hauptstadtumzug.[6] Schon in dieser Publikation aus dem Jahr 1999 bekannte er: „Bonn spielte seine Rolle als provisorische Bundeshauptstadt perfekt."[7] Die mit dem Stadtnamen verbundene Demokratie haben sich die Deutschen erarbeitet. Bei dieser Meinung über seine Wahlheimat Bonn ist Schäfer geblieben. Schon damals war er optimistisch, dass Bonn die großen Veränderungen nicht fürchten müsse. Im Interview rät Schäfer den Bonnerinnen und Bonnern, die Rolle ihrer Stadt für das Gelingen der zweiten deutschen Demokratie wertzuschätzen.

---

[4] siehe Ebd., S. 436.
[5] Für einen aktuellen Einblick in die Arbeit des Museums siehe Stiftung Haus der Geschichte der Bundesrepublik Deutschland (Hg.), Zeithistorische Ausstellungen. Rück- und Ausblicke, Bielefeld 2022.
[6] Schäfer, Hermann (Hg.), Abschied von Bonn, Berlin 1999.
[7] Schäfer, Hermann, Einleitung, in: ebd., S. 7–25, hier S. 9.

Abb. 18: Das Haus der Geschichte auf der Bonner „Museumsmeile", Foto: Presseamt der Stadt Bonn

Von Februar 2006 bis Jahresende 2007 leitete Schäfer als Vize-Kulturstaatsminister die Abteilung Kultur und Medien im Bundeskanzleramt. Nach seiner Pensionierung arbeitete er als freier Berater für nationale wie internationale Museumseinrichtungen.[8] Im Ruhestand widmet sich der Träger des Bundesverdienstkreuzes und des französischen Ordens Chevalier de L'Ordre national du Mérite auch wieder verstärkt der historischen Forschung; zuletzt mit mehreren Arbeiten zur Unternehmens- und Wirtschaftsgeschichte sowie der Geschichte der Rotary-Clubs in Deutschland.

---

8 Kliemann, Thomas, „Man muss das Publikum erreichen", in: General-Anzeiger Bonn, 2.1.2023, abgerufen unter: https://ga.de/news/kultur-und-medien/man-muss-das-publikum-erreichen_aid-82288917 (abgerufen am 9.11.2023); Albert-Ludwigs-Universität Freiburg, „Ein Leben im Zeichen der Geschichte. Der Historiker Hermann Schäfer wird 70 Jahre alt", Pressemitteilung, 17.12.2012, abgerufen unter: https://kommunikation.uni-freiburg.de/pm/2012/schafer-hermann-70.pdf (abgerufen am 9.11.2023).

Dokumentiertes Gespräch mit Hermann Schäfer vom 11. April 2022

Interviewt von Mara Weber

Herr Schäfer, welche Rolle spielten Sie in der „Bonner Republik"?
In meiner beruflichen Rolle als Leiter des Hauses der Geschichte in dessen Aufbauphase seit 1987 konnte ich tatsächlich für rund zwei Jahrzehnte die Geschicke des Hauses der Geschichte in Bonn, seine Konzeption und seine Grundanlage mitbestimmen und langfristig wirkende, wesentliche institutionelle, konzeptionelle und personelle Entscheidungen treffen. Ich habe diese „Rolle" sehr gerne ausgefüllt, aber „spielerisch", um Ihr Wort aufzugreifen, ging es dabei wenig zu. Die Diskussion war bis zur Eröffnung äußerst politisiert, das Haus war umstritten. Ich hatte neben den vielfältigen konzeptionellen Aufgaben – Geschichts-, Museums- und Ausstellungsthemen, Bau-, Organisations- und Gestaltungsfragen – auch sehr viel mit dem Ausgleich unterschiedlicher Interessen, mit Gremien und vor allem mit Politik zu tun.

Das Haus der Geschichte war von Bundeskanzler Dr. Helmut Kohl schon in seiner ersten Regierungserklärung 1982 als ein neuartiges Museum initiiert worden. Mit dem Ziel, Zeitgeschichte auszustellen, und zwar „die Geschichte der Bundesrepublik Deutschland und der geteilten Nation", wie er von Anfang an ausdrücklich formulierte und wie es dann auch in das Stiftungsgesetz zur Gründung der unabhängigen Stiftung hineingeschrieben wurde. Wie klug und letztlich weitsichtig diese Formulierung war, zeigte sich 1989/90 mit der Wiedervereinigung. Fast niemand hatte mit dieser politischen Entwicklung gerechnet, auch wir, die wir tief in der Museumsplanung steckten, mussten umdenken. Mit Bezug auf den erweiterten, nun zusammenwachsenden Staat, auf manche kulturell-politische Unterschiede, auf noch differierende Geschichtsverständnisse.

Heute ist meist vergessen, wie umstritten die Idee eines Hauses der Geschichte war. Es wurde als „Kanzlerprojekt" von parlamentarischer Opposition und Teilen der Öffentlichkeit, nicht zuletzt auch den Medien sehr kritisch begleitet. Helmut Kohl argumentierte in vielen politischen Fragen oft auch historisch. Aber sein Geschichtsverständnis wurde hinterfragt. Er hatte 1982 eine „geistig-moralische Wende" angekündigt. Daraufhin wurde ihm unterstellt, er wolle eine neue nationale Identität stiften. Es war die Zeit des sog. Historikerstreits, in dem die beiden von Helmut Kohl initiierten Museumsprojekte, das Haus der Geschichte in Bonn und das Deutsche Historische Museum in Berlin, von der Opposition und Teilen der Öffentlichkeit kritisiert wurden. Beiden Häuser wurde unterstellt, sie seien gewissermaßen Instrumente, mit denen der Bundeskanzler eine neue historische Identität, gemeint war vor allem nationale, deutsche Identität, stiften wolle. Die Diskussion um alle historischen Museumskonzepte wurde nun sehr politisiert. Auch wir

Direktoren der „Kohl-Museen", wie gelegentlich polemisch formuliert wurde, wurden zur Zielscheibe im Parteienstreit.

Herr Schäfer, was verbinden Sie persönlich mit der „Bonner Republik"?
Als ich 1987 nach Bonn kam, kannte ich Bonn seit Mitte der 1960er Jahre, weil ich hier drei Semester studiert hatte. Ich kam von der Universität Frankfurt und ging anschließend nach Freiburg, wo ich Examen machte, promoviert wurde und mich habilitierte.

Beruflich verbinde ich mit der „Bonner Republik" natürlich die Aufgabe, die Geschichte der „Bonner Republik", d. h. die Geschichte der Bundesrepublik im Haus der Geschichte auszustellen. Persönlich verbinde ich mit diesem Lebensabschnitt viele neue Kontakte, viele freundschaftliche Beziehungen. Die „kleine Stadt" am Rhein wurde national und international gewissermaßen das Symbol der Bundesrepublik, die sich auf der Basis des Grundgesetzes positiv entwickelt hatte. Im Rahmen des Wirtschaftswunders wird sie mit neuen Aufstiegsmöglichkeiten und der Verbesserung von Einkommen und Wohlstand verbunden; darüber hinaus auch mit der ganz allmählich wachsenden politischen Bedeutung dieses Staates im internationalen Kontext. Hier in Bonn fiel vor allem die grundlegende Entscheidung der Westbindung dieses Staates; also die Beschlüsse für außen-, sicherheits- und wirtschaftspolitische Verträge wie unter anderem über die Montanunion (1951) und den NATO-Beitritt (1955). Vor allem nenne ich den Deutsch-Französischen Freundschaftsvertrag (1963), den wir geradezu als den Vollzug dessen empfanden, was wir als Jugendliche in meiner Heimatstadt Trier lebten.

Sie hatten erwähnt, dass Sie in den 1960er Jahren drei Semester in Bonn studierten. Wie war Ihr damaliger Eindruck von Bonn? Hatte die Stadt da schon ihre Rolle als Hauptstadt eingenommen?
Ich habe Frankfurt schon nach zwei Semestern wieder verlassen, weil die Großstadt sich zwar vielfältig, international, eher weltstädtisch präsentierte, mir aber zu wenig universitär geprägt war. Frankfurt hatte seine großen Vorteile: Ich habe zum Beispiel die Jazzszene sehr genossen. Aber meine Besuche der Auschwitz-Prozesse seit Ende 1963, auf der Zuschauertribüne im Römer, werde ich nie vergessen – das waren Geschichts-„Lektionen" aus der Wirklichkeit, wichtiger als manche Vorlesung. Aber ich suchte eine kleinere Universitätsstadt und da war Bonn, vor allem auch weil es einen guten Ruf in den Geschichtswissenschaften hatte (und bis heute hat), meine Wahl. Ich ging wegen der Universität und der Stadt im Rheinland nach Bonn, weniger, weil es Hauptstadt war. Die Hauptstadtfunktion war für mich nur eine Begleiterscheinung. Ab und zu gab es eine Verkehrssperrung, weil „weiße Mäuse" einen besonders interessanten Staatsgast im Konvoi durch die Stadt eskortierten. Damals war zwischen Bonn und Bad Godesberg fast nur Brache. Der Rheinauenpark existierte noch nicht, und wenn man mit der Straßenbahn diese Strecke fuhr, hatte man das Gefühl, rechts und links ist fast nichts. Gefühlt dauerte es ewig, bis man nach Godesberg kam, um dort beispielsweise ins Studentenlokal „Aennchen" zu gehen. Die Stadt wurde erst allmählich ausgebaut und war für mich damals mehr die Universitätsstadt am Rhein.

Abb. 19: Gaststätte „Aennchen" in Bad Godesberg, 25.6.1966, Foto: Rolf Baumann

Vor allem Frankfurt konkurrierte 1949 mit Bonn um den Status als Hauptstadt der Bundesrepublik. Würden Sie rückblickend sagen, dass Bonn die richtige Entscheidung war?

Unbedingt! Auch wenn immer wieder die Frage gestellt wurde, ob Berlin nach der Wiedervereinigung Hauptstadt geworden wäre, wenn die Entscheidung 1949 für Frankfurt gefallen wäre. Die pragmatische Entscheidung für Bonn war richtig, vor allem weil Bonn weniger zerstört war als die anderen zur Debatte stehenden Städte, also vor allem Frankfurt, Kassel und Stuttgart. Und Adenauer, geborener Kölner, wohnend in Rhöndorf, hat natürlich seinen Einfluss ausgeübt. Bonn als kleine Stadt am Rhein, wie Wolfgang Koeppen es schon 1953 in seinem Roman beschrieben hat, wurde ein „Treibhaus". Bonn symbolisierte aber auch die Bescheidenheit der neu entstandenen Bundesrepublik, die erst langsam auch an internationaler Reputation gewann. Mit einer Hauptstadt wie Bonn wurde dieses Land als kleiner neuer Staat gesehen und erst langsam als wirtschaftlich zunehmend bedeutender Staat.

Hatten Sie in der Zeit zwischen dem Fortsetzen des Studiums in Freiburg und dem Antreten des Postens beim Haus der Geschichte 1987 auch noch Kontakte nach Bonn? Welche Rolle spielte Bonn als Hauptstadt oder auch als Wissenschaftsstandort in Ihrem Leben?
In Bonn hatte ich Freunde gewonnen und als ich 1965 wegging, versprach ich meinen Freunden, ich käme bald wieder. Dass das dann bis 1987 dauern würde, hatte ich nicht erwartet. Aber ich habe viele Kontakte halten oder an sie anknüpfen können, als ich 1987 zurückkehrte. Von Freiburg aus habe ich auf Bonn weniger als Hauptstadt, sondern mehr als meine ehemalige Studienstadt zurückgeblickt, die wir als Wissenschaftsstadt aufsuchten, wenn wir z. B. unsere Forschungsprojekte bei der DFG vertraten.

Gibt es Orte, die Sie besonders mit Bonn und der „Bonner Republik" in Zusammenhang bringen?
Symbole der „Bonner Republik" sind für mich – neben dem Grundgesetz, das hier verabschiedet wurde, allerdings nicht so sichtbar ist wie Bauten – vor allem die Gebäude des Deutschen Bundestages, die ehemalige Pädagogische Akademie ebenso wie der neue Behnisch-Bau; weniger das Wasserwerk als vorübergehende Parlamentsunterbringung. Weitere besonders wichtige Erinnerungsorte sind das Palais Schaumburg als erstes Kanzleramt, die Villa Hammerschmidt als Sitz des Bundespräsidenten, das neue Kanzleramt mit der markanten Bronzeskulptur von Henry Moore davor, die fast täglich wie „Kulissen" in den Fernsehnachrichten zu sehen waren. Das Museum Koenig besonders wegen des Festaktes am 1. September 1948, als der Parlamentarische Rat dort zusammentrat; ferner, weil Adenauer nach seiner Wahl im September 1949 für zwei Monate Museumsräume als Büro nutzte; übrigens auch einige weitere Ministerien sogar bis Mitte der 1950er Jahre. In dieser „Aura", nicht weit vom Museum Koenig und den erwähnten Erinnerungsorten, hatte unser Aufbauteam seine ersten vorläufigen Büros. Die Wege waren kurz und allenthalben begegnete man Politikern und Journalisten.

Nicht nur für mich, für Millionen Besucher wurde mit der Eröffnung 1994 natürlich das Haus der Geschichte ein besonderer Erinnerungsort. Diese genannten und viele mehr gehören zu dem von mir in meiner Funktion vom Haus der Geschichte aus 2003 initiierten und 2004 eröffneten „Weg der Demokratie". Er ist tatsächlich in Bonn inzwischen zu einer sehr beliebten Besichtigungstour geworden, mit Informationsstelen an fast allen politisch wichtigen Stätten der ehemaligen Hauptstadt.

War es schwierig, einen Standort für das Haus der Geschichte zu finden? Wie gestaltete sich der Prozess und sind Sie zufrieden mit dem Standort?
Die Standortentscheidung war schon gefallen, als ich berufen wurde. Soweit ich erinnere, gehörte das Grundstück der Stadt Bonn; jedenfalls befanden sich dort vorher u. a. das Ausflugslokal „Rheinlust" und ein Autohaus. Insgesamt entstand mit Bundeskunsthalle und Städtischem Kunstmuseum, zusammen mit dem traditionsreichen Museum Koenig eine „Museumsmeile", die sich international sehen lassen kann; ich kann mich noch gut

erinnern, wie wir um diesen Begriff und sein Logo rangen. Nochmals: Ja, der Standort war und ist vorzüglich! Zudem mit einer eigenen U-Bahn-Station, die es den Besuchern erlaubt, direkt „mit der U-Bahn in die Zeitgeschichte" zu fahren, wie ich immer gerne sagte; das haben wir übrigens auch als Werbeslogan benutzt.

Was hat das Regierungsviertel in den 1980er-Jahren für einen Eindruck auf Sie gemacht? Können Sie die Zuschreibungen, die mit Bonn verbunden werden – Transparenz, kurze Wege – bestätigen? War das Regierungsviertel ein anderes Bonn, als jenes, das Sie aus den 1960er-Jahren kannten?
Die Unterschiede zwischen den 1960er und den 1980er Jahren waren riesengroß. Bonn war als Hauptstadt mit allen Funktionen „konsolidiert", war – bis auf die von Helmut Kohl initiierten großen kulturellen Projekte – „fertig"; die Hauptstadtfunktionen waren „eingespielt" und bewährt. Es hatte ja einige Jahre gedauert bis das „Provisorium" Bonn – allmählich – zur Hauptstadt ausgebaut wurde. Ein erstes neues Gebäude wurde 1953/54 für das Postministerium erbaut, weitere folgten und auch die sog. Kreuzbauten, die mehrere Ministerien beherbergten, waren längst errichtet (1969–75). In den 1980er Jahren war aber auch schon erkennbar, dass der Bundestag langsam zu klein wurde und ein Neubau in Angriff genommen werden musste.

Ich erinnere mich noch gut, wie auch wir in der zweiten Hälfte des Jahres 1987 mit diesem Thema konfrontiert wurden, weil die Frage aufkam, was mit dem Adler im Plenarsaal des Bundestags nach dessen Rückbau passieren soll. Es war völlig klar, dass wir unser museales Interesse anmeldeten. Der Adler ist seit dem Mittelalter ein Symbol deutscher Wappengeschichte, auch des Entstehens der Deutschen Nation. Das Wandrelief des Bundesadlers im Bonner Bundestag war die bekannteste Form dieses Wappentiers, von Ludwig Gies 1953 künstlerisch gestaltet, wurde er zahllos oft abgebildet, gefilmt, war Hintergrund epochaler Parlamentsreden und -debatten, eines der international bekanntesten Symbole von Bundestag und Bundesrepublik. Wir wollten ihn unbedingt für unsere Ausstellung. Weil sich aber herausstellte, dass dieser Gips-Adler ziemlich brüchig war, konnten wir lediglich mehr oder weniger große Einzelzeile übernehmen; diese sind ausgestellt. Wir übernahmen noch weitere Interieurs des Plenarsaals, vor allem die Abgeordnetenstühle. Nicht jeder hatte damals Verständnis für deren langfristige Bedeutung als historische Exponate. Wohl aber Bundestagspräsident Jenninger, der dies sofort einsah und uns die notwendige zusätzliche Zeit zum Abbau einräumte. Später mussten wir zwar die meisten Möbel wieder abgeben und konnten nur behalten, was für die Ausstellungszwecke notwendig war. Das lag daran, dass die Bundesregierung uns das Geld gestrichen hat, das es brauchte, um die Möbel alle einzulagern. Wir hatten sie alle eingelagert, weil ich verhindern wollte, dass sie zu Kitsch und Krempel werden.

Heute werden diese Entscheidungen nicht mehr hinterfragt. Im Gegenteil: Man wäre heute dankbar, wenn die Einrichtung der Paulskirche noch erhalten wäre, die Bänke in denen die Delegierten der Frankfurter Nationalversammlung 1848/49 saßen.

Abb. 20: Plenarsaal des Deutschen Bundestages mit dem Bundesadler von Ludwig Gies, genannt „Die Fette Henne", 1968, Foto: Peter Strack

Welche spezifischen Ereignisse verbinden Sie mit Bonn beziehungsweise mit der „Bonner Republik"? Welche dieser Ereignisse würden Sie als „Bonn-spezifisch" beschreiben?
Vor allem anderen die Entscheidung des Parlamentarischen Rates für das Grundgesetz. Am 23. Mai 1949 wurde es in der – damals noch – Pädagogischen Akademie in Bonn beschlossen; in diesem Saal tagte von 1949 bis in das Jahr 2000 der Bundesrat. Dies sollte viel stärker ins Bewusstsein gebracht werden als bislang. Der Internationale Demokratiepreis Bonn versucht dies beispielsweise, indem er seit 2009 eine Auszeichnung verleiht für Menschen oder Institutionen, die sich in herausragender Weise um Demokratie und Menschenrechte in ihrem Land verdient gemacht haben. Bonn könnte und sollte sich in dieser Hinsicht mehr profilieren, auch sein Titel „Bundesstadt" könnte – neben „UNO-Stadt", „Beethovenstadt" „Universitäts- und Wissenschaftsstadt" – mehr inhaltliche Ausfüllung vertragen.

Natürlich wären auch viele Staatsbesuche als „Bonn-spezifisch" zu erwähnen. Zwei ragen für mich persönlich heraus: Der erste Staatsbesuch von Königin Elisabeth II. in Deutschland, den ich im Mai 1965 an der Universität erlebte; es herrschte geradezu diplomatischer, protokollarischer und emotionaler Ausnahmezustand. Und dann der

Besuch von Erich Honecker im September 1987; den die DDR als Staatsbesuch und die Bundesrepublik – in vielen protokollarischen Einzelheiten etwas verkrampft – als „Arbeitsbesuch eines Staatsoberhauptes" interpretierte. Die DDR suchte ihre offizielle Anerkennung, die Bonner Regierung versuchte genau diesen Eindruck zu vermeiden. Ich nahm es als Aufwertung der DDR wahr.

„Bonn-spezifisch", besonders auch persönlich, sind für mich aber auch die Daten, die mit der Entstehung des Hauses der Geschichte zusammenhängen: Grundsteinlegung im September 1989, Richtfest im Juni 1991 mit der Einbringung des Salonwagens der Bundeskanzler, Einzug der Mitarbeiter und Mitarbeiterinnen 1993, Eröffnung mit Bundeskanzler Helmut Kohl am 14. Juni 1994.

Letztlich ist auch ein Datum wie der Beschluss zum Umzug von Bundestag und Bundesregierung, also das Ende der „Bonner Republik" ebenfalls ein wichtiges „Bonn-spezifisches" Ereignis. Mit vielen anderen stand ich am 20. Juni 1991 am Wasserwerk, in dem damals der Bundestag tagte, und wartete auf die Abstimmungsentscheidung: Sie fiel anders aus als von uns erhofft.

Würden Sie im Nachhinein immer noch sagen, dass Bonn eine gute Hauptstadt geblieben wäre oder hat sich diese Einschätzung im Laufe der Zeit verändert?
Meine Einschätzung hat sich nicht verändert. Bonn war eine gute Hauptstadt und wäre eine gute Hauptstadt geblieben. Bonn hätte auch die Geschichte dieser Republik als vereinigte Republik anders repräsentiert als das jetzt von Berlin aus geschieht. Ich war und bin der Meinung, dass Bonn – ausdrücklich bis heute – ein gutes Symbol für diese Republik darstellt. Gleichwohl schätze ich Berlin und bin gerne dort.

Da die 40 Jahre erfolgreicher bundesrepublikanischer Politik bis 1989 „Bonn-spezifisch" sind, muss und darf man auch sagen, dass die Entscheidung der Bürger der DDR für die Wiedervereinigung – konkret in der ersten frei gewählten Volkskammer der DDR im August 1990 – nicht in erster Linie mit Blick auf Berlin fiel, sondern eher mit Blick auf die Politik, die sich im Bonner Bundestag abspielte. Der Beitritt zur Bundesrepublik Deutschland war somit ein Beitritt zu einer Republik, deren Politik von Bonn aus geprägt wurde. Insofern waren diese 40 Jahre Bonner Politik auch 40 Jahre gute Politik mit einer Symbolwirkung, die in Richtung Wiedervereinigung zielte.

Sie lebten einige Jahre nicht in Bonn. Wie war der Blick aus der bundesrepublikanischen Ferne auf Bonn und das, was in Bonn geschah? War das eher positiv oder negativ konnotiert?
In meiner persönlichen Wahrnehmung war die Hauptstadt Bonn in den Jahren der „Bonner Republik" unumstritten. Die Bundesrepublik wurde als „Provisorium" angesehen, sie war, wie Theodor Heuss formulierte, „Transitorium" und das Grundgesetz ausdrücklich „für eine Übergangszeit" beschlossen, wie es in der Präambel hieß, also bis zur Vereinigung des geteilten Deutschlands. Natürlich gab es – jedenfalls für mich – eine Hoffnung auf Wiedervereinigung.

Waren die Bonner Bürger glücklich damit, dass ihre Stadt Hauptstadt war oder empfanden sie das eher als störend?
Ich fürchte die meisten Bonner haben den Wert der Hauptstadtfunktion nicht genug geschätzt. Deren Bedeutung wurde ihnen erst wirklich bewusst, als der Verlust drohte. Bonn hatte ungemein profitiert von den Investitionen des Bundes in die Hauptstadt, von der Infrastruktur (Autobahnen, U-Bahn etc.) bis zur Kultur, und zwar in breitestem Umfang (Theater, Oper, Museen). Vieles haben die Bonner als selbstverständlich hingenommen. Selbst die Karrieremöglichkeiten waren besser, weil der öffentliche Dienst, die Ministerien ständig expandierten.

Gab es Wechselwirkungen zwischen Kommune und Region auf der einen und dem Hauptstadtleben auf der anderen Seite?
Der Regierungssitz wirkte kommunalpolitisch geradezu wie ein „Geschenk" für die Entwicklung von Bonn, denn die Regierung hätte sich in jeder anderen Stadt genauso entfaltet. In Bonn aber hat der Regierungssitz die Stadt mehr geprägt, als das wahrscheinlich in Frankfurt möglich gewesen wäre. Insofern gab es sehr viele Wechselwirkungen, von denen das Leben in Bonn in sozialer, wirtschaftlicher und kultureller Hinsicht nur profitierte – und im Grunde bis heute profitiert. Die Infrastruktur wurde massiv von der Bundesregierung gefördert. Vieles in der Kommunalpolitik ging rascher, weil Bundeswünsche die Realisierung beschleunigten. Theater und Oper hatten besondere Bundesförderungen, weil sie Hauptstadtansprüchen genügen mussten. Staatsgästen, auch dem Diplomatischen Corps, sollte Niveau geboten werden. Ganz zu schweigen von den Vorteilen, die Handel und Gastronomie von der zahlungskräftigen politischen Kundschaft genossen.

Haben Sie den Eindruck, dass die Regierung auch vom Stadtumfeld geprägt wurde? Dass beispielsweise Regierungsmitglieder, die aus anderen Regionen kamen, eine gewisse rheinische Art übernommen haben?
Vielleicht hat das etwas „abgefärbt", weil die Abgeordneten viel vom öffentlichen Leben mitbekamen. Die rheinische Mentalität hat eine gewisse, auch ansteckende Leichtigkeit und nicht die bayerische Schwere, Berliner Härte oder norddeutsche Kühle. Auf der anderen Seite nahmen die Bonner den Regierungssitz als eine so große Selbstverständlichkeit wahr, dass sie auch die vielen Infrastruktur-„Geschenke", die die Kommune erhielt, für als sozusagen Regierungssitz-gegeben erlebten. Bonn hätte beispielsweise viel früher einen Neubau für sein Kunstmuseum verdient gehabt; auch ein Stadtmuseum wurde erst 1998 eröffnet. Aus eigener Kraft haben die Bonner viel zu wenig getan, um die für Regierungssitz und Hauptstadt notwendige Infrastruktur zu ergänzen. Kommunalpolitik und -verwaltung befanden sich sozusagen im „Schlepptau" des Bundes.

Würden Sie sagen, dass die Idee der Westbindung und der deutsch-französischen Freundschaft in Bonn damals besonders gut zu erleben und präsent war? Würden Sie sagen, dass Bonn da im Vergleich zu Berlin einen Unterschied darstellt?
Ich denke ja. Kassel liegt nahe an der damaligen innerdeutschen Grenze, Frankfurt ist eher international, vor allem amerikanisch geprägt, Bonn liegt nahe zu Frankreich, Belgien und den Niederlanden. Ich bin in Trier zur Schule gegangen, hatte ab der fünften Klasse („Sexta") neun Jahre Französisch, wir hatten dort gleichaltrige französische Freunde, nahmen viel französische Kultur auf. Westbindung und Deutsch-Französische-Freundschaft sind eine absolute Lebensnotwendigkeit für die Bunderepublik. Genauso aber auch die Freundschaft mit Amerika, da hatte für mich schon in der Mittelstufe ein amerikanischer Austauschlehrer großen Einfluss.

Würden Sie von einer Bundesrepublik sprechen oder von einer „Berliner" und einer „Bonner Republik"? Worin würden Sie die Unterschiede sehen?
Also ich verwende diese Begriffe weniger gerne und spreche lieber von einer Bundesrepublik Deutschland, die von 1949 bis 1999 von Bonn aus und seitdem aus Berlin regiert wird. Ich mag nicht die oft mit diesen Etikettierungen verbundene Auf- oder Abwertung der einen oder anderen Epoche. Wenn ich es richtig sehe, kam der Begriff „Berliner Republik" in der sog. Hauptstadtdebatte 1990/91 auf, und Johannes Gross prägte ihn mit seinem 1995 erschienenen Buch „Begründung der Berliner Republik", das über Deutschland am Ende des 20. Jahrhunderts handelt. Er meinte den Begriff deskriptiv, ausdrücklich nicht wertend und betonte, die „Berliner Republik" sei mit der Bonner zwar staatsrechtlich identisch, aber nicht gesellschaftlich, politisch und kulturell. Wie Recht er hatte, wissen wir nun, eine Generation später. Der Begriff „Berliner Republik" wird inzwischen fast inflationär gebraucht. Viele – nicht nur Journalisten, Literaten, Historiker, Philosophen, Politiker – arbeiten sich geradezu ab an dieser Begrifflichkeit.

Ich durfte 1999 im Auftrag des Propyläen-Verlages ein Buch zum Thema „Abschied von Bonn" mit Beiträgen zahlreicher Politiker herausgeben, in dem diese Diskussion eine Rolle spielt. Wichtig bleibt meines Erachtens: Die Bonner Regierungspolitik agierte in einem anderen Kontext bzw. vor einem anderen Hintergrund als die Berliner. Die wiedervereinigte Bundesrepublik ist größer und muss mehr Verantwortung übernehmen, europäisch und international. Aber man sollte sich auch der Tatsache bewusst bleiben, dass Berlin die Hauptstadt eines ganz anderen Reiches war, es erinnert auch an eine sehr dunkle deutsche Vergangenheit. Die von Berlin regierte Bundesrepublik muss sich noch in die Rolle finden, in der sie international mehr Verantwortung übernimmt.

Hat dieses Hereinfinden in eine Rolle nicht auch Parallelen zur Zeit der Bundesrepublik in Bonn? Ist das vielleicht ein Phänomen neuer Hauptstädte?
Der rasche Ausbau Berlins seit Mitte der 1990er Jahre ist gigantisch und teuer, der allmähliche Bonns in den 1950ern war bescheiden. Die riesigen Investitionen seit der Wiedervereinigung können Angst machen. Bonn funktionierte als Hauptstadt und hätte weiter

ausgebaut werden können. Auch eine Teilung der Funktionen zwischen einer Hauptstadt Berlin und dem Regierungssitz Bonn war denkbar. Das ist zwar diskutiert, aber leider nicht realisiert worden. Es gibt andere Länder, die auch Funktionen von Hauptstädten aufgeteilt haben, aber in der Bundesrepublik hat man das so nicht gewollt. Politik wird nur teilweise geprägt von der regionalen und kulturellen Situation einzelner Städte. Deswegen würde ich das Element des „Klimas" einzelner Städte nicht übertreiben. Natürlich ist Berlin eine Metropole, die einen ganz anderen Reiz hat als Bonn. Bonn ist zwar auch in den 1950er Jahren schon als „Treibhaus" bezeichnet worden. Aber ist Berlin das nicht noch viel mehr?! In Bonn konnten sich die Abgeordneten leichter treffen und austauschen. In Berlin sind Nachrichten kurzlebiger, vieles „versendet" sich, versandet letztlich und ist nicht nachhaltig. In Bonn wurde von der Hauptstadt, insbesondere dem Regierungsviertel, als „Käseglocke" gesprochen, aber nicht nur mir scheint, dass dies für Berlin noch viel mehr gilt. Ich würde allerdings nicht überbewerten, welche Bedeutung eine regionale kulturelle Prägung für die Politik der Bundesrepublik besitzt. Schließlich sind die Abgeordneten vor allem ihren Wählern verantwortlich und in den Wahlkreisen mehr verankert als in der Hauptstadt; wo sie letztlich ja auch nur während der jährlich rund 20 Sitzungswochen anwesend sind.

Wo positionierten Sie das Haus der Geschichte in der bundesdeutschen Geschichtslandschaft – auch in Bezug auf die historische Forschung?
Um dies zu beantworten, muss man sich zunächst bewusst machen, dass wir mit der Realisierung des Hauses der Geschichte absolutes Neuland betraten. Außerdem sollte man sich vergegenwärtigen, dass uns nicht jeder den Erfolg voraussagte. Im Gegenteil gab es viele Unkenrufe, auch Missgunst. Vor diesem Hintergrund ist unser Erfolg außergewöhnlich, manche sagen sogar sensationell. Das Haus der Geschichte ist aus der deutschen Geschichtslandschaft nicht mehr wegzudenken. Aber wir sind in dieser Szene ein Museum, keine Forschungseinrichtung zur Geschichte im engeren Sinne. Historische Forschung wird erfolgreich in vielen Instituten, auch an den Universitäten betrieben. Mit ihnen arbeiten die Historiker des Hauses zusammen, deren Forschung wird rezipiert. Die Aufgabe des Hauses als Museum für Zeitgeschichte ist der lebendige, anschauliche, verständliche und einem breiten Publikum zugängliche Transfer wissenschaftlicher Ergebnisse an die Öffentlichkeit. Vor allem im Format von Ausstellungen: eine Dauerausstellung, die periodisch erneuert wird, Wechselausstellungen zu aktuellen Themen, Wanderausstellungen, schließlich auch virtuelle Ausstellungen, also im Internet. Wir haben wenige Jahre nach der Eröffnung in Bonn – gemeinsam mit dem Deutschen Historischen Museum und der Fraunhofer-Gesellschaft – auch „LeMO" erfunden, ein „Lebendiges Museum online", und schon 1998 online gestellt. Inzwischen ist es das größte deutschsprachige Geschichtsportal, das sich zu einem Metaverse der Zeitgeschichte entwickeln könnte.

Ich habe das Haus der Geschichte nie als Einrichtung angesehen, die eine Forschungseinrichtung im engeren Sinne werden will. Das war damals eine ganz wichtige Grund-

Abb. 21: Hermann Schäfer im Haus der Geschichte, undatiert, Foto: Heinz Engels

satzentscheidung. Hätten wir den Anspruch erhoben, Forschungseinrichtung werden zu wollen, wären wir mit Sicherheit in große Konkurrenz mit historischen Forschungsinstituten getreten. Deswegen habe ich von Anfang an die Position vertreten, dass wir nicht selbst historische Forschung im engeren Sinne betreiben, sondern vor allem museal forschen wollen. Für die historische Forschung gibt es Institute, die das viel besser können. Die Stärke des Hauses der Geschichte war und ist es, historisches Wissen an ein breites Publikum zu transportieren. Dieser Wissenstransfer ist eine Hauptaufgabe, die man perfektionieren muss und optimieren kann, indem man intensiv mit Evaluationen und Wirkungsforschung arbeitet. Diesen Ansatz haben wir intensiv verfolgt. Insofern waren die Wissenschaftseinrichtungen und deren Publikationen für uns die Quelle unserer Erkenntnisse für die Frage, was überhaupt wichtig für ein breiteres Publikum ist, und was wir versuchen sollten, zu vermitteln. Was diese Evaluationen und Wirkungsforschung betrifft, so haben wir letztlich dann doch ein Terrain betreten, auf dem – bis dahin jedenfalls – kein Museum in Deutschland, ja kaum eines in Europa, so viel geleistet hat wie wir.

Haben politische Akteure versucht, Einfluss auf die Arbeit des Hauses der Geschichte zu nehmen?
Oft ist uns unterstellt worden, Helmut Kohl hätte uns sehr unmittelbar beeinflusst. Ich will nicht verhehlen, dass es immer wieder Interessenvertreter gab, die versuchten „ihr"

Thema bei uns zu platzieren, aber das konnten wir einordnen, ohne uns beeinflussen oder gar vereinnahmen zu lassen. Auch die Strukturen der Stiftung – die Gremien: Kuratorium, Wissenschaftlicher Beirat, Arbeitskreis gesellschaftlicher Gruppen – gaben uns viel Freiheit. Tatsächlich haben weder der Bundeskanzler noch seine Mitarbeiter Einfluss auf unsere Arbeit genommen, auch nicht auf unser Ausstellungsprogramme oder unsere Arbeitsweise. Selbst wenn dies versucht worden wäre, wir standen so sehr unter öffentlicher Beobachtung, dass jede regierungsamtliche Einflussnahme rasch bemerkt worden wäre.

Es gibt allerdings einige Persönlichkeiten, die eine ganz wesentliche Rolle für die Entstehung des Hauses der Geschichte gespielt haben – die Professoren Lothar Gall, Horst Möller, Klaus Hildebrand und Ulrich Löber möchte ich vor allem nennen. Diese Vier erarbeiteten die Grundlagenpapiere für die politischen Entscheidungen, schufen die erste konzeptionelle Basis und waren auch an meiner Berufung beteiligt. Darüber hinaus würde ich vor allem den hochangesehenen Politikwissenschaftler und Zeithistoriker Hans-Peter Schwarz nennen, der mich besonders bestärkte, – das werde ich ihm nie vergessen, weil ich diese Rückendeckung wichtig fand – in meinem Vorhaben sehr viel mehr „Anleihen" bei amerikanischen als bei europäischen Museen zu nehmen bzw. von ihnen zu lernen. Ich bin damals sehr viel in Amerika gewesen zu der Frage, wie man Geschichte populär darstellen und einfacher, breitenwirksamer als hierzulande üblich vermitteln kann. Hans-Peter Schwarz war es auch, der mich bestärkte, von einem „Erlebnis Geschichte" in Bezug auf den Museumsbesuch zu sprechen. Damals war eine solche Begriffsverbindung absolut innovativ, vielleicht haben wir sie als Erste gewagt. Bei einer Tagung des Deutschen Museumsbundes wurde ich in der Phase der Eröffnung gefragt, was ich denn museumskonzeptionell mit dem Haus der Geschichte verbinde und wie ich Geschichte vermitteln wolle. Meine Antwort: Unsere Ausstellungen wollen Emotionen wecken. ‚Aha', entgegnete mir der Fragende, ‚Sie wollen also, dass man mit der deutschen Geschichte Spaß hat?' Das war die Art und Weise wie man damals in Deutschland akademisch Geschichte betrieb: mehr kognitiv, weniger emotional. Aber es ist meine Überzeugung: Bildung muss nicht weh tun oder anstrengend sein, wir lernen umso besser, wenn wir mit Emotionen lernen und für Geschichte gilt das in besonderer Weise.

Wie haben Sie damals den Historikerstreit erlebt? Blickt man heute auf Anschuldigungen, die damals gemacht wurden, erscheinen diese teils kaum mehr verständlich. Wie bewerten Sie das heute?
Einige der Kontrahenten dieses Historikerstreits saßen in unserem Wissenschaftlichen Beirat. Manche Diskussionen in den Gremien waren durchaus geprägt von politischen Kontroversen über Geschichtsbilder und immer wieder von dem Verdacht, dass unsere Ausstellungen eine nationale Identität stiften sollten.

Wir haben damals einen langen Atem und viel Pragmatismus gebraucht. Nervosität wäre unangebracht gewesen. Unsere Vorgehensweise war zielorientiert, indem wir von 1987 bis zur Eröffnung 1994 sechs große Werkstattausstellungen durchführten, alle öffentlich, gut beworben und gut besucht. Auf diese Weise wuchsen wir in konkreter Arbeit nicht nur als Team zusammen. Wir konnten der Öffentlichkeit zugleich auf diese Weise unsere Themen, unsere Arbeitsweise, unsere Gestaltungsideen präsentieren und so gewissermaßen auch auf den „Prüfstand" stellen. Dabei haben wir einerseits viel gelernt, andererseits war unsere Arbeit transparent. Außerdem haben wir in diesen Werkstattausstellungen, für die wir auch eine eigene große Ausstellungshalle in Bad Godesberg, am Hochkreuz hatten, zahlreiche Evaluierungen gemacht. Deutsche und amerikanische Spezialisten halfen uns bei den Besucherbefragungen. Das waren sehr spannende und lehrreiche Erfahrungen, die wir in unsere Arbeit einbezogen und unsere Konzepte optimieren halfen. Solche Wirkungsforschung wird (bis heute) viel zu wenig gemacht. Dabei ist sie sinnvoll investiertes „Lehrgeld", hilft, Fehler zu vermeiden, und Exponate zielorientierter auf das Verständnis der Besucher und Besucherinnen hin zu präsentieren. Diese also – wie gerne formuliert wird – dort „abzuholen", wo ihr Verständnis und ihre Erwartungen sind. Was wiederum auch heißt, nicht „über ihre Köpfe" hinweg zu denken, also vor allem nicht zu akademisch zu sein.

Gegenüber der Unterstellung von der „Identitätsstiftung" in den Debatten des Historikerstreits konnte ich dann konkret auf unsere empirischen Besucherbefragungen verweisen. Sie zeigten, dass ein Museumsbesuch von zwei Stunden keine Identität „stiftete". Wohl aber waren unsere Ausstellungen ein gutes Angebot, sich mit dem Thema Identität und deutsche Geschichte auseinanderzusetzen, ein eigenes Geschichtsverständnis zu finden oder historische Identität zu suchen. Damit waren die Vorwürfe bzw. Unterstellungen von Identitätsstiftung widerlegt. Erfreulicherweise war das Thema damit erledigt.

Der Historikerstreit hat uns zwar massiv berührt, aber durch unsere transparenten Vorbereitungen und unsere Evaluationen konnten wir viele Vorurteile abbauen. Noch am Tag der Eröffnung gab es ein oder zwei Fälle, dass Politiker/innen in der Dauerausstellung interviewt wurden, aber bei deren Vorwurf einseitiger Geschichtsdarstellung sogar von den Journalisten unterbrochen wurden und sich dann korrigierten.

Ist der Historikerstreit ein Konflikt der alten Bundesrepublik?
Der Historikerstreit der 1980er Jahre spielte sich ausschließlich in der Bundesrepublik ab. In der DDR herrschte keine Meinungsfreiheit. Es wird immer wieder Auseinandersetzungen dieser oder anderer Art geben über unterschiedliche Geschichtsinterpretationen. Sie haben vielleicht auch ihr Gutes, wenn sie – anders als der Historikerstreit damals – rein sachlich, weniger persönlich geführt werden. Weil Geschichte auf diese Weise dann auch in die Schlagzeilen kommt, die Menschen motiviert werden, sich über historische Themen zu informieren und mit Interpretationen auseinander zu setzen. Die Wogen werden vielleicht nicht immer so hochschlagen wie damals in den 1980er Jahren. Es ist im Nachhinein betrachtet eine Diskussion gewesen, die uns sicher nicht geschadet hat. Ob sie notwendig war, ist eine andere Frage.

Ich kann mich auch gut an Diskussionen im wissenschaftlichen Beirat erinnern, wo einzelne Historiker dafür plädierten, dass wir den Holocaust in einem einzelnen Raum abhandeln sollen. Unser Ansatz war aber, dieses Thema eben nicht nur in einem Raum darzustellen und damit sozusagen zu isolieren, sondern so herauszustellen, dass man ihm immer wieder begegnet und auf diese Weise Zusammenhänge zwischen historischem und heutigem Rechtsradikalismus erkennt. Der Betreffende ist damals aus dem wissenschaftlichen Beirat ausgetreten. Letztendlich hat sich unser Konzept als tragfähig erwiesen.

Eine andere heftige Auseinandersetzung hatten wir über die Wehrmachtsausstellung. Es gab politische Bestrebungen, dass wir die Wehrmachtsausstellung in ihrer ersten Fassung im Haus der Geschichte zeigen. Ich habe mich lange dagegen gewehrt, ohne die Gremien einzuschalten. Als der Druck immer stärker wurde, habe ich die Unterstützung der Gremien gesucht – und gefunden. Wir blieben bei der Ablehnung der Übernahme; später musste sie ja wegen ihrer Mängel auch inhaltlich überarbeitet werden. Unsere Rolle ist damals in der Öffentlichkeit gar nicht so intensiv diskutiert worden, aber das war schon so etwas wie eine „Feuertaufe" in der politischen Debatte.

Ein weiteres, heiß umstrittenes Thema war „Flucht und Vertreibung": Ich verantwortete eine Ausstellung, die 2005 bis 2007 unverändert sowohl in Deutschland (Bonn, Berlin, Leipzig) als auch in Polen (Warschau) gezeigt wurde. Zahlreiche Einzelschicksale standen im Vordergrund und boten die Möglichkeit, das Thema so darzustellen, dass es aus sehr unterschiedlichen Perspektiven politisch akzeptiert wurde. Dass es uns gelang, dieses heiße Eisen anzufassen, ohne sich dabei zu verbrennen, darf man mit Befriedigung und auch Stolz berichten. Diese Ausstellung war eine wichtige Etappe auf dem Weg zur Entstehung des heutigen Zentrums gegen Vertreibungen in Berlin.

Welche Aufgabe hat das Haus der Geschichte im Besonderen und historische Museen im Allgemeinen für die politische Bildung in Deutschland? Hat sich dieser Auftrag in den letzten 30 Jahren verändert?

Die Bedeutung historischer Ausstellungen hat sich seit den 1970er Jahren zunehmend herausgestellt. Die Ausstellungen im Haus der Geschichte stehen in dieser Kontinuität und sind doch ein erheblicher Qualitätssprung, insbesondere was den intensiven Einsatz von Medien und vielfältigen interaktiven Methoden betrifft; bis dahin wurde das kaum in Deutschland praktiziert, auch „Flipcharts" etc. waren weitgehend unbekannt. Historische Ausstellungen werden gewissermaßen perpetuiert, wenn sie Dauerausstellungen in Museen werden. Besonders, wenn für sie eigene Museen errichtet werden wie das Haus der Geschichte und das Deutsche Historische Museum. Helmut Kohls Initiative für die Gründung dieser Museen war langfristig also viel mehr als nur der der Anschub für die Gründung dieser Häuser. Sie hatte Auswirkungen auf die allgemeine historische und politische Bildung, auf Geschichtsvermittlung und Geschichtsverständnis überhaupt. Ich hoffe, dass dies nicht vergessen wird.

Das Haus der Geschichte wurde mit dem Tag der Eröffnung zu einem Erfolgsmodell. Rasch kamen in fast allen Bundesländern Bestrebungen auf, ebenfalls Häuser der Geschichte zu errichten. Das „Haus der Geschichte Baden-Württemberg" wurde 2002 mit einer Dauerausstellung eröffnet, es hat auch eine eigene Museumssammlung;

ich war viele Jahre im Wissenschaftlichen Beirat. Die Landesregierung von Nordrhein-Westfalen hatte ein Haus der Geschichte geplant und wollte es im ehemaligen Ständehaus, dem heutigen, 2002 eröffneten K21, gewissermaßen nebenbei mit realisieren. Ich erinnere mich noch gut an diese Beratungen, im K21 dominierten aber kunstpolitische Interessen gegenüber geschichtspolitischen. Erst seit 2018 gibt es eine Projektgruppe und es werden Exponate gesammelt; 2019 verabschiedete der Landtag ein Stiftungsgesetz für die Errichtung in einem eigenen Haus, und 2021/22 wurde für zwölf Monate eine erste Ausstellung präsentiert; die Realisierung ist also im Gang. In Schleswig-Holstein war ich seit Beginn der 2000er Jahre an Diskussionen beteiligt, die zur Errichtung eines Hauses der Geschichte führen sollten. Leider scheiterten die Pläne aus Kostengründen, weil das Land den interessierten Kommunen die finanzielle Realisierung aufbürden wollte. Was für wenige Jahre übrig blieb, war ein deutsch-dänisches rein virtuelles „Museum" im Internet. Nun wird dort erneut ein virtuelles Haus der Geschichte diskutiert, man hört, es könne vielleicht 2024 fertig sein. In Hessen diskutierten wir 2010 im Landtag eine konkrete Machbarkeitsstudie für ein eigenes Haus in Wiesbaden; was bleibt ist das „Haus der Geschichte" in Darmstadt, wo unter diesem „Dachnamen" u. a. Staatsarchiv, Stadtarchiv Darmstadt, Hessisches Wirtschaftsarchiv und Archiv der TU untergebracht sind. Lediglich der Freistaat Bayern hatte bereits seit 1983 ein „Haus der Geschichte", also bevor das Bonner Haus entstand; allerdings in der Struktur einer abhängigen Behörde mit der Aufgabe dezentral Landesausstellungen zu realisieren. Erst seit 2012 ist dort eine Museumssammlung entstanden und seit 2019 gibt es ein eigenes Haus mit einer Dauerausstellung in Regensburg. In Paris habe ich seit Anfang der 2000er Jahre mit den Verantwortlichen über ein „Maison de l'Histoire de France" diskutiert, Präsident Nicolas Sarkozy kündigte die Realisierung 2009/10 an, unter seinem Nachfolger François Hollande wurde sie 2012 aufgegeben. Das „Haus der Europäischen Geschichte" in Brüssel wurde nach dem Beispiel des Bonner Hauses errichtet und 2017 eröffnet. Auch in Österreich erhielten die Überlegungen zur Errichtung eines Hauses der Geschichte mit unserer Eröffnung in Bonn (1994) einen neuen Schub. Nach einem politischen „Marathon" wurde es im November 2018 als „Haus der Geschichte Österreich" mit einer dort sog. „Haupt-Ausstellung" eröffnet, die allerdings viele kreative Ideen enthält. Häuser der Geschichte sind – wie historische Ausstellungen – auch im Kontext der politischen Bildung nicht mehr wegzudenken, unser Bonner Haus war also „Modell" für weitere.

Die Aufgaben und Leistungen des Hauses reichen inzwischen weit über Bonn hinaus: In Leipzig haben wir seit Mitte der 1990er Jahre das Zeitgeschichtliche Forum aufgebaut und 1999 eröffnet; Diktatur und Widerstand in SBZ und DDR sowie die Wiedervereinigung stehen inhaltlich im Vordergrund. Die Errichtung dieses Forums geht auf einen Vorschlag von mir in der Unabhängigen Föderalismuskommission zurück (1991/92). In Berlin übernahmen wir 2005 die DDR-Sammlung für industrielle Gestaltung; sie wird zum Teil in einer Ausstellung gezeigt, die 2013 unter dem Titel „Alltag in der DDR" im Museum in der Kulturbrauerei Berlin eröffnet wurde.

2006/07 war ich im Bundeskanzleramt Abteilungsleiter für Kultur und Medien, „ex officio" also auch zwei Jahre Vorsitzender des Kuratoriums der Stiftung Haus der Geschichte, und konnte in dieser Rolle dafür sorgen, dass die ehemalige Ein- und Ausreisehalle der DDR am Bahnhof Friedrichstrasse in Berlin, der mit großen emotionalen Erinnerungen beladene sog. „Tränenplast", zu einer weiteren musealen Außenstelle der Stiftung wurde. Nach dem „Zeitgeschichtlichen Forum" in Leipzig und der Kulturbrauerei in Berlin also die dritte „Dependance" der Bonner Stiftung. So hat die Stiftung nun einen Hauptstandort Bonn und drei Außenstellen.

Ich fand es auch wichtig, dass wir unsere Ausstellungen als Wanderausstellungen kostenlos weitergeben, und dass wir Internetausstellungen anbieten. Auf diese Weise werden Menschen erreicht, die sich nicht physisch in eine Ausstellung begeben können. Es ist schön, im Rückblick zu sehen, dass die Bonner Initiative von Helmut Kohl bis heute eine solche Breitenwirkung hat. Unsere konzeptionelle Denkweise, unsere gestalterischen Ideen und Umsetzungen, Geschichte mit Hilfe von Exponaten und Medien zu präsentieren, interaktiv und emotional zu erzählen, bekamen in mancher Hinsicht geradezu Vorbildcharakter.

Die Planung für das Haus der Geschichte begann 1986, eröffnet wurde das Haus 1994. Die Wiedervereinigung und der Umzug der Bundesregierung nach Berlin fielen somit genau in die Bauzeit. Inwiefern hatten diese Ereignisse Einfluss auf Aufbau und Gestaltung der Ausstellung?
Die Wiedervereinigung hatte sehr großen Einfluss auf die Planungen unserer Dauerausstellung. Man erinnere sich: Im September 1989 feierten wir Richtfest in Bonn, zwei Monate später fiel die Mauer in Berlin. Wir hatten nach dem Gesetz den Auftrag, die Geschichte der Bundesrepublik und der geteilten Nation auszustellen. Aber wenn wir 1987 bis 1989 noch mit Mühe Ansprechpartner aus der DDR suchten, mit denen wir über die Frage reden konnten, wie wir ihre Geschichte ausstellen können, so war die Kooperationssituation nach der Wiedervereinigung eine ganz andere. Während wir bis 1989 vielleicht 20 Prozent unserer Fläche für das Thema „Geteilte Nation" verplanten, so konnten wir dem Thema nach dem Mauerfall das Doppelte an Raum geben. In Bonn haben wir dann etwa 60 Prozent der Ausstellungsfläche für die alte Bundesrepublik und 40 Prozent für die geteilte Nation und für die DDR genutzt. Wir verschoben die Akzente. Übrigens ist es im Zeitgeschichtlichen Forum in Leipzig umgekehrt, dort war 80 Prozent DDR-Geschichte und Teilung gewidmet und vielleicht 20 Prozent Bundesrepublik und Westdeutschland. Mit der Wiedervereinigung wurden natürlich auch die Kooperationen viel leichter; ebenso das Sammeln von Objekten. Der Auftrag war der gleiche, aber die Akzente in der Realisierung dieses Auftrages veränderten sich.

Wir verstehen die Geschichte der Bundesrepublik und der geteilten Nation nicht als eine abgeschlossene Epoche. Frühzeitig haben wir uns als ‚Museum für Zeitgeschichte' definiert. Das heißt, wir stellen die Geschichte in ihrer Entwicklung aus. In unserer Sammlungstätigkeit hieß das manchmal geradezu, dass die Objekte „von der Straße ins Museum" kamen; 2014 prägte das Victoria & Albert Museum in London dafür den Begriff „Rapid Response Collecting". Die Ausstellungsthemen wurden zunehmend aktueller, waren immer näher an der Gegenwart. Ein neuer Trend im Ausstellungswesen.

Ein besonders gutes Beispiel dafür war die Ausstellung „Tschüss SED". Von der größten Demonstration während der Friedlichen Revolution in der DDR auf dem Berliner Alexanderplatz am 4. November 1989, die insbesondere von Kulturschaffenden organisiert worden war, hatten die Mitarbeiter des Berliner Ensembles die Transparente gesammelt. Ich las damals eine kleine Zeitungsnotiz darüber und habe schnellstmöglich versucht, Kontakt mit den Organisatoren aufzunehmen. Das war telefonisch gar nicht so einfach. Als ich sie schließlich persönlich treffen konnte, vereinbarten wir, dass uns die Transparente zur Verfügung gestellt werden. Im April 1990, also schon wenige Monate nach der Demonstration organisierten wir im Zeughaus in Berlin, dem ideologisch sehr einseitigen DDR-Museum für Deutsche Geschichte, gewissermaßen im „Vorzeigemuseum" der DDR, eine Ausstellung der Transparente unter dem Titel, „Tschüss SED", wie es auf einem von ihnen geschrieben stand; anschließend zeigten wir die Ausstellung in Bonn. Von daher gesehen sind Ausstellungen inzwischen viel näher an das Gegenwartsgeschehen und an die Geschichte von gestern und vorgestern herangerückt, als das vorher der Fall war. Das ist mit der Interpretation des Museums als „Museum für Zeitgeschichte" verbunden.

Sie haben von der Zusammenarbeit mit Bürgern der DDR gesprochen. Wie gestaltete sich diese Zusammenarbeit nach der Wiedervereinigung? Inwiefern hatten diese Menschen andere Ansätze, was historische oder politische Bildung anging?
Eine wichtige Veränderung betraf die Zusammensetzung der Gremien der Stiftung: Bis 1990 stammten deren Mitglieder aus Westdeutschland, einige hatten zwar eine Herkunftsbiographie aus Ostdeutschland, lebten aber seit langem im Westen. Seit 1990 wurden systematisch Persönlichkeiten berufen, die in der ehemaligen DDR aufgewachsen waren und dort lebten. Ebenso konnten wir nun Mitarbeiter und Mitarbeiterinnen von dort einstellen. Darüber hinaus gewannen wir Berater und Ansprechpartner mit „Ostbiographien". Viel lernten wir auch aus den Erfahrungen, vor allem jener mit der Diktatur der DDR, aus ihrer anderen Ausbildung, aus ihren persönlichen und beruflichen Lebenswelten mit einer Ausstellung, die wir schon 1994 mit einer eigenen Projektgruppe in Leipzig durchführten, und zwar zum 5. Jahrestag der Friedlichen Revolution und zu dem vielbeachteten Thema „Zum Herbst '89: Demokratische Bewegung in der DDR". Dies war gewissermaßen die Generalprobe für den dann von uns begonnenen Aufbau des Zeitgeschichtlichen Forums in Leipzig. Unseren Diskussionen, Konzeptüberlegungen, Arbeitssitzungen waren manchmal kontrovers, aber immer produktiv, wir haben also viel Erfahrung durch konkrete Arbeit gesammelt.

Das Bonner und das Leipziger Haus der Geschichte erzählen beide die Geschichte über die Wiedervereinigung hinaus weiter. Was halten Sie von der Idee, in den Ausstellungen einen Abschluss zu setzen und vielleicht eine dritte, neue Ausstellung zu schaffen? Vielleicht auch an einem anderen Standort, der dann auch mehr für die heutige Bundesrepublik steht, wie beispielsweise Berlin? Oder sollte es diesen Abschluss ganz bewusst nicht geben? Wie stehen Sie zu einer abgeschlossenen musealen Historisierung der Geschichte der frühen Bundesrepublik und der DDR?
Das Selbstverständnis des Hauses der Geschichte als ein ‚Museum für Zeitgeschichte' verlangt eine Fortschreibung der Geschichte in den Ausstellungen. Denn Zeitgeschichte ist nicht abgeschlossen, sie entwickelt sich weiter, ist keine abgeschlossene Epoche.

In diesem Zusammenhang will ich eine bemerkenswerte Erfahrung schildern, die wir nach der Wiedervereinigung machten. Zwischen 1987 und 1994 führten wir einige Werkstattausstellungen durch, bei denen wir viele Besucherbefragungen machten. Wenn wir 1990 bis 1992 mit Besuchern aus den sogenannten „neuen Bundesländern" sprachen und ihnen erklärten, dass hier ein Haus der Geschichte der Bundesrepublik entstehe, kam oft die Antwort, das sei ja nicht „ihre" Geschichte, sondern „unsere" Geschichte des Westens. Aber bald danach, spätestens 1994 erwarteten die gleichen Besucher auch „ihre" Geschichte und fragten sehr bewusst, wie sie und ihre (DDR-)Geschichte denn in unseren Ausstellungen vorkämen. Innerhalb von wenigen Jahren hatte sich ihre Erwartungshaltung deutlich verändert. Man wollte jetzt wissen, ob wir ein Haus der „alten" oder der „neuen" Bundesrepublik seien. Das Selbstverständnis und historische Denken der Menschen hatten sich verändert, man fühlte sich nun der wiedervereinigten Bundesrepublik zugehörig. Da hatte sich ganz viel in sehr kurzer Zeit verändert! Erfreulicherweise innerhalb so kurzer Zeit! Insofern veränderte sich auch die Erwartung der Öffentlichkeit an unsere Arbeit.

Dennoch: Ich denke, das Haus der Geschichte wird an seinem Selbstverständnis als Museum für – sich fortentwickelnde – Zeitgeschichte festhalten. Es bleibt abzuwarten, ob der Standort Bonn, die Erinnerung an dessen Hauptstadtrolle bis zum Umzug nach Berlin dazu führt, dass die Erwartungen der Besucher sich hier darauf richten, mehr Geschichte der Bundesrepublik bis zur Wiedervereinigung ausgestellt zu sehen. Also mehr jene Geschichte, die von Bonn aus politisch gestaltet wurde, weniger die seitdem. Das würde dann zu einer mehr historisierenden Konzeption führen. Gewiss strebt das Haus aber weiter danach, durch die Aktualisierung, wenn nicht Neugestaltung seiner Dauerausstellung, wie sie derzeit in Planung ist, ebenso wie durch Ausstellungen zu hochaktuellen Themen, eine solche Historisierung zu vermeiden. Dazu ist auch weiterhin viel Kreativität erforderlich! Diese Kreativität, und natürlich auch ebenso viel Glück und Freude bei der Arbeit, wünsche ich meinem Nachfolger und allen ehemaligen Kollegen und Kolleginnen natürlich von ganzem Herzen!

Herr Schäfer, haben Sie vielen Dank für das Gespräch!

Monika Wulf-Mathies und „der Ort, an dem alle wichtigen politischen Entscheidungen fielen"

Dana Werner

Die betriebliche Mitbestimmung gehörte zum Selbstverständnis der „Bonner Republik" und die Gewerkschaften waren die vorherrschende Organisationsform der Arbeitnehmerinnen und Arbeitnehmer. In der „sozialen Marktwirtschaft" der jungen Bundesrepublik kam der Haltung der Gewerkschaften eine wichtige Funktion zu. Sie vermieden einen Grundsatzkonflikt mit den Arbeitgebern und vertrauten auf die Autonomie der Sozialpartner bei der Tarifvertragsfindung. Weitere Neuerungen im Vergleich zur Weimarer Republik waren die Gründung des Deutschen Gewerkschaftsbundes 1949 als Einheitsgewerkschaft nach dem Industrieverbandsprinzip sowie das Mitbestimmungsgesetz von 1951, wodurch die Beteiligung der Arbeitnehmer in den Aufsichtsräten und Vorständen der Schwerindustrie-Unternehmen festgeschrieben wurde.[1]

Die zweitgrößte Einzelgewerkschaft im DGB war die Gewerkschaft Öffentliche Dienste, Transport und Verkehr (ÖTV).[2] 1976 wurde Monika Wulf-Mathies, die erst fünf Jahre zuvor der Gewerkschaft beigetreten war, in den geschäftsführenden Hauptvorstand der ÖTV berufen, wo sie für Sozial-, Frauen- und Gesundheitspolitik zuständig war. Das Verbindungsbüro der in Stuttgart ansässigen ÖTV lag am Hofgarten in Bonn, weshalb ihr Arbeitsort auch die damalige Bundeshauptstadt war. Die Lage am Hofgarten schätzte Wulf-Mathies, da von hier aus vertrauliche Gespräche mit Politikern in einem Café oder in einer Wirtschaft unkompliziert möglich waren. Im September 1982 wurde Wulf-Mathies überraschend zur Nachfolgerin des ÖTV-Vorsitzenden Heinz Kluncker (1925–2005) gewählt, der sie für die Stelle vorschlug.

Darauf folgten drei Wiederwahlen. Sie war damit die erste weibliche Vorsitzende einer DGB-Gewerkschaft. Die zweitgrößte Einzelgewerkschaft Deutschlands ging 2001 in der Vereinten Dienstleistungsgewerkschaft (ver.di) auf.

---

1   Vgl. Abelshauser, Werner, Deutsche Wirtschaftsgeschichte. Von 1945 bis zur Gegenwart, 2. vollständig überarb., akt. und erw. Aufl., München 2011, S. 354–356; Scholtyseck, Joachim, Ludwig Erhards Soziale Marktwirtschaft als radikale Ordnungsinnovation und die Realität des bundesrepublikanischen „Wirtschaftswunders", in: Plumpe, Werner/Ders. (Hgg.), Der Staat und die Ordnung der Wirtschaft. Vom Kaiserreich bis zur Berliner Republik (Stiftung Bundespräsident-Theodor-Heuss-Haus – Wissenschaftliche Reihe, Bd. 11), Stuttgart 2012, S. 101–117.
2   Siehe die zweibändige Festschrift Zimmermann, Rüdiger, 100 Jahre ÖTV. Die Geschichte einer Gewerkschaft und ihrer Vorläuferorganisationen 1896–1996, Bd. 1: Geschichte, Frankfurt am Main 1996; Nachtmann, Walter, 100 Jahre ÖTV. Die Geschichte einer Gewerkschaft und ihrer Vorläuferorganisationen 1896–1996, Bd. 2: Biographien, Frankfurt am Main 1996.

Abb. 22: Monika Wulf-Mathies während einer Kundgebung auf dem Bonner Marktplatz, August 1984, Foto: Max Malsch

Wulf-Mathies setzte sich für das Ziel der 35-Stunden-Woche bei vollem Lohnausgleich ein und erreichte in den 1980er-Jahren eine Arbeitszeitverkürzung auf 38,5 Stunden. Sie verkörperte auch ein Stück weit den Kulturwandel im ÖTV, wo die Berufsgruppe der Neuen Angestellten nach vorne drängte. Die politische Konkurrenz, allen voran Bundeskanzler Helmut Kohl (1930–2017), schätzte ihre pragmatische Art.

In ihre Amtszeit als ÖTV-Vorsitzende fiel die deutsche Wiedervereinigung und somit entstand für die DGB-Gewerkschaften die Aufgabe der Integration der ostdeutschen, vormals im FDGB zwangsorganisierten Beschäftigten. Der ÖTV reagierte pragmatisch und solidarisch. In den Hilfs- und Unterstützungsleistungen sowie im schnellen Institutionentransfer von West nach Ost „liegt der große und kaum zu unterschätzende Beitrag der Gewerkschaftsbewegung zum Aufbau demokratischer Strukturen in Ostdeutschland". Das bedeutete die schnelle Entsendung gewerkschaftspolitischer Berater und den Aufbau von örtlichen Beratungsstellen. Eine organisatorische Vereinigung mit den ehemaligen Staatsgewerkschaften wurde von Wulf-Mathies und der ÖTV-Führung nicht angestrebt.[3]

---

3   Vgl. Scharrer, Manfred, Der Aufbau einer Freien Gewerkschaft in der DDR 1989/90. ÖTV und FDGB-Gewerkschaften im deutschen Einigungsprozess, Berlin/New York 2011; für das Zitat: Hildebrandt, Jens, Rez. zu ebd., in: Archiv für Sozialgeschichte (online) 54 (2014), abgerufen unter: http://www.fes.de/cgi-bin/afs.cgi?id=81542 (abgerufen am 5.10.2023).

Monika Baier wurde am 17.3.1942 in Wernigerode im Landkreis Harz (heute: Sachsen-Anhalt) geboren.[4] Sie studierte an den Universitäten Hamburg und Freiburg die Fachrichtungen Geschichte, Germanistik und Volkswirtschaftslehre. 1968 wurde sie über Nekrologe von Historikern auf Historiker in der Zeit von 1850 bis 1950 bei Ulrich Pretzel (1898–1981) promoviert. In diesem Jahr heiratete sie den Astrophysiker Carsten Wulf-Mathies (1940–2019).

In Wulf-Mathies beruflicher Biographie fällt nicht nur ihr langjähriger ÖTV-Vorsitz ins Auge: Im Jahr 1965 wurde sie Mitglied in der SPD und 1968 Hilfsreferentin in der Pressestelle von Bundeswirtschaftsminister Karl Schiller (1911–1994). Während der Kanzlerschaften von Willy Brandt (1913–1992) und Helmut Schmidt (1918–2015) arbeitete sie von 1971 bis 1976 im Bundeskanzleramt, ab 1973 als Leiterin des Referats Sozial- und Gesellschaftspolitik.

Spätestens als Präsidentin der Internationale der Öffentlichen Dienste (1989–1995) bekam ihre Tätigkeit eine stärker über Deutschland hinausgehende Bedeutung. Sie trat 1994 als ÖTV-Vorsitzende zurück, um die Nachfolge von Peter Schmidhuber (1931–2020) als deutsche EU-Kommissarin anzutreten.

Sie war von 1995–1999 Kommissarin für Regionalpolitik und Kohäsion in der EU-Kommission. Von 1999 bis 2000 fungierte sie für ein symbolisches Gehalt als europapolitische Beraterin im Bundeskanzleramt von Gerhard Schröder. Als Präsidentin (2001–2006) und Ehrenpräsidentin der Europäischen Bewegung Deutschland blieb sie auch nach Ende ihrer politischen Karriere dem paneuropäischen Gedanken verpflichtet.

Eine jahrzehntelange Karriere in der Öffentlichkeit bleibt selten ohne Kritik: Die EU-Kommission unter der Leitung des Luxemburgers Jacques Santer (geboren 1937), der Wulf-Mathies als EU-Kommissarin angehörte, stand 1999 unter Korruptionsverdacht. Angesichts des Drucks des Europäischen Parlaments trat die Kommission geschlossen zurück. Wenngleich Wulf-Mathies selbst nicht schwerwiegend belastet wurde, war auch ihre europäische Karriere abrupt beendet.[5]

Von 2001 bis 2008 wechselte Wulf-Mathies in die Privatwirtschaft als Bereichsleiterin für Politik und Nachhaltigkeit bei der Deutschen Post AG. So kehrte sie auch nach Bonn zurück. In Bonn engagiert sie sich u. a. als Vorsitzende des Vereins „Fest.Spiel.Haus. Freunde" für ein Beethoven-Festspielhaus (seit 2010). Heute wohnt Monika Wulf-Mathies in Bad Godesberg.

Nicht nur als Wohnort, sondern auch während ihrer beruflichen Laufbahn schätzte Wulf-Mathies Bonn. Die Bundespräsenz habe der Stadt hinsichtlich des kulturellen Angebots gutgetan. Nicht nur die gebauten Museen, sondern auch die hohe Nachfrage

---

4 Zur Biographie siehe auch das Zeitzeugengespräch mit dem Historiker Michael Gehler: Wulf-Mathies, Monika, Europäische Integration aus historischer Erfahrung. Ein Zeitzeugengespräch mit Michael Gehler (ZEI Discussion Paper, C 227), Bonn 2015, abgerufen unter: https://www.zei.uni-bonn.de/de/publikationen/medien/zei-dp/zei-dp-227-2015.pdf (abgerufen am 2.11.2023).
5 Rothacher, Albrecht, Die Kommissare. Vom Aufstieg und Fall der Brüsseler Karrieren. Eine Sammelbiographie der deutschen und österreichischen Kommissare seit 1958, Baden-Baden 2012, S. 141–145.

(durch Diplomaten und andere internationale Gäste) haben Bonn herausragen lassen. Durch seine Lage war die Stadt zudem ein attraktiver Arbeitsort. Das hinderte sie aber nicht daran, 1991 aufseiten der Berlin-Befürworter zu stehen. Die kulturellen und architektonischen Highlights von 50 Jahren Regierungssitz am Rhein sowie die Lebensqualität der Stadt sind geblieben.

Abb. 23: Monika Wulf-Mathies (l.), EU-Kommissarin für Regionalpolitik, empfängt den neuen Bundesminister des Auswärtigen, Joschka Fischer, zu einem Gespräch, 5.11.1998, Foto: Bundesregierung/ Arne Schambeck

Dokumentiertes Gespräch mit Monika Wulf-Mathies vom 20. April 2022

Interviewt von Dana Werner

Welche Rolle spielten Sie in der „Bonner Republik" und was hatte diese Rolle mit Bonn zu tun?
Ich kam aus Hamburg nach Bonn. Zunächst war ich von 1968 bis 1976 im Wirtschaftsministerium und anschließend im Bundeskanzleramt als Referentin, später als Referatsleiterin tätig. Danach war ich als ÖTV-Vorsitzende immer wieder in Bonn, denn die Politik spielte in Bonn und die Bundesregierung war gleichzeitig auch Arbeitgeber für die Beschäftigten im Öffentlichen Dienst.

Da der Sitz der ÖTV in Stuttgart war, hatten wir ein Verbindungsbüro in Bonn am Hofgarten. Das hatte den Vorteil, dass man dort, ohne von Journalisten in einem Café oder in einer Kneipe entdeckt zu werden, mit Politikern vertrauliche Gespräche führen konnte.

Später als EU-Kommissarin habe ich mit Bundeskanzler Kohl in seinem Büro im schwarzen Neubau des Bundeskanzleramtes in Bonn Gespräche geführt.

Bonn war zu meiner politisch aktiven Zeit als Bundeshauptstadt der Ort, an dem alle wichtigen politischen Entscheidungen fielen. Wer irgendetwas von der deutschen Politik wollte, kam an Bonn nicht vorbei.

Nach dem Ende der „Bonner Republik" und meiner Zeit als EU-Kommissarin in Brüssel war ich von 2001 bis 2008 bei der Deutschen Post für Politik und Nachhaltigkeit verantwortlich und bin wieder nach Bonn zurückgekommen. Aber in der Zwischenzeit hatte sich Bonn erheblich verändert.

Was verbinden Sie persönlich mit der „Bonner Republik"?
Für mich ist die „Bonner Republik" immer noch Synonym für ein demokratisches und friedliches Deutschland, das sich mit einer gewissen Bescheidenheit in den Bündnissystemen bewegte und bereit war, Eigeninteressen hintanzustellen, wenn es um gemeinsame Lösungen ging und die Aussöhnung mit ehemaligen Gegnern im Vordergrund stand. In der „Bonner Republik" gab es keinen Hurrapatriotismus, sondern ein großes Engagement für die europäische Integration.

Meine erste Wohnung war in der Poppelsdorfer Allee, nicht weit vom Bonner Markt, damals ein kommunikativer Treffpunkt, wo sich viele, die im Hauptstadtbetrieb beschäftigt waren, zwangsläufig begegneten. Dort traf man immer Leute, die man entweder persönlich kannte oder die einem aus Funk und Fernsehen bekannt waren. Es kam durchaus vor, dass man dort mit Kollegen inhaltliche Absprachen traf. Aber meistens beließ man es bei einem Winken oder einer kurzen Begrüßung.

Abb. 24: Museum Koenig an der Grenze des Bonner Regierungsviertels, 1960, Foto: Gerhard Sachsse

Als Neuankömmling fiel mir auf, dass die Leute, die in den Ministerien arbeiteten, von der eingesessenen Bevölkerung nicht unbedingt mit offenen Armen empfangen wurden. Die rheinische Lebensart habe ich als Norddeutsche deshalb erst später schätzen gelernt.

Gibt es Orte, die Sie besonders mit Bonn und der „Bonner Republik" in Zusammenhang bringen?
Ja, etliche: Das Museum Koenig spielt als Erinnerungsort eine wesentliche Rolle. Hier wurde mit der Eröffnungsfeier des Parlamentarischen Rates die Grundlage unserer demokratischen Ordnung gelegt. Und fast könnte man meinen, dass dabei die Giraffen und Elefanten des Museums Koenig den Politikern über die Schultern geguckt hätten. Der Parlamentarische Rat hat Bonn auch zur Provisorischen Hauptstadt erklärt. Für jeden, der sich mit dem Grundgesetz und der Entwicklung der deutschen Demokratie beschäftigt, bleibt das Museum Koenig ein wichtiges Wahrzeichen.

Natürlich gehört auch das Palais Schaumburg als ehemaliger Sitz des Bundeskanzlers zur Liste der wichtigsten Orte. Ich hatte damals das Privileg, ein Büro im ersten Stock gleich neben dem Turm zu besitzen, als ich Reden für Willy Brandt schrieb. Von dort aus hatte man einen herrlichen Blick auf den Park des Bundeskanzleramtes.

Die Villa Hammerschmidt ist als Residenz des Bundespräsidenten ebenfalls eng mit der „Bonner Republik" verbunden und zählt immer noch zu den Vorzeigeorten Bonns. Als ich ÖTV-Vorsitzende war, fanden die Gespräche des Bundeskanzlers mit den Gewerkschaften meist im Kanzlerbungalow statt. Bereits zu Zeiten Willy Brandts hatte ich dort etliche Termine. Die Offenheit des Bungalows schuf fast immer eine angenehme Gesprächsatmosphäre. Ein solcher Ort fehlt im Berliner Kanzleramt.

Welche spezifischen Ereignisse verbinden Sie mit der „Bonner Republik" bzw. mit Bonn? und würden Sie von einem der genannten Ereignisse als „Bonn-spezifisch" sprechen?
Vor allen Dingen fällt mir die große Demo gegen den NATO-Doppelbeschluss auf der Hofgartenwiese 1981 ein. Das war ein Highlight bürgerlichen und bürgergesellschaftlichen Engagements und erhielt auch durch Harry Belafontes Auftritt internationale Aufmerksamkeit. Mit Bonn selbst hatte das Ereignis aber nur begrenzt zu tun. Es war vielmehr „hauptstadtspezifisch".

Einen eindeutigen Bonn-Bezug hatte der Hauptstadtbeschluss 1991. Einerseits gab es diese sehr eindrucksvolle Bundestagsdebatte. Andererseits führte die sehr enge Entscheidung zugunsten Berlins als Sitz der Bundesregierung zu großen Emotionen und großer Trauer in NRW und Bonn. Am Anfang gehörte auch die Angst dazu, dass Bonn in der Bedeutungslosigkeit versinken könnte.

Aber es hat sich gezeigt, dass sich Bonn mit den Gesetzen in den Folgejahren, trotz „Rutschbahn-Effekt" wirtschaftlich positiv entwickelt hat. Nachdem die erste Enttäuschung abgeklungen war, hat der Umbruch viel Potenzial freigesetzt. Man kann heute feststellen, dass es jetzt in Bonn mehr Arbeitsplätze gibt als damals. Die Tatsache, dass Berlin Hauptstadt und Sitz der Bundesregierung wurde, hat Bonns Entwicklung nicht geschadet. Sie hat dadurch nur einen anderen Weg genommen.

Ich gehörte zu denen, die es für richtig gehalten haben, dass Berlin nicht nur Hauptstadt, sondern auch Regierungssitz wird. Man muss fairerweise sagen, dass die Deutsche Einheit hier in Bonn sehr wenig zu spüren war und die „neuen" Bundesländer weit weg sind. Von daher fand ich es vernünftig, mit der Hauptstadt ein Stück weit nach Osten zu rücken. Und ich fand auch, dass eine Metropole wie Berlin als Hauptstadt für ein so wichtiges Land der Europäischen Union durchaus angemessen ist. Der Umzug nach Berlin musste aber sozial abgefedert werden und es brauchte eine vernünftige Arbeitsteilung zwischen Berlin und Bonn. Als Gewerkschaft ging es uns darum, Nachteile für die Bonner Angestellten und Beamten zu verhindern. Das gelang auch mit im Vergleich zur Industrie recht komfortablen Regelungen bei der Verlagerung von Arbeitsplätzen. Die Großzügigkeit gegenüber dem Personal fand ich in Ordnung, um die Akzeptanz für die politisch richtige Entscheidung zu erhöhen.

Wenn man sich mit der Hauptstadtentscheidung beschäftigt, muss man auch den historischen Zusammenhang sehen. Es war eher ein Zufall, dass Bonn zur Hauptstadt wurde, weil Berlin wegen des Vier-Mächte-Status der Stadt dafür nicht in Frage kam und Bonn die Abstimmung im Parlamentarischen Rat gegen Frankfurt gewonnen hatte. Aber die Hoffnung war natürlich, dass mit der Deutschen Einheit Berlin eines Tages diese Rolle wieder übernehmen würde.

Bonn hat den Charakter als Provisorium durchaus gepflegt und damit auch einen gewissen Charme versprüht.

Bonn hat auch dem föderalen System in Deutschland gutgetan. Neben Bonn konnten sich auch die Landeshauptstädte sowie andere wirtschaftliche und kulturelle Zentren entwickeln.

Dagegen hat Berlin als Bundeshauptstadt eine enorme Sogwirkung entfaltet.

Wenn ich während meiner Brüsseler Zeit z. B. mit dem Hamburger Senat oder der Bayerischen Landesregierung Gespräche führen wollte, reiste ich nach Hamburg oder nach München. Als Berlin Hauptstadt wurde, hat man versucht, diese Gespräche möglichst in Berlin zu führen, wenn man dort ohnehin zu tun hatte. Unter dieser Sogwirkung haben die Landeshauptstädte durchaus gelitten.

Gab es Wechselwirkungen zwischen Kommune und Region einerseits und dem Hauptstadtleben in Bonn andererseits? Wie hat sich andersherum der Status als Hauptstadt auf das Leben und den Alltag in der Kommune sowie in der Region ausgewirkt?

Die Mitarbeiter in den Ministerien kamen aus ganz Deutschland in Bonn zusammen, und so mischten sich dort alle möglichen deutschen Dialekte. Das Schwäbische habe ich bewusst zum ersten Mal im Wirtschaftsministerium gehört. Die Mitarbeitenden in den Regierungsinstitutionen, die nach Bonn kamen, brauchten Wohnungen. Der Bund hat deshalb ein riesiges Wohnungsbauprogramm aufgelegt. Es wurden sogenannte Bundeswohnungen in Stadt und Umland gebaut, um Wohnraum für die Neuankömmlinge zu schaffen. Dabei gab es durchaus auch skurrile Entwicklungen: In meiner Anfangszeit in Bonn wies man mich darauf hin, dass einige unserer Amtsboten sehr wohlhabende Leute seien, weil sie Kartoffeläcker an den Bund verkauft hätten, um die Nachfrage nach Bauland zu befriedigen. Die Vorstellung, einen „reichen" Amtsboten mit seinem Wägelchen von Büro zu Büro rollen zu sehen, der das Amtsgehalt eigentlich gar nicht brauchte, weil er den väterlichen Acker zu sehr günstigen Konditionen verkaufen konnte, fand ich sehr amüsant.

Mit der Hauptstadtfunktion kamen auch die Diplomaten. Bonn wurde bunter, vor allem wenn man das Botschaftspersonal aus Afrika und Asien in den entsprechenden Landestrachten sah. Bonn wurde auch internationaler und das Warenangebot dadurch vielfältiger.

Es gab jedoch auch Schattenseiten: Die Bonner Bevölkerung beklagte sich beispielsweise über das rücksichtslose Parken der Diplomaten, die mit ihren Diplomatenpässen und ihrer Immunität in der Regel nicht sanktioniert wurden. Die Bonner beschwerten sich auch über die Polizeipräsenz. Denn die Polizei fuhr regelmäßig durch die Straßen in der Umgebung von Botschaften und Residenzen, um die dort Arbeitenden zu schützen.

Nachdem die Hauptstadtfunktion verloren war, gab es die entgegengesetzte Debatte: Plötzlich fühlten sich alle unsicher und man beklagte eine Sicherheitslücke, da die Polizeifahrzeuge nun nicht mehr durch die ruhigen Straßen in Bad Godesberg fuhren.

Abb. 25: Hotel Petersberg als Sitz der Hohen Alliierten Kommission, 1951, Foto: Bundesbildstelle Bonn

Nicht alles war Gold, was zu Hauptstadtzeiten glänzte. Aber im Nachhinein wurden alle wirtschaftlichen Probleme auf den Verlust der Hauptstadtfunktion zurückgeführt. Vergleichbare Probleme wie Ladenschließungen gab und gibt es in wirtschaftlichen Krisenzeiten auch woanders, aber Bonn leidet zum Teil noch bis heute an Phantomschmerzen.

Positiv mit der Hauptstadtfunktion verbunden sind architektonische und kulturelle Highlights in Bonn, wie die Museumsmeile und das Haus der Geschichte. Bonn besitzt damit eine Museumslandschaft, die außergewöhnlich ist für eine Stadt dieser Größe.

Das Regierungsviertel ist nach wie vor ein touristischer Anziehungspunkt, der der Stadt viele Besucher beschert.

Der Rhein, der Rolandsbogen und die Rheinromantik sowie das Siebengebirge haben schon immer Menschen nach Bonn gelockt. Der Petersberg hat aber darüber hinaus auch eine bleibende Hauptstadt-Geschichte. Im dortigen Gästehaus der Bundesregierung übernachtete die Queen mehrmals und Breschnew fuhr einen nagelneuen Mercedes auf der kurvenreichen Zufahrtsstraße zuschanden.

Das Hotel Dreesen wurde vor allem als Herberge von Hitler und Chamberlain berühmt und ist jetzt sogar Schauplatz einer Fernsehserie geworden.

Für amerikanische Gäste ist zudem das John-Jay-McCloy-Ufer als Erinnerung an den Hohen Kommissar der Alliierten interessant.

Die „Parlamentarische Gesellschaft" im Regierungsviertel, die leider abgerissen wurde, war ein wichtiger Treffpunkt für Abgeordnete und Lobbyisten.

Weitere informelle Orte waren die zahlreichen Kneipen in Bonn, die vor allen Dingen wegen der politischen Prominenz ihrer Gäste berühmt wurden. In der „Rheinlust" und anschließend im „Kessenicher Hof" verkehrten vor allem die sogenannten „SPD-Kanalarbeiter", die Konservativen in der SPD. Es war auch bekannt, dass Kanzler Kohl gern mal ins „Sassella" zum Essen ging und Hans Jochen Vogel die „Cäcilienhöhe" in Bad Godesberg gerne benutzte, um dort Gespräche zu führen.

In welcher Form beeinflussten Ort und Raum den Regierungsalltag und die Arbeit der Regierungsmitarbeiter?
Es gab sicher eine gewisse Wechselwirkung zwischen dem Ort und dem Lebensgefühl der Regierungsmitarbeiter. Sie zeigte sich nicht zuletzt im Karneval. Während viele „Auswärtige" begeistert mitfeierten, flohen in der Karnevalszeit regelmäßig ganze Abteilungs-Belegschaften in den Urlaub.

Auch Paris war den Menschen, die in Bonn lebten, egal in welcher Funktion, sehr viel näher, als Warschau oder Prag. Das gehörte natürlich zu der Westbindung, die älteren Datums ist als die Ostpolitik Willy Brandts. Erstere spielte auch im Lebensgefühl der Menschen eine Rolle. Erst der Umzug nach Berlin hat die Wahrnehmung Mittelosteuropas richtig gefördert. Die Möglichkeiten zum Städte-Hopping per Flugzeug und der Flughafen Köln/Bonn machten Bonn auch zu einem attraktiven Arbeitsort. Schade, dass es nicht gelungen ist, den ICE-Standort und die Städteverbindungen nach Brüssel oder Paris mit dem Thalys zu halten.

Würden Sie von einer Bundesrepublik sprechen, oder von „Berliner" und „Bonner Republik"? Wo liegen hierbei die Unterschiede zwischen Berlin und Bonn?
Für mich ist „Bundesrepublik" der umfassendere Begriff. Die „Bonner Republik" steht für den Aufbau der Nachkriegs-Demokratie und die Wiederaufnahme Deutschlands in die Staatengemeinschaft, aber auch für eine gewisse Behäbigkeit und Provinzialität.

Die „Berliner Republik" beschreibt ein großes, selbstbewussteres, nicht unbedingt sympathischeres Deutschland. Der Berliner Politikbetrieb wird von Kritikern als „Schlangengrube" bezeichnet, in der es nicht leicht ist, sich zu behaupten. Auch beklagen viele, dass in Berlin der Kontakt zwischen Politik und Bürgern, den es in Bonn durchaus zwanglos gab, kaum noch stattfindet.

Auch die Medienlandschaft ist in Berlin eine völlig andere: In Bonn kamen früher zwei Kamerateams zu Pressekonferenzen, in Berlin sind es zwanzig, was natürlich auch zeigt, dass das Interesse an Berlin als Hauptstadt des größer gewordenen Deutschlands und der wirtschaftlich stärksten Macht in der EU zugenommen hat. Das Klima zwischen Politik und Medien ist insgesamt rauer geworden. Der Kampf um die Schlagzeile wird mit aller Härte geführt und erzeugt ein Treibhausklima, in dem Skandalisierung oft mehr gilt als sachliche Berichterstattung.

Die „Bonner Republik" war bewusst als Provisorium angelegt. Das galt auch für die Architektur der demokratischen Institutionen. Es fehlen große Repräsentationsbauten. Alles war ein bisschen enger.

Berlin ist dagegen eine Metropole mit historischer Bedeutung, im Guten wie im Bösen. Das wird auch in der Architektur deutlich. Aber es gibt auch gelungene Versuche, die Architektur des Deutschen Reiches mit dem demokratischen Neuanfang zu verbinden. So wurde der Reichstag durch die transparente Kuppel von Sir Norman Foster in ein transparentes Parlamentsgebäude verwandelt.

Ganz in der Nähe des Brandenburger Tores steht das Denkmal zur Erinnerung an die Schoah als Beleg dafür, dass man sich auch den dunklen Seiten der deutschen Geschichte stellt.

Berlin ist ein architektonisches Museum, das Bauten der unterschiedlichen historischen Phasen: Preußen, Kaiserreich, Weimarer Republik, „Drittes Reich", DDR und Bundesrepublik nebeneinander beherbergt.

In Bonn finden sich dagegen eher regional bedeutende Zeugnisse und Bauwerke: von römischen Hinterlassenschaften über die Schlösser der Kurfürsten Clemens August und Max-Franz bis zum berühmten Denkmal für Beethoven, den größten Sohn der Stadt.

Sie wurden 1982 zur Vorsitzenden der ÖTV gewählt und konnten sich hierbei in einer großen, von Männern besetzten Gewerkschaft durchsetzen. Wie bewerten Sie im Vergleich zur heutigen Zeit die Rolle der Frauen in Gewerkschaftsorganisationen, aber auch allgemein, die Binnendynamik von Gewerkschaften in der „Bonner Republik"?

Frauen haben in der Gesellschaft und in den Gewerkschaften immer noch nicht den ihnen gebührenden Stellenwert, das galt damals und das ist leider heute immer noch so. Gewerkschaften sind ein Spiegelbild der Gesellschaft und auch nicht unbedingt progressiver als andere Organisationen.

Es ist durchaus bezeichnend, wie schwer sich jetzt der DGB damit tut, 40 Jahre nach meiner Wahl zur ÖTV-Vorsitzenden, eine DGB-Vorsitzende zu wählen. Und wenn man bedenkt, dass in diesen 40 Jahren keine einzige der größeren Gewerkschaften, weder die IG Metall oder ver.di, noch die IG BCE eine weibliche Vorsitzende hatte, dann sieht man, dass sich die Gewerkschaften ähnlich schwergetan haben mit Frauen in Führungspositionen, wie die Politik oder die Unternehmen.

Allerdings nehme ich für mich in Anspruch, dass wir bei der ÖTV als erste Großorganisation eine Frauenquote hatten, nämlich schon 1984 und diese auch in den Führungspositionen durchgesetzt haben. Allerdings gab es nach mir dann auch nur noch männliche Vorsitzende. Aber die Quote gilt weiter und hat auch einiges bewirkt. Gleichwohl haben es Frauen nach wie vor überall in Führungspositionen schwer.

In der „Bonner Republik", gab es einen höheren gewerkschaftlichen Organisationsgrad und weniger prekäre Arbeitsverhältnisse. Mehr Menschen hatten ein sogenanntes Normalarbeitsverhältnis. Das bedeutet, dass Menschen in Vollzeit unbefristet und oft ein Leben lang beim selben Arbeitgeber beschäftigt waren.

Es gab damals eine sehr viel höhere Tarifbindung als heute und die Gewerkschaften spielten sowohl in der Öffentlichkeit als auch in den gesellschaftlichen Debatten eine größere Rolle. Man denke beispielsweise an die Demos gegen Sozialabbau und gegen die Politik der Regierungen Schmidt und Kohl in den 1980er Jahren.

Es gab auch mehr gesellschaftliche Debatten zu arbeitspolitischen Themen. Die 35-Stunden-Woche hat damals nicht nur die Gewerkschaften, sondern die Gesellschaft insgesamt bewegt. Auf „Zukunftskongressen" hat die IG Metall unter anderem die „Humanisierung der Arbeitswelt" thematisiert und damit eine breite Resonanz gefunden.

In der ÖTV haben wir gesellschaftspolitische Debatten zur Zukunft des öffentlichen Dienstes und des Sozialstaats angestoßen und gegen die Privatisierung öffentlicher Dienstleistungen gekämpft.

„Alle Räder stehen still, wenn dein starker Arm es will." Wie gültig ist Georg Herweghs Dichterwort von 1863 für die alte Bundesrepublik gewesen? Gab es eine spezifisch „Bonner" Ausprägung des Umgangs von Gewerkschaften sowie ihren Funktionsträgerinnen und Funktionsträgern mit der Bundespolitik?
Es fanden einige große Streiks in der Zeit der „Bonner Republik" statt: So der legendäre Streik 1974 im Öffentlichen Dienst. Aber im Großen und Ganzen wurden damals trotz mancher Konflikte die Grundlagen für die spezifisch deutsche Form der Sozialpartnerschaft gelegt.

Das gewerkschaftliche Führungspersonal hatte in Zeiten der „Bonner Republik" zum Teil auch politische Spitzenämter inne. Viele Gewerkschaftsvorsitzende waren auch Bundestagsabgeordnete, beispielsweise Hermann Rappe, der Vorsitzende der IG Chemie. Es gab Minister wie Walter Arendt, Georg Leber oder Walter Riester, die aus der Gewerkschaftsbewegung kamen und die, wenn auch nicht in allen Bereichen, einen stärkeren Austausch zwischen der Gewerkschaftsbewegung und der Politik suchten.

Auch in Zeiten heftiger Konflikte zwischen Regierung und Gewerkschaften, wie während der großen Demos gegen den Sozialabbau, blieben Tarifautonomie und Mitbestimmung als wesentliche Elemente der sozialen Marktwirtschaft weitgehend unangetastet.

Heute ist das Verhältnis zwischen Parteien und Gewerkschaften sehr viel distanzierter geworden. Es gehört nicht mehr unbedingt zum guten Ton, dass ein Sozialdemokrat, ob Bundestagsabgeordneter oder Minister, darauf hinweist, dass er auch Gewerkschaftsmitglied ist. Genauso wenig ist das Führungspersonal der Gewerkschaften unbedingt in der SPD. Es gibt und gab auch grüne Vorsitzende von Gewerkschaften – zu Zeiten der „Bonner Republik" eher undenkbar.

Generell würde ich sagen, dass die Gewerkschaften damals im gesellschaftlichen Diskurs wichtigere Gesprächspartner waren, sowohl als Verbündete, wie als Gegner.

Das hat aber nicht allein mit der „Bonner Republik" zu tun. Großorganisationen, nicht nur Gewerkschaften, sondern auch Parteien und Kirchen, leiden unter dem Zerfall traditioneller sozialer Milieus und haben dadurch an Bindungswirkung und Einfluss verloren. Neue Arbeitsformen und die Ausdehnung des Niedriglohnsektors haben zu einem Rückgang des Organisationsgrades und zu einem nicht unerheblichen Bedeutungsverlust der Gewerkschaften geführt.

Früher haben sich die meisten Gewerkschaften gegen gesetzliche Mindestlöhne gesträubt, weil man die Lohnfestsetzung als originäre Gewerkschaftsaufgabe sah und gesetzliche Regelungen eher als Einschränkung der Tarifautonomie empfand. Aber wenn Gewerkschaften in bestimmten Wirtschaftsbereichen gar nicht mehr vertreten sind, dann ist eine gesetzliche Haltelinie nach unten für die Beschäftigten wichtig und schafft auch eine Basis für bessere tarifliche Regelungen.

Zur traditionellen Sozialpartnerschaft in Deutschland gehörte auch, dass zumindest in großen Unternehmen der Arbeitsdirektor aus den Gewerkschaften kam. Die europäische Liberalisierungspolitik, hat zu einer Verschärfung des Wettbewerbs und zu großen Strukturveränderungen in allen Wirtschaftsbereichen geführt. Heute findet man Arbeitsdirektoren, die direkt aus der Gewerkschaftsbewegung kommen, immer seltener und immer mehr Unternehmen entziehen sich der Mitbestimmung, indem sie ihre Gesellschaftsform ändern.

Dennoch: Es gab und gibt auch heute Sozialpartnerschaft. Das zeigen immer wieder gemeinsame Vorstöße von Arbeitgeberverbänden und Gewerkschaften, beispielsweise gegen Rechtsextremismus oder die Zusammenarbeit in der Mindestlohnkommission. Aber insgesamt sind die Arbeitsbeziehungen schwieriger geworden.

Wie war der Umgang mit den „Scheingewerkschaften" der untergehenden DDR 1989/90? Wie gelang die Integration von deren Mitgliedern in die vormals westdeutsche, jetzt gesamtdeutsche Gewerkschaftsorganisation?
Als ÖTV wollten wir mit dem FDGB nichts zu tun haben. Es gab in der DDR etliche Gewerkschaften, die die Organisationsbereiche der ÖTV abdeckten. So z. B. die Gewerkschaft der Staatsorgane und Kommunalwirtschaft, die Gewerkschaft Gesundheits- und Sozialwesen, die IG Transport, die Gewerkschaft der Nationalen Volksarmee und weitere berufsspezifische Gewerkschaften, die alle sehr staatsnah waren.

Wir wollten dem FDGB eine demokratische Gewerkschaftsbewegung entgegensetzen. Aber dafür hat die Zeit nicht gereicht, weil der Prozess zur Deutschen Einheit viel schneller verlief, als man ursprünglich gedacht hatte.

Der Ruf ‚Wir sind das Volk' wurde ganz schnell zu ‚Wir sind ein Volk' und das bedeutete, dass man in Ostdeutschland alles genau so haben wollte, wie es im Westen war. Die Behauptung, die man heute oft hört, dass der Westen dem Osten alles übergestülpt hätte, entspricht nicht überall den damaligen Wünschen der ostdeutschen Bevölkerung.

Wir haben versucht, eine ÖTV in der DDR zu gründen und diese von unten aufzubauen. Aber es zeigte sich, dass die Mehrheit der Gewerkschaftsmitglieder im Osten in die „richtige ÖTV" und nicht in die ÖTV der DDR strebten.

Wir haben Hauptamtliche, die sich mit Mitgliederlisten bei uns „einkaufen" wollten, nicht übernommen und verlangt, dass jeder Einzelne neu in die ÖTV eintreten muss.

Wir haben auch gefragt, was Ost-Funktionäre, die in der ÖTV mitarbeiten wollten, im FDGB gemacht haben, was ihre Rolle dort war und ob sie mit der Stasi zusammengearbeitet haben.

Bei der IG Chemie ist es genau umgekehrt gelaufen. Deren Vorsitzender Hermann Rappe hat gesagt, wir übernehmen die IG Chemie der DDR so wie sie ist, und erwarten, dass deren Funktionäre sich in den demokratischen Strukturen des Westens bewähren. Im Endergebnis kann man streiten, welcher Weg der bessere war.

Jedenfalls haben die Gewerkschaften sehr viel dazu beigetragen, Demokratie im betrieblichen Alltag und im gesellschaftlichen Leben umzusetzen. Es schmerzt mich deshalb, dass die damalige Rolle der Gewerkschaften bei den Gedenktagen, die wir in letzter Zeit gefeiert haben, kaum gewürdigt wurde.

Von 1995 bis 1999 waren Sie Mitglied der EU-Kommission. Auch wenn der Umzug nach Berlin beschlossen war, hatten Bundesregierung und Bundestag noch ihren Sitz in Bonn. Wie war aus Brüsseler Perspektive die Sicht auf die Hauptstadt am Rhein?
Man fand es sehr angenehm, dass man in zwei Stunden zu einem Meeting nach Bonn fahren konnte. Aber die meisten europäischen Beamten fanden Berlin attraktiver. Hauptstadtbeschluss und Bonn-Berlin-Vertrag führten aus der europäischen Perspektive schnell zu einem Bedeutungsverlust Bonns, denn man war in Brüssel vor allem daran interessiert, Berlin näher kennenzulernen und die Entwicklung dort zu beobachten.

Nach der deutschen Vereinigung gab es bei einigen Regierungschefs durchaus Reserven gegenüber diesem „großen" Deutschland, beispielsweise bei Margaret Thatcher und François Mitterrand. Man hatte Sorge, dass die größte Wirtschaftsmacht mit ihren 80 Millionen Einwohnern wieder in Größenwahn verfallen könnte. Deshalb spielte es eine große Rolle, wie sich Deutschland jetzt verhielt.

Für die Bundesregierung war es wichtig, dass die EU-Strukturpolitik automatisch auf Ostdeutschland übertragen wurde, damit die neuen Bundesländer unmittelbar von europäischen Strukturhilfen profitierten. Ein wichtiger Schritt, um den Partnern die Akzeptanz der Wiedervereinigung zu erleichtern, war auf deutscher Seite die Bereitschaft, den Euro als gemeinsame Währung einzuführen. Damit wurden Vorbehalte im Vereinigten Königreich und in Frankreich abgebaut, die sich durch die Bundesbank in ihrer Wirtschaftspolitik bevormundet gefühlt hatten.

Die Hauptstadtfrage war für unsere Partner in der EU eher zweitrangig. Es ging vor allem um den integrationspolitischen Kurs des vereinigten Deutschlands. Und da haben sich die Deutschen als gute Europäer gezeigt: Helmut Schmidt und Giscard d'Estaing waren von Anfang an enge währungspolitische Verbündete und Helmut Kohl hat mit seiner engen Beziehung zu François Mitterrand und dem spanischen Ministerpräsidenten Felipe González und einer auf Ausgleich bedachten Europa-Politik keinen Zweifel an der europafreundlichen Haltung Deutschlands aufkommen lassen.

Frau Wulf-Mathies, haben Sie vielen Dank für das Gespräch!

Kommunale Akteure

Kommunalpolitik in der Bundeshauptstadt: Rolf Beu und DIE GRÜNEN in Bonn

Hanna Wagner

„Schuster, bleib bei deinen Leisten". Mit diesem Sprichwort beschreibt Rolf Beu sein politisches Wirken. Beu war Gründungsmitglied der Partei DIE GRÜNEN. Sein politisches Engagement beschränkte sich nicht auf Bonn. Er arbeitete auf vielen Ebenen für seine politischen Anliegen, erlangte dabei aber auch immer wieder zahlreiche bundespolitische Einblicke.

Rolf Beu wurde am 16. Juli 1957 in Bonn geboren. Er lebt seit seinem siebten Lebensjahr im Stadtteil Endenich, wuchs jedoch in Kessenich in Nachbarschaft zum Regierungsviertel auf. Schon früh kam Beu daher mit der Politik, ihren Schauplätzen und den hier aktiven Menschen in Berührung. Lange Jahre arbeitete Beu als Sozialberater für die Universität Bonn, bevor er sich als Mobilitäts- und Politikberater betätigte. Bald nach seiner Fachhochschulreife wurde er Mitglied der „Alternativen und grünen Liste Bonn für Demokratie und Umweltschutz" (AGL). Im Dezember 1979 nahm Beu im Bonner Vorort Hersel an der Gründung des Landesverbandes der Partei DIE GRÜNEN in Nordrhein-Westfalen teil, der sogar älter als dessen Bundespartei ist.[1]

Von 1980 bis 1985 war Rolf Beu Mitglied des Kreisvorstandes und Kreisschatzmeister der GRÜNEN. Von 1984 bis heute ist Beu (mit rotationsbedingten Unterbrechungen) Mitglied im Rat der Stadt Bonn. Mobilität und Verkehr wurden zu zentralen Themenfeldern seines politischen Handelns. Sein Interesse für die Verkehrsinfrastruktur ist Beu mehr oder minder in die Wiege gelegt, denn bereits sein Vater kam aus dem Umfeld der Bundesbahn.

Auch sein Engagement in der Gründungszene der GRÜNEN nahm seinen Ausgang in dem Bestreben, neue verkehrspolitische Wege zu gehen. Über die Landesliste seiner Partei zog Beu für die 16. Wahlperiode (2012–2017) in den nordrhein-westfälischen Landtag ein. Zudem ist das Gründungsmitglied der GRÜNEN seit 1993 Mitglied der Landschaftsversammlung Rheinland. Als Vertreter der Stadt Bonn bestimmt Beu im

---

[1] Zur Geschichte der Partei vgl. u. a. Hoffmann, Jürgen, Die doppelte Vereinigung. Vorgeschichte, Verlauf und Auswirkungen des Zusammenschlusses von Grünen und Bündnis 90, Opladen 1998, S. 46–104; Klein, Markus/Falter, Jürgen W., Der lange Weg der Grünen. Eine Partei zwischen Protest und Regierung, München 2003; Mende, Silke, „Nicht rechts, nicht links, sondern vorn". Eine Geschichte der Gründungsgrünen (Ordnungssysteme – Studien zur Ideengeschichte der Neuzeit, Bd. 33), München 2011; Wedell, Michael/Milde, Georg (Hgg.), Avantgarde oder angepasst? Die Grünen – eine Bestandsaufnahme, Berlin 2020; Rude, Matthias, Die Grünen. Von der Protestpartei zum Kriegsakteur, Berlin 2023.

Abb. 26: Rolf Beu mit Straßenbahnen der SWB, undatiert

Landschaftsausschuss und anderen Fachausschüssen über die Grundsätze der in der Verwaltung ausgeführten Arbeit des Landschaftsverbandes Rheinland.

Beu ist Zeitzeuge der Entwicklung der GRÜNEN. Die Etablierung als vierte bundesweite Partei erfolgte zwischen 1979 und 1983. Anfangs verstand sie sich als Sammlungsbewegung, die in ihrem Programm Ökologie, Pazifismus, Frauenemanzipation und Basisdemokratie in den Vordergrund stellte. Misstrauen gegen den etablierten Parlamentarismus und das Zweieinhalbparteiensystem sowie den außenpolitischen Kurs der Regierungen Schmidt und Kohl bestimmten den ursprünglichen Kurs. Spätestens mit dem Einzug in den Deutschen Bundestag 1983 vertraten die GRÜNEN ein ökologisches und linksalternatives Profil.[2]

In Bonn traten die GRÜNEN erstmals 1979 zur Kommunalwahl an. Sie scheiterten mit 4,1 Prozent jedoch an der damals noch gültigen Fünfprozenthürde. Bei der Wahl zum Rat der Stadt am 30. September 1984 gelang der Einzug mit acht Sitzen (12,5 Prozent).[3] Zum ersten Mal in Regierungsverantwortung kam der Bonner Kreisverband 1994, als DIE GRÜNEN zusammen mit der SPD deren Kandidatin Bärbel Dieckmann zur

---

[2] Vgl. Geppert, Dominik, Geschichte der Bundesrepublik Deutschland, München 2021, S. 59 f.
[3] Vgl. Höroldt, Dietrich (Hg.), Bonn. Von einer französischen Bezirksstadt zur Bundeshauptstadt 1794–1989 (Geschichte der Stadt Bonn, Bd. 4), Bonn 1989, S. 768. Unterlagen zur Geschichte des Kreisverbandes finden sich im Stadtarchiv und Stadthistorische Bibliothek Bonn, SN 299 Bündnis 90/Die Grünen – Ortsgruppe Bonn.

Oberbürgermeisterin wählten.[4] Seitdem sind DIE GRÜNEN in Bonn immer wieder Teil der regierenden Mehrheit gewesen – in wechselnden Koalitionen (Rot-Grün, „Ampelkoalition", Schwarz-Grün, „Jamaika-Koalition" und seit 2022 zusammen mit SPD, Die Linke und Volt). Aktuell (2024) stellt die Partei die Oberbürgermeisterin und ist stärkste Fraktion im Rat der Stadt. Beu ist über alldem pragmatisch geblieben. Den politischen Erfolg seiner Partei führt er auf die Handlungsmaximen Einsatz und Glaubwürdigkeit zurück; zugleich zeigt er sich aber auch nachdenklich angesichts des grünen Aufstiegs.

Daher steht Beu als gebürtiger Bonner auch für die von ihm selbst diagnostizierte „kultivierte Bescheidenheit" der Stadt während der Hauptstadtjahrzehnte. Diese Grundeinstellung der „Bonner Republik" habe ihre Qualität ausgemacht. Damit befindet sich Beu im Einklang mit Joschka Fischer. Dieser hatte schon kurz nach seinem Amtsantritt als Außenminister und Vizekanzler seinen Frieden mit der „alten" Bundesrepublik gemacht. Er verlasse, so Fischer 1999, Bonn aus Überzeugung, aber dankbar und mit Wehmut.[5] Insgesamt dominiert in dem Interview mit Rolf Beu ein nüchterner Rückblick auf den Regierungssitz am Rhein und dessen Auswirkungen auf die Stadt.

---

4   Vgl. Rey, Manfred van, Bonner Stadtgeschichte kurzgefasst. Von der Vorgeschichte bis zur Gegenwart, 2. verb. und erw. Aufl., Bonn 2006, S. 231–233.
5   Fischer, Joschka, Warum war es am Rhein so schön? Ein Adieu an Bonn und seine Republik, in: Schäfer, Hermann (Hg.), Abschied von Bonn, Berlin 1999, S. 77–88.

Dokumentiertes Gespräch mit Rolf Beu vom 5. Mai 2022

Interviewt von Hanna Wagner

Welche Rolle spielten Sie in der „Bonner Republik" und was hatte diese Rolle mit Bonn zu tun?
Meine Rolle hängt mit meinen politischen Ämtern zusammen. In der vorletzten Wahlperiode des nordrhein-westfälischen Landtags war ich für fünf Jahre Landtagsabgeordneter für Bündnis 90/DIE GRÜNEN. Ich war auch Gründungsmitglied meiner eigenen Partei zur Zeit der „Bonner Republik". Außerdem gehörte und gehöre ich bestimmten Bundesarbeitsgemeinschaften an; insbesondere im Bereich Verkehr und Mobilität. Aber bundesweiter Einfluss wäre ein bisschen vermessen, wenngleich ich in der Bundespolitik vernetzt bin. ‚Schuster bleib' bei deinen Leisten', pflege ich zu sagen. Primär übernehme ich Verantwortung in der regionalen und kommunalen Politik in Bonn und im Rheinland mit den Schwerpunkten Wohnen, Verkehr, Mobilität und Kultur. Letztgenannte Thematik betreue ich insbesondere in der Landschaftsversammlung des Landschaftsverbandes Rheinland als kulturpolitischer Sprecher der Fraktion.

Abb. 27: Porträtaufnahme von Rolf Beu, undatiert

Was verbinden Sie persönlich mit der „Bonner Republik"?
Ich bin gebürtiger Bonner und wohne seit vielen Jahren im nördlichen Teil des Stadtteils Endenich; aufgewachsen bin ich aber in Kessenich. Wenn man Kessenich hört, denkt man natürlich auch an einzelne Lokalitäten, wo angefangen bei der „Pizza-Connection" damals die Politikerinnen und Politiker sich trafen, als Bonn noch der Mittelpunkt der Bundesrepublik war. Ich habe mich durchaus in deren persönlichem Umfeld bewegt und bin vor allem mit einigen der ehemaligen Bundesgeschäftsführer meiner Partei bekannt. Ich finde es wichtig, sich an diese Zeitepisode zu erinnern. Aber wir bewegen uns hier mehr in der Vergangenheit und aktuelle Themen überlagern dies alles.

Abb. 28: Bundesgeschäftsstelle der Partei „Die Grünen", Haus Wittgenstein, in Bornheim-Roisdorf, 12.2.1985, Foto: Max Malsch

Gibt es neben den Personen, die Sie kennen, auch Orte, die Sie besonders mit Bonn und der „Bonner Republik" in Zusammenhang bringen?
Ja, beispielsweise fällt mir spontan aus dem Parteizusammenhang die erste Bundesgeschäftsstelle der GRÜNEN ein, die sich in der Friedrich-Ebert-Allee befand neben der ehemaligen SPD-Baracke. Jetzt ist dort die Zentrale der Postbank, die wiederum in einigen Monaten verlagert werden soll. Dann kenne ich noch eine Bundesgeschäftsstelle, die wir am Beethovenplatz hatten. Am großartigsten fand ich vor dem Umzug nach Berlin das Villengrundstück in Bornheim-Roisdorf, welches DIE GRÜNEN besaßen. Im Park konnte man entsprechende Feste feiern.
Dann fallen mir noch die verschiedenen Landesvertretungen mit ihrem Jahresprogramm ein. Die Gebäude sind zum Großteil jetzt umgebaut, umgenutzt und privatisiert. Die ehemaligen Parlaments- und Regierungsbauten gibt es auch heute noch. Sie sehen zum Teil sogar schöner aus als damals. Im „Langen Eugen", heute Sitz der UNO-Büros, gab es in der 29. Etage ein Restaurant, das vor der RAF-Zeit für weite Teile der Bevölkerung zugänglich war. Gestiegene Sicherheitsanforderungen haben im Laufe der Jahrzehnte die Distanz zwischen der politischen Ebene und der Bevölkerung erhöht.
   Die Bauten des Bundes dominierten in der relativ kleinen Stadt die räumliche Wahrnehmung. Anders als heute, wo einem der Posttower direkt ins Auge fällt, wenngleich

dies auch kein genuin städtisches Gebäude darstellt. Merkwürdigerweise wäre das damals wie auch heute nie die Universität gewesen. In der öffentlichen Wahrnehmung spielt sie, anders als bei anderen Städten, nicht die erste Geige.

Vermissen Sie dieses Vertretungswesen? Man sagte ja früher, den besten Koch hatte die Vertretung des Saarlandes, den besten Weinkeller hatte die Vertretung für Rheinland-Pfalz, usw.
Ich würde sagen ja, aber ich kann nicht unterscheiden, ob das nicht viel mit individuellen und altersmäßigen Gründen zusammenhängt. Nachträglich verzerrt sich die Geschichte häufig als „gute alte Zeit", von der nur das Beste im Gedächtnis bleibt. Man hatte zumindest das Gefühl, dass mehr Leben in der Stadt und Bonn der Nabel der Welt war. Zwar ist Bonn auch weiter der zweite Dienstsitz der Bundesregierung, aber im öffentlichen Leben der Stadt ist dies nicht wahrnehmbar. Die Bundespolitik besitzt nicht mehr diese absolute Dominanz im öffentlichen Erscheinungsbild der Stadt.

Ich glaube auch, dass es auch damals schon drei bestimmte Bereiche der Bevölkerung gab, die eigentlich aneinander vorbei leben. Das sind erstens, der ganze Bundesverwaltungsapparat, zweitens, alles, was mit Hochschulen zu tun hat, und drittens, das, was ich als die „normalen" Bonnerinnen und Bonner bezeichnen würde. Jede Ebene existierte relativ unabhängig voneinander und die Berührungspunkte waren tatsächlich sehr begrenzt. Im dürftigen Austausch zwischen Bundes- und Kommunalpolitik bzw. Hochschulvertretern und Kommunalpolitik trat dies zutage. Bonns Rolle ist heute normalisiert. Es gibt aber keine Abneigung oder einen Gegensatz, man weiß voneinander, das Ganze läuft dennoch nebeneinanderher.

Gab es für Sie einen Ort der politischen Sozialisation in Bonn, z. B. die Hofgartenwiese?
Nein, den gab es in dieser Form nicht. Ich habe zwar auf der Hofgartenwiese mit demonstriert. Aber in der Erinnerung wird das Ereignis viel gewaltiger wahrgenommen, als es vermutlich tatsächlich für die Entscheidungsprozesse war. Die Polizei trat teilweise schwer bewaffnet auf. Das ist heute weggefallen. Es war in der Nach-RAF-Zeit so, dass es hier eine gewisse Polizeidominanz, die man auch als Überdominanz beschreiben könnte, gab. Darüber wurde ich aber als gebürtiger Bonner nicht sozialisiert. Mein Vater stammte aus dem Milieu der Deutschen Bahn, also der damaligen Bundesbahn, wodurch das Interesse für die Verkehrslage immer bestand. Heute würde man zu einzelnen Leuten „Pufferküsser" oder sonst was sagen, die eine Vorliebe für Dampfzüge und ähnliches haben. Ich komme also eher aus der Bewegung, die die Mobilitätswende, die es jetzt endlich gibt, vorantreiben wollte. Aus dieser Motivation heraus habe ich mich damals für DIE GRÜNEN und deren Gründungszene interessiert. Schlussendlich kam damals ein sehr heterogener Kreis zusammen, der durch die Präsenz der Bundespartei und ausländische Gruppen in Bonn befördert wurde.

Welche spezifischen Ereignisse verbinden Sie mit der „Bonner Republik" bzw. mit Bonn und würden Sie von den genannten Ereignissen als „Bonn-spezifisch" sprechen?
Was in Bonn natürlich immer auffällig war, waren tatsächlich Staatsbesuche. Ich kenne auch Berlin als Stadt und war bei der Wahl eines Bundespräsidenten anwesend. Nur wenn früher Kennedy oder die Queen nach Deutschland kamen, war das in Bonn ein Riesenevent, das fast die ganze Stadt beanspruchte. Ebenso ist das bei den großen Friedensdemos gewesen, wo die Bonner sich fragten: ‚Überlebt die Stadt das, oder werden dann alle Fenster eingeschlagen?' Das kann ich mir in einer großen Metropole wie Berlin weder positiv noch negativ vorstellen, was natürlich mit ihrer Größe zu tun hat und nicht unbedingt mit dem Namen der Stadt. Spezielle Ereignisse dieser Zeit haben natürlich auch jeden anderen Deutschen tangiert, wie beispielsweise die Demos vom NATO-Doppelbeschluss oder das Hin-und-her über Zivildienst bzw. Wehrpflichtzeiten. Da ich selbst beim Studierendenwerk gearbeitet habe, tangierte mich der sogenannte Radikalenerlass, wo man unterschreiben musste, dass man sich für die freiheitlich-demokratische Grundordnung einsetzen musste. Es gab aber auch Dinge, die ich selbst am Rande miterlebt habe, wie den Anschlag in Ippendorf auf Gerold von Braunmühl. An der Straßenecke vom Anschlagsort gab es eine Kneipe, deren Wirtin eine Bekannte meiner jetzigen Frau gewesen ist. Das Tatfahrzeug wurde anschließend in Endenich aufgefunden, also in der Nähe meines Wohnorts. Das sind Sachen, die in Erinnerung bleiben.

Gab es Wechselwirkungen zwischen Kommune und Region einerseits und dem Hauptstadtleben in Bonn andererseits? In welcher Form beeinflussten Ort und Raum den Regierungsalltag und die Arbeit der Regierungsmitarbeiterinnen und Regierungsmitarbeiter?
Hier greife ich das Thema Landesvertretungen wieder auf, die bei ihren Veranstaltungen aus Statusgründen die Kommune einbeziehen mussten. Wenn jemand in der Stadtverwaltung oder in der Stadtpolitik eine Spitzenfunktion ausübte, gehörte er natürlich auch zu dem positiv sanktionierten Kreis der Leute, die eine Einladung bekamen. Sie gingen auch hin, weil das Programm interessant und ein wenig „große weite Welt" war, die sie sonst in dem Fall nicht erleben würden. Für den Fall der Bundespolitik selbst kann ich nur Annahmen tätigen. Ich glaube, dass eine Stadt, die sich nicht in einem nicht so hektischen Leben befindet wie Berlin, mit der schönen Siebengebirgslandschaft und der Rheinlage, eher beruhigend und positiv gesehen wurde und zu einer besseren Entscheidungsfindung führen konnte. In einer Weltstadt ist die Hektik alleine dann schon spürbar, wenn ich aus der Haustür trete und das hat glaube ich schon Einfluss auf die Politik dieser Zeit genommen.

Wie würden Sie die geographische Lage Bonns in Bezug zu den Nachbarländern einschätzen? Hatte das habituelle Auswirkungen auf die Regierungspraxis?
Ob die Entscheidung, Bonn zur Bundeshauptstadt zu machen, ausschließlich an Adenauer lag, vermag ich nicht zu entscheiden. Aber es ist schon so, dass Bonn an einer

typischen deutschen Schnittstelle liegt. Wenn Sie nach Norden gehen, sind Sie innerhalb von 30 Kilometern in Köln, dann noch mal 30 Kilometer weiter sind Sie in Düsseldorf, im Ruhrgebiet. Wenn Sie dort mit dem Auto oder Rad fahren, wissen Sie eigentlich gar nicht, in welcher Stadt Sie sich gerade befinden, denn alles geht in einen Verdichtungsraum über. Fahren Sie dieselbe Entfernung nach Süden oder Südwesten in Richtung der Eifel, sind Sie eigentlich im Niemandsland, wo so gut wie keiner wohnt. Diese Schnittstelle zwischen dem Ballungsraum Metropole Ruhr einerseits und einem relativ dünn besiedelten Raum andererseits, ist repräsentativ für die gesamte Bundesrepublik. Deutschland ist heute wie damals kein einheitliches gleichbleibendes Siedlungsgebiet.

Die Lage nah am westlichen Ausland beziehungsweise zu Städten wie Paris und Brüssel ist symbolisch natürlich wichtig gewesen und stellte die Westbindung der Bundesrepublik in den Vordergrund. Persönlich habe ich meine Zweifel, ob mit einer Hauptstadt beispielsweise an einem Ort an der Nord- oder Ostseeküste oder in Bayern nicht auch die Deutsch-Französische-Freundschaft und letztendlich auch die Eingliederung in die Europäische Union, die damalige EWG, nicht genauso hätte erfolgen können. Die Wahl Bonns war meiner Meinung nach eine politisch-strategische Entscheidung, die nicht von der Nähe zur Westgrenze bestimmt war, vielleicht mehr noch von der Entfernung zur Grenze des Warschauer Paktes. Wo eine andere Sprache gesprochen wurde, war für die Bonnerinnen und Bonner Ausland gleich Ausland. Schlussendlich ist diese Frage abhängig von den handelnden Personen. Ich glaube der ‚normale' Abgeordnete hat sich eher primär um seinen Wahlkreis gekümmert, ganz egal, wo er sich in der Bundesrepublik befand.

Wie hat sich anders herum der Status als Hauptstadt auf das Leben und den Alltag in der Kommune und in der Region ausgewirkt?
Man hatte natürlich schon einen gewissen Stolz, weil man aus der Hauptstadt kam, die beispielsweise im Ausland Reputation genoss. Der Stadtname war synonym für die Bundesregierung und unterstrich die Relevanz der Stadt. Damals fing in der Tagesschau jeder zweite Beitrag mit Bonn an. Bonn war irgendwie der „Nabel Deutschlands" und da kam man her. Im Alltag war das nicht immer so positiv: beispielsweise Polizeistreifen auf den Straßen oder überbelastete Verkehrswege. Für viele Leute spielten diese Umstände auch im Alltag eine Rolle, obwohl sie politisch und personell mit dem Bund gar nichts zu tun hatten. Solche Belastungen waren in anderen Städten unüblich. Ich glaube aber das positive Image hat überwogen. Viele Bonnerinnen und Bonner waren verärgert, dass in der Presse jahrzehntelang vom „Bundesdorf" die Rede war und irgendwelche Fotos von Kühen, die man irgendwo in Bonn gefunden hatte, gezeigt wurden. Die Kühe hätte man vermutlich auch in München gefunden, aber das waren so die Bilder, durch die Bonn in der Welt als solches dargestellt wurde. Es wurde in Teilen der Öffentlichkeit so rübergebracht, als bestünde Bonn nur aus dem Bundesviertel und zehn Häusern. Das war damals wie heute wenig zutreffend. Aber der Begriff schürte bei manchem die Befürchtung, wenn der Bund der Stadt den Rücken kehre, sei Bonn tiefste Provinz. Das

erklärt auch die Bestürzung über den Ausgang der Bonn-Berlin-Abstimmung. Um den Makel der gefühlten Unterwertigkeit Bonns auszugleichen, ging die Stadt sogar nach der Eingemeindung von Bad Godesberg, Beuel und Hartberg so weit, der Deutschen Bundesbahn den Titel Hauptbahnhof für Bonn zu erkaufen.

Würden Sie von einer Bundesrepublik sprechen, oder von einer „Berliner" und einer „Bonner Republik"? Wo lagen die Unterschiede zwischen Berlin und Bonn?
Ich glaube es hat mit der Wiedervereinigung und nicht mit dem Regierungsumzug einen gewissen Bruch in der deutschen Politik insgesamt gegeben. Ob das mit den Standorten der Regierung oder den Regierungssitzen primär etwas zu tun hat, würde ich persönlich eher anzweifeln. Es ist zumindest nicht das Hauptunterscheidungsmerkmal. Die Rolle der Bundesrepublik Deutschland in der Zeit bis zum Mauerfall war fest in die Westbindung und die Europäische Einigung eingebettet, aber letztendlich nur auf diesen Teil Westeuropas begrenzt sowie die transatlantische Freundschaft mit dem Übervater in Washington, egal, wie er hieß. Nach der Wiedervereinigung stieg im westlichen Ausland die Erwartungshaltung nach einem dominierenden Riesen in der Mitte Europas. Diese Rolle wurde mit Berlin als große und geschichtsträchtige Stadt, als ehemaliger Sitz des Preußentums und der Nazis verbunden. Um Befürchtungen des Auslandes zu entkräften, hat man die Rolle als Führungsnation, die während der Bonner Zeit in der Achse mit Paris ausgeübt wurde, eigentlich aufgegeben. Es ist ein großes Zerfasern eingetreten. Die riesig gewachsene Europäische Union ist hierfür das prägnante Beispiel. Ich bin grundsätzlich ein Anhänger der europäischen Vereinigung, aber es ist schon weitaus schwieriger, mit 27 Staaten unterschiedlichster Art zu einer gemeinsamen Position zu kommen, als wären es unter zehn. Wenn Bonn bei der damaligen Entscheidung für den Hauptstadtsitz gewonnen hätte und diese Entscheidung nicht revidiert worden wäre, wäre die Politik der Bundesrepublik trotzdem nicht ganz anders geworden. Denn die Rahmenbedingungen haben sich nach dem Zerfall der beiden Blöcke kontinuierlich geändert; bis der russische Angriff auf die Ukraine eine neue Zäsur hervorgerufen hat.

Ihre Partei, DIE GRÜNEN, wird auch als originäres Produkt der „Bonner Republik" angesehen. Wie „Bonn-spezifisch" schätzen Sie die Entstehung und Entwicklung der GRÜNEN bis 1990 ein und welche Änderungen der Partei in den seitdem vergangenen Jahrzehnten würden Sie mit dem „Ortswechsel" erklären?
Das ist eine schwierige Frage. Ob DIE GRÜNEN gegründet wurden, um primär Einfluss im Bundestag zu nehmen, mag zwar eines der Hauptkriterien gewesen sein. Aber schon die Gründungsparteitage fanden nicht in Bonn statt. Ferner betrachteten sich

Abb. 29: Das Logo der „Alternative Die Grünen", 1979

DIE GRÜNEN nicht als Partei, sondern sahen sich eher als Bewegung. Lange Zeit hieß das Motto „Man will in die Parlamente", aber in der damaligen Erwartungshaltung wollte man eigentlich eine bessere Opposition sein. Die Idee war, die Regierungen, die ja lange Jahre CDU-dominiert waren, zu besseren Inhalten zu drängen. Ob das unbedingt mit der Stadt zusammenhängt, bezweifle ich. Vieles hat mit den handelnden Personen und auch der gesamtgeschichtlichen Entwicklung zu tun, dass wir uns jetzt so anschlussfähig im Kreis der demokratischen Parteien von SPD bis CDU wiederfinden. Die Schwierigkeit mit der Linkspartei, die aber andererseits auch eine gewisse Sympathie in einigen Kreisen der Partei hat, ist bekannt. Die AfD und alle Rechten sind kategorisch ausgeschlossen. Diese Entwicklung hat mit einer Episode zu tun, die schon zwei Jahrzehnte her ist. Es gab auch damals schon Ansatzpunkte über die „Pizza-Connection" für ein Zusammengehen mit der CDU, wenngleich die SPD immer als der „Wunschpartner" angefangen vom „Rot-Grünen Projekt" angesehen wurde.

Diese Flexibilität hängt auch damit zusammen, dass viele der Personen, die damals die Partei mitgegründet haben, ein sehr heterogener Kreis waren. Von konservativen Landwirten bis hin zu Radikal-Feministinnen, die es gab, war die Bandbreite vermutlich größer als heute. Es ist nicht so, dass DIE GRÜNEN jetzt eine karrierebewusste Partei seien, vielleicht eher eine bürgerliche Partei, obwohl ich glaube, dass die wenigsten Leute sich heute in der Partei mit dem Pseudonym, dass sie bürgerliche Politik machen, verstanden fühlen, obwohl heute eher bedeutend ist, dass wir eine ähnliche Wählerklientel wie die FDP haben. Ich finde überraschend, dass wenn ich ehrlich bin, man schon die Partei der Besserverdienenden ist. Das finde ich in Bonn so überraschend. Als Grüne sagen wir immer, wir machen eigentlich die bessere Sozialpolitik, aber die schlechtesten Ergebnisse haben wir nicht in Röttgen oder in der Südstadt, sondern in den benachteiligten Stadtteilen in Tannenbusch und Dransdorf. Da erzielt unverständlicherweise die CDU die besten Wahlergebnisse. Möglicherweise liegt das auch an der unterschiedlich hohen Wahlbeteiligung. Ich habe selbst schon als Wahlvorsteher in einem Wahllokal in Endenich, wo ich selbst nicht kandidiert habe, die Erfahrung gemacht. In einzelnen Straßen mit Einfamilienhäusern des oberen Mittelstandes liegt dann die Wahlbeteiligung bei circa 90 Prozent. In den sogenannten sozialen Brennpunkten sind es überall 10 Prozent. Am Ende gleicht sich das dann zu den durchschnittlichen 60 Prozent aus. Aber es zeigt letztendlich den Einfluss bestimmter Bildungsschichten und Bevölkerungskreise auf die Sitzverteilung in den Parlamenten. Wer sitzt also in den Parlamenten, angefangen mit dem Bonner Stadtrat? Das ist auf jeden Fall nicht der Querschnitt der Bevölkerung. Das schließt eine soziale Politik nicht aus, aber die Wähler sind in Wahrheit ganz andere Bevölkerungsgruppen. Unsere Wählerschaft und Mitgliederstruktur sind somit relativ ähnlich.

Die Stadt Bonn möchte heute eine Modellstadt für Luftreinhaltung sein. Welchen Eindruck haben Sie von der damaligen Bundeshauptstadt Bonn in puncto Vorreiterrolle bei technischen Innovationen, neuen Dienstleistungen etc. in der alten Bundesrepublik?
Ich glaube wirklich, und das hat wieder nichts mit Parteipolitik, sondern insgesamt eher mit einer Änderung der gesamtgesellschaftlichen Situation und Themen zu tun: Ökologie und die ökologische Bewegung spielten damals eine gewaltige Rolle. Durch den Einzug der GRÜNEN in den Bundestag sind diese Themen mehr „gepusht" worden. Dass diese Markt- oder Themenlücke so viele Leute ansprach und überzeugte, führte dazu, dass auch die anderen Parteien dieses Thema natürlich ebenfalls besetzen wollten, um Wählergruppen nicht zu verlieren. Das ist eine Entwicklung, die bis heute fortschreitet; für manche letztendlich zu langsam die Politik beeinflusst hat. Das hängt meiner Meinung nach auch mit der Parteigründung und dem Nebeneinander verschiedener neuer Themen zusammen.

Auch das Thema Emanzipation wurde in der Wendezeit virulent. Sätze wie ‚Ich bin schwul und das ist gut so' waren damals fast noch revolutionär. Heute würde das keinen Menschen mehr hinter dem Ofen hervorlocken; selbst in der Union nicht. Das ist heute alles kein Aufrege-Thema mehr. Insgesamt hatte es viel mehr mit der Zeitenwende zu tun als mit der Verortung des Regierungssitzes.

Trends setzte die „Bonner Republik" durch ein Gefühl der Bescheidenheit, Kleinteiligkeit und nicht, salopp formuliert, der „Großkotzigkeit". Andere Hauptstädte wollen den Eindruck vermitteln, dass es sich um eine Metropole handelt. In Bonn hatte man bis 1989 eher das Gefühl, das man diese Bescheidenheit praktisch „kultivieren" wollte. Anfangs sagte man, die Stadt sei nur das Provisorium. Nehmen Sie das Beispiel der SPD-Baracke. Auch wenn diese neu gebaut wurde, hieß sie bei der SPD trotzdem „die Baracke".

Die Gebäude, die gebaut wurden, sind nicht unbedingt architektonische Juwelen, wo man heute hin pilgert und sagt: ‚Wir müssen unbedingt das Ministerium für XY besichtigen, weil das so innovativ oder energiefreundlich ist'. Es ging darum Bescheidenheit zu demonstrieren. Mit der Stadt ist es das Gleiche. Das Stadthaus galt bereits zur Bauzeit als hässlich. Einen Leuchtturm der Stadt als Gegenpunkt zum Bundesviertel stellt es nicht dar. Das sogenannte Landesbehördenhaus, das seit 20 Jahren leer steht, ist eine der größten Betonburgen, die es in der Bundesrepublik gibt; das war auch das Ergebnis der RAF-Bedrohung. Es hat noch mehrere Betonetagen unter der Erde. Diese Gebäude werden niemals als architektonische Muster gelten. Dieser Impetus wurde aber auch nie vermittelt. Den Kanzler-Bungalow finde ich noch ganz interessant als Beispiel für „neues Bauen". Er ist kleinteilig und mit viel Glas ausgestattet. Ansonsten hat man in Bonn nur zweckmäßige Gebäude gebaut, was unter Umständen hätte anders werden können. Das erste Gebäude mit einem neuen repräsentativeren Anspruch, der neue Bundestag, wurde begonnen, als die Bonn-Berlin-Entscheidung eigentlich schon gefallen war. Aber die Bauverträge waren schon beschlossen.

Die jetzigen interessanten Gebäude, auch mit ihrer erschlagenden Größe, wobei man sich da die Frage stellt, ob die wirklich so qualitativ hochwertig sind, stehen tatsächlich in Berlin. Hier in Bonn ist es architektonisch, wenn überhaupt, der Posttower, der als immer noch höchstes Bürogebäude in Nordrhein-Westfalen hervorsticht. Keine der Bundesbauten hat eine architektonisch so dominierende Bedeutung. Aber die Zielvorgabe war, sich als Bundesrepublik zurückzunehmen; ganz bewusst das Motto „wir sind sparsam und nicht dominant" in den Gebäuden zu äußern.

Herr Beu, haben Sie vielen Dank für das Gespräch!

Jürgen Endemann über den Lebensraum Bonn:
Die Hauptstadt als Metapher des Unkomplizierten

Lara Giovanna Bettin

Die Ernennung Bonns zur provisorischen Hauptstadt der Bundesrepublik Deutschland eröffnete für die rheinische Universitätsstadt eine einmalige Entwicklungschance. Sowohl kommunalpolitische als auch bundespolitische Entscheidungen wurden getroffen und prägten ab 1949 nicht nur architektonisch, sondern ebenso ökonomisch und demographisch das bisher mittelstädtisch geprägte Bonn. Zwar geschah dies mit Rücksicht auf Berlin und den nationalstaatlichen Anspruch der Bundesrepublik vorerst auf Widerruf und provisorisch, aber über die Jahrzehnte veränderte die Hauptstadtrolle Bonn nachhaltig.

Die Bundespolitik war durch ihr städtebauliches Ausgreifen und als Arbeitgeber vieler Bonnerinnen und Bonner in der Stadt sehr präsent. Bonns Funktion als Hauptstadt war jedoch keineswegs so umfassend, dass nicht auch weiterhin eine (ältere) bürgerschaftliche und eine universitäre Kultur im Stadtgebiet weiterlebten. Die drei Bereiche stellten,

Abb. 30: Porträtaufnahme von Jürgen Endemann, November 1989, Foto: Friedhelm Schulz

so auch die Beobachtung von Jürgen Endemann, weitgehend voneinander unabhängige Milieus dar. Rheinische Leichtigkeit und Bescheidenheit als Charakteristika des Hauptstadtlebens sowie die Interaktionen und Grenzen zwischen den verschiedenen Lebensbereichen betont der ehemalige FDP-Kommunalpolitiker im Interview.

Endemann wurde 1940 im damals noch eigenständigen Bad Godesberg geboren und war von 1979 bis 1994 Bürgermeister der Stadt Bonn. In dieser Zeitspanne präsentierte sich Bonn unter anderem als Austragungsort der Bundesgartenschau. Die Bonner Hofgartenwiese wurde zum Schauplatz friedvoller Demonstrationen, auf denen hunderttausende Menschen gegen die Aufrüstung im Zuge des NATO-Doppelbeschlusses protestierten. So symbolisierte Bonn einen freiheitlichen und friedlichen Abschnitt der deutschen Geschichte. Ebenso fällt in Endemanns Amtszeit die Deutsche Wiedervereinigung. Infolge entschied der Bundestag 1991 die Frage nach dem deutschen Regierungssitz knapp mit Berlin.[1]

---

1 Zur Geschichte Bonns seit 1945/49 siehe Müller-List, Gabriele, Bonn als Bundeshauptstadt (1949–1989), in: Höroldt, Dietrich (Hg.), Bonn. Von einer französischen Bezirksstadt zur Bundeshauptstadt. 1794–1989 (Geschichte der Stadt Bonn, Bd. 4). Bonn 1989, S. 639–744.

Auf Grundlage seiner persönlichen Erfahrungen präsentiert Endemann ein Bild der Stadt aus kommunalpolitischer Perspektive. Bonn wird in seinen Schilderungen zu einer Metapher des Unkomplizierten, einer zwar nicht weltstädtisch geprägten, jedoch menschengebundenen Stadt der Nähe, in der das Fremde zum Bestandteil des Alltags wird. Diese positiv geprägte rheinische Mentalität findet sich ebenso in den Erinnerungen von manchen der über 10.000 Diplomaten aus 120 Staaten wieder, die in Bonn zwischen 1949 und 1999 ihrer Arbeit nachgingen. Der britische Botschafter Sir Paul Lever (geboren 1944) bezeichnet die Deutschen als eine „very open society".[2] Eine Stationierung in Bonn, so Peter Penfold (1944–2023), der hier seine diplomatische Laufbahn im britischen Foreign Office 1965 begann, biete eine „very easy introduction in living overseas".[3] Der First Secretary der britischen Botschaft in den 1970er-Jahren Charles Cullimore (geboren 1933) beschrieb die Stadt als „very artificial place to be a capital". Bonn sei „prosperous" und „comfortable", aber „[o]utside the actual jobs that one was privileged to be doing, it was an extraordinarily dull place".[4]

Endemann porträtiert die Auswirkungen des Status Bonns als Hauptstadt und die bestehenden Berührungspunkte der regionalen Lebensbereiche innerhalb des politischen Zentrums. Oftmals steht in seinen Ausführungen sein Geburtsort im Fokus. Bad Godesberg entwickelte sich zum Dienst- und Wohnort diplomatischer Gesandtschaften. Im Jahr 1969 wurde es nach Bonn eingemeindet. Als Diplomatenstandort führte Bad Godesberg eine Gesellschaft aus ansässiger Bevölkerung, Bundes- und Kommunalpolitik zusammen – unterschiedliche Lebensbereiche, die nun in einem Stadtbezirk vereint waren.[5] Endemann berichtet lebensnah von Besonderheiten des Stadtbezirks, etwa dem vielfältigen Produktangebot in asiatischen Lebensmittelgeschäften, einer vergleichsweise großzügigen Infrastruktur und den Eigenheiten der politischen Immunität im Alltag. Im Interview thematisiert Endemann auch anekdotische Erinnerungen aus seiner Amtszeit als Bürgermeister; darunter Kontakte mit ranghohen Politikern und kirchlichen Würdenträgern auf Staatsempfängen und öffentlichen Auftritten.

Jürgen Endemanns Ausführungen bleiben als Zeugnis an eine Generation erhalten, die den Status Bonns als Hauptstadt und Bad Godesbergs als Diplomatenviertel nicht lediglich aus architektonischen Überbleibseln vergegenwärtigen kann. Konträr zu Berlin ergibt sich ein rheinischer Genius Loci, welcher der Bundesstadt Bonn jedoch bis in die Gegenwart erhalten geblieben ist.

---

2 Zit. n. Transcript of interview: Sir Paul Lever, 2011, Churchill Archives Centre (= CAC), GBR/0014/DOHP 135, S. 26, abgerufen unter: https://oa.churchillarchives.libnova.com/view/1621 (abgerufen am 7.10.2023).

3 Zit. n. Transcript of interview: Peter Penfold, 2003, CAC, GBR/0014/DOHP 80, S. 2, abgerufen unter: https://oa.churchillarchives.libnova.com/view/1705 (abgerufen am 7.10.2023).

4 Zit. n. Transcript of interview: Charles Cullimore, 2009, CAC, GBR/0014/DOHP 119, S. 9, abgerufen unter: https://oa.churchillarchives.libnova.com/view/1499 (abgerufen am 7.10.2023).

5 Siehe hierzu Wenzel, Michael, Früher waren hier Botschaften. Bad Godesberg 1949–2019. Spurensuche in einer kleinen Stadt von Welt, Köln 2019.

Dokumentiertes Gespräch mit Jürgen Endemann vom 28. Juni 2021

Interviewt von Lara Giovanna Bettin

Welche Rolle spielten Sie in der Bundesrepublik und was hatte diese Rolle mit Bonn zu tun?
Geboren wurde ich 1940 in Bonn-Bad Godesberg. Als Kommunalpolitiker spielte ich eine denkbar geringe Rolle, hatte jedoch seit 1959 als FDP-Mitglied einen Blick „von unten" auf das politische Geschehen. Von 1979 bis 1994 war ich Bürgermeister der Stadt Bonn.

Was verbinden Sie persönlich mit der „Bonner Republik"?
Die Stadt Bonn ist im Gegensatz zum heutigen Berlin überschaubar, kalkulierbar und menschengebunden. Die klassischen Situationen in Bonn waren geprägt von Unmittelbarkeit. Der nach der Niederlage etablierte Status als Provisorium machte Bonn bewusst nicht zu einem weltstädtischen Gebilde. Vielmehr wurde die rheinische, unkomplizierte Lebensweise in das Bild des bescheidenen Bonns als Hauptstadt integriert.

Gibt es Orte, die Sie besonders mit Bonn und der „Bonner Republik" in Zusammenhang bringen?
Als erster Ort fällt mir der große Saal der Beethovenhalle ein. Bonn war eben nicht nur ehemalige Bundeshauptstadt, sondern auch Beethoven-Stadt und das reicht über den Moment hinaus. Die Musikstadt ist ein wichtiger Faktor und war für uns übrigens eine sparsame Sache. Wenn eine Hauptstadt einen Staatsgast begrüßt, erhält dieser meistens ein relativ opulentes Geschenk. Bonn wählte die Sammlung von Beethovens Sinfonien auf CD. Das kostete 50.- Euro, war weit unter dem Level anderer und wurde trotzdem hoch angesehen. Manchmal tat es auch ganz gut, bescheiden als Beethoven-Stadt aufzutreten.

Welche spezifischen Personen und Ereignisse verbinden Sie mit der „Bonner Republik" beziehungsweise mit Bonn? Würden Sie von einem dieser Ereignisse als „Bonnspezifisch" sprechen?
Ein Ereignis, das mir die Tränen in die Augen getrieben hat, war der Besuch von General Charles de Gaulle und seine Rede auf dem Bonner Marktplatz. Es war eine Zeremonie, wie sie eigentlich bei jedem Staatsbesuch stattfand. Die gemeinsame Geschichte Deutschlands und Frankreichs, das mit dem Besuch besiegelte sogenannte Ende der Erbfeindschaft und Bonns Vergangenheit als Bestandteil des französischen Kaiserreichs von 1794 bis 1815 vermittelten jedoch ein besonderes Gewicht. Dieser geschichtliche

Abb. 31: Besuch von Staatspräsident Charles De Gaulle in Bonn, 5.9.1962, Foto: Bundesbildstelle Bonn

Rückbezug rührte zu Tränen, als dieser Gegner des Zweiten Weltkriegs auf der Rathaustreppe stand und seine Rede hielt.

Ein zweites Ereignis ist der Besuch von Papst Johannes Paul II. im Jahr 1980. Er war so unkompliziert und liebenswert, wie es nach meiner Vorstellung nur in Bonn möglich war. Selbst seine Rede vor dem Bonner Münster fand nicht mit Aufmarsch, Parade und klingendem Spiel statt, sondern freundlich und fröhlich. Johannes Paul II. stand auf einem Podest und sprach, während unter ihm die katholische Jugend auf alles, was er sagte, mit ‚Johannes Paul II., wir stehen an deiner Seite. Johannes Paul II., wir stehen an deiner Seite' antwortete. Das störte ihn offensichtlich sehr, so dass er sich nach vorne beugte und am Mikrofon vorbei kommentierte ‚Auf welcher Seite bitte? Rechts oder links?'. Da war Ruhe und er konnte ohne Zwischentöne weiterreden. Ein Anekdötchen, sagen wir Rheinländer. Es zeigt, wie unkompliziert, menschlich und manchmal spontan solche Dinge in Bonn stattfanden. Von Zeit zu Zeit sehe ich mir die Staatsbesuche in Berlin an. Es sind immer paramilitärische Aufmärsche zur Sicherung des Staatsgastes; das muss heute sein. In Bonn haben wir selbst die großen Demonstrationen zum NATO-Doppelbeschluss auf der Rigal'schen Wiese, zu denen mehr Protestierende nach Bonn gekommen sind, als die Stadt Einwohner hatte, friedlich absolviert. Jeder, der wusste, dass in Bonn 300.000 Menschen im Hofgarten demonstrieren wollen, hat uns davor gewarnt, dass das nicht gut gehen könne. Erstaunlicherweise ist es relativ gut gegangen. Wir haben trotz der Anwesenheit eines großen Anteils von sehr gewalttätigen Menschen eigentlich alles bis auf wenige kleine Ausnahmen friedlich absolviert. Das ist etwas, wo die rheinische Lebensart abgefärbt hat. Meiner Meinung nach hat es der „Bonner Republik" sehr gut getan, dass wir in Bonn viele Situationen friedlich bewältigt haben, die anderswo nur mit Krawall hätten vollzogen werden können.

Ich erzähle noch eine weitere Geschichte. Unser Bundespräsident Richard von Weizsäcker, der eine große intellektuelle Persönlichkeit war, galt allgemein nicht als besonders lustig. Den Humor begabten von Weizsäcker kannte keiner. Ich bekam von meinem Büro einen Termin. Sonntagmorgen, zehn Uhr, Kreuzkirche, Verabschiedung eines Pfarrers. Mein Büro hatte sich daran gewöhnt, mir immer nur Stichworte zu sagen und kein Manuskript mitzugeben, weil sie wussten, dass ich sowieso sage, was ich möchte. Also war es besser, sie schrieben mir nichts vor, dann konnte ich auch nichts Falsches sagen. Nach dem Gottesdienst lud mich ein Presbyter zum Abschiedsempfang für den Pfarrer in der Krypta ein, von dem ich nichts wusste. Unten in der Krypta stand ein Mikrofon und wenn irgendwo ein Mikrofon und ein Bürgermeister aufeinandertreffen, kommen sie zusammen. Das ist ein magisches Verhältnis. Ich wurde gebeten, ein paar Worte zu sagen. Im Halbkreis um mich herum stand die Gemeinde, in der Mitte Richard von Weizsäcker. Ich sah zu meinem Schrecken, dass jeder, wirklich jeder eine Kleinigkeit wie ein Buch oder einen Blumenstrauß dabei hatte. Nur ich, der von dem Termin nichts wusste, hatte natürlich nichts dabei. Ich versuchte aus dieser eher peinlichen Situation herauszukommen, indem ich etwas von vollen Herzen und leeren Händen und wie sparsam diese Gemeinde sein müsste, erzählte und so einen Quatsch. Ich dachte, ich sei einigermaßen aus dieser peinlichen Situation herausgekommen. Am nächsten Tag in der Villa Hammerschmidt trat für den Besuch des türkischen Staatspräsidenten Kenan Evren die sogenannten Reception Line an. Vor dessen Ankunft begrüßte Richard von Weizsäcker die Reception Line. Er drückte seinem ehemaligen Kabinettskollegen Norbert Blüm und Ministerpräsident Johannes Rau die Hand und wechselte ein paar Worte. Er drehte sich zu mir um, der ich die Stadt Bonn vertrat, stutzte und sagte: ‚Haben Sie schon wieder nichts dabei?'

Gab es Wechselwirkungen zwischen Kommune und Region einerseits und dem Hauptstadtleben in Bonn andererseits? In welcher Form beeinflussten Ort und Raum den Regierungsalltag und die Arbeit als Regierungsmitarbeiter?
Ich unterscheide die Zeit von 1949 bis 1972 und die Zeit ab 1972. Die erste Phase war hart, weil Bonn schlicht und einfach die Geldmittel vorenthalten wurden, die man zu einer angemessenen Infrastruktur benötigt hätte. Der Tenor war, jede in Bonn investierte Mark ist ein Verrat an Berlin. Damit kam man natürlich nicht weit. Menschen, die zuzogen, verlangten Schulen, Kultureinrichtungen, öffentliche Infrastruktur. Die Stadt war nicht in der Lage, sie zu bauen. Denn die Tatsache, dass wir große Flächen für den Bund zur

Verfügung stellten, hatte zur Folge, dass wir auf diesen Flächen kein Gewerbe ansiedeln konnten. Das heißt, die Gewerbesteuer, die Haupteinnahmequelle der Gemeinde im frei disponierbaren Bereich, spielte in Bonn eine eher untergeordnete Rolle und der Bund leistete keinen Ersatz für diesen Mangel, den er zu verantworten hatte. Das änderte sich grundlegend mit Willy Brandts Erklärung, das Bonner Provisorium sei beendet. Alle Mittel wurden aktiviert, um Bonn in relativ schneller Zeit angemessen auszubauen. Ich sage bewusst nicht zur Weltstadt ausbauen, denn wir wollten keine Weltstadt werden. Den Ehrgeiz hatten wir nicht. Eigentlich wollten wir das bleiben, was wir waren und nur eine bessere Daseinsfürsorge insbesondere im kulturellen Bereich bieten. In dieser Zeit pushte Intendant Jean-Claude Riber mit unendlichen Bundesmitteln die Oper und machte aus dem Bonner Opernhaus eine Oper mit internationalem Ansehen. Das hörte wieder auf, als die großen Zuschüsse des Bundes endeten.

Abb. 32: Das Bonner Stadttheater am Rhein, 1965/1970, Foto: Paul Kersten

Die Investitionen des Bundes nach 1972 waren gewaltig und hatten natürlich Einfluss auf die Bevölkerung. Vergleichbar mit dem, was der Bund nach dem Hauptstadtbeschluss für Bonn bereitstellte, beispielsweise die vielen UN-Einrichtungen, die in Bonn angesiedelt werden konnten und etwas von dem internationalen Flair bewahrte, den wir zuvor hatten. Seit 1972 waren wir in der Lage, eine gute Infrastruktur, manchmal sogar mehr als wir hätten tun sollen, zu stellen. Vieles war auf Dauer nicht bezahlbar, wir wurden als Standort zu teuer. Das fängt beim Personalschlüssel an. Mit der Begründung, dass ein Bonner Amtsleiter als Gesprächspartner immer einen Ministerialrat auf Bundesebene hat, wurde gerechtfertigt, warum ein Bonner Amtsleiter wie ein Ministerialrat bezahlt werden müsste. Mit Verlaub, unbegründet! So entstand eine ganze Schicht von überbezahlten, hochrangigen Beamten, die es in dieser Form in keiner anderen Stadt gab. Das stellte sich langfristig als eines der großen Probleme der Stadt Bonn heraus. Insgesamt war das, was wir unseren Bewohnern bieten konnten, vorzeigbar und akzeptabel.

Ein Beispiel, mit dem man in Bonn ständig gegen die Wand läuft, sind die Schwimmbäder. Nach Meinung der Bürger gibt es einfach nicht zu viele Schwimmbäder. Nur Bonn hat zu viele Schwimmbäder, die es eigentlich nicht finanzieren kann. Es gibt einen sogenannten Goldenen Plan, der festlegt, wie viel Wasserfläche pro Einwohner zur Verfügung gestellt wird. Wir liegen darüber, aber sobald eine Diskussion über eines der kleineren Schwimmbäder anfängt, kommen Bürgerinitiativen über Bürgerinitiativen und sagen ‚Ihr seid wahnsinnig. Unsere Kinder müssen in fünf Minuten Entfernung ein Schwimmbad haben. Wenn sie das nicht haben, lernen sie nicht schwimmen und dann tragt ihr Schuld daran. Was muss passieren, damit ihr etwas tut?' Die Argumentation wird direkt sehr extrem. Deswegen leben wir mit dieser Last einer Überversorgung, die nicht als solche empfunden wird. Das wird Bonn auf Dauer nicht durchhalten.

Wir hatten in Bonn, denke ich, zudem ein Problem. Es ist uns trotz großer Bemühungen und Anstrengungen nicht gelungen, die drei großen Lebenskreise in Bonn zu verbinden. Das sind der universitäre Bereich, der diplomatische bzw. Regierungsbereich und der bürgerschaftliche Bereich. Sie haben eigentlich die ganze Zeit, ohne sich weh zu tun, fröhlich nebeneinander gelebt. Es passierte selten, dass sich Regierungsleute in die Bonner Bürgergesellschaft einmischten. Das waren eigentlich mehr Eintagsfliegen, die keinen großen Einfluss auf die Bürgerszene hatten. Eher mischten wir uns bei den Regierungsleuten ein. Der Ministerialrat, der in Oedekoven Fußball spielte, dürfte die absolute Ausnahme gewesen sein. Es gab einige Verbindungen, bei denen ich dachte, dass es anfängt, aufzubrechen. Zum Beispiel der belgische Botschafter Remi Baert, der in Muffendorf residierte. Er überschritt diese Schwelle und brachte sich in Muffendorfer Vereinen ein und war eigentlich „Muffendorferischer" als alle Muffendorfer zusammen. Dieser Mann hat etwas für die Integration getan, ihm zu Ehren wurde dort sogar ein Platz getauft. Als Flame war er uns wesensnah, wir mussten ihm also nicht erklären, wie man Karneval feiert, er feierte einfach mit.

Ein weiteres Beispiel, um die Schwierigkeiten zu kennzeichnen, die sich bei der Auflösung dieser engen Lebenskreise ergaben, war der englische Botschafter. Auf dem Weg zu seiner Residenz nach Rüngsdorf fragte er mich, wie denn die alte Kneipe Alt Rüngsdorf wäre, an der er immer vorbeifuhr. Ich sagte ‚Ganz einfach, gucken Sie sich sie an. Gehen Sie dort ein Bier trinken.' Er lehnte ab, weil er sich nicht traute. Ich erwiderte ‚Wissen Sie was, rufen Sie mich an, wenn Sie Durst haben. Dann komme ich rüber, hole Sie ab und wir gehen ein Bier trinken.' Ein Jahr lang haben wir über diesen Ausflug gesprochen. Ein Jahr lang versuchte er, seinen Sicherheitsdienst zu überreden, diesen Ausflug in das normale Rüngsdorf zu gestatten. Ein Jahr lang hat sich dieser schlicht und einfach geweigert, das angeblich nicht kalkulierbare Sicherheitsrisiko einzugehen, in der Gegenwart des Bürgermeisters ein Bier zu trinken. Wir haben es nicht geschafft. Es ist nicht einfach, die Grenzen dieser Lebenskreise zu überspringen.

In meiner Erinnerung gab es unter den Kabinettsmitgliedern lediglich zwei, die diese Kluft überbrückten. Konrad Adenauer klammere ich aus, da er aus der Gegend stammte und es zu seiner Zeit eine völlig andere Situation war. Das waren Horst Ehmke, der als Stuttgarter vor nichts fies war, und Walter Scheel. Alle anderen blieben eigentlich in ihrem Bereich hängen. Als wir Helmut Schmidt die Ehrenbürgerwürde überreichten und er sagte, er habe jahrzehntelang von Bonn nichts außer dem Bahnhof und der Autofahrt zum Bundeshaus kennengelernt, rief seine Ehefrau Hannelore Schmidt dazwischen: ‚Typisch für Dich. Was schön ist, siehst du nie!'

Es ist nicht einfach, diese Barrieren zu überspringen. Das lief alles mehr oder weniger auf persönlicher Ebene, obwohl es Anlässe gab, wo man es hätte schaffen können, wie zum Beispiel in der Zeit, wo wir in unseren Köpfen um die Frage der Hauptstadt kämpften und eine Menge an Dingen taten, die sonst nicht gemacht wurden. Die Universität hatte so etwas wie einen Elfenbeinturm der Wissenschaft für sich gegründet. Bis zum Ende der 1950er Jahre zog sie sich darauf zurück, dass immer zwei bis vier Vertreter in der politischen Repräsentanz der Stadt waren. Ihnen war das, was in Bonn passierte, viel zu simpel und zu ordinär. Dieser Vorbehalt ist bis heute nicht abgebaut. Hier hätte ich mir persönlich mehr Integration gewünscht.

In der Region spielte das Hauptstadtleben eigentlich keine Rolle. Es gab einen gewissen Vorbehalt, der in der angeblichen Überrepräsentanz der Einrichtung des Landschaftsverbands in Bonn begründet lag. Bezogen wurde das auf den Bau des Provinzialmuseums in Bonn und nicht Köln durch die preußische Regierung, auf die Landesklinik und die in Bonn sitzenden Ämter. Der Landschaftsverband war in Bonn viel präsenter als in Mönchengladbach, Viersen, Kleve, Xanten, Köln, Düsseldorf oder Oberhausen. Das wurde uns gelegentlich vorgehalten, obwohl das nicht unsere Entscheidungen gewesen waren.

Die Auswirkungen des Status als Hauptstadt auf das tägliche Leben waren kolossal. In Bad Godesberg, wo ich herkomme, waren zahlreiche Vertretungen und ein Großteil der Diplomaten ansässig. Unsere Nachbarn waren Diplomaten aus Mauretanien, Japan oder Korea und damit Bestandteil des täglichen Lebens. Das hat etwas mit den Menschen angestellt. Sie fragten nicht, sie wussten, wo die Länder liegen und kamen mit ihren Nachbarn in der Regel gut zurecht. Davon ausgenommen waren die Falschparker, die unter Nutzung der diplomatischen Immunität ständig im verkehrten Halteverbot standen, ohne die Protokolle zahlen zu müssen. Das waren aber Nebensächlichkeiten. Das Rheinland war immer ein Durchzugsgebiet, das Fremde war der Normalfall. Deswegen ist die Form der Rheinländer, sich mit Fremden zu arrangieren, vielleicht etwas unkomplizierter als es in anderen Gegenden der Fall ist. Als Beispiel kann man das Lebensmittelangebot eines kleinen Tante-Emma-Laden nehmen. Dort gab es Lebensmittel, die man in einem kleinen Tante-Emma-Laden in Recklinghausen sicherlich nicht gefunden hätte, weil in Bonn die koreanische Mutter nebenan etwas Bestimmtes benötigte, was der Laden natürlich führte. Solche Kleinigkeiten verändern das Leben und lassen einen etwas gelassener mit Vorbehalten gegen Fremde umgehen. Ich denke, darin waren wir, ohne es zu wollen, schlicht und einfach beispielhaft.

Würden Sie von einer Bundesrepublik sprechen oder von der „Berliner Republik" und „Bonner Republik"? Wo liegen hierbei die Unterschiede zwischen Berlin und Bonn?
Die Begriffe „Bonner Republik" und „Berliner Republik" mochte ich überhaupt nicht, dennoch habe ich mich daran gewöhnt, weil sie helfen, zu differenzieren. Mit dem Begriff „Bonner Republik" verknüpfen viele Leute Assoziationen, die mit meinen durchaus verwandt sind. Das erleichtert die Diskussion. Bonn ist eine Stadt mit 320.000 Einwohnern, Berlin hat 3,6 Millionen Einwohner. Es gibt Krawallecken, die von vornherein gegen den Strich gebürstet sind und egal, was ihnen angeboten wird, sie gehen erstmal auf die Straße. Ähnlich wie in Hamburg hat Berlin es schwerer. Aber wenn jemand es schwerer hat, heißt das nicht, dass der, der es leichter hat, dafür bestraft werden muss. Ich denke, was wir dieser Republik geliefert haben, war beachtenswert und anerkennungswert. Die Regierung und der Bundestag haben einen Schlussstrich gezogen, aber sie haben uns nicht die Anerkennung verweigert, sondern mit dem Ausbauplan der Bundesstadt Bonn noch eine Menge investiert. Wir müssen mit dieser Situation leben und ich würde ungern mit Berlin tauschen. Ich möchte Berlin nicht zu nahetreten. Berlin hat eigene Probleme und ich bin ein schlechter Ratgeber, diese zu lösen. Ich denke, dass man in Bonn einfach kein so ausgeprägtes Sicherheitsgefühl hatte, selbst wenn die Lage unsicher war. Wenn man sich den Aufwand ansieht, der in Berlin betrieben wird, um Sicherheit herzustellen, sind die finanziellen Auswirkungen bedenklich. Wenn man permanent alle Menschen vor anderen schützen muss, ändert das die Mentalität. Ich führe das nun auf rheinische Dimensionen zurück. Meine Mutter war eine sehr ängstliche Frau. Wir lebten zwischen der ägyptischen und der israelischen Botschaft. Nachts fuhren die Panzerwagen von der ägyptischen Botschaft quer durch unser Schlafzimmer zur israelischen Botschaft. Meine Mutter fragte: ‚Was passiert, wenn hier eingebrochen wird?' Ich antwortete: ‚Hier wird nicht eingebrochen' ‚Wieso wird hier nicht eingebrochen?' Ich sagte: ‚Wir wohnen zwischen Ägypten und Israel. Wenn du an einem der Bäume auf der Allee schüttelst, fällt mit Sicherheit ein Geheimagent heraus. Da müssten die Einbrecher schon ganz schön blöd sein, ausgerechnet hier einzubrechen.' Vielleicht ist das banal. Aber es zeigt etwas von der gelassenen Grundstimmung, die wir Bonner in vielen Bereichen hatten.

Herr Endemann, haben Sie vielen Dank für das Gespräch!

Eine Stadt stellt sich neu auf: Monika Hörig und das Presseamt der Stadt Bonn

Benjamin Burtz

Monika Hörig nahm als stellvertretende Pressesprecherin der Stadt Bonn eine wichtige Rolle in der Neuausrichtung der Stadt Bonn nach dem Umzug von Regierung und Parlament nach Berlin ein. Mit dem „Hauptstadtbeschluss" von 1991 verlor die Stadt Bonn ein zentrales Identifikationsmerkmal. Der Hauptstadtstatus eröffnete der Stadt vor der Wiedervereinigung Möglichkeiten, die einer mittelgroßen Stadt in Nordrhein-Westfalen sonst verwehrt geblieben wären. Vermeintlich Selbstverständliches stand plötzlich zur Disposition. Zugleich öffneten sich Spielräume, um Bonn im Innern wie nach außen neu aufzustellen.

Monika Hörig wurde in Leipzig geboren und studierte in Münster Alte Geschichte und Archäologie. Das Studium schloss sie 1978 ebenda mit einer Promotion bei Friedrich Karl Dörner (1911–1992) über die religiöse Tradition der Fruchtbarkeitsgöttin im antiken Vorderasien mit Prädikat ab.[1] Auch nach ihrer Promotion publizierte die Althistorikerin zu ur- und frühgeschichtlichen Themen.[2]

Nach Abschluss des Studiums begann Monika Hörig im Presseamt der Stadt Münster zu arbeiten. Das Selbstverständnis Münsters als Universitätsstadt übertrug sie später nach Bonn, wo sie allerdings ein differenziertes, weniger auf die Universität bezogenes Selbstbild vorfand: In Münster gehörte die Universität im Kern zur Identität der Stadt, weswegen zwischen den beiden Parteien ein reger Austausch bestand – in Bonn überlagerte der Hauptstadtstatus die universitäre Tradition.[3]

1988 fand Monika Hörig Anstellung im Presseamt der Stadt Bonn. Viele Jahre fungierte die gebürtige Leipzigerin sowohl als stellvertretende Pressesprecherin als auch in leitender Funktion im Ressort „Aktuelles".

---

1 Siehe Hörig, Monika, Dea Syria. Studien zur religiösen Tradition der Fruchtbarkeitsgöttin in Vorderasien (Alter Orient und Altes Testament, Bd. 208), Kevelaer/Neukirchen-Vluyn 1979.
2 Dazu etwa Hörig, Monika/Schwertheim, Elmar, Corpus Cultus Iovis Dolicheni (CCID) (Études préliminaires aux religions orientales dans l'empire romain, Bd. 106), Leiden u. a. 1987.
3 Vgl. Scholtyseck, Joachim, Wiederaufbau und Expansion (1945–1965), in: Geppert, Dominik (Hg.), Geschichte der Universität Bonn, Bd. 2: Forschung und Lehre im Westen Deutschlands 1918–2018, S. 197–292, hier S. 257–263.

Abb. 33: Monika Hörig im Plenarsaal des Deutschen Bundestages undatiert

Am 20. September 1991 verlor Bonn durch das Bonn-Berlin Gesetz seinen Status als provisorische Hauptstadt: Berlin erlangte im Rahmen der Deutschen Wiedervereinigung seinen alten Status als Regierungssitz zurück. Für Bonn sah der Beschluss den Status einer „Bundesstadt" vor.[4]

Dass Bonn nicht mehr die Regierung beheimaten sollte, stellte die Beschäftigungsstruktur in der Stadt infrage. Denn mit dem Wegzug der Regierung drohten viele Arbeitsplätze verloren zu gehen. Der Gesetzgeber begegnete dieser Problematik mit der Verleihung des Zusatzes „Bundesstadt". Bonn sollte von nun an „das Verwaltungszentrum der Bundesrepublik Deutschland sein."[5] Hiermit wurde für die Stadt Bonn ein Ausgleich gesucht, der verhindern sollte, dass die Region unter dem prognostizierten Strukturwandel litt.

Weniger der neue juristische Rahmen als der öffentliche Schlagabtausch über Bonn bestimmten jedoch die Debatte. Ein kritisches Bonn-Bild dominierte die Presse: Dabei bedienten sich Presse und Personen des öffentlichen Lebens, wie etwa der Autor und Zeithistoriker Joachim Fest (1926-2006) des Vorurteils, die Stadt Bonn habe provinziellen Charakter („Bonn liege ‚nicht zufällig hinter den sieben Bergen'").[6]

Die Stadt Bonn stand vor dem Problem, dass das definierende Merkmal der letzten 50 Jahre verloren ging. Es brauchte eine Neuausrichtung nach außen, die auch vermarktet werden musste. Monika Hörig wirkte bei dieser „Neujustierung" der Stadt aktiv mit.

Das Bonn-Berlin Gesetz sicherte Bonn jedoch nicht lediglich das „minderwertige Etikett ‚Bundesstadt'"[7] zu. Der Beschluss legte fest, dass die Bundesstadt fortan Standort internationaler Unternehmen werden sollte. Darüber hinaus brachte der Umzug Bonn

---

4 Der Begriff nimmt Anleihen bei der gleichlautenden schweizerischen Bezeichnung für Bern als Sitz der eidgenössischen Verwaltung. Dazu näher Stadler, Peter, Die Hauptstadtfrage in der Schweiz 1798–1848, in: Schweizerische Zeitschrift für Geschichte 21 (1971), S. 526–582.

5 Heintzen, Markus, Der verfassungsrechtliche Status der Bundesstadt Bonn (Studien und Gutachten aus dem Institut für Staatslehre, Staats- und Verwaltungsrecht der Freien Universität Berlin, Bd. 17), Berlin 2000, S. 33.

6 Herles, Helmut, Anatomie eines Vorurteils und Vorschlag zur Therapie. Bonn minus Bund gleich null? Wider die journalistische Neigung des Bonn-Bedauerns und der Bonn-Häme, in: Mayer, Tilman/Schulze Heuling, Dagmar (Hgg.), Über Bonn hinaus. Die ehemalige Bundeshauptstadt und ihre Rolle in der deutschen Geschichte, Baden-Baden 2017, S. 281–288, hier S. 282.

7 Börnhoft, Petra, Boomtown Bonn, in: Der Spiegel 9/1999, 28.2.1999, abgerufen unter: https://www.spiegel.de/politik/boomtown-bonn-a-7277f371-0002-0001-0000-000009507246 (abgerufen am 4.12.2023).

die Zusicherung, dass in Zukunft internationale Institutionen in der Stadt ansässig würden. Drittens kam die Förderung der universitären Wissenschaft hinzu.[8]

Monika Hörig und dem Bonner Presseamt boten diese Maßnahmen das Werkzeug, mit dem die Stadt neu ausgerichtet werden konnte: „Boomtown Bonn – der Abschied der Bundespolitik macht's möglich."[9]

Der Fokus lag nun nicht mehr auf den verbliebenen Bundeseinrichtungen in der Stadt, sondern viel mehr auf der Internationalisierung im Zuge der Ansiedlungen der Vereinten Nationen ab 1996 und den Unternehmensansiedlungen der Deutschen Telekom AG sowie der Deutschen Post AG (heute DHL Group). Gleichzeitig nahm die Bundesstadt nach 1991 immer wieder repräsentative Aufgaben wahr, die der Hauptstadtbeschluss der Stadt zusicherte. Einige Ministerien, darunter das Bundesverteidigungsministerium, behielten ihren Hauptsitz in Bonn, während andere einen Zweitsitz in der Stadt unterhalten. Der Angst gegenüber dem Verlust von Arbeitsplätzen begegnete das Bonn-Berlin-Gesetz durch die Sicherung eines Großteils der Arbeitsplätze in Bonn und der umliegenden Region. Die Umsetzung dieses Beschlussteils steht seit 2008 vor einer ungewissen Zukunft. Seitdem liegt der Bonner Anteil der Ministeriumsarbeitsplätze konstant unter 50 Prozent. Der „Rutschbahneffekt" erzwingt eine Neuregelung, die sich derzeit in Arbeit befindet.[10]

Grundsätzlich, so Hörig im Interview, entwickele sich die Stadt in eine positive Richtung: 1996 eröffnete mit dem Sekretariat des Rahmenübereinkommens der Vereinten Nationen über Klimaänderungen (UNFCCC) der erste von vielen VN-Standorten, die mittlerweile am Rhein ansässig sind. Die weltweit agierenden Unternehmen, die ihren Sitz in Bonn haben, stimulierten das wirtschaftliche Wachstum. Außerdem entdeckte die Stadt das Erbe Beethovens für sich. Wer die Stadt mit dem Zug erreicht, den begrüßt bereits am Bonner Hauptbahnhof der Verweis auf den Status Bonns als Geburtsstadt Beethovens sowie als VN-Standort. Von Bundesstadt und Hauptstadtschmerz keine Spur.

---

8 Dazu etwa Kunzmann, Klaus R., Und der Sieger heißt (noch)…Bonn! Zur Gegenwart und zur Zukunft der Hauptstädte Berlin und Bonn 15 Jahre nach der Wiedervereinigung und 10 Jahre nach dem Bonn-Berlin-Gesetz, in: dISP – The Planning Review 40/156 (2004), S. 88–97, hier S. 91.
9 Börnhoft, Boomtown.
10 Vgl. Bundesministerium für Umwelt, Naturschutz, Bau und Reaktorsicherheit (BMUB) (Hg.), Bericht der Beauftragten der Bundesregierung für den Berlin-Umzug und den Bonn-Ausgleich zum Sachstand der Umsetzung des Gesetzes zur Umsetzung des Beschlusses des Deutschen Bundestages vom 20. Juni 1991 zur Vollendung der Einheit Deutschlands vom 26. April 1994 (Berlin/Bonn-Gesetz), abgerufen unter: https://www.bmuv.de/fileadmin/Daten_BMU/Download_PDF/Gesetze/berlin-bonn_statusbericht_bf.pdf (abgerufen am 8.11.2023).

Dokumentiertes Gespräch mit Monika Hörig vom 29. Juni 2022

Interviewt von Benjamin Burtz

Welche Rolle spielten Sie in der Bundesrepublik und was hatte diese Rolle mit Bonn zu tun?
Ich war mehrere Jahre stellvertretende Pressesprecherin der Stadt Bonn und Leiterin des Ressorts „Aktuelles". So habe ich das Tagesgeschehen der Stadt über Jahre hinweg begleitet und organisiert. 2011 wurde ich dann Pressesprecherin der Stadt.

Was verbinden Sie persönlich mit der „Bonner Republik"?
Zuvorderst verbinde ich mit der „Bonner Republik" die stabilste Demokratie, die es je auf deutschem Boden gegeben hat. Ich verbinde mit ihr auch den Eintritt der Bundesrepublik Deutschland in den Kreis der demokratischen Weltgemeinschaft. Das sind zwar große Worte, aber ich finde, kleiner passt es an dieser Stelle nicht. Mit dem Begriff „Bonner Republik" habe ich selber aber ein Problem, das möchte ich direkt eingangs festhalten. Die Bezeichnung

Abb. 34: Porträtaufnahme von Monika Hörig, Februar 1993, Foto: Friedhelm Schulz

verniedlicht die Zeit der Regierung in Bonn. Hinzu kommt, dass der Begriff in meinen Augen die Bonner Zeit zu sehr in die Vergangenheit schiebt. Das wird weder Bonn noch der Regierungszeit gerecht. In der Zeit bis 1999 wurden hier wegweisende Weichen gestellt. Es ist ein Weg gegangen worden, der historisch eng mit Bonn zusammenhängt. Aber es war nicht der Weg der „Bonner Republik", sondern jener der Bundesrepublik.

Hier setzte mein Beruf ein: Mit Bonn, dem „Bundesdorf", wurde medial häufig etwas Negatives verbunden, auf das man mit Herablassung schaute.

Wann kamen Sie denn das erste Mal in Kontakt mit Bonn und der „alten Bundesrepublik"?
Vor meiner Tätigkeit in Bonn kam ich nicht in direkten Kontakt mit der Bundeshauptstadt. Ich bin gebürtige Leipzigerin. Ich verließ mit meinen Eltern und Großeltern drei Wochen vor dem Mauerbau 1961 die DDR. Insofern bin ich also nicht ausschließlich ein Kind der „alten Bundesrepublik". Als ich 1988 nach Bonn kam, stellte ich mir eine ähnliche Frage: Ich verbrachte einen großen Teil meiner Zeit in Westdeutschland, in Münster, und fragte mich, warum ich die Bundesrepublik bisher so wenig wahrgenommen

hatte. Der föderale Aufbau der Republik fiel mir erst mit meiner Ankunft in Bonn auf. Den Föderalismus, den ich in weiten Teilen für ein großes Geschenk halte, hielt ich für völlig selbstverständlich. Natürlich bekommt an man an verschiedenen Stellen mal etwas von den Bundeseinrichtungen mit. Aber die Besonderheit dieses Systems wurde mir erst spät klar: Es gab damals nicht diese alles überstrahlende Hauptstadt, sondern einen Regierungssitz, und von dort aus wurde einigermaßen anständig regiert. Ich finde meine Wahrnehmung charakteristisch für dieses unprätentiöse Land, dessen föderaler Aufbau einfach existierte, ohne dass man sich große Gedanken darum machte. Letzteres halt ich für ein positives Symptom.

Sie erwähnten bereits Ihre Einstellung zum Begriff „Bonner Republik". Sprechen Sie präferiert von „einer Bundesrepublik" oder teilen Sie die Geschichte in eine „Bonner Republik" und eine „Berliner Republik"? Wo liegen in Ihrer Wahrnehmung die Unterschiede zwischen Bonn und Berlin?
Dem Begriff „Berliner Republik" stehe ich ähnlich ablehnend gegenüber wie dem der „Bonner Republik", wobei ich dies bei Berlin gegenteilig begründe. Der Fokus liegt mir zu sehr auf der Stadt Berlin, die wenig repräsentativ für das Land ist. In meinen Augen repräsentierte Bonn in seiner Rolle als mittlere Großstadt Deutschland besser, denn in Deutschland gibt es mehr Städte dieser Größe als Metropolen. Berlin bietet also für den Rest des Landes keine Vergleichsmöglichkeit. Mit Bonn verband man stets eine, nicht immer positiv gemeinte, Bescheidenheit. Das konnte schnell „Provinzialität" heißen. Diese Despektierlichkeit begegnete einem oft in den Medien. Dies wiederum steht im völligen Gegensatz zu der Entwicklung, die von Bonn aus angestoßen wurde. Mit Berlin verbindet man einen anderen Maßstab als mit Bonn und dem Rest des Landes. Berlin schuf aber im Gegensatz zu Bonn eine große Bühne, was meines Erachtens viele Regierungs- und Medienvertreter brauchten, weil Deutschland über die Bonner Zeit so stark wurde. Solchen Menschen erschien Bonn als zu klein und bescheiden, eben auch als provinziell. Sehen Sie sich in Berlin an, was für repräsentative Gebäude, nicht nur von der Regierung, sondern auch von Unternehmen, entstanden. Das ist für mich der Unterschied – dort groß und effektvoll, hier klein und bescheiden und trotzdem effizient.

Präferierten Sie in der Hauptstadtdebatte die „kleine Bühne" Bonn?
Das Thema ist erledigt. Es gab meines Erachtens sehr gute Argumente für Bonn, die ich im Übrigen auch als Sächsin vertrat, also aus der Sicht einer Person aus einem von fünf Bundesländern, die einen Aufbau brauchten. Wir hatten einen funktionierenden Regierungssitz, aber wollten trotzdem einen neuen bauen. Das waren Punkte, mit denen ich mich sehr schwer tat. Aber Berlin ist jetzt unsere Bundeshauptstadt, wobei mir auffällt, dass wir fast nur noch von der „Hauptstadt" sprechen. Das war früher bei Bonn nicht so, dort war meist die Rede von der Bundeshauptstadt. Für mich zeigt das ein neues Selbstverständnis nach der Wiedervereinigung.

Abb. 35: Monika Hörig auf einer Pressekonferenz gemeinsam mit der Bonner Oberbürgermeisterin Bärbel Dieckmann, undatiert

Würden Sie die Veränderungen seit der Wiedervereinigung einzig Berlin zurechnen oder was hätte sich auch in Bonn verändert, wenn es Hauptstadt geblieben wäre?
Der veränderten Rolle Deutschlands musste Rechnung getragen werden. Das hätte sich auch in Bonn gezeigt. Ich nahm neulich an einer Führung durch das Berliner Regierungsviertel teil, wo die hohen Sicherheitsstandards, mit denen die Gebäude geschützt werden, ersichtlich wurden. In einer Bundeshauptstadt Bonn wäre das heute auch so. Die Weltlage hat sich verändert. Das liegt nicht zwingend am Standort. Berlin kann dafür nichts, ebenso wenig wie Bonn etwas dafür konnte, dass es eine kleinere Stadt in einer anderen Zeit war. Letztendlich ist das Ergebnis immer, was die Menschen aus der Lage machen. Hier hängt es wirklich von den Führungszirkeln in Politik, Wirtschaft und Medien ab, wie man sich selber präsentieren möchte. Das wäre auch an Bonn nicht spurlos vorbeigegangen. Aber ich kann nur spekulieren, wie es dann ausgesehen hätte. Gleichwohl glaube ich, dass das rheinische Umland das Ganze etwas gemildert hätte. Es würde vielleicht ein weniger rauer Ton angeschlagen. Aber ich will Berlin nicht zu übel nachreden.

Ein persönliches Erlebnis unterstreicht, was ich meine: Vor ein paar Jahren trafen sich die G 7-Außenminister in Bonn. Im Konferenzzentrum wurde ein Pressezentrum eingerichtet. Solche Gelegenheiten habe ich immer genutzt, um den anwesenden Jour-

Abb. 36: Monika Hörig als Mitarbeiterin des Bonner Presseamtes auf der Afghanistan-Konferenz, 23.10.2001, Foto: Friedhelm Schulz

nalisten Bonn näherzubringen. Von einem kleinen Grüppchen politischer Korrespondenten aus Berlin sagte eine Journalistin zu mir: ‚Das ist hier so entspannt bei Ihnen'. Das Bundesviertel war natürlich abgeriegelt – die Sicherheit war ebenso gegeben wie anderswo –, und trotzdem beharrte die Berlinerin darauf, dass sowohl die Lage als auch die Polizisten in Bonn entspannter seien als in Berlin.

Gibt es noch mehr Ereignisse, die Sie mit der Regierungszeit in Bonn oder Bonn im Allgemeinen verbinden? Würden Sie diese Erlebnisse als „Bonn-spezifisch" beschreiben?
Ein Ereignis, das ich nicht vor Ort miterlebt habe, aber sicher charakteristisch ist, war die große Friedensdemonstration 1983 in Bonn, als der NATO-Doppelbeschluss verhindert werden sollte. Da sollen 300.000 bis 500.000 Leute teilgenommen haben, die Zahlen divergieren. Das blieb völlig friedlich.

Ein UNO-Mitarbeiter bezeichnete die Atmosphäre in Bonn einmal als „Bonn-Spirit". In Bonn gab es immer wieder hochkarätige Veranstaltungen internationaler Gremien. Dazu zählten auch die zwei Afghanistan-Gespräche 2001 und 2011. Eines dieser Gespräche fand auf dem Petersberg statt; das zweite hingegen im Plenarsaal des Deutschen Bundestages. In beiden Fällen war ich vor Ort. Den Petersberg habe ich gerne genutzt, um den Journalisten, die sich auf dieser Konferenz „die Beine in den Bauch standen" und nichts zu berichten hatten, etwas über Bonn zu berichten zu geben. Solche Veranstaltungen, bei denen es um schwierige oder heikle Themen geht, man sich aber trotzdem auf einer unaufgeregten Ebene unterhält, symbolisieren für mich diesen Bonner Geist.

Ein Ort, den ich mit Bonn verbinde, ist der Plenarsaal des Deutschen Bundestages. Das ist ein Bau, der für mich deutsche Demokratie und Föderalismus durch seine Transparenz besser verkörpert, als ich es mir sonst vorstellen könnte. Ich habe mehrfach dort Situationen erlebt, als dieser Bau Einfluss auf die Veranstaltung genommen hat. Im Plenarsaal wurde zum Beispiel 2007 die „Bundesstiftung Baukultur" ins Leben gerufen. Der Ort war von seiner Architektur her geeignet. Der Bundespräsident sprach. Eigentlich sollte sich diese Stiftung alle zwei Jahre an einem anderen Ort treffen. Während des zweiten Sitzungstages, als es um die Koordinierung des nächsten Treffens ging, sagte der Vorsitzende der Stiftung jedoch, dass man sich in Bonn wohlfühle. Die Anwesenden zogen Bonn als dauerhaften Treffpunkt erst aufgrund der angenehmen und befruchtenden Atmosphäre überhaupt in Betracht. Selbst der Bundespräsident hielt eine Rede in diese Richtung. Es kam dann zwar anders, zeigt aber die Wirkung eines solchen Bauwerks.

Ein weiteres Gebäude ist der „Lange Eugen", den kennen vielleicht einige noch aus dem Hintergrund der Tagesschau, so lange Bonn Regierungssitz war. Als drittes Symbol möchte ich die Landesvertretungen nennen. Damit bin ich schon wieder beim Föderalismus. Die Bundesländer hatten ihre Landesvertretungen. Die meisten haben nicht neu gebaut, sondern sind in die Bonner Villen eingezogen. Hier begegneten sich die Bonner und die „Regierungsbonner". Die Berliner Landesvertretung gab zum Beispiel Straßenfeste in der Joachimstraße in der Südstadt.

Ein Ort, den Sie bisher nicht genannt haben, ist die Bonner Universität. Als promovierte Wissenschaftlerin haben Sie einen gewissen Bezug zur Universität. Wie gestalteten sich die Beziehungen zur Bonner Universität?
Nach meiner Ankunft in der damaligen Bundeshauptstadt kam es mir so vor, als gäbe es drei Bonns: Erstens das „Universitätsbonn", zweitens das „Regierungsbonn" und drittens schließlich das „Bürgerbonn". Die haben kaum etwas miteinander zu tun gehabt, was ich ziemlich erstaunlich fand. Ich studierte in Münster Alte Geschichte und Archäologie. Als ich die Aufgabe im Presseamt der Stadt Bonn übernahm, ging ich zur Pressesprecherin der Universität. Ich meldete mich an und sagte, ich würde mich gerne einmal vorstellen. Darauf antwortete die Kollegin, dass noch nie eine städtische Pressesprecherin zur Universität gekommen sei. Ich nehme für mich in Anspruch, eine Brücke zwischen Stadt und Universität geschlagen zu haben. Denn ein Ergebnis dieser Begegnung war es, dass sich die Führungsgremien bzw. Dezernenten von Stadt und Universität regelmäßig trafen. Ich kannte das aus Münster nicht anders. Das war eben eine Universitätsstadt und nicht eine Stadt mit Universität, wie ich Bonn zu diesem Zeitpunkt empfand. Es gibt aber natürlich jede Menge Berührungspunkte. Das fand ich wichtig, denn diese große Universität spielt in der Stadt eine enorme Rolle. Im Zuge des Bonn-Berlin-Beschlusses wurde den städtischen Verantwortlichen die Bedeutung der Universität bewusst: Die

Stadt merkte, dass eines dieser drei Bonns, das „Regierungsbonn", zumindest teilweise verloren ging. Diese Tatsache stärkte das Bewusstsein für die anderen Werte der Stadt. Einer davon war eben die Universität. Der Bonn-Berlin-Vertrag versorgte die Wissenschaft mit dem größten Geldbetrag.

Gab es eine Wechselwirkung zwischen Kommune und Region einerseits und dem Hauptstadtleben in Bonn andererseits?
Bonn profitierte zweifellos davon, Bundeshauptstadt zu sein. Dies machte sich ganz platt deutlich an Dingen wie der U-Bahn. Niemals hätte eine Stadt mit 300.000 Einwohnern eine eigene U-Bahn bekommen. Auch Kulturinstitutionen wie die Oper, das Schauspiel, das Orchester und das Kunstmuseum wären ohne den Hauptstadtstatus nicht so ausgestattet worden. Es gab sogar „Hauptstadtverträge", die regelten, dass der Bund solche Institutionen mitfinanzierte. An der Oper lässt sich das ablesen: Eine Oper dieser Größe wäre für eine mittlere Großstadt nicht leistbar gewesen. Bonn hätte sie in den Dimensionen nicht bauen und unterhalten können. Als die Regierung weg und die entsprechenden Verträge ausgelaufen waren, merkte man das. Plötzlich fehlten 100 Millionen Euro im Jahr, denn eine Oper bauen sie nicht einfach zurück. Eine umgekehrte Wechselwirkung sehe ich allenfalls atmosphärisch in der Form des Miteinanders im Bundesviertel. Ich kann allerdings nicht erkennen, dass die Bundesregierung in irgendeiner Form von Entwicklungen in Bonn beeinflusst wurde. Höchstens der General-Anzeiger besaß eine Auswirkung, denn als das „Bundeshauptstadtblatt" genoss er eine ähnliche Bedeutung wie heute der Tagesspiegel in Berlin. Die Regierungsmitarbeiter und Politiker guckten gelegentlich in den Generalanzeiger und nahmen dabei kommunale Themen wahr. Das sind jetzt plastische Beispiele, vermutlich gab es auch Wechselwirkungen, die ich nicht wahrgenommen habe.

Sie deuteten bereits diesen „indirekten", atmosphärischen Einfluss an. Besaß Bonn Ihres Erachtens einen räumlichen Einfluss auf das Regierungsgeschehen? Bekamen die Menschen, die nach Bonn kamen, einen rheinischen oder, allgemeiner gefasst, westeuropäisch orientierten Einschlag mit?
In der Vorbereitung auf dieses Interview habe ich mich häufiger gefragt, ob meine Gedanken nun wirklich meine Erinnerungen oder doch aus der Rückschau produzierte und verfälschte Ereignisse sind. Ich glaube, das Rheinische hat atmosphärisch einen Beitrag geleistet. Das ist allerdings kein Verdienst von Bonn, die Rheinländer sind in Köln oder Düsseldorf ähnlich locker und gelassen. Ebenfalls kein Verdienst, aber ein Fakt ist die „europäische" Lage Bonns, in der Mitte Europas, nahe den westlichen befreundeten Staaten. Eigentlich kann dies nicht spurlos an der Stadt und ihren Menschen vorbeigegangen sein.

Was sich meines Erachtens zusätzlich auf die Atmosphäre auswirkte, waren die kurzen Wege in Bonn. Das wäre heute sicherlich auch anders, aber man nahm damals nicht unbedingt den Fahrdienst der Bundesregierung in Anspruch. Man konnte zu Fuß von

Ministerium zu Ministerium laufen. Man lernte sich schnell kennen. Dieses Miteinander habe ich selber noch mitbekommen. Man traf jemanden, der sagte, man könne doch „einen trinken gehen" und so nahm man in der Bar im Untergeschoss des Bundestages ein Getränk zu sich. Die Parlamentarier haben einen einfach mitgenommen – mit den heutigen Sicherheitsstandards undenkbar. So traf man nebenbei auch namhafte Politiker.

Wie wirkte sich der Hauptstadtstatus Bonns, den wir mit vorherigen Fragen schon angeschnitten haben, auf den Alltag in Kommune und Region aus?
Die bessere Infrastruktur habe ich genannt. Die Bundesregierung hat zum Teil sogar unsere Straßenbeleuchtung mitfinanziert. Man glaubt kaum, was Bonn alles aus diesem Hauptstadtstatus herausgeholt hat. Berlin macht das Gleiche heutzutage, dort gibt es einen ähnlichen Vertrag. Unmittelbar spürbar im Alltag waren die Demonstrationen. Es hat in Bonn im Jahr bis zu 600 Demonstrationen gegeben, wobei diese Zahl natürlich viele Kleinstveranstaltungen mit einbezieht. Die Bonner Polizei war bekannt für ihren Umgang mit Großdemonstrationen; es entstand später sogar ein Begriff, der in die Richtung „Bonner Weg" ging. In anderen Staaten waren Bonner Polizeibeamte sogar als Ratgeber gefragt.

Ein weiteres Resultat, das bis heute nachwirkt, ist die Internationalität. Die Botschaften anderer Länder brachten ihre Mitarbeiter in die Bundeshauptstadt mit. In Bonn war es seit den 1950er-Jahren normal, dass Kinder unterschiedlicher Nationalität gemeinsam die Schulbank drückten und zusammen im Sportverein waren. Überall Menschen aus der ganzen Welt zu treffen, förderte die Weltoffenheit in Bonn. Das macht sich bis heute bemerkbar – die Mitarbeiter der internationalen Organisationen können Ihnen genau das bestätigen. Gern erzählen sie, wie sie hier aufgenommen wurden, wie einfach und selbstverständlich dies war.

Besaß Bonn beispielsweise im Ausland einen Wiedererkennungswert? Sie sprachen von den „drei Bonns". Kannte das Ausland Bonn auch als Stadt oder nur als Regierungssitz?
Mehrfach erlebte ich die Situation, dass man Bonn im Ausland noch als Bundeshauptstadt kannte. Bis heute passiert es, dass vorwiegend ältere Menschen sich zumindest dunkel an Bonn erinnern. Man konnte das durchaus mit stolz geschwellter Brust sagen. Der Beethoven-Bezug war zu jener Zeit kaum jemandem geläufig. In den letzten Jahren hat die Stadt versucht, letzteres durch intensive Arbeit zu ändern. Bonn war aber, wie gesagt, auf der internationalen Landkarte präsent.

‚Auf der lokalen Ebene Teil eines weltumspannenden Geschehens sein', so haben Sie die Arbeitsbeziehung von Stadt Bonn und Vereinten Nationen in Ihrem Interview für „25 Voices – 25 Jahre UNO Bonn" 2021 ausgedrückt. Wie unterscheidet sich der Einfluss Bonns auf den politischen Betrieb in der „Bonner Republik" vom Einflussnehmens in den am Rhein ansässigen Organisationen der Vereinten Nationen?
Im Bonn-Berlin-Beschluss des Deutschen Bundestages steht, dass internationale und supranationale Institutionen in Bonn angesiedelt werden sollen. Dahinter steckt, dass

die Bundesrepublik eine deutlichere Rolle in den Vereinten Nationen spielen wollte, was man normalerweise durch eine höhere Beitragszahlung bewirkt. Deutschland signalisierte gleichzeitig, dass man nun auch UNO-Einrichtungen beherbergen wolle. Dem hat die UNO Rechnung getragen, indem sie eine ihrer Organisationen, die nur einen temporären Sitz in Genf hatte, nach Bonn verlegte. Das war das United Nations Volunteers Programm (UNV), die diese erzwungene Ansiedlung zunächst nicht begrüßten, aber letztendlich doch akzeptierten, da sie sich hier schnell wohlfühlten. Parallel dazu bewarb sich die Bundesregierung darum, weitere noch entstehende VN-Organisationen in Deutschland aufzunehmen. Man durfte sich natürlich keine Illusionen machen – die WHO wäre auch, wenn Bonn sich darum beworben hätte, in New York geblieben. Nur die neuen Institutionen konnten folglich in die Stadt kommen. Den ersten Zuschlag bekam Bonn auf dem ersten Weltklimagipfel in Berlin 1995 für den Sitz des Rahmenabkommens der VN über Klimaänderungen (UNFCCC). Damals begriffen wir die Tragweite dieser Entwicklung noch nicht. Durch die ersten beiden Organisationen, UNV und UNFCCC, kam eine kleine Lawine ins Rollen. Die Bundesregierung bewarb sich erfolgreich immer wieder um neue Ansiedlungen. Mittlerweile sind in Bonn über 25 Einrichtungen der Vereinten Nationen. Das ist eine sagenhafte Erfolgsgeschichte.

Der Standort spielt in dieser Entwicklung keine unwichtige Rolle. Natürlich geht es immer um Geld. Wie viel Geld gibt eine Regierung aus, um eine solche Organisation, die sie gerne im Land haben möchte, hier anzusiedeln? Gleichwohl sind die Rahmenbedingungen, Sprachkurse, Mietfreiheit und ähnliches, ebenfalls bedeutsam. Letztendlich ist es ein Verfahren wie auf dem Bazar, wo man sich konstant zu überbieten versucht. Wir konnten immer mit unserem Standort punkten und – hier zitiere ich die UNO – mit der Sicherheit. Es war ein grüner und ein sicherer Standort. Kinder können mit dem Fahrrad zur Schule fahren – das können sie andernorts nicht. Dies spielte bei den Ansiedlungen auch eine Rolle.

Bonn nahm sich von Beginn an vor, sich der Themen der Vereinten Nationen selbst anzunehmen, besonders bei den Themen Klima und Nachhaltigkeit. Sobald bekannt wurde, dass die UNFCCC nach Bonn kommen würde, krempelte man auch in Bonn die Ärmel hoch und begann zu schauen, was man zum Thema Klimaschutz beitragen könne. Eine zukunftweisende Bonner „Erfindung" ist die Einspeisevergütung für erneuerbare Energien, die Ende der 1990er-Jahre von der Regierung beschlossen wurde. Das war eine Idee der Bonner Stadtverwaltung zur Förderung erneuerbarer Energien. Kommunal gibt es weitere Beispiele, die im Klimabericht der Stadt Bonn nachgelesen werden können. Wir versuchten, mit unseren Maßnahmen international auszustrahlen. Wir riefen zum Beispiel die Weltbürgermeisterkonferenzen ins Leben, die stets parallel zu UNO-Gipfeln stattfinden. Schon 1999 hat eine solche stattgefunden, als die Vertragsstaatenkonferenz zur Bekämpfung der Wüstenbildung in Bonn stattfand. Oder als beispielsweise das VN-Sekretariat für Biodiversität 2008 hier tagte, gab es vorher eine Weltbürgermeisterkonferenz zur Artenvielfalt. Gerade weil diese Treffen immer wieder stattfanden, hat die UNO begonnen, die Städte ernster zu nehmen. Der Grundgedanke ist „Global denken -lokal handeln". Staaten können schließlich Gesetze erlassen wie sie wollen: gehandelt wird an Ort und Stelle. Bonn nahm dies sehr ernst und hat in internationalen Gremien wie dem Konvent der Bürgermeister für Klima und Energie leitende Funktionen übernommen.

Inwiefern beeinflusste die Umsiedlung der Vereinten Nationen nach Bonn Ihre Arbeit als Pressesprecherin?

Das trug sicherlich seinen Teil dazu bei, dass ich meine Arbeit als so besonders wahrnahm. Ich sage immer, dass ich von allen deutschen Pressesprechern den schönsten Job hatte. Das begann mit dem Moment der Ansiedlung der ersten VN-Organisation 1996. Es war reiner Zufall, dass am 5. Jahrestag des Bonn-Berlin-Beschlusses von 1991, mit dem ja eigentlich bei uns die Lichter ausgingen, der UNO-Generalsekretär hier die blaue Fahne hochzog. Damals bezog die UNO das Haus Carstanjen. Dem Festakt wohnten die einschlägigen Minister teil – zum Beispiel der Entwicklungsminister Carl-Dieter Spranger. Anwesend war auch eine Ministerin, die bei der Zeremonie ein bisschen unsicher da stand und immer nach rechts und links guckte, um zu sehen, wie sie sich denn jetzt verhalten müsste. Das war die damalige Umweltministerin – die anschließend 16 Jahre lang unsere Kanzlerin war. Wie Angela Merkel dort stand, ist einer meiner schönsten bildlichen Eindrücke. Ich habe die große Chance gehabt, diesen internationalen Organisationen den medialen Weg nach Deutschland zu ebnen. Ich war eine ganze Weile lang die Verbindungsstelle deutscher Medien zu den Vereinten Nationen und habe sehr eng mit ihnen zusammengearbeitet. Die Bewerbungen, die die Bundesregierung bei der UNO immer wieder einreichte, sind im Grunde in Bonn geschrieben worden, weil wir unsere lokalen Vorzüge betonen mussten. An dieser Stelle wurde ich immer wesentlich mit einbezogen.

Abb. 37: Einweihung des UN-Standortes Bonn im Haus Carstanjen, v. l. n. r: Angela Merkel, Carl-Dieter Spranger, Boutros Boutros-Ghali, Klaus Kinkel, Juni 1996, Foto: Friedhelm Schulz

Dokumentiertes Gespräch mit Monika Hörig

Gab es im Zuge des Bonn-Berlin-Beschlusses und im Zuge des tatsächlichen Regierungsumzuges 1999 Zäsuren in der Arbeit des städtischen Presseamtes bezüglich der Außenkommunikation Bonns?

Ja, die gab es. Bereits ab dem 20. Juni 1991, dem Tag des Hauptstadtbeschlusses, interessierte sich kein Medium mehr für Bonn, es hieß „Berlin über alles". Das machte es für uns sehr schwierig. Es stellte eine Zäsur für die Stadt dar, deren Tragweite man anfangs nicht abschätzen konnte. Das übelste Szenario wäre gewesen, dass die gesamte Bundesregierung mitsamt Tross, also alle vom Lobbyisten bis zum Caterer, Bonn verlassen. Das hätte einen Aderlass von rund 30.000 Arbeitsplätzen bedeutet. Inklusive Familien hätte sich dieser Wegfall auf rund 100.000 Menschen, also ein Drittel der Bonner Bevölkerung, beziffert. Das wäre eine undenkbare Katastrophe gewesen. Dieses Desinteresse an Bonn hielt lange Jahre an, belastete unsere Arbeit und wir kämpften etliche Jahre um Aufmerksamkeit. Wir versuchten in dieser Schichtwechselzeit, also während des Umzuges, die Neuprofilierung Bonns zu betonen. Dazu zählte unter anderem, die Öffentlichkeit von der Ansiedlung der UNO-Einrichtungen vor Ort zu informieren – allerdings mit mäßigem Erfolg. Der Knoten löste sich erst, als die FAZ 1998 einen Artikel veröffentlichte, der aufzählte, was sich mittlerweile alles in Bonn angesiedelt hatte. Plötzlich nahmen die bundesdeutschen Medien die Bewegung in Bonn wahr. Ein Jahr später schrieb der Spiegel seine große Geschichte „Boomtown Bonn", die für uns sehr hilfreich war. Ausländische Medien interessierten sich übrigens mehr für Bonn. Es kam häufiger jemand auf uns zu und fragte ‚Wie geht's Bonn? Was macht ihr? Wie profiliert ihr euch neu?'.

Wie bewerten Sie die Neuaufstellung der Stadt Bonn im 21. Jahrhundert?

Als Bonn gezwungen war, sich neu zu orientieren, hatte die Stadt eine sehr gute Ausgangslage – im Gegensatz zum Beispiel zum Ruhrgebiet. Hier brach eben nicht alles zusammen, weil im Bonn-Berlin-Gesetz festgeschrieben stand, dass der Großteil der ministeriellen Arbeitsplätze und sechs Politikbereiche in Bonn bleiben sollten. Damit war klar, dass man nur einen Teil der Regierung verlor. Die weitere Entwicklung war dann allerdings etwas kurios. Denn vom „Großteil der ministeriellen Arbeitsplätze" kann nicht mehr die Rede sein. Mittlerweile hat Bonn aber andere Stärken entwickelt. Dabei kam der Stadt die infrastrukturelle Ausgangsposition zugute. Auch der internationale Aspekt sowie die starke Wissenschaft waren wichtig.

Die Bonner Verwaltung schüttelte sich schnell und entwickelte gemeinsam mit der Region eine Art „Masterplan", das sogenannte „5-Säulen-Modell". Man besann sich also auf seine Stärken und machte fünf Bereiche aus, in denen man schon stark war: Bonn war ein Wissenschaftsstandort, eine Stadt mit internationalen Kompetenzen, Verwaltungssitz. Außerdem existierten Telekommunikations- und Logistikgewerbe – heute würde man dies einen „IT-Standort" nennen – und das Modell einer umweltgerechten Städtelandschaft und Kulturregion. Die Bundesregierung akzeptierte bzw. übernahm diesen „Masterplan", weil er zur Umsetzung des Bonn-Berlin-Beschlusses verhalf. Im Anschluss gewährte die Regierung für die nächsten 10 Jahre 2,8 Milliarden D-Mark (ca. 1,4 Milliarden Euro). Da dieses Ausbaumodell den Bonnern schnell eine Perspektive aufzeigte, entfaltete sich an vielen Stellen Dynamik. Die Botschaft war deutlich: Die Bundesregierung würde Bonn nicht im Stich lassen.

Sie baute zudem alles zu Ende: Beispielhaft zeigt sich dies an der Museumsmeile und am Plenarsaal, die sich 1991 noch im Bau befanden. Sie hinterließ keine Ruinen, setzte sich erfolgreich für die Ansiedlung internationaler Einrichtungen ein. Mittlerweile ist ohne Frage der Großteil der ministeriellen Arbeitsplätze in Berlin. Es entstanden in Bonn aber viele neue Bundesbehörden. So beschäftigt das Bundesamt für Justiz mittlerweile deutlich mehr Angestellte, als das Bundesministerium für Justiz in Bonn je hatte. Das Thema Arbeitsplätze, das ein Hauptanliegen war, wurde hier also gut aufgefangen. Ich nahm an diesen Diskussionen oft teil, immer mit der Aufgabe, diesen Prozess nach außen zu kommunizieren. Das war eine tolle Aufgabe.

Welchen Stellenwert rechnen Sie dem Erbe der Bundeshauptstadt, namentlich den zweiten und ersten Dienstsitzen sowie verschiedenen Ämtern, zu? Es gibt schließlich heute die Vereinten Nationen und zwei DAX-Konzerne in Bonn.
Ohne die Vergangenheit hätte Bonn die VN, Post und Telekom nicht. Obgleich die Entscheidung bei den DAX-Konzernen unterschiedliche Hintergründe hatte. Mit der Postreform, welche die Deutsche Bundespost privatisierte, entstanden die Aktiengesellschaften Deutsche Post, Deutsche Telekom und Deutsche Postbank. Die Deutsche Post zum Beispiel prüfte in der zweiten Hälfte der 1990er-Jahre über 60 Standorte, und entschied sich schließlich für Bonn. Das zeigt die Stärken der Stadt!

Die Geschichte Bonns spielt hingegen nur noch eine touristische Rolle. Kein UNO-Mitarbeiter weiß, dass der Standort der Organisation im Zusammenhang steht mit unserer Vergangenheit. Damit meine ich nicht, dass man den Rest der verbliebenen Regierungseinrichtungen nach Berlin geben könnte. Was die Bundesregierung in Bonn zurückließ, war gesetzlich festgelegt und spielt noch immer eine Rolle. Rings um die Ministerien, die ihren ersten Dienstsitz in Bonn haben, sind Netzwerke entstanden, die diese Ministerien als „Kern" brauchen. Als Beispiele mögen das Umweltministerium oder das Bundesministerium für wirtschaftliche Zusammenarbeit und Entwicklung gelten. Dass sie in Bonn sind, war eines der Argumente bei den Bewerbungen um UN-Einrichtungen. NGOs und wissenschaftliche Organisationen wirken ebenfalls in diesen Netzwerken mit. Sie alle brauchen die ministeriellen „Kerne".

Die heutige Diskussion über die Umsiedlung der restlichen 3.000 Bundesarbeitsplätze und der verbliebenen Referate von Bonn nach Berlin ist also nicht einfach aufzulösen.

Könnten Sie zum Schluss die Genese des Begriffs „Bundesstadt" erläutern? Was heißt es „Bundesstadt" zu sein und was sagt dieser Umstand vielleicht auch über die Reputation Bonns aus?
Der Begriff stammt aus der Schweiz. Die Schweiz ist ein stark föderaler Staat. Die Kantone wollten keine Hauptstadt, die diese Verwaltungseinheiten dominiert, sondern wählten

Bern zum „Vor-Ort" der Kantone, zum Primus inter Pares des Bundes der Kantone. Daraus entstand 1848 die Bezeichnung Berns als Bundesstadt, also der Stadt des Bundes der Kantone. Es drückt den föderalen Charakter aus: Wir haben keine Hauptstadt, sondern eine Bundesstadt, die nicht zu mächtig und überstrahlend wirken sollte. Ein Schweizer Journalist nutzte diesen Begriff gegenüber Bonns damaligem Oberbürgermeister Hans Daniels. Er fragte ihn, ob er sich die neue Rolle Bonns als „zweites politisches Zentrum Deutschlands" vorzustellen hätte, wie eine Bundesstadt, die er aus seinem Heimatland kannte. Dieser Begriff blieb hängen. Immer mehr Leute nutzten ihn, bis er schließlich in das Berlin-Bonn-Gesetz von 1994 geschrieben wurde. Er klingt immer ein bisschen wie eine enthauptete Bundeshauptstadt, deshalb muss man stets dazusagen, dass es keine künstliche Worterfindung ist, sondern dass es einen föderalen Hintergrund hat. Irgendwann entschied jemand, diesen Begriff auf unsere Ortseingangsschilder zu schreiben, was ich persönlich nicht gemacht hätte. Es sollte womöglich die Bonner Seele salben. Ich hätte das Ausschildern Bonns als Standort der Vereinten Nationen präferiert, da dies der viel „schmückendere" und besondere Begriff ist. Welche deutsche Stadt kann sonst von sich behaupten, über 25 UNO-Organisationen zu beheimaten?

Die Stadtverwaltung nutzt den Begriff „Bundesstadt" zum Beispiel auf ihrem Briefkopf. Sollte sie damit aufhören, könnte dies als Signal verstanden werden, dass man die Bundesbehörden nicht mehr bräuchte. Wir brauchen sie aber als Nucleus für sonstige Strukturen, auch wenn sie im Alltag eigentlich keine Rolle mehr spielen. Touristisch sind sie wichtig, denn viele Leute kommen ins Bundesviertel, um nochmal zu sehen, wie die „Bonner Republik" entstand. Am Hauptbahnhof wirbt die Stadt jedoch nur mit Beethoven und den Vereinten Nationen.

Das ist eine klassische Vielstimmigkeit, die zu Bonn passt.

Frau Hörig, haben Sie vielen Dank für das Gespräch!

Grenzgänger zwischen
Bund und Kommune

Johanna Bittner-Kelber und die persönlichen Folgen des Bonn-Berlin-Gesetzes

Kira Gatzemeier

Als ehemalige Abteilungsleiterin im Bundeswirtschaftsministerium blickt Johanna Bittner-Kelber mit Wehmut der ehemaligen Bundeshauptstadt Bonn hinterher. Sie gehörte zu denjenigen, die den Umzug von Bonn nach Berlin hautnah miterlebten und die Konsequenzen dieser prägenden Entscheidung mittragen mussten. In ihrer Funktion als Referatsleiterin hatte sie eine fachliche Bedeutung. Eine Beamtin, so Bittner-Kelbers Credo, erteilt Ratschläge sach- und nicht parteipolitischer Natur. In der Zeit, als sie in der Verwaltung der „Bonner Republik" arbeitete, endete das Provisorium des Regierungssitzes am Rhein.

Johanna Bittner-Kelber wurde in Nürnberg geboren, durch den berufsbedingten Umzug ihres Vaters ist sie jedoch in Bonn aufgewachsen und zur Schule gegangen. Nach dem Studium der Volkswirtschaftslehre in Bonn und verschiedenen politisch engagierten Studentenjobs trat sie 1977 eine Stelle als Mitarbeiterin des damaligen Bundestagsabgeordneten Michael Glos (geboren 1944) an. Glos, damals jüngster CSU-Abgeordneter, war 1976 zum ersten Mal, als direkt gewählter Vertreter des Wahlkreises Schweinfurt, in den Bundestag gewählt worden. Seit 1982 war Bittner-Kelber im Bundeswirtschaftsministerium[1] tätig; zuletzt als Ministerialrätin. Zunächst arbeitete sie im Spiegelreferat zum Bundesbildungsministerium. Schwerpunktmäßig kümmerte sie sich dort um die Gestaltung der Ausbildungsorte im gewerblich-technischen Bereich. Später wurde sie Referatsleiterin für „Fachkräfte, Bildungspolitik, berufliche Bildung, Werben um Fachkräfte im Ausland".

Das Bonn-Berlin-Gesetz bedeutete für Bittner-Kelbers berufliche Laufbahn den größten Einschnitt. Die Auswirkungen des Beschlusses prägten ihr Arbeitsleben nachhaltig. Als Gegnerin des Umzugs nach Berlin nahm sie mit Unverständnis die Bekanntgabe des Beschlusses zur Kenntnis. Die damalige Live-Übertragung der Bundestagsdebatte vom 20.6.1991 auf den Bonner Marktplatz blieb ihr in Erinnerung. Stundenlang war im Plenarsaal leidenschaftlich über die Hauptstadtfrage debattiert worden. Mit 320 Stimmen für Bonn und 338 für Berlin war es ein denkbar knappes Ergebnis für den Umzug.[2] Die Verlagerung der Bundesministerien nach Berlin hatte persönliche Folgen.

---

1   Zur Geschichte des Ministeriums siehe Abelshauser, Werner (Hg.), Das Bundeswirtschaftsministerium in der Ära der Sozialen Marktwirtschaft. Der deutsche Weg der Wirtschaftspolitik (Wirtschaftspolitik in Deutschland 1917–1990, Bd. 4), Berlin/Boston 2016.
2   Siehe z. B. Hesse, Anna, „Weiter so" oder „Neuanfang"? Die Hauptstadtdebatte vom 20. Juni 1991, in: Jahrbuch Deutsche Einheit 3 (2022), S. 77–89. Die Edition der Reden findet sich bei Lammert, Norbert/

Abb. 38: Public Viewing der Bonn-Berlin-Entscheidung, 20.6.1991, Foto: Friedhelm Schulz

Das Gesetz schrieb fest, dass der Kernbereich der Regierungsfunktionen in Berlin liegen würde, aber zwischen den beiden Städten eine faire Arbeitsteilung entstehen sollte. Am 25.6.1991 wurde die Einrichtung des „Arbeitsstabs Berlin/Bonn" beschlossen, der die Umsetzung weiterer Maßnahmen regelte. Was würde in Bonn verbleiben? In der Diskussion wurden Forderungen laut, möglichst viele Arbeitsplätze in Bonn zu belassen und die Region mit einer wirtschaftlichen Soforthilfe zu unterstützen. Bonn-Befürworter waren in Sorge, finanziell gegenüber Berlin ins Hintertreffen zu geraten. Verschiedene Modelle der Verteilung wurden vorgeschlagen.[3] Es dauerte bis zum 26.4.1994 – also beinahe drei Jahre – bis das Durchführungsgesetz verabschiedet wurde. Dieses „Gesetz zur Umsetzung des Beschlusses des Deutschen Bundestages vom 20. Juni 1991 zur Vollendung der Einheit Deutschlands" war die Grundlage für die Regelungen der Verteilung und Verlagerungen von Einrichtungen des Bundes sowie der finanziellen Rahmenbedingungen. Der Deutsche Bundestag sah für Bonn, den Ausbau der Bundesstadt als Standort für nationale und internationale Einrichtungen im Bereich Wirtschaft, Wissenschaft und

---

Giebel, Wieland (Hgg.), 25 Jahre Hauptstadtbeschluss. Alle Reden der historischen Debatte im Deutschen Bundestag zum Berlin/Bonn-Gesetz, Berlin 2016. Siehe hierzu auch die Informationsseite des Deutschen Bundestages: Vor 25 Jahren: Bundestag verabschiedet das Berlin/Bonn-Gesetz, abgerufen unter: https://www.bundestag.de/dokumente/textarchiv/2019/kw10-kalenderblatt-bonn-berlin-gesetz-627346 (abgerufen am 17.10.2023).

3 Küsters, Hanns Jürgen, Der Bonn/Berlin-Beschluss vom 20. Juni 1991 und seine Folgen, in: Historisch-Politische Mitteilungen 19 (2012), S. 1–24.

Entwicklungspolitik sowie als Kulturstandort vor. Nach 25 Jahren Regierungsumzug scheinen beide Städte von der Teilung der Hauptstadtaufgaben finanziell, wirtschaftlich und kulturell profitiert zu haben. Das Gelingen dieses Strukturwandels war Anfang der 1990er-Jahre nicht absehbar.[4] So sieht es auch die Interviewpartnerin.

Mit dem Umzug nach Berlin wandelte sich die politik- und verwaltungsseitig die Kultur in der Bundesverwaltung. Bittner-Kelber beobachtete, dass die Arbeitsweise innerhalb der Ministerien und untereinander in Berlin anders ausgestaltet war als in Bonn. Zu Bonner Zeiten sei es noch üblich gewesen, dass das fachliche Argument Alternativen aufzeigt. In Berlin habe sie öfter das Primat der Politik gegenüber der Sachebene gespürt. In Bonn, so Bittner-Kelber, sei die Nähe und die kurzen Wege von Vorteil gewesen. Kollegen der eigenen Behörde, aber auch anderer Ministerien traf man um die Ecke für einen Kaffee oder fuhr schnell bei ihnen vorbei. Der eigene Minister war persönlich erreichbar. Aus ihrer Sicht lässt sich durch diese Umstände sowie zahlreiche weitere Beispiele erklären, warum in Bonn eine besondere Qualität der deutschen Politik entstehen konnte. Persönliche Erlebnisse mit der damaligen Politik machte sie neben ihrer beruflichen Laufbahn auch durch ihr kommunalpolitisches Engagement. Viele Jahre amtierte Bittner-Kelber als Ortsvorstandsvorsitzende sowie im Kreisvorstand der CDU, bis sie aus der Partei austrat. Im Interview kann Bittner-Kleber somit zwei unterschiedliche Perspektiven auf das Bonn der „Bonner Republik" einnehmen.

Mit der Unterstützung des „Fördervereins historischer Verkaufspavillon e.V." trägt Johanna Bittner-Kelber dazu bei, die Erinnerung an die Zeit der „Bonner Republik" präsent zu halten. Sie setzte sich tatkräftig für den Erhalt des alten „Bundesbüdchens" ein, das ein zentraler Treffpunkt außerhalb der Regierungsgebäude war. Seit August 2020 erstrahlt es wieder im neuen Glanz, als Bäckerei, Souvenirshop und historische Stätte. Der Förderverein sieht in dem Verkaufspavillon eine Ikone der „Bonner Republik" und ein gutes Beispiel für die vielfältige Bebauung des Regierungsviertels. Für den Unterstützerkreis gehört das „Bundesbüdchen" zur Erinnerungskultur der „Bonner Republik": Ehemals im „Zentrum der Macht" zwischen Abgeordnetenhaus, Bundestag und Kanzleramt gelegen verkörpert es noch heute die Nähe zu den Bürgerinnen und Bürgern in der Zeit der „Bonner Republik".[5]

Die Gemütlichkeit Bonns und die kurzen Wege in der Stadt betont Bittner-Kleber immer wieder im Interview. Das sei es, was Bonn für sie besonders gemacht habe. Die Jahrzehnte in Bonn stünden darüber hinaus für eine Zeit, als die Bundesrepublik trotz der Hypothek von Nationalsozialismus und Krieg für Deutschland eine neue Rolle in Europa fand.

---

4   Dass die Debatte trotzdem nicht beendet ist, zeigen Diskussionen zwischen dem Land Nordrhein-Westfalen und der Bundesregierung über die Zukunft des Bonn-Berlin-Beschlusses, siehe Landesregierung Nordrhein-Westfalen, „Zusatzvereinbarung zum Berlin/Bonn-Gesetz: Land, Bundesstadt und Region einigen sich mit Bund auf verbindlichen Fahrplan", Pressemitteilung, 1.9.2023, abgerufen unter: https://www.land.nrw/pressemitteilung/zusatzvereinbarung-zum-berlinbonn-gesetz-land-bundesstadt-und-region-einigen-sich (abgerufen am 2.11.2023).

5   Erdmann, Karl-Heinz/Gielen, Lukas/Stoltenberg, Johannes, Das Bundesbüdchen. Symbol der Bonner Republik, Bonn 2022.

Dokumentiertes Gespräch mit Johanna Bittner-Kelber vom 4. April 2022

Interviewt von Kira Gatzemeier

Welche Rolle spielten Sie in der Bundesrepublik und was hatte diese Rolle mit Bonn zu tun?
Meiner Meinung nach, habe ich keine besondere Rolle gespielt. Ich habe in Bonn Volkswirtschaft studiert und während der Studienzeit für Abgeordnete Besuchergruppen im Auftrag des Bundespresseamts geführt. Jeder Abgeordnete konnte im Jahr zwei Besuchergruppen einladen. Diese kamen dann meist mit einem Bus und kannten sich in Bonn nicht aus. Das Presseamt stellte dafür junge Studentinnen und Studenten ein, die den Weg erklären und die Gäste über die Bonner Geschichte informieren konnten. Für eine Studentin war die Bezahlung mit 75 DM am Tag sehr gut.

Nach dem Examen fing ich als Assistentin bei dem CSU-Abgeordneten Michael Glos im Deutschen Bundestag an. Er war damals der jüngste Abgeordnete der CSU in Bonn, später deren Landesgruppenchef und wesentlich später auch noch als Minister im Bundeswirtschaftsministerium mein Dienstherr. Nach fünf Jahren im Abgeordnetenbüro wechselte ich ins Bundesministerium für Wirtschaft, das im Lauf der Zeit auch als Ministerium für Wirtschaft und Arbeit sowie Wirtschaft und Technologie bezeichnet wurde, und heute Wirtschaft und Klimaschutz heißt.

Nach dem Bonn-Berlin-Beschluss hatte ich intern zu kämpfen. Ich war eine Bonn-Befürworterin und lehnte den Umzug ab. Nach dem Umzug pendelte ich manchmal jede Woche bis zu dreimal zwischen den beiden Städten hin und her, besonders als die Hälfte meines Referats in Berlin und die andere in Bonn saß. Es war klar, wer in Bonn bleibt, der macht keine Karriere mehr. Da ich eine pflegebedürftige Mutter hatte, musste ich nach dem Umzugsbeschluss nicht umziehen. Später jedoch wurde der Druck zum Umzug größer. Alles, was politisch war, sollte nach Berlin umsiedeln. In meinem letzten Referat „Fachkräfte, Bildungspolitik, berufliche Bildung, Werben um Fachkräfte im Ausland" ging es vorwiegend um politische Entscheidungen, vor allem auch als später noch das Flüchtlingsthema hinzukam. Dieses Referat war deutlich politischer, als mein ursprüngliches Referat, ein Spiegelreferat zum Bildungsministerium im Bereich der gewerblich-technischen Ausbildungsberufe.

Was verbinden Sie persönlich mit der „Bonner Republik"?
Für mich ist die „Bonner Republik" der Aufbau einer neuen Regierung nach dem Krieg. Eine demokratische Grundordnung, eine Westorientierung, pragmatische Ansätze, reale Politik, die nicht von Hektik und Pressewirksamkeit geprägt war, wie es später nach dem

Umzug nach Berlin zum Tragen kam. Ich fand die Wahl von Bonn sehr gut. Bonn ist eine der ältesten Städte Deutschlands, hat einen geschichtlich passenden Hintergrund, ist mitten am Rhein gelegen und hat zu vielen Städten eine gute Verkehrsanbindung. Zudem war es nah an Brüssel. Vorher war Bonn kleinstädtisch, eine Studentenstadt und hatte außer vielleicht in kurfürstlichen Zeiten nicht so viel Bedeutung. Gerade nach der Zeit des Nationalsozialismus war es meiner Meinung nach gut, das etwas verschlafene und bescheidene Bonn als Provisorium auszuwählen. Ich bin in einer der neugebauten Bundeswohnungen aufgewachsen. Meine Eltern haben dieses Reihenhaus später gekauft. Ich fand es immer schade, dass die Bundesregierung nicht in Bonn, dem ursprünglichen Provisorium geblieben ist. Denn Bonn war nüchtern, effizient bei der Arbeit und pragmatisch. Die Politik im Bundestag war wie die Stadt selbst: schlicht, schnörkellos und zielorientiert.

Abb. 39: Aufnahme der Tusneldastraße in der Bundessiedlung, 1949/1951, Foto: Theo Schafgans

Persönlich bin ich mit dem Job bei einem Abgeordneten und ab 1982 im Bundeswirtschaftsministerium in das politische Umfeld eingetaucht.

Bonn als Stadt hat sich nach dem Krieg und mit seinem neuen Status gewandelt; sicherlich mit anfänglichen Schwierigkeiten. Das kleinstädtische und studentische Leben, wurde plötzlich durch die Politik verändert, die jedoch eher bodenständig war. Das Besondere an Bonn war die enge Vertrautheit und Verbundenheit der Menschen, die im politischen Bereich arbeiteten; es war einfach zu den Kollegen in andere Ministerien oder dem Bundestag/Bundesrat zu fahren und Kontakte zu knüpfen. Die räumliche Nähe und der persönliche Zugang waren meines Erachtens auch der Grund, warum in Bonn eine eher unaufgeregte, pragmatische und sachbezogene Politik gemacht wurde. Die Verlockung als Beamter „Politik zu betreiben", war deutlich geringer. Schließlich war die Beratung der Regierung Aufgabe der Beamten/innen: Es ging darum, sachbezogene Argumente vorzulegen, worüber die politische Spitze des Hauses entscheiden sollte.

Früher kannten unsere Pressesprecher die Journalisten persönlich und luden sie zu informellen Gesprächen ein. Nach dem Umzug nach Berlin wurden nur noch eher unpersönliche E-Mails versendet. Das menschliche Miteinander von damals fehlte. Gleichzeitig wuchs mit dem Umzug der Pressehype. In heutigen Zeiten wollen alle Politiker am nächsten Tag in der Zeitung erwähnt werden und sich entsprechend präsentieren, was in dem immer größeren Politzirkus in Berlin schwieriger fällt.

Der deutschlandpolitische Sinn hinter dem Bekenntnis zur Hauptstadt Berlin ist mir natürlich verständlich. Trotzdem wäre meine Wahl der Verbleib der Bundesregierung in Bonn und die Festlegung des ersten Wohnsitzes des Bundespräsidenten in Berlin gewesen.

Sie sind dem „Bundesbüdchen" als Erinnerungsort aktiv verbunden. Gibt es Orte, die sie besonders mit der „Bonner Republik" und Bonn in Zusammenhang bringen?
Auf jeden Fall das mir sehr vertraute ehemalige Regierungsviertel. Dort habe ich fünf Jahre im „Langen Eugen" gearbeitet. Aus dieser Zeit kenne ich das „Bundesbüdchen". Es war ein Ort, wo man gerne seine Zeitung oder ein Würstchen kaufte und sich traf. Bereits als Schülerin der Liebfrauenschule habe ich Partys im alten Wasserwerk gefeiert (Lacht). Besonders interessant waren die Landesvertretungen. Es gab in den Sitzungswochen praktisch jeden Abend eine Veranstaltung. Über meinen damaligen Chef kannte ich die bayrische Landesvertretung sehr gut, wo heute die Deutsche Stiftung Denkmalschutz residiert. Als Oskar Lafontaine im Saarland Ministerpräsident war, gab es in der Vertretung des Saarlandes sogar einen Sternekoch. „Karlchen" ist ebenfalls eine bekannte Persönlichkeit aus vergangenen Tagen. Er war Barkeeper und servierte Drinks für die Politikprominenz in der Bar des Bundespresseclubs; im Sommer arbeitete er auf Sylt. Im Bonner Alltag bemerkte man vor allem die Staatsbesuche. Häufig musste ich an der Reuterbrücke warten, weil für eine Polizeiwagenkolonne die B9 gesperrt worden war.

Ist es einem selbst aufgefallen, dass man in der Bundeshauptstadt gewohnt hat?
Für mich lag darauf kein besonderes Augenmerk. Als Kind war man vielleicht stolz auf die Bedeutung der Stadt, gerade wenn man bei der Verwandtschaft im Bayerischen Wald erzählen konnte, dass man aus der Hauptstadt Bonn kommt.

Welche spezifischen Ereignisse verbinden Sie mit der „Bonner Republik" bzw. mit Bonn? Würden Sie von einem der genannten Beispiele als „Bonn-spezifisch" sprechen?
Für mich war der Bonn-Berlin-Beschluss das gravierendste Ereignis. Es war entsetzlich, denn es betraf mich auch persönlich. Die Vorstellung, nach Berlin umziehen zu müssen,

Abb. 40: Landesvertretung des Saarlandes in Bonn, 1999, Foto: Hans-Egon Drüe

war für mich schwierig, gerade bei dem knappen Ergebnis. Es hatte viele Argumente gegeben, in Bonn zu bleiben und trotzdem Berlin als Hauptstadt, mit Sitz des Bundespräsidenten zu gestalten. Der Beschluss hat viel Geld gekostet und viele Arbeitsstrukturen auseinandergerissen. Die Arbeit in den Ministerien wurde ebenfalls nicht verbessert. Ob die Politik besser geworden ist, da hat jeder seine persönlichen Ansichten.

Unabhängig von der persönlichen Betroffenheit durch den Umzugsbeschluss verbinde ich mit der Politik der „Bonner Republik" beispielsweise die Schließung der Sektorengrenze und Willy Brandts neue Ostpolitik. Damit sind Dinge eingeleitet worden, die in eine neue Richtung gingen. Als ich im Wirtschaftsministerium anfing, habe ich zunächst sechs Wochen lang im Referat für Innerdeutsche Beziehungen gearbeitet. Damals gab es noch das Ministerium für Innerdeutsche Beziehungen. 600 Leute, die sich damit beschäftigten, was in der DDR passierte. Trotzdem waren wir überrascht über die alltäglichen Dinge aus der DDR, die erst später herausgefunden wurden. Ich bin immer noch verblüfft, dass wir so wenig wussten und wir die Lage nicht richtig einschätzen konnten. Zu der Zeit haben wir vor allem Statistiken erstellt und Handelsströme gemessen. Aber an die Denkweise der Menschen, die in einem sozialistischen System lebten, kamen wir nicht annähernd heran. Das konnte ich nach dem Mauerfall spüren, als einige Kollegen aus den ostdeutschen Behörden übernommen wurden. Die hatten eine andere Arbeitsweise, da war nicht Denken gefragt, sondern Ausführen auf Befehl. Sie taten sich schwer, selbst Ideen zu entwickeln, weil sie es eher nicht gelernt hatten. Das war ein gewaltiger Kulturunterschied.

Hat das Thema Spionage in den innerdeutschen Beziehungen Sie berührt?
Einer meiner Minister, Martin Bangemann, hatte eine sehr nette, ältere Sekretärin, ein mütterlicher Typ, die dann als Spionin der DDR enttarnt wurde. Ich war erstaunt, als dies publik wurde. Ich hatte zwar für fünf Jahre das Referat „Geheimschutz in der Wirtschaft" inne, das Firmen betreute, die Rüstungsgüter herstellten. Mit 23 Leuten haben wir darauf geachtet, dass die Unternehmen zum Beispiel ihre als geheim eingestuften Unterlagen ordnungsgemäß in den Tresor schließen und entsprechende Überwachungsanlagen installieren. Dort gab es auch Fälle von Industriespionage. Aber das persönliche Erlebnis, dass eine Frau, die so völlig unscheinbar schien, einem sog. Romeo oder wem auch immer in der DDR zum Opfer gefallen war, hatte eine andere Qualität. Der Fall von Bundeskanzler Brandt und seinem engen Mitarbeiter Guillaume ist ein weiteres Beispiel für Spionage, das mich damals sehr überrascht hat.

Gab es Wechselwirkungen zwischen Kommune und Region einerseits und dem Hauptstadtleben andererseits?
Die Wechselwirkungen sind schwer zu beurteilen. Bonn wurde größer, vor allem durch die Eingemeindung von Beuel und Bad Godesberg. Durch den Zuzug von Mitarbeitern der Ministerien wuchsen auch die Schlafstädte rings um Bonn. Meckenheim war die Beamtenstadt schlecht hin.

Als Studentin habe ich eine Wechselwirkung nicht festgestellt. Die Universität war vielleicht ein Stück weit internationaler ausgerichtet. Aber internationale Kommilitonen hätte ich der Universität Bonn auch so zugetraut.

Ich fand es sympathisch, dass keine übergroßen Bundesbauten errichtet wurden. Grundsätzlich wurde bescheiden und weniger repräsentativ gebaut als später in der Großstadt Berlin. Es ist sicherlich dem Zeitgeist geschuldet, dass man heute grundsätzlich etwas großzügiger plant. Dass das Wirtschaftsministerium damals alte Kasernengebäude in Duisdorf übernommen hatte, hatte den Vorteil, nicht in einem Großraumbüro arbeiten zu müssen.

Sie haben in Bonn Volkswirtschaftslehre studiert. Hatten Sie den Eindruck, dass es eine gewisse Verflechtung zwischen Regierung/Opposition und ihren Professoren oder Dozenten oder sogar den Studierenden gab?
Es gab öfter Studenten, die später, wie ich, über Assistentenstellen bei den Bundestagsabgeordneten ins Berufsleben eingestiegen sind. Der erste Vorsitzende unseres „Fördervereins historischer Verkaufspavillon e. V.", der Rechtsanwalt Peter Storsberg, hat beispielsweise bei Klaus-Jürgen Hoffie (FDP) angefangen. Ein weiterer Kommilitone war bei Graf Lambsdorff. Er hatte mir empfohlen, mich auch im Wirtschaftsministerium zu bewerben. Ursächlich war eher die räumliche Nähe zur Politik in Bonn zu Zeiten der Bundeshauptstadt als echte Verflechtungen.

Abb. 41: Das Bundeswirtschaftsministerium in der ehemaligen Troilokaserne in Bonn-Duisdorf, um 1950, Foto: Presseamt der Stadt Bonn

Gab es umgekehrt auch Beschäftigte, zum Beispiel des Wirtschaftsministeriums, die sich in Bonn kommunal engagiert haben?
Ja, es gab einige Kollegen. Auch ich war zwei Jahre in einem Ausschuss der Stadt Bonn sachkundige Bürgerin. In meiner ehemaligen Partei, der CDU, war ich zwölf Jahre Ortsverbandsvorsitzende und zwei Jahre im Kreisvorstand.

Können Sie aus eigener Erfahrung berichten, ob es einen kurzen Draht zwischen Bund und Kommune gegeben hat?
Wenn man vor Ort eine Frage als Ortsverbandsvorsitzende hatte, wusste ich immer, dass ich Kolleginnen und Kollegen aus den Ministerien um Informationen bitten konnte, wenn es um bestimmte Gesetzgebungen oder Verordnungen ging. Nicht alles, was auf kommunaler Ebene passiert, hatte mit der Bundespolitik zu tun. Ich hatte das Arbeiten zunächst im Bundestag und anschließend auf der anderen Seite im Ministerium kennengelernt. Das war sehr hilfreich, unter anderem wenn freitags Anfragen der Bundestagsabgeordneten kamen, die noch am gleichen Abend beantwortet werden mussten. Manche Politiker stellten Wahlkreis-bezogene Fragen, damit ihr Anliegen am Wochenende

in der Heimatzeitung berücksichtigt wurde. Natürlich mussten wir die Antworten bis Freitagabend oder spätestens Montag sehr früh geliefert haben, damit diese noch mit allen Gremien abgestimmt werden konnten.

Die Informationsbeschaffung in Bonn war einfacher, da alles relativ nah an einem Ort war. Berlin ist hingegen so viel größer, die Ministerien haben immer mehr Beschäftigte und man kennt sich kaum noch persönlich. In Bonn kannten sich alle Leute, auch im Bundestag. Ich hatte das Gefühl, dass Bonn von dieser Nähe profitierte, ebenso wie die Ratsmitglieder der Stadt Bonn. Auf der anderen Seite wurden Ratsentscheidungen durchaus von der Bundespolitik beobachtet. Die Wirkung war von Interesse, wenn beispielsweise die örtliche CDU etwas entscheidet und die Bundes-CDU eine andere Richtung einschlägt. Es gab eine gewisse gegenseitige Aufmerksamkeit, aber nicht so, dass man genau hätte sagen konnte, da hat der Bund Einfluss auf die Stadt genommen oder umgekehrt. Die Ausnahme war der Bonn-Berlin-Beschluss.

In welcher Form beeinflussten Ort und Raum den Regierungsalltag und die Arbeit der Regierungsmitarbeiter?
Die kurzen Wege dürften den größten Einfluss gehabt haben. Daraus erwuchs eine kooperative Stimmung. Erst mit der Zeit sind die Ressortegoismen gewachsen. Ich hatte während der Amtszeit von Bundesminister Philipp Rösler (FDP) die Erfahrung gemacht, dass sich die Kollegen aus anderen Ministerien stärker als früher vor allem konfrontativ verhielten.

Bonn besaß außerdem keinen Glamour-Faktor. Keine Filmfestspiele mit rotem Teppich oder Großstadtflair zu besitzen oder sich keinem Pressehype zu unterwerfen, förderte die Konzentration auf die fachliche Arbeit.

Wie hat sich andersherum der Status als Hauptstadt auf das Leben im Alltag und in der Kommune in der Region ausgewirkt?
Bonn ist durch den Hauptstadtstatus dem Kleinstadt-Bild mit einigen Studenten und ohne nennenswerte Industrie entwachsen. Mit den Behörden sowie schließlich der Telekom und der Post gewann Bonn ein Stück weit Größe und Bedeutung. Die hier niedergelassenen Konzerne machten die Stadt interessanter. Ich gehe davon aus, dass sich auch der Tourismus dadurch weiterentwickelt hat. Es kamen nicht mehr nur Abgeordnetenbesuchergruppen, die sich die Stadt anschauten und etwas Rheinromantik erleben wollten. Durch die in den Sand gesetzten Großprojekte wie zum Beispiel die Beethovenhalle hat der Ruf der Stadt Bonn leider gelitten.

Haben die Bonner Bezirke gleichmäßig davon profitiert? War die Hauptstadt überall in der Stadt spürbar? Heutzutage hat man immer wieder das Gefühl, dass Bad Godesberg am lautesten über den Wegzug klagt.
Der Umzug der Botschaften, der diplomatischen Vertretungen und Residenzen hat Bad Godesberg natürlich besonders schwer getroffen. Hier herrschte eine andere Dichte

als zum Beispiel in Duisdorf. Außerdem haben die Hotellerie und die entsprechenden Gastronomen, die an den Lobbyisten verdient hatten, den Unterschied gemerkt. Die „normalen" Bürger dürften den Verlust eher nicht gespürt haben.

Würden sie von einer Bundesrepublik sprechen oder von einer „Berliner" und einer „Bonner Republik"? Und wo liegt jeweils der Unterschied zwischen Berlin und Bonn?
Grundsätzlich würde ich immer von der Bundesrepublik sprechen, da ich 34 Jahre im politischen Bereich gearbeitet habe. Weder in der Bundesverwaltung noch im Bundestag wurde von einer „Bonner" oder „Berliner Republik" gesprochen. Ich persönlich fand Bonn gut, aus den genannten Gründen wie der Westorientierung, der räumlichen Nähe zu Brüssel etc. Es war vielleicht kleingeistiger, vermutlich weil die Anfänge der Bundesrepublik einfach pragmatisch und realpolitisch ausgerichtet waren und auf eine nüchterne Sachpolitik abzielten. Berlin war für mich immer überheblicher und auch politisch gesehen, war es ein anderer Ansatz. Dort hatte man repräsentative Bauten, wie den Reichstag, der wunderschön umgebaut wurde. Das ist selbstverständlich etwas anderes als die ehemalige Pädagogische Akademie. Das hat auch dazu geführt, dass die Mitarbeiter und Minister ihr Verhalten änderten. Es war mehr nach dem Motto: „Endlich haben wir eine Hauptstadt, die etwas darstellt." Deutschland zeigte sich als starke Wirtschaftsnation, die es geschafft hatte. Das ist nicht negativ gemeint. Aber es ist auffällig, wie bescheiden Bonn im Gegensatz dazu gewesen ist. Dabei ging es ursprünglich nicht darum Größe zu zeigen. Helmut Kohl und Wolfgang Schäuble wollten mit dem Votum für Berlin einer geschichtlichen Verpflichtung nachkommen. Ich hätte durchaus einen Sinn darin gesehen, den Sitz des Bundespräsidenten nach Berlin zu verlegen, aber den Rest in Bonn zu belassen. Der teure Umzug hätte vielleicht vermieden werden können, wären damals schon die heutigen IT-Möglichkeiten und der Wille, diese zu nutzen, vorhanden gewesen.

Hatten sie in Ihrer Zeit als Berufspendlerin denn den Eindruck, dass die Leute in Bonn und Berlin anders agierten?
Ja, definitiv. In den einfacheren Besoldungsgruppen kamen die Beschäftigten in Berlin gerne noch vor sieben Uhr morgens und gingen pünktlich am frühen Nachmittag. In Bonn fing man zwischen acht und halb neun an und arbeitete, auch in den unteren Besoldungsgruppen, so lange wie es sein musste, auch mal bis später am Abend. Im höheren Dienst war ein Unterschied nicht bemerkbar, allenfalls, dass in Berlin die Anfahrtswege länger waren.

In den Ministerien mit je einem Standort in Berlin und Bonn ließen die in Berlin ansässigen Kollegen die Bonner unterschwellig spüren, dass die Regierung jetzt in Berlin sitzt und sie näher an den Entscheidungsträgern sind. Das führte zu einem schleichenden Infragestellen der Kompetenzen der Bonner Kollegen. Die Bonner mussten für alle Termine anreisen, auch wenn es nur eine Besprechung von einer halben Stunde war. Dann mussten wir in Bonn um vier Uhr morgens aufstehen, um fünf zum Flughafen, damit man um halb neun pünktlich in Berlin war. Hatte man danach keinen Termin mehr und das Glück, ein freies Büro zu erwischen, konnte man dort immerhin bis zum Rückflug arbeiten. Angerechnet wurde aber nur die Arbeitszeit in Berlin, nicht aber die Reisezeiten. Bei kurzfristig angesetzten Terminen, konnten die Bonner nicht teilnehmen und fühlten sich ausgegrenzt.

Bei einem Referat mit zwei Standorten war die interne Abstimmung nicht einfach, da es die Videokonferenztechnik damals noch nicht überall gab. Wir mussten uns per Telefon oder E-Mail austauschen. Ich hätte deshalb ein reines Bonn-Referat bevorzugt. Mit dem Ausbildungspakt war in meinem Referat jedoch eine sehr politische Thematik angesiedelt; später folgten die Fachkräftethematik und die Debatte über Flüchtlinge.

Ich habe zudem beobachtet, dass die Verbände in Berlin an Einfluss gewonnen haben. Es war nicht unüblich, dass vormals in den Interessenvertretungen Beschäftigte als Abteilungsleiter ins Ministerium wechselten.

Inwiefern konnten Personen der „zweiten/dritten Reihe" in einem Bundesministerium politischen Einfluss nehmen? Haben Sie hierfür ein persönliches Beispiel? Können Sie in dieser Hinsicht Unterschiede zwischen dem Verwaltungsapparat der „Bonner" und der „Berliner Republik" feststellen?

Das ist gar nicht so einfach zu beantworten. Als Beamter bildet man sich vielleicht ein, dass man vor allem auf Sachthemen Einfluss nehmen kann. Aber für Beamte müssen die fachlichen Argumente im Vordergrund stehen, auch wenn sie politische Aspekte einbeziehen. Partei-Politik ist nicht Aufgabe eines Beamten.

Als Referatsleiterin war ich auf der höchsten Stufe des nicht-politischen Beamten. Unterabteilungsleiter, Abteilungsleitung oder Staatssekretäre sind politische Beamte, die politische Entscheidungen treffen, aber auch jederzeit von einem neuen Minister entlassen werden können. Die Beamten zählen die fachlichen Argumente auf und machen natürlich einen Handlungsvorschlag, der zu der Parteilinie des Ministers passt – es sei denn, dass es fachlich geboten ist, sich gegen einen Vorschlag auszusprechen.

Ich nenne ein Beispiel, um zu zeigen, wie kompliziert das manchmal ist. So tauchte im Bundeswirtschaftsministerium die Idee auf, das Ministerium gründet eine Universität auf einem ehemaligen Truppengelände, und zwar nur für Flüchtlinge. Da sollten „BWL light" und europäische Kultur gelehrt werden. Aus fachlicher Sicht sprach gegen dieses Vorhaben, dass der Bund keine Bildungspolitik macht, denn das ist Ländersache, und dass eine isolierte Universität das Gegenteil von Integration ist und Betriebswirtschaftler auf dem Arbeitsmarkt nicht gesucht werden. Ich habe damals angemerkt, dass das politisch anders entschieden werden könne, aber es sich fachlich nicht empfiehlt, diese Idee zu verfolgen. Damit zog ich mir zwar den Unwillen meiner Vorgesetzten zu, denn es war der Wunsch des Ministers, aber es wollte auch niemand eine andere Entscheidung befürworten.

Da der Bundesrechnungshof haushälterische Entscheidungen überprüft, war es immer ratsam sich für eine Entscheidung, die vielleicht nicht sachpolitisch erforderlich, sondern eher politisch geboten war, mit einer Ministervorlage abzusichern. Wenn der Minister seine Zustimmung mit einem grünen Haken setzte, trug er die politische Verantwortung. Aber es gab genug Entscheidungen, wo nur ein Anruf erfolgte, „machen sie mal". In meiner Anfangszeit, das vergesse ich nicht, war ich für die Stahlindustrie zuständig. Es ging um Staatshilfen für die notleidende Schwerindustrie und deren Umstrukturierung. In diesem Zusammenhang habe ich als junge Beamtin 1,7 Milliarden DM Förderung selbst unterschrieben, weil niemand aus den höheren Etagen unterschreiben wollte. Das sind Erfahrungen bei denen man merkt, dass man – bei allem Gestaltungswillen in der „zweiten" oder „dritten Reihe" – aufpassen muss, auch bei politischem Druck, auf den fachlichen Argumenten zu beharren.

Haben sie den Eindruck, dass der Berliner Verwaltungsapparat heute anders agiert als die Bundesverwaltung in Bonn in den 1990ern in Bonn?
Ja, insgesamt ist man in meinen Augen politischer geworden. Die Leute sind mehr geneigt, alle Wünsche des Ministers zu befürworten, denn es bereitet weniger Probleme und erhöht die Chance auf eine bessere Karriere. Wenn direkt gesagt wird, dass man aus fachlicher Sicht besser die Finger davon lassen sollte, ist das nicht sonderlich beliebt. Heute verfolgt man den Wunsch zunächst und zeigt die Unmöglichkeit des Vorhabens in einem Prozess von einem halben, dreiviertel Jahr nach vielen Abstimmungen und Sitzungen auf. Das ist eine andere Vorgehensweise.

Im Jahr 1982, in dem sich der Bruch der sozialliberalen Koalition vollzog, haben sie angefangen zu arbeiten. Hat dieser Fall auch zu einer Politisierung der Beamten beigetragen? Haben Entscheidungen, die aus dem eigenen Ministerium kamen, in den eignen Reihen zu einer Politisierung geführt?
Meines Erachtens nein. Wir waren lange Jahre ein FDP-Ministerium und es gab nur selten einen Wechsel. Natürlich hat unser Ministerium damals viele FDP-Leute befördert – das war möglicherweise ein Zeichen für eine Politisierung. Aber beispielsweise Graf Lambsdorff hat als Minister unser Referat nach einem erfolgreichen Projektabschluss zu einem Sektempfang eingeladen, ohne dass eine Parteizugehörigkeit eine Rolle spielte. Ein Minister, der ein Referat einlädt, um sich zu bedanken, dass die Mitarbeiter gut gearbeitet haben. Das habe ich nie wieder erlebt. Der Staatssekretär schickte schon mal die Flasche Wein, die er für eine Rede bekommen hatte, die man für ihn vorbereitet hatte. Aber dass ein Minister das machte, fand ich beachtlich.

In Berlin war das alles nicht mehr so persönlich. Die Minister brachten oft ein Küchenkabinett mit, ein Tross aus Leuten, denen sie vertrauten – Minister Rösler zum Beispiel aus Niedersachsen. Das Abschotten vom Rest des Ministeriums wurde immer stärker. Ein Kollege sagte mal, es komme ihm vor, als würden wir Vorlagen über eine hohe Mauer werfen und man wüsste nicht, ob etwas davon zurückkommt. Dieses Gefühl wurde in Berlin immer stärker. In Bonn war alles überschaubarer und ich brauchte nur ein paar Meter gehen, um beim Ministertrakt zu sein.

Sie haben sich in den vergangenen Jahren für das „Bundesbüdchen" und dessen Wiederaufstellung am historischen Ort eingesetzt. Warum und was verbinden sie damit? Gibt es eine besondere Anekdote dazu?
Ich habe in der Nähe gearbeitet und dort eingekauft – das ist das persönliche Moment. Darüber hinaus fand ich immer, dass das „Bundesbüdchen" ein Kleinod mit historischem Hintergrund in der „Bonner Republik" gewesen ist. Ich hätte es als schade empfunden, wenn es verschwunden wäre. Der erste Vorsitzende des „Fördervereins historischer Verkaufspavillon Görresstraße e. V." hat ebenfalls einen persönlichen Bezug aufgrund seiner Tätigkeit bei einem Abgeordneten im Bundestag.

Außerdem habe ich größte Hochachtung vor der Familie Rausch. Die Mutter von Jürgen Rausch hat das Geschäft in der Nachkriegszeit aufgebaut und offensichtlich hat sie das ganz alleine geschafft. Ich finde das eine Wahnsinnsleistung. Jürgen [Rausch] ist zudem ein herzlicher und kommunikativer Mensch. Solche Menschen muss man unterstützen und er hat nach dem Umzug und dem Abbau des Kiosks wirklich gelitten. Erst gab es einen Streit mit der Stadt Bonn, wer jetzt eigentlich der Eigentümer des „Büdchens" sei. Das endete in einem Gerichtsprozess und es wurde geklärt, dass er nach wie vor der Eigentümer ist. Das war eine lange, schwierige Zeit, aber er hat durchgehalten.

Das „Bundesbüdchen" ist nicht mehr die Informationsbörse, die es damals war, als sich die Leute unterschiedlicher Parteien dort getroffen hatten. Da hat man geplaudert, etwas nachdiskutiert, was man im Bundestag gesagt hatte. Das fehlt heute natürlich, aber ich kann mir vorstellen, dass das „Bundesbüdchen", wenn auch mit einem anderen Kundenkreis als damals, wieder Mittelpunkt im ehemaligen Regierungsviertel werden könnte. Ich bedaure sehr, dass Jürgen [Rausch] das nicht mehr selbst macht. Er konnte sehr gut auf Menschen zu gehen.

Sie sind im schon angesprochenen Förderverein für das „Bundesbüdchen" erinnerungspolitisch aktiv. In welcher Form sollte an die „Bonner Republik" erinnert werden? Und, sehen Sie eher einen regionalen oder einen deutschlandweiten Bedarf zur Pflege der Erinnerung an 50 Jahre Bundesrepublik in Bonn?
Eindeutig bundesweit. Bonn könnte mehr aus seiner Hauptstadtvergangenheit machen. Wir wissen alle, dass sich das politische Geschehen in den Nachrichten widerspiegelt, das heißt, was nicht in den Nachrichten ist, existiert nicht. Bonn kann da noch zulegen. Mit Beethoven und der Rolle als Bundesstadt ist Potential gegeben. Es gibt noch mehr als die schönen Museen in Bonn.

Die regionale Unterstützung ist vorhanden. Bonn war ein Provisorium, aber es war wirkungsvoll und hat den Aufbau demokratischer Strukturen gewährleistet. Das rechtfertigt allemal ein bundesweites Erinnern.

Nehmen wir das „Bundesbüdchen": Das ist für mich ein Stück weit ein Teil der „Bonner Republik" gewesen, wenn auch ein kleiner pragmatischer Teil, wo man sich ein Brötchen holte. Es war ein Bindeglied zwischen Presse, normalen Bürgern und Bundestagsabgeordneten und hatte damals wirklich eine Aufgabe.

Heute ist das „Bundesbüdchen" nur noch ein Kiosk, der auch Bücher zu und über Bonn anbietet. Jürgen Rausch hat dafür gesorgt, dass es Nummer 18 ist von „111 Orten in Bonn, die man gesehen haben muss". Die Bäckerei Mauel macht ihre Rolle als Pächter sehr gut, ist aufgeschlossen für neue Ideen. Peter Mauel ist selbst Mitglied im Förderverein und hat sich finanziell am Wiederaufbau beteiligt.

Ich finde wichtig, dass wir mit dem Büdchen in den „Weg der Demokratie" aufgenommen worden sind und Führungen vom Haus der Geschichte, die sich mit der „Bonner Republik" befassen, hier Station machen. Auch in Zukunft wollen wir uns ein Stück weit immer wieder in Erinnerung bringen und auf das „Bundesbüdchen" als Teil der „Bonner Republik" hinweisen.

Frau Bittner-Kelber, haben Sie vielen Dank für das Gespräch!

Stephan Eisel oder die Nahaufnahme zweier Bonns

Benjamin Burtz

Die Zeit des Bonn-Berlin-Beschlusses und die damit einhergehende Verschiebung des politischen Gewichts der Stadt Bonn bedeutete für beide Seiten, die Kommune und die Bundespolitik, eine Zeit der Veränderung und Neujustierung. Bonn profitierte ab 1949 von seinem Hauptstadtstatus und fürchtete zum Ende der Hauptstadtjahre strukturelle Probleme.[1] Stephan Eisel erlebte die Hauptstadt Bonn als Mitarbeiter im Büro von Bundeskanzler Helmut Kohl (1930-2017). Er nahm ab 1983 verschiedene Positionen im Bundeskanzleramt wahr. Gleichzeitig engagierte sich Eisel in seiner Wahlheimat kommunalpolitisch. Diese doppelte politische Tätigkeit eröffneten dem CDU-Politiker zwei unterschiedliche Blickwinkel auf die Entwicklung der Stadt in der Umbruchszeit nach der Wiedervereinigung.

1955 wurde Stephan Eisel in Landau/Pfalz geboren. Sein Studium der Musik- und Politikwissenschaft nahm Eisel zunächst in Marburg, schließlich aber in Bonn auf. Zweierlei Gründe brachten ihn zu dieser Entscheidung. Eisel engagierte sich bereits in Marburg im Ring Christlich-Demokratischer Studenten (RCDS). Außerdem bot das Bonner politikwissenschaftliche Institut aufgrund seines Standortes in der Bundeshauptstadt ein stärker praxisnahes Studium als in Nordhessen.[2] Auch dem musikwissenschaftlichen Teil seines Studiums konnte Eisel in der Beethovenstadt Bonn nachgehen – beides beeinflusste sein späteres wissenschaftliches Wirken.[3]

Seinen Berufseinstieg fand Eisel bei der Konrad-Adenauer-Stiftung (KAS) als wissenschaftlicher Mitarbeiter. 1982 wurde Helmut Kohl zum Bundeskanzler gewählt, wodurch Eisels politische Heimat, in Regierungsverantwortung kam. Mitte des darauffolgenden

---

1 Siehe für die Folgen des Beschlusses etwa Küsters, Hanns Jürgen, Der Bonn/Berlin-Beschluss vom 20. Juni 1991 und seine Folgen, in: Historisch-Politische Mitteilungen 19 (2012), S. 1–24; Pordzik, Burkhard, Sozialräumlicher Wandel der Bundesstadt Bonn nach 1991. Auswirkungen des Berlin/Bonn-Gesetzes auf die ehemalige Bundeshauptstadt, München 2014; vonseiten der Presse z. B. Offen und unfertig, in: Der Spiegel 44/1992, 25.10.1992, abgerufen unter: https://www.spiegel.de/politik/offen-und-unfertig-a-e3b80ac0-0002-0001-0000-000013690911 (abgerufen am 4.12.2023).
2 Zur Politikwissenschaft an der Bonner Universität etwa Quadbeck, Ulrike, Karl Dietrich Bracher und die Anfänge der Bonner Politikwissenschaft (Nomos Universitätsschriften – Geschichte, Bd. 19), Baden-Baden 2008, insbesondere S. 124–208.
3 Siehe dazu zahlreiche Publikationen Eisels zu Beethoven, jüngst Eisel, Stephan, 250 Jahre Beethovenstadt Bonn. Verpasste Gelegenheiten und künftige Chancen, in: Rönz, Helmut/Schlemmer, Martin/Schmidt, Maike (Hgg.), „Refugium einer politikfreien Sphäre"? Musik und Gesellschaft im Rheinland des 19. und 20. Jahrhunderts (Stadt und Gesellschaft. Studien zur Rheinischen Landesgeschichte, Bd. 9), Köln/Wien 2023, S. 243–262.

Jahres wechselte Eisel als Redenschreiber ins Bundeskanzleramt.

Norbert J. Prill, „ein außenpolitisch versierter Staats- und Völkerrechtler"4, fungierte hier als Hauptredenschreiber von Helmut Kohl. Als Stephan Eisel seine Stelle antrat, bildete er mit Prill ein Team – zwei Redenschreiber im Gegensatz zu den sechs bis acht Angestellten, die Helmut Schmidt in dieser Position beschäftigte. In seiner Position bewegte sich Eisel stets mit dem Bundeskanzler. Er beschrieb sich rückblickend als dessen „Sparringspartner". Diese Zeit ermöglichte Eisel unmittelbare Einblicke aus kurzer Entfernung. Kohl prägte Eisel, der seine Zeit mit dem Bundeskanzler später verschriftlichte und 2010 veröffentlichte.5

Abb. 42: Porträtaufnahme von Karl Dietrich Bracher, undatiert

Zugleich nahm er ein Promotionsstudium bei Karl Dietrich Bracher (1922–2016), „dem Nestor der deutschen Zeitgeschichtsforschung"6, auf. Das Vorhaben, das seine Anfangsjahre im Bonner Bundeskanzleramt begleitete, beendete Eisel mit einer Studie über den Minimalkonsens und die demokratische Grundordnung der Bundesrepublik Deutschland.7

Nachdem Eisel vier Jahre als Redenschreiber bei Helmut Kohl gearbeitet hatte, übernahm er 1987 die stellvertretende Leitung des Kanzlerbüros. Diese Aufgabe bedeutete einen nicht minder engen Kontakt mit Kohl. Nach einer weiteren Stelle als Referatsleiter im Kanzleramt wechselte Eisel 1991 zurück zur KAS, wo er bis 2007 in diversen Leitungsfunktionen tätig war. 2007 rückte Eisel in den 16. Deutschen Bundestag nach, da Peter Paziorek (geboren 1948) zum Regierungspräsident für den Regierungsbezirk Münster ernannt wurde. Sein bundespolitisches Engagement nahm Eisel somit aktiv wieder auf,

---

4 Mertes, Michael, Zur Entstehung und Wirkung des Zehn-Punkte-Programms vom 28. November 1989. Ein Werkstattbericht (Forum Politicum Jenense, Bd. 9), Jena 2001, S. 4. Prill unterstand Eduard Ackermann, dem Leiter der Abteilung 5 im Bundeskanzleramt. Prill arbeitete zuvor im „Archiv für Christlich-Demokratische Politik". Ursprünglich entstammte er, wie von Mertes betont, der völkerrechtlichen Forschung und publizierte auf diesem Gebiet. Siehe dazu etwa Prill, Norbert J., Völkerrechtliche Aspekte der internationalen Verbreitung ziviler Kernenergienutzung (Schriften zum Völkerrecht, Bd. 65), Berlin 1980. Zu Prill auch Viel Frust, in: Der Spiegel 25/1987, 14.6.1987, abgerufen unter: https://www.spiegel.de/politik/viel-frust-a-c8906c99-0002-0001-0000-000013523991 (abgerufen am 4.12.2023).
5 Eisel, Stephan, Helmut Kohl. Nahaufnahme, Bonn 2010. Das obige Zitat auf S. 41.
6 So Ludger Kühnhardt in seinem Nachruf auf Bracher: Kühnhardt, Ludger, Der die Geschichte kennt. Nachruf auf Karl Dietrich Bracher, in: Frankfurter Allgemeine Zeitung, 21.9.2016, abgerufen unter: https://www.faz.net/aktuell/feuilleton/debatten/zum-tod-des-historikers-und-politikwissenschaftlers-karl-dietrich-bracher-14444824.html (abgerufen am 1.12.2023).
7 Siehe Eisel, Stephan, Minimalkonsens und freiheitliche Demokratie. Eine Studie zur Akzeptanz der Grundlagen demokratischer Ordnung in der Bundesrepublik Deutschland (Studien zur Politik, Bd. 10), Paderborn u. a. 1986. Die Studie fand in der Fachwelt Akzeptanz und Lob, siehe dazu Jesse, Eckhard, Rez. zu ebd., in: Archiv für Rechts- und Sozialphilosophie 74 (1988), S. 118 f.

wenngleich seine Kandidatur um die Bestätigung seines Mandats in der Bundestagswahl 2009 scheiterte.

Trotz seiner diversen Tätigkeiten im Umfeld der Bundespolitik blieb Eisel der Bonner Kommunalpolitik treu. Von 1990 bis 1992 bekleidete Eisel das Amt des stellvertretenden Vorsitzenden des Bonner Kreisverbandes der CDU. Im Anschluss fungierte Eisel als Vorsitzender des Stadtverbandes. Diese Rolle eröffnete gänzlich andere Perspektiven auf die Stadt Bonn als die bundespolitische Arbeit: So organisierte Eisel Proteste gegen den Bonn-Berlin-Beschluss des Bundestages. Unter dem Namen „Hand in Hand für Bonn" initiierte der CDU-Politiker eine Menschenkette durch das Stadtgebiet.[8]

Eisels Leben ist gezeichnet von der politischen Tätigkeit auf verschiedenen Ebenen: Seine Rolle in der „Bonner Republik" als Mitarbeiter Helmut Kohls, der gleichzeitig lokalpolitisch tätig war, eröffneten dem CDU-Politiker einzigartige Perspektiven auf den politischen Betrieb. Bonn spielte dabei verschiedene Rollen: Das bundespolitische Bonn erlebte Eisel während seiner Tätigkeit im Bundeskanzleramt als Machtzentrum der Bundesrepublik. Die kommunalpolitische Seite Bonns zog sich hingegen wie ein roter Faden – vor wie nach der Mitarbeit im Bundeskanzleramt – durch die (politische) Biographie des Pfälzers. Anfang 1972 trat Eisel in die CDU ein. 1976 kam er in die Bundeshauptstadt – jedoch zunächst ohne die bundespolitische Komponente zu kennen. Eisels Vater bekleidete in seiner Heimat diverse kommunalpolitische Ämter und gewöhnte den Sohn früh an das lokale Engagement.[9] Stephan Eisel gehörte während seiner Tätigkeit im Kanzleramt gleichzeitig als aktives Mitglied dem Bonner CDU-Kreisverband an.

Diese Erfahrung prägte sein politisches Handeln. Bonner Eigenschaften seien die Konzentration auf politische Angelegenheiten im Gegensatz zum Fokus auf Persönliches und die sprichwörtliche rheinische Gelassenheit gewesen. Diese Faktoren gehörten für den Pfälzer zum politischen Selbstverständnis der Hauptstadt. Für ihn stellte das kommunale Engagement eine Selbstverständlichkeit dar, wenngleich sich nur ein kleiner Teil der Mitarbeiter im Bundeskanzleramtes auf ähnliche Weise einbrachten. Im Interview wird deutlich, dass das städtische Engagement zuweilen im Konflikt mit der Bundespolitik stand. Das eröffnete Stephan Eisel letztlich eine einzigartige Perspektive auf den Politikbetrieb der späten Bonner Jahre.

---

8 Siehe dazu Menschenkette in Bonn, in: Frankfurter Allgemeine Sonntagszeitung, 16.6.1991.
9 Vgl. Eisel, Nahaufnahme, S. 9.

Dokumentiertes Gespräch mit Stephan Eisel vom 21. Juni 2021

Interviewt von Dana Werner und Benjamin Burtz

Was war Ihre Rolle in der „Bonner Republik" und was hatte diese Rolle mit Bonn zu tun?
Ich begann 1976 in Marburg Politik- und Musikwissenschaft zu studieren. Früh engagierte ich mich in der Studentenpolitik, wurde zunächst stellvertretender Bundesvorsitzender und schließlich Bundesvorsitzender des Rings-Christlich-Demokratischer Studenten (RCDS). Das brachte den Umzug nach Bonn mit sich. Ich entschied mich dann mit den Erfahrungen aus dem studentenpolitischen Kontext das Studium der Politikwissenschaft in Bonn fortzusetzen, zumal hier mit Karl Dietrich Bracher jemand lehrte, der die Politikwissenschaft in Deutschland überhaupt begründet hat.

Meine Rolle in der „Bonner Republik" war eine ganz vielfältige. Einerseits nahm ich die studentische Rolle ein: Ich kam nach Bonn, in die damalige Hauptstadt, die für uns Politikinteressierte einen Bezugspunkt darstellte. Zweitens gewann ich über das Studium der Politikwissenschaft Einblicke in die Funktionen des Regierungssystems nach dem Grundgesetz im politischen Zentrum der Bundesrepublik. Ich hatte das Glück, nach Abschluss des Studiums 1983 Mitarbeiter von Helmut Kohl im Kanzleramt zu werden. Dort arbeitete ich vier Jahre lang als Redenschreiber Kohls und anschließend fünf Jahre als stellvertretender Leiter des Kanzlerbüros, auch in der Zeit der Wiedervereinigung. Die „Bonner Republik" erlebte ich somit auch als Mitarbeiter in der Regierung, dazu noch besonders nahe an der damals bestimmenden Figur. Drittens habe ich mich selber politisch in Bonn engagiert. Ich war CDU-Kreisvorsitzender während der Auseinandersetzung um die Bonn-Berlin-Entscheidung. Hier ging es oft darum, was diese „Bonner Republik" ausmacht. Zusätzlich gab es die Frage des finanziellen Ausgleichs, die mit einem Hauptstadtwechsel verbunden war.

Abb. 43: Stephan Eisel und Angela Merkel, undatiert

Nach meiner Kanzleramtszeit wechselte ich zur Konrad-Adenauer-Stiftung, bis ich selber als Bundestagsabgeordneter in das Parlament einzog. Mir offenbarte sich dadurch ein Vergleich der „Bonner Republik" mit der „Berliner Republik". Diese drei Blickwinkel – der politikwissenschaftliche, der als Mitarbeiter des Bundeskanzlers sowie der durch das eigene politische Engagement und das eigene Mandat – prägten mich und ich empfand es in der ganzen Zeit als sehr spannend.

Was verbinden Sie persönlich mit der „Bonner Republik"?
Die „Bonner Republik" war eine Erfolgsgeschichte. Von Beginn an, Stichwort Grundgesetz, die Westintegration, den wirtschaftlichen Aufschwung und dann die hohe Stabilität dieser zweiten deutschen Demokratie. Keine der Auseinandersetzungen, die teilweise sehr tief gingen, zum Beispiel um die Wiederbewaffnung oder die Soziale Marktwirtschaft fügten der Republik ernsthaften Schaden zu. Ich verbinde mit der Bonner Zeit diese Stabilität des politischen Systems, welches basierend auf dem Grundgesetz politische Konflikte ermöglichte, die aber friedlich und zivil gelöst wurden. Dieser Umstand zeigt für mich das Wesen der Demokratie: Machtwechsel erfolgten friedlich und gravierende Bedrohungen wie der Terrorismus wurden sehr gut überstanden, ohne dass die demokratischen Grundrechte gefährdet waren. Ein spezifisches Kennzeichen stellt für mich die letztlich sachliche Lösung auch emotional getriebener politischer Konflikte dar.

Helmut Kohl und Willy Brandt gerieten z. B. öffentlich massiv aneinander, aber persönlich pflegten sie ein gutes Verhältnis. So hat Helmut Kohl nach seiner Wahl zum CDU-Vorsitzenden 1973 sofort die Materialen vernichten lassen, mit denen Willy Brandt in Wahlkämpfen auch wegen seiner unehelichen Herkunft angegriffen wurde. Kohl versicherte Brandt, dass so etwas nicht noch einmal passieren würde. Daran sieht man, dass es möglich ist, sich massiv auseinanderzusetzen, ohne es in den persönlichen Raum zu tragen.

Dazu gehörte auch, dass die Medien sich auf das Politische konzentrierten und das Persönliche außen vor ließen. Das sah man an einem Beispiel: Der damalige Innenminister Friedrich Zimmermann, ein CSU-Politiker, besaß ein besonders konservatives Image. Dass er als Katholik zweimal geschieden war, fand medial kaum Beachtung, weil man zwischen seinen politischen Ansichten und persönlichen Angelegenheiten unterschied. Das war in Bonn eigentlich durchgängig so. Natürlich ist dies zumindest teilweise der Tatsache geschuldet, dass sich die „Bonner Republik" in einer anderen Zeit, also vor den „sozialen" Medien und der Schnelligkeit des Internets abspielte. Aber es gab eine unausgesprochene wechselseitige Verständigung: Privat ist privat.

Das Menschliche kommt hinzu. Die Gelassenheit. Das Rheinländische. Der Bonner: Leben und leben lassen. Die eigene Bedeutung nicht zu überschätzen. In Bonn kam niemand auf die Idee, dass ganz Deutschland den „General-Anzeiger" lese und sich deswegen daran orientiere. Die Berliner denken, ganz Deutschland würde den „Tagesspiegel" lesen und Berlin sei Deutschlands Zentrum. Weder war Bonn, noch ist Berlin, für die allermeisten Menschen das Zentrum. Diese Selbstrelativierung passierte in Bonn eigentlich selbstverständlich. Bonn ist und war keine Millionenstadt, sondern eine überschaubare Stadt. Hinzu kam die Mentalitätsgeschichte. Helmut Kohl, der selber am Rhein aufwuchs,

Abb. 44: Der rheinland-pfälzische Ministerpräsident Helmut Kohl begrüßt eine polnische Delegation um Edward Gierek in Linz am Rhein, 1976

hat sich immer auf „Des Teufels General", ein bedeutendes Drama von Carl Zuckmayer, berufen. Dort wird der Rhein als Schmelztiegel beschrieben, wo ganz unterschiedliche Nationalitäten und Kulturen zusammenkamen. Daraus ergab sich, dass Toleranz und Gelassenheit im Wesen der Menschen besonders tief verwurzelt sind.

Wo haben Sie diese „Völkermühle", wie Zuckmayer den Rhein beschrieb, selbst erlebt? Könnten Sie dazu Beispiele geben?
Ich komme aus einem pfälzischen Dorf mit 5.000 Einwohnern. Dort kannte jeder jeden und man hatte an jeder Ecke einen Onkel oder eine Tante. Unbeobachtetes Verhalten war völlig unmöglich. Und es gab viele Einschränkungen, z. B. kein Theater, keine Oper, keine Konzerte. Meinen Wehrdienst leistete ich bei den Gebirgsjägern in Mittenwald, eine für mich relativ neue Welt. Anschließend ging ich nach Marburg. Aber erst in Bonn lernte ich die ganze Offenheit der Bevölkerung kennen. Bonn ist bis heute eine Stadt, in der nur 30 Prozent der Einwohner dort geboren und zur Schule gegangen sind. Bonn ist also eine Art „Einwanderungsstadt". Natürlich lebten in der Hauptstadt Beamte; man war sofort konfrontiert mit Bayern, Württembergern oder Hanseaten. Durch die Botschaften kamen Einwohner internationaler Herkunft nach Bonn. Ich habe die Erfahrung geschätzt, sonntags morgens im amerikanischen Klub zu frühstücken. Die britische

Botschaft besaß eine gute Kantine. Leute aus Bonn sind regelrecht dahin gepilgert. Es war klar, dass man dort nicht bloß Engländer, sondern auch Schotten oder Waliser traf.

Für mich persönlich spielte überdies die Musik eine große Rolle. In Bonn gab es nicht nur Klassik, sondern auch Jazz und Rockmusik. Es gab eine sehr lebendige Szene, wo unterschiedliche Leute mit unterschiedlichsten Hintergründen zusammenkamen. Sowohl als Student als auch im Berufsleben erlebte man ein „Völkermischmasch". Da kamen noch andere Sachen hinzu. Als Bundesvorstand des RCDS haben wir extrem viel getan für verfolgte Christdemokraten in Lateinamerika. Viele der Verfolgten studierten in Bonn und ich hatte unter ihnen viele Freunde.

Man darf es aber auch nicht zu sehr idealisieren. Bonn ist auch eine Ansammlung zusammengewachsener Dörfer und es gehörte natürlich auch die „andere" Erfahrung dazu. Als ich mich politisch in der Bonner CDU engagierte, gab es auch ein gewisses Misstrauen gegenüber den Zugezogenen. Die Stadtverwaltung Bonns interessierte sich praktisch nicht dafür, dass in Bonn der Sitz von Bundestag und Bundesregierung war. Im Stadtrat war aus diesem Bereich nur ganz selten jemand zu finden. Helmut Kohl wusste, dass ich mich kommunal engagierte. Er ärgerte mich immer damit, wenn er sagte: ‚Die städtischen Kleinbaustellen auf den Straßen im Regierungsviertel sind in sitzungsfreien Wochen immer verwaist, in den Sitzungswochen werden die Straßen aber dann gesperrt. Können sie die Arbeiten nicht erledigen, wenn das Parlament nicht tagt?' Das bekam ich ab. In der Folge erkundigte ich mich bei der Stadtverwaltung: Der Sitzungsplan des Deutschen Bundestages war der Stadtverwaltung unbekannt und es interessierte auch keinen. Heute hört man Ähnliches, wenn es um die Konzernzentralen von Post und Telekom oder die UN geht.

Die Erfahrungen des Hauptstadtbetriebs nutzte das „offizielle" Bonn wenig. Ich war damals einer der ganz wenigen Mitarbeitern der Bundesregierung, die sich in Bonn kommunalpolitisch engagierten. Eigentlich würde man denken, es müssten 30 bis 40 Leute gewesen sein; dies war aber nicht der Fall.

Heute finden Sie im Stadtrat niemanden, der an der Universität arbeitet, niemanden, der bei der Telekom oder der Post arbeitet. Damals saß im Stadtrat von Bonn niemand, der für die Regierung arbeitete. Insofern gab und gibt es einen Unterschied zwischen dem Leben der Bonner Bevölkerung und dem „offiziellen" Bonn in Rat und Verwaltung.

Als Helmut Kohl die Idee hatte, die Bundeskunsthalle zu gründen, die Bonn keinen Euro kostete, kam der größte Widerstand aus der Stadt Bonn selbst: Man sagte, ein solches Haus des Bundes sei eine Konkurrenz für das städtische Kunstmuseum. In Wahrheit weiß jeder, dass es genau andersherum ist. Die Bundeskunsthalle zieht Besucher an, die dann auch in das städtische Kunstmuseum gehen. Ich war selber dabei, als der Bundeskanzler den Bonner Oberbürgermeister Hans Daniels, der zu dieser Zeit gleichzeitig noch Bundestagsabgeordneter war, in einem Gespräch ziemlich hart anging: ‚Wieso wollt ihr denn verhindern, dass der Bund eine solche wichtige Institution hier hinstellt? Nur deswegen, weil ihr gerade ein städtisches Kunstmuseum gebaut habt und ihr glaubt, da würden jetzt weniger Leute hingehen?' Das zeigt beispielhaft das teilweise Nebeneinander dieser beiden Welten.

Gibt es Orte, die Sie besonders mit Bonn verknüpfen?
Da muss man unterscheiden zwischen dem, was sozusagen historisch mit Bonn verknüpft ist, und der bundesrepublikanischen Zeit. Bei Letzterem ist es vor allem das Museum Koenig, weil das für mich bis heute mit der ersten Sitzung des Parlamentarischen Rates das Symbol des Grundgesetzes ist. Die hinter den Abhängungen der ausgestopften Tiere auf die Mütter und Väter des Grundgesetzes und Konrad Adenauer herablugenden Giraffen wurden ja zu einem ikonischen Bild. Ein weiteres bedeutsames Symbol war immer der „Lange Eugen". Der Name kam daher, dass Eugen Gerstenmaier, ich konnte ihn noch erleben, der ein relativ kleiner Mann war, dieses Hochhaus initiiert hat. Im Volksmund wurde daraus, was sehr typisch „bönnsch" ist, fast liebevoll der „Lange Eugen". Ich nenne auch das Kanzleramt, obwohl ich hierbei befangen bin, da es mein Arbeitsort gewesen ist. Es wurde abends häufig in den Nachrichten gezeigt, so dass es als Symbol gelten kann.

Helmut Schmidt hat von dem neuen Kanzleramt, das er 1976 als erster Kanzler bezogen hat, einmal gesagt, es hätte den Charme einer Sparkasse. Es ist ein sehr funktionaler Bau, in dem sich aber hervorragend arbeiten ließ. Das Gebäude war sehr begegnungsoffen. Vom Kanzlerbüro zur Kantine waren es nur fünf Minuten, aber man ist 30 Leuten begegnet. Wenn man heute im Berliner Kanzleramt vom Kanzlerbüro in die Kantine geht, ist man eine Viertelstunde unterwegs und begegnet kaum jemanden. Das Bonner Kanzleramt war sehr kommunikativ. Dazu gehörte natürlich auch der Kanzlerbungalow, für den ich auch im Kanzlerbüro mit zuständig gewesen bin, als privater Raum für ganz vertrauliche Gespräche und auch den Empfang besonderer Gäste.

Für mich selber ist aber auch das Wasserwerk ein Symbol, denn als ich bei Kohl gearbeitet habe, war der neue Plenarsaal noch nicht fertiggestellt und das Parlament tagte im Wasserwerk. Da habe ich viele Stunden, Tage und Nächte verbracht.

Welche Ereignisse verbinden sie spezifisch mit Bonn?
Auch da muss man wieder unterscheiden. Zu den historischen Ereignissen gehört die Ausarbeitung und Verabschiedung des Grundgesetzes. Auch die Bilder von Adenauer, den ich persönlich nie erlebte, gehören dazu. Ich kannte ihn lediglich aus Fernsehbildern, die aufgrund der geringen Zahl der Programme sehr dominierten. Die Bilder von Adenauers Beerdigung, als der Sarg auf dem Rhein vom Kölner Dom nach Rhöndorf gebracht wurde, haben sich tief in mein Gedächtnis eingebrannt. Oder Adenauers Witz, der immer in Debatten zum Vorschein kam. Mit 14 oder 16 Jahren verfolgte ich die Bundestagsdebatten im Fernsehen. Figuren wie Herbert Wehner oder Franz Josef Strauß machten die Debatten spannend. Solche Ereignisse prägten mich, bevor ich nach Bonn kam. Mein Onkel war Werner Marx, ein Bundestagsabgeordneter und zusammen mit Alois Mertes wichtigster Außenpolitiker der CDU/CSU-Bundestagsfraktion in den Auseinandersetzungen um Brandts Ostpolitik. Ihm im Wahlkampf zu helfen, als Jugendlicher im Lautsprecherwagen durch die Dörfer in der Pfalz zu fahren, hatte ebenfalls Einfluss auf mich. Er kandidierte erst in Kaiserslautern und dann in Pirmasens.

Abb. 45: Konrad Adenauers Sarg mit Totenwache, April 1967, Foto: Rolf Baumann

Hinzu kommen meine persönlichen Erlebnisse hier in Bonn. Zunächst möchte ich hier die große Demonstration für die Menschenrechte in der Sowjetunion nennen, die anlässlich des Besuches von Leonid Breschnew in Bonn 1978 stattfand. Der RCDS war dabei Mit-Organisator. Und diese Demonstration ist mir auch deswegen so gut in Erinnerung geblieben, weil die NPD damals versuchte, sich an die Veranstaltung dranzuhängen. Ich erinnere mich noch gut, wie wir die NPD bemerkten. Wir wollten sofort zeigen, dass keinerlei Beziehung zwischen uns und der NPD besteht und hinderten die NPD-Leute mit einer Menschenkette daran, sich in den Demonstrationszug einzureihen. Wenn heute jemand Demonstrationen organisiert und behauptet, er könne gegen die Teilnahme extremistischer Gruppen nichts tun, halte ich das für eine billige Ausrede. Man kann diese Distanz sehr deutlich machen.

Aus meiner Kanzleramtszeit denke ich natürlich auch an die massive Auseinandersetzung um den NATO-Doppelbeschluss. Man blockierte das Regierungsviertel, so dass wir auf abenteuerlichen Wegen ins Kanzleramt gelangen mussten. Auch eine große Demonstration 1986 wegen der Änderung des sog. Streik-Paragraphen im Arbeitsförderungsgesetz legte das Regierungsviertel lahm. Diese Ereignisse haben sich eingebrannt.

Ich erlebte unmittelbar mit, wie DIE GRÜNEN in den Bundestag einzogen. Das war etwas Ungewöhnliches, mit Turnschuhen, Fahrrädern vor dem Bundestagseingang und Sonnenblumen. Einige kannte ich aus der Studentenpolitik. Wir saßen in Marburg zusammen im Studentenparlament.

Dass man sich persönlich aus unterschiedlichen Zusammenhängen kannte, spielte in Bonn sowieso eine besondere Rolle: Um mal ein kleineres Ereignis zu nennen: Willy Brandt, der sich damals in politischen Schwierigkeiten befand, schlug 1987 auf einmal eine neue Pressesprecherin vor, die keiner kannte. Alle waren völlig verblüfft. Es handelte sich um die Tochter eines griechischen Sozialisten, mit dem Brandt befreundet war, Margarita Mathiopoulos. Ich hatte mit ihr zusammen Politikwissenschaft studiert und kannte sie. Morgens fragte Helmut Kohl dann: ‚Kennt jemand diese Frau Mathiopoulos?' Ich war der einzige, der sie kannte und etwas dazu sagen konnte. Ich könnte stundenlang solche Ereignisse aufzählen.

Würden Sie diese Ereignisse als „Bonn-spezifisch" bezeichnen?
Die Demonstrationskultur war definitiv „Bonn-spezifisch". Dies meint besonders die Bonner Gelassenheit im Umgang mit den Demonstrationen. Damals fanden viele Demonstrationen im Bonner Zentrum statt. Das geht in Berlin heute wegen der Stadtstruktur so nicht mehr. „Bonn-spezifisch" ist für mich auch die Bonn-Berlin Auseinandersetzung. Damals organisierte ich als Bonner CDU-Vorsitzender eine Menschenkette, und zwar vom Kanzleramt bis zum Alten Rathaus. „Hand in Hand für Bonn" war ein großer Organisationsaufwand. Es kamen über 25.000 Leute, die Adenauerallee musste gesperrt werden. Zu dieser Zeit arbeitete ich noch im Kanzleramt und es war interessant, da ich auch in dieser umstrittenen Frage unmittelbare Einblicke in den Entscheidungsprozess Kohls bekam. Er zögerte lange, entschied sich dann aber für Berlin. Ich war für Bonn, wie übrigens fast alle anderen Mitarbeiter auch. Wir erfuhren von Kohl nie einen Nachteil wegen unserer abweichenden Meinungen und er hat uns das auch nicht übel genommen: Toleranz eben.

Wie können wir uns ihren damaligen Arbeitsalltag vorstellen?
Ich würde unterscheiden zwischen der Zeit als Redenschreiber und der Zeit als stellvertretender Büroleiter. Ich wohnte in diesen Jahren im Beueler Zentrum. Wenn ich den Hubschrauber hörte, mit dem Kohl einflog, sprang ich in mein Auto und begegnete ihm im Foyer des Kanzleramtes. Es ging relativ früh los, Kohl war meist gegen halb acht im Büro. Als Redenschreiber waren wir für ihn Sparringspartner. Man setzte sich also mit ihm zusammen und diskutierte. Das Ergebnis der Diskussion versuchte man in einen

Redetext umzuschreiben. Redetexte sind ein bisschen wie Liebesbriefe: Man denkt, man hätte ein akzeptables Ergebnis produziert und legt den Text weg. Nach zwei Stunden liest man ihn nochmal und merkt, man muss ihn neu schreiben. Der x-te Entwurf war dann akzeptabel. Wir waren erst zwei, dann drei Redenschreiber.

Bei den Reden waren wir immer mit ihm unterwegs, denn Kohl legte großen Wert auf unsere Anwesenheit. Er wollte, dass wir als Redenschreiber erleben, wie die Reden vom Publikum aufgenommen werden. Hinterher kam die Strafarbeit, nämlich die Tonabschriften zu korrigieren, weil jeder Veranstalter aus der Rede eine Veröffentlichung machen wollte. In dieser Zeit ging der Alltag meist von 8 Uhr morgens bis 22 Uhr abends. Ich schätze, dass ich in dieser Phase rund 70 Prozent meiner Zeit mit Kohl verbrachte, wenn dieser in Deutschland war. In der Zeit als stellvertretender Büroleiter wurde das noch enger, dann wurden es 95 Prozent meines Tages, die ich mit Kohl verbrachte. Da wusste ich oft morgens nicht, wann ich abends zurückkommen würde. Der Alltag blieb im Grunde unplanbar, besonders in der Phase der Deutschen Einigung, denn es kamen häufig unvorhergesehene Dinge auf uns zu.

Kohl war ein sehr spontaner Mann, der sich oft vom Protokoll löste. Wenn er auf dem Weg vom Bundestag zum Kanzleramt eine Schulklasse sah, die darauf wartete, ins Parlament zu kommen, konnte es passieren, dass er sich einen Spaß daraus machte, den Lehrer zu verblüffen. Er hat zu den jungen Leuten gesagt: ‚Was macht ihr denn hier?',

Abb. 46: Stephan Eisel in seiner Zeit als stellvertretender Büroleiter mit Helmut Kohl, 1990

‚Wir warten!', daraufhin Kohl ‚Ja, dann kommt doch mal mit' und hat sie dann ins Kanzleramt mitgenommen, in sein Büro. Er hat ihnen dann gesagt, sie sollten sich auf den Boden setzen und mit ihm diskutieren. Die Schüler waren total begeistert, weil das alles so spontan war.

Eine andere Eigenart: Die Weihnachtsgeschenke für seine Mitarbeiter hat Kohl immer selber gekauft. Kohl ging zum führenden Bonner Buchladen, Bouvier, und schickte oft seine Sicherheitsbeamten weg, um alleine in den Bücherregalen zu schmökern. Kohl suchte für jeden Mitarbeiter ein spezifisches Buch heraus, worüber er dann mit dem Beschenkten reden wollte. Was er verschenkte, hatte er selbst immer schon gelesen. Fand man bei dieser Buchdiskussion keinen Konsens, kam er später immer wieder darauf zurück. Kohl wollte diskutieren und überzeugen.

Es wurde auch viel gelacht, viele Scherze gemacht. Ich wäre nicht neun Jahre dortgeblieben, wenn der Job nicht abwechslungsreich gewesen und Kohl kein guter Chef gewesen wäre. Er hat viel gefordert, war auch manchmal unfair, aber kam dann ein paar Tage später und entschuldigte sich. Bei der Beurteilung eines Prominenten oder Politikers hilft es immer zu schauen, wie lange die Mitarbeiter bei ihnen bleiben. Egal ob Kardinäle oder Politiker: wenn häufig der Büroleiter oder Pressesprecher wechselt, ist das ein schlechtes Zeichen.

Wie wirkte sich ihrer Ansicht nach die Kommune und die Region auf das Leben der Hauptstadt aus und was bedeutete dies für den Alltag der Regierungsmitarbeiter?
Die Kommune hat sich als Institution wenig um das „Regierungs-Bonn" geschert. Als Mitarbeiter war man wenig davon betroffen. Die Bevölkerung spielte eine größere Rolle. Man wusste, wenn man mit dem Bundeskanzler zum Italiener ging, rief nicht sofort jemand die BILD-Zeitung an, damit eine Viertelstunde später ein Fotograf vor Ort ist. Das war außerhalb von Bonn leider nicht immer so: Einer der Söhne von Kohl hatte einmal einen lebensgefährlichen Unfall in Norditalien. Als Kohl das hörte, ließ er alles stehen und liegen und brach mit seiner Frau umgehend zum Unfallort auf. Eigentlich bekamen die Medien nichts mit, aber die BILD-Zeitung war schneller im Krankenhaus als die Eltern. Die Redaktion hatte einen Anruf aus dem Krankenhaus erhalten. Das wäre in Bonn so nicht passiert.

Die Erfahrung mit der Bonner Bevölkerung waren eigentlich rundweg positiv. Mit der Stadtverwaltung kamen die Regierungsmitarbeiter kaum in Kontakt. Es gab ein paar Institutionen wie die Oper, mit denen man etwas zu tun hatte. Während der Bonner Zeit diente sie natürlich der Repräsentation, man ging mit Staatsgästen dorthin. Kohl hatte zu den Opernintendanten immer einen persönlichen Draht und lud sie zu sich ein, wenn sie neu waren. Zu manchen Künstlern pflegte er ebenfalls ein gutes Verhältnis. Der normale städtische Verwaltungsalltag spielte aber keine Rolle und war in seiner bürokratischen Schwerfälligkeit, wenn überhaupt, eher ein Gegenstand von Spott.

Strahlte die Lebensart in Bonn auch auf den Regierungsapparat und somit die bundesrepublikanische Politik ab?
Ich glaube schon: Das Arbeitsklima spielte eine Rolle. Wenn es zum Beispiel in Bonn einen prominenten Fototermin gab, stimmten die Fotografen sich untereinander ab. Wenn Sie Fototermine in Berlin beobachten, ist das weniger harmonisch und aggressiver. Ich hatte schon erwähnt, dass man unterschiedlicher Meinung sein konnte und nicht direkt verfeindet war. Die Auseinandersetzungen waren teilweise in der Sache härter als heute, weil es häufiger um Grundentscheidungen ging, aber sie waren nicht so persönlich verletzend. Welche Rolle Bonn dabei spielte, ist spekulativ. Dennoch mache ich jetzt einen ganz gewagten Vergleich: Die NPD ist bei den Bundestagswahlen 1969 zwar nur knapp gescheitert, aber sich in der Bonner Zeit so etwas wie die AfD vorzustellen, fällt mir schwer. So eine aggressive und hasserfüllte Bewegung lebt von einer gewissen Anonymität, die es in Bonn nicht gegeben hat.

Wie wirkte der Ort auf die Politik?
Es hat etwas mit der Größe der Stadt zu tun. Es war völlig klar, dass in Bonn nicht genügend Leute ausgebildet werden konnten, um damit die Ministerialverwaltung zu bestücken. Es mussten Leute aus ganz Deutschland angeworben werden. In einer Metropole wie Berlin kommen mehr Mitarbeiter der Ministerien aus der Stadt und der Umgebung. Berlin hat drei Universitäten. Das macht schon einen Unterschied. Bei der Bonn-Berlin-Debatte spielte die Größe der Stadt eine Rolle. Beispiele aus dem Ausland wurden angeführt. Eine kleinere Stadt stimuliert per se die Regierungen durch ihre Struktur. Berlin unterscheidet sich von Metropolen wie London, Paris oder Madrid, weil es kein starkes Umfeld hat. In 200 Kilometer Umkreis gibt es nur kleinere Städte. Berlin kann sich nicht selber relativieren. Deshalb denken die Berliner, dass alles in ihrer Stadt das Zentralste der Welt sei. Das ist eine Metropolenschwäche von Berlin. Bonn hingegen hat Köln nebendran, Frankfurt ist um die Ecke, das Ruhrgebiet ist nah dran. Bonn hat den Föderalismus nie gefährdet. Das hat bei der Hauptstadtdebatte eine Rolle gespielt: Die Fraktion für Berlin stützte sich auf historische Argumente. Diejenigen, die den Bonner Politikbetrieb kannten, stimmten für Bonn – für die Relativität dieser kleinen Stadt.

Die Entscheidung für Berlin wird oft auf die Rede von Wolfgang Schäuble zurückgeführt. Diese Meinung vertrete ich nicht, weil Wolfgang Schäuble diese Rede schon mehrfach in der CDU/CSU-Fraktion gehalten hatte. Eine größere Rolle spielte die Tatsache, dass viele von einer Mehrheit für Bonn ausgingen. Das erzählten mir beide Seiten. Es gibt eine ganze Reihe von Abgeordneten, die mir persönlich sagten, sie würden für Bonn stimmen. Es war schließlich eine namentliche Abstimmung und später sah ich, dass diese Abgeordneten für Berlin votierten. Einer davon war z. B. Jürgen Echternach aus Hamburg. Ihn habe ich hinterher gefragt, warum er für Berlin gestimmt hatte. Er sagte mir, dass er dachte, die Mehrheit für Bonn bestehe und er deshalb für Berlin gestimmt hat. Ich glaube, das hat eine relativ große Rolle gespielt.

Wie hat sich der Status als Hauptstadt auf das Leben in der Kommune und in der Region ausgewirkt?
Eigentlich kaum. Im Alltag störten die geschlossenen Bahnschranken mehr als die Staatsbesuche. Die Regierungsgeschäfte hatten also keinen großen Effekt. Man sah vielleicht in einer Gaststätte ein prominentes Gesicht, aber man respektierte dessen Privatsphäre. Seit 1949 waren die Bonner an den Hauptstadtstatus der Stadt gewöhnt.

Die Bedeutung fiel vielen erst auf, als das Parlament und Teile der Regierung wegzogen, vor allem der ganze Botschaftsbereich. Solange solche Institutionen in Bonn ansässig waren, bemerkte man ihren indirekten Einfluss nicht. Als auf einmal die Botschaften wegzogen, spürten viele Mittelständler, dass ein Teil ihrer Kundschaft fehlte. Die Kaufkraft entfiel nicht zwingend wegen des Parlaments, sondern viel mehr aufgrund der Verbände und Einrichtungen, die der Regierung nach Berlin folgten. Viele Veranstaltungen fanden nicht mehr statt, zum Beispiel die Sommerfeste, die viele Bonner besuchten. Die Landesvertretungen fehlten auch in Bonn. Bonn, der Rhein-Sieg Kreis und der Landkreis Ahrweiler waren mit dem Wegzug von etwa 50.000 Einwohnern nach Berlin betroffen. Heute ist die Bundesregierung nach der Universität mit rund 7.000 Ministeriumsarbeitsplätzen der zweitgrößte Arbeitgeber. Wenn man die nachgeordneten Behörden dazurechnet, zum Beispiel das Bundeskartellamt oder das Bundesinstitut für Arzneimittel und Medizinprodukte, dann ist der Bund sogar bei weitem der größte Arbeitgeber. Für die Studenten in meinem Fach hatte der Wegzug spezielle Auswirkungen: Sehr viele der Politikwissenschaftsstudenten hatten zu Hauptstadtzeiten im Bundestag ein Praktikum gemacht oder bei einem Abgeordneten als Studentische Hilfskraft gearbeitet. Dieser Praxisbezug fehlt heute.

Wir sind auf die Universitätsdimension noch nicht eingegangen. Haben Sie von den bundespolitischen Aktivitäten der Professoren etwas mitbekommen und im Bildungssinne davon profitiert? Konnten Sie an diesen Prozessen sogar teilnehmen, hat man mit Ihnen darüber diskutiert?
In meiner Studentenzeit bekam ich von solchen Aktivitäten der Professoren wenig mit. Ich habe das erst auf der anderen Seite in seiner tatsächlichen Dimension realisiert. Natürlich gehörte das regelmäßige Gespräch mit Wissenschaftlern zum Alltag eines Bundeskanzlers. Für uns als Redenschreiber war es besonders wichtig. Da spielten Leute wie Karl Dietrich Bracher, der Historiker Klaus Hildebrand, der Moraltheologe Franz Böckle und auch der evangelische Theologe Martin Honecker eine wichtige Rolle. Dieser Kreis aus zehn bis 15 Leuten kam regelmäßig zusammen. Es nahmen nicht nur Bonner teil. Auch Werner Weidenfeld, der in Mainz lehrte, z. B. kam dazu. Erst im Kanzramt bemerkte ich, welche Rolle solche externen Leute einnahmen. Es war bei Kohl aber klar, dass jemand, der sich öffentlich als Kanzlerberater betitelte und versuchte daraus Vorteile zu ziehen, ab diesem Moment keiner mehr war. So begann ein Professor eine monatliche FAZ-Kolumne mit der Bezeichnung „Berater von Helmut Kohl" zu schreiben. Als Folge wurde er nicht mehr zu solchen Besprechungen eingeladen.

Meine Dissertation habe ich noch an der Universität begonnen und bekam währenddessen die Möglichkeit ins Kanzleramt zu gehen. Ich schloss die Dissertation in den ersten anderthalb Jahren als Redenschreiber bei Kohl ab. Wie ich das geschafft habe, ist mir heute ein Rätsel. Eine Hilfe war sicherlich, dass mein Doktorvater Karl Dietrich Bracher mich regelmäßig anrief und ganz freundlich fragte, ob ich vorankäme. Die Tatsache, dass ich im Kanzleramt arbeitete, bildete keine Hemmschwelle, er wollte von meinem Fortschritt hören.

Wirkte sich der Wegzug der Regierung auf die Universität aus? Es gab in Bonn doch durchaus Professoren, die von der Nähe zur Hauptstadt profitiert hatten.
Das war ein Verlust für die Bonner Universität; weniger im naturwissenschaftlichen Bereich als in den Geisteswissenschaften. Der Wegzug der Regierung und die aus meiner Sicht verheerende Bologna-Entwicklung trafen zusammen. Heute erkenne ich mein politikwissenschaftliches Seminar nicht mehr wieder, zumal die Universität die Politik-

wissenschaft mit der Soziologie zusammengelegt hat. In meinen Augen ist das eine Katastrophe. Einen kleinen Vorteil haben die Bonner Politikwissenschaftler noch gegenüber anderen Universitäten: Der Fernsehsender Phoenix sitzt in Bonn. Der Sender benötigt für seine Sendungen immer wieder Experten. Ich möchte an dieser Stelle niemandem zu nahe treten, aber Politikwissenschaftler, die in Bonn sitzen, wären weit weniger bekannt, wenn sie in Tübingen säßen. Aber durch ihre Expertenauftritte bei Phoenix haben sie einen gewissen Bekanntheitsgrad. Die Bonner Universität macht aber keinen schlechten Job bei der Gewinnung ehemaliger Spitzenpolitiker wie Sigmar Gabriel oder Jürgen Rüttgers als Dozenten.

Meine Wahrnehmung ist, dass die Universitäten mittlerweile generell weit unpolitischer sind, als sie das in meiner Studienzeit waren. Das hat auch politische Auswirkungen. Spätere Mandatsträger müssen sich viel seltener in einer argumentativen Auseinandersetzung bewähren. Meine Studentengeneration musste sich auseinandersetzen mit dem MSB Spartakus; mit der Frage, was Demokratie ausmacht, wie sich die eigenen Argumente in Debatten bewähren oder warum Ideologien so gefährlich sind. Wir haben jeden Tag in Diskussionen gesteckt und das hat später die politische Arbeit mitbeeinflusst. Heute wird man in meinen Augen zu wenig geistig herausgefordert, wofür auch die Verschulung durch den Bologna-Prozess verantwortlich ist. Auch eine gewisse Oberflächlichkeit kommt hier zum Tragen. Das hat Wirkung über die Frage von Ausbildung und Studium hinaus in die politische Struktur hinein. Alle Parteien haben Schwierigkeiten, in ihren Reihen argumentativ überzeugende Leute z. B. für Podiumsdiskussionen zu finden. Streitgespräche finden in zu geringer Zahl statt. An diesem Mangel der intellektuellen Auseinandersetzung krankt der Politikbetrieb, aber auch der Journalismus. Die Oberflächlichkeit der Talkshow-Atmosphäre kann das nicht ersetzen.

Würden Sie von einer Bundesrepublik sprechen oder von einer „Bonner Republik" und einer „Berliner Republik"?
Die Begriffe „Bonner Republik" und „Berliner Republik" sind in einem gewissen Sinne sehr problematisch. Helmut Kohl hat sich übrigens immer gegen die Ausrufung der „Berliner Republik" gewehrt. Er meinte, dass in Berlin die Bonner Grundsätze im Sinne des Grundgesetzes bestehen bleiben müssten. Diese Meinung vertrete ich auch. Man könnte lange über diese Begriffe und was sich verändert hat, diskutieren. Mir wurde für die Aussage, die Regierung rücke mit Berlin als Hauptstadt in eine Randlage, Polemik vorgeworfen. Aber Bonn befand sich im Zentrum der Bundesrepublik, denn die Regierung saß in einer für Deutschland typischen Stadt.

Aber es gibt auch eine wichtige Grundregelung die verhindert, dass Berlin allzuviel an sich ziehen kann, das ist die Arbeitsweise des Deutschen Bundestages. In Deutschland wechseln sich Sitzungswochen und sitzungsfreie Wochen ab. Das ist ein effektives System zur Verankerung der Mandatsträger in ihren Wahlkreisen. Die Abgeordneten in Berlin bekommen vom Leben der Stadt wenig mit, weil sie von morgens bis abends in Sitzungen gebunden sind. Freitags geht es zurück in den Wahlkreis als Botschafter dessen, was in Berlin passiert ist. Montags nach den sitzungsfreien Wochen kehren sie zurück nach Berlin mit den Diskussionen aus dem Wahlkreis. Dieser Wechsel ist sehr wichtig: In Großbritannien tagen die Abgeordneten beispielsweise vier Monate ununterbrochen, das erschwert die Bürgernähe und fördert den Zentralismus.

Aber die Berliner Randlage hat eben eine Wirkung, die mit der Anonymisierung einer Millionenstadt einhergeht, auch im Medienbereich. Und dann kommt dazu, dass Berlin nicht gerade für Charme und Gelassenheit bekannt ist, sondern eher für eine gewisse Aggressivität, eben die „Berliner Schnauze". Das empfinden viele so, die aus Bonn nach Berlin gezogen sind und fällt auch Abgeordneten, die ja aus ganz Deutschland kommen, immer wieder auf. Das spielt auch das Preußische eine Rolle: Strammstehen ist eben mit der rheinischen Art nicht wirklich kompatibel – es gibt schon einen Grund, warum der Karneval, als Übung darin sich selbst nicht zu ernst zu nehmen, in Berlin nicht heimisch wird.

Über sich selber zu lachen ist eine urdemokratische Eigenschaft. Übrigens erkennen Sie alle Ideologen und Extremisten daran, dass sie nicht über sich selber lachen können. Versuchen sie eine Szene zu finden, in der Herr Gauland über sich selber lacht. Die wird ihnen nicht begegnen.

Herr Eisel, haben Sie vielen Dank für das Gespräch!

Kommune trifft auf Bundespolitik:
Rolf Kampmanns Perspektive

Kira Gatzemeier

Die Verbindung zwischen Kommunalpolitik und Bundesebene war ein wichtiges Merkmal der „Bonner Republik" vor Ort. Besonders für den Sitz der Regierung bekommt das kommunalpolitische Geschehen eine höhere Bedeutung. Hier ist von Interesse, wie sehr sich die zwei Ebenen im föderalen Staat gegenseitig beeinflussten. Rolf Kampmann war Teil dieser kommunikativen Schnittpunkte, denn er leitete lange Zeit das Wahlkreisbüro von Horst Ehmke (SPD) (1927–2017). Ehmke hatte von 1980 bis 1994 seinen Wahlkreis in Bonn, war stellvertretender Vorsitzender der SPD-Bundestagsfraktion und Bundesminister in verschiedenen Positionen. Er war im 1969 gebildeten Kabinett von Willy Brandt (1913–1992) mit daran beteiligt, das sozialdemokratische Modernisierungsprojekt zu formulieren. Sein politisches Ziel war es, die Demokratisierung in allen gesellschaftlichen Bereichen voranzutreiben. Hierzu

Abb. 47: Porträtaufnahme von Rolf Kampmann, undatiert, Foto: Heinz Engels

zählte auch die Reform der Bundesverwaltung. Aus Ehmkes Perspektive befanden sich im Regierungsapparat noch zu viele Überbleibsel der monarchischen Obrigkeitsverwaltung. Mit seinem ambitionierten Programm veränderte er die Struktur im Kanzleramt und die Informationspolitik innerhalb der Regierung.[1] Von 1969 bis 1994 gehörte er dem Deutschen Bundestag an.

Rolf Kampmanns politisches Engagement begann während des Studiums bei der „Sozialdemokratischen Wählerinitiative". Im Wahlkampf von 1969 fand die Wählerinitiative zahlreiche Unterstützerinnen und Unterstützer. Der Schriftsteller Günter Grass (1927–2015) und andere initiierten eine breit rezipierte Kampagne für Willy Brandt und etablierten den Slogan „Mehr Demokratie wagen". Die Initiative aktivierte bürgerliche Bevölkerungskreise und motivierte diese für eine liberale und reformorientierte Politik. Mit einer passgenauen Kommunikation wurde die Distanz gegenüber der Wähler-

---

1 Seifert, Benjamin, Träume vom modernen Deutschland. Horst Ehmke, Reimut Jochimsen und die Planung des Politischen in der ersten Regierung Willy Brandts (Göttinger Junge Forschung, Bd. 2), Stuttgart 2010.

schaft abgebaut und besonders junge Menschen miteinbezogen.[2] Kampmann zählte zu den so Überzeugten.

Im Wahlbüro von Horst Ehmke war Kampmann später für die Verbindung zur Kommunal- und Landespolitik zuständig und stand im regen Austausch mit der Bonner Stadtverwaltung und der nordrhein-westfälischen Landesregierung. Berührungsangst zu verschiedenen Politikern hatte er nie, da er sie seit Kindertagen in dem städtischen Treiben Bonns miterlebt hatte. So war es für ihn nichts Außergewöhnliches, immer wieder zufällig in bedeutende politische Ereignisse hineinzugeraten. Schon als Bonner Schüler erlebte er die „Bonner Republik" im Alltag, z. B. das Staatsbegräbnis für Konrad Adenauer (1876–1967) oder die Demonstration gegen die Notstandsgesetzgebung im Mai 1968.

Rolf Kampmann ist ein scharfsinniger Beobachter der großen Politik im Alltag Bonns. Im Interview mit ihm wird deutlich, wie sehr politische Ereignisse auch in der Stadt zu spüren waren. Als Mitarbeiter Horst Ehmkes vermag er Einblicke in den Alltag und hinter die Kulissen der „Bonner Republik" zu geben. Der Terror der RAF und die Spionage der DDR-Staatssicherheit betrafen unmittelbar sein Arbeitsumfeld. Kampmann selbst wurde von dem Verdacht für den ostdeutschen Geheimdienst zu arbeiten nicht verschont. Im Gegenzug bescherte ihm diese Nähe zur Regierung auch spannende Begegnungen, beispielsweise mit dem heutigen US-amerikanischen Präsidenten Joseph Biden (geboren 1942).

Bonn als Stadt hat sich aus Kampmanns Sicht in der Zeit bis zum Bonn-Berlin-Beschluss deutlich gewandelt. Von den früheren provisorischen Bauten waren im Laufe der Zeit wenige übriggeblieben; aus den alten Kasernen wurden Ministerien, tagte der Bundestag anfänglich noch in der umgebauten Pädagogischen Akademie, wurde 1992 ein neuer Plenarsaal eingeweiht, zwischenzeitlich tagten die Abgeordneten im Wasserwerk und stimmten dort über die „Hauptstadtfrage" ab. Es wurden Wohnungen für die Beschäftigten errichtet, sowie Verwaltungsgebäude. Mit dem „Langen Eugen" entstand in den 1970er-Jahren eine Landmarke, die für viele den Wandel zu einem dauerhaften Regierungsviertel absteckte.[3]

Dass die Industrie und somit auch Industriearbeitsplätze nie richtig einen Platz in der Stadt gefunden haben, ist nach Kampmann die Kehrseite dieser Entwicklung. Er bedauert, dass größere Unternehmensansiedlungen verhindert wurden. Eine starke Arbeiterschaft gab es in der Stadt nicht. In Bonn seien die Verantwortlichen froh über die Anwesenheit der Bundesregierung gewesen.

Trotz des Wegzuges der Regierung aus der Stadt, habe Bonn sich nach Rolf Kampmanns Meinung nicht verändert. Es sei immer noch eine Akademikerstadt, in der viele Nichtregierungsorganisationen und Verwaltungsdienststellen ihren Platz haben.

---

2 Schlüter, Kai (Hg.), Günter Grass auf Tour für Willy Brandt. Die legendäre Wahlkampfreise 1969, Berlin 2011.
3 Vgl. Rey, Manfred van, Bonner Stadtgeschichte kurzgefasst. Von der Vorgeschichte bis zur Gegenwart, 2., verbesserte u. erweiterte Aufl., Bonn 2006, S. 247–256.

Dokumentiertes Gespräch mit Rolf Kampmann vom 14. Juni 2021

Interviewt von Kira Gatzemeier

Herr Kampmann, welche Rolle spielten Sie in der „Bonner Republik"?
Ich habe sicherlich keine große Rolle in der sogenannten „Bonner Republik" gespielt. Ich bin bei dem Begriff skeptisch, weil ich der Meinung bin, dass die „Bonner Republik" noch gar nicht ganz zu Ende ist. Die Diskussion, die wir im Moment im außenpolitischen Bereich führen, zeigt, dass die Kontinuitätslinien der „Bonner Republik" bis in die Gegenwart fortdauern. Wenn es heute große Unterschiede gäbe, würde diese Diskussion nicht geführt. Merkwürdigerweise sind die eifrigsten Verteidiger der außenpolitischen Maximen der „Bonner Republik" inzwischen die Linkspartei und Teile der SPD, welche die „Bonner Republik" vorher immer abgelehnt hatten.

Aber zurück zu meiner Rolle: Mein politisches Engagement habe ich während meines Studiums in der „Sozialdemokratischen Wählerinitiative" begonnen. Anschließend habe ich von 1988 bis 1990 das Abgeordnetenbüro von Horst Ehmke in seinem Wahlkreis, welcher von 1980 bis 1994 der Wahlkreis Bonn gewesen ist, betreut. Da Ehmke nicht nur stellvertretender SPD-Fraktionsvorsitzender, sondern auch Bundesminister in verschiedenen Funktionen gewesen ist, hatte ich im Wahlkreisbüro die Aufgabe, ständig Verbindungen zur Kommunalpolitik vor Ort herzustellen. Ich stand also in regelmäßigem Kontakt mit der Bonner Stadtverwaltung, der Landesregierung und anderen. 1995 bin ich in die Finanzberatung gewechselt.

Welche persönlichen Erlebnisse verbinden Sie mit der „Bonner Republik"?
Seit 1964 habe ich mit wenigen Unterbrechungen in Bonn gelebt. Schon als Kind konnte ich bedeutende Teile der Entwicklung vor Ort miterleben. Als Elfjähriger zu sehen, wie das Bundeswehrschiff Adenauers Leichnam vom Kölner Dom rheinaufwärts nach Rhöndorf zum Friedhof transportierte und am Flussufer zehntausende Menschen ihm das letzte Geleit gaben, war ein Erlebnis. Das Ereignis hat für mich früh eine politische Rolle gespielt.

In der Grundschulzeit gab es noch ein weiteres Erlebnis. Ich komme ursprünglich aus Bardenberg (heute Würselen) bei Aachen. So fühlte es sich ungewöhnlich an, wenn man als Banknachbarn in der Stiftsschule einen Schüler hatte, dessen Vater Bundesminister war. Und wenn wir bei ihm Zuhause gespielt haben und das Telefon klingelte, und man als Acht-/Neunjähriger instinktiv zum Hörer greift, dann konnte es vorkommen, das Carlo Schmid oder wer auch immer am Telefon war. Dass man die Politiker schon seit Kindertagen kannte, hat mich dazu gebracht, nie eine Berührungsangst zu ihnen zu entwickeln. Es sind ganz normale Leute, die Zuhause auch mal gähnen und sich die Krawatte ausziehen.

Abb. 48: Konrad Adenauers Trauerzug am Rhein, 22.4.1967, Foto: Rolf Baumann

Bedauern Sie es, dass Sie Carlo Schmid mit neun und nicht etwa mit 20 Jahren am Telefon hatten? Dann hätten Sie ihm andere Fragen stellen können.
Im Nachhinein ist das sicherlich bei manchem so, aber was will man tun.

Haben Sie noch weitere persönliche Erinnerungen an die „Bonner Republik"?
Für mich war es immer so ein Hin- und Hergerissen Sein. Im Alltag spielte die Politik hier in Bonn nur in Ausnahmenfällen eine Rolle. Zum Beispiel erinnere ich mich an meinen ersten Tag im Gymnasium. Am 1. Dezember 1966 kamen wir nicht in die Schule, schon gar nicht in die Straße hinein, weil gerade der Dachstuhl der SPD-Baracke, wie die SPD-Bundesparteizentrale an der Ollenhauerstraße im Volksmund hieß, brannte. Dann erlebt man solche Dinge (lacht). Im Mai 1968 war es die riesige Demonstration gegen die Notstandsgesetze auf der Hofgartenwiese. Den ganzen Tag (11. Mai 1968) zogen

die Demonstranten aus allen Richtungen in die Stadt. Der damalige Innenminister von der CDU, der ja innerhalb der Union, wie ich später gelernt habe, ein relativ liberaler Mann war, später auch Präsident des Bundesverfassungsgerichtes wurde, Ernst Benda, wurde von den Demonstranten wiederholt mit dem kurzen Satz: „Benda ist ein dummes Schwein." bedacht. Das war der Hauptspruch dieser Demonstration. Anschließend haben auch zahllose Gegner dieser Notstandsgesetzgebung gesprochen; wie Heinrich Böll sowie die ganzen evangelischen Pfarrer, da sich Martin Niemöller gegen diese Verfassungsänderung ausgesprochen hatte. Zum ersten Mal habe ich so eine riesen Demo gesehen. Nachher wurde das zum Normalzustand. Beispielsweise kam Heinrich Lübke in das Bonner Stadttheater, das heute Oper heißt, und dann standen auch ein paar hundert Demonstranten davor und haben den Bundespräsidenten mit Eiern und Äpfeln beworfen. Das kann man sich heute nicht mehr vorstellen. Da würde gleich das Ende der Republik ausgerufen, wenn so etwas vorkäme. Ich will nicht sagen, dass ich das gutheiße; ich will nur sagen, es war auffällig mehr Schwung in der ganzen Sache – auf beiden Seiten.

Abb. 49: Demonstration gegen die Notstandsgesetze, 11.5.1968, Foto: Georg Munker

Was hat in den späteren Jahrzehnten Ihr Bild geprägt?
In den 1970er Jahren dominierten die verschärften Kontrollen in Bonn wegen des Terrorismus. Es wurden immer wieder Politiker entführt oder getötet. Es hat mich bedrückt, wie zum ersten Mal die Regierungsbauten mit 2,50 Meter hohen Zäunen umgeben wurden. Das neue Bundeskanzleramt sollte nicht von Anfang an solche völlig undurchdringbaren Zäune erhalten. Die sind dann aber sozusagen automatisch

gekommen. Mit Anfang 20 fand ich das nicht so toll. In den 1980er Jahren waren die beeindruckenden Erlebnisse für mich die großen Friedensdemonstrationen 1981 f.und 1983. Wobei, ich bin bei der dritten schon nicht mehr hingegangen, weil mir, dass schon zu einseitig wurde. Nicht dass ich Ronald Reagan besonders mochte, aber als Leute, die eigentlich für den Frieden eintraten, ihn ständig als „Mörder" titulierten, fand ich das schwierig. Für mich, der aus einer Familie stammt, die mehrere Generationen im Bergbau tätig war, sind die Demonstranten aus dem Ruhrgebiet Ende der 1980er Jahre, die für den Erhalt des Stahlwerks in Duisburg-Rheinhausen gekämpft haben, in Erinnerung geblieben. Wochenlang haben sie auf der Kreuzung, Heussallee/Willy-Brandt-Allee, damals Godesberger Allee, mit brennenden leeren Ölfässern kampiert und für den Erhalt ihrer Arbeitsstätten gestritten. In dieser Zeit habe ich bereits im Bundestag gearbeitet. Besonders beeindruckend waren natürlich auch die ausländischen Staatsgäste. 1978 fand zum ersten Mal das G7-Treffen in Bonn statt. Im Juli 1978 begegnete ich auf Höhe des heutigen Standorts des Institut Français US-Präsident Jimmy Carter. Damals noch mit wenigem Sicherheitspersonal, nur mit drei Autos vom Secret Service. Außerdem konnte man ihn noch richtig sehen, als er vorbeifuhr. 1965 kam die Queen nach Bonn und wir haben alle schulfrei bekommen. Wir konnten ihr zujubeln, als sie über die Kennedy-Brücke auf den Bertha-von-Suttner-Platz fuhr. Damals gab es die Autobahn zum Flughafen noch nicht, so dass sie mit dem ganzen Konvoi auf Dorf- und Landstraßen über Spich, Troisdorf, Sieglar und Menden bis nach Bonn fahren musste. Beide Ereignisse sind in dieser Form heutzutage nur noch schwer vorstellbar.

Ein letzter Punkt waren die Städtepartnerschaften zwischen westdeutschen und ostdeutschen Städten Ende der 1980er Jahre. Bonn hatte Potsdam als Partnerstadt ausgewählt. Und diese Beziehungen waren, so lange das über die offizielle Ebene lief, sehr förmlich, steif und ohne eine persönliche Begegnung. Nach dem 9. November aber waren das innerhalb von drei Wochen ganz enge Beziehungen. Ich bin zum ersten Mal am 4. Dezember 1989 in Potsdam gewesen und dann bis Ende März 1990, zehn, zwölfmal.

Zur Unterstützung des Wahlkampfs zur ersten freien Volkskammer im März 1990?
Ja, wir haben die Parteien vor Ort mit einer Grundausstattung für ein Wahlkreisbüro, Parteibüro usw. versehen. Die hatten vorher gar nichts. Bei der ersten Fahrt im Dezember hatte der Verein für Gefährdetenhilfe in Bonn, der jetzt in der Siemensstraße in Endenich sitzt und auf der Endenicher Straße einen Gebrauchtwagenladen hat, uns einen Lieferwagen geschenkt. Und ein, damals noch existierender, Papiergroßhändler hat uns 60.000 Blatt Papier mitsamt einer Druckmaschine überlassen. Das haben wir nach Potsdam in das ehemalige Stasigefängnis in der Altstadt gebracht, wo die Oppositionsparteien damals residierten.

Welche Ereignisse im Politikbetrieb würden Sie als „Bonn-spezifisch" bezeichnen?
Eine Erinnerung, die ich selbst nicht miterlebt habe, über die aber damals viel geredet wurde, ist die Regelung des Verkehrs auf dem Platz zwischen dem Kanzleramt und dem

Bonn-Center. Den Kreuzungsverkehr leitete ein Schutzmann, der sich in einem Blechhäuschen drei Meter über der Straße befand, noch mit Handzeichen; damals gab es hier noch keine Ampeln. Zu einer Auseinandersetzung gibt es eine Anekdote: Der damalige Verteidigungsminister Franz Josef Strauß meinte, dass der Schutzmann ihn zu lange habe warten lassen. Strauß habe beim Innenministerium in Düsseldorf eine förmliche Beschwerde eingereicht, damit der Verkehrspolizist eine beamtenrechtliche Rüge erhalte. Ich glaube, so etwas gab es nur in Bonn.

Abb. 50: Verkehrspolizist auf dem Bundeskanzlerplatz, 1952, Foto: Paul Kersten

Ein anderes Ereignis ist der Wahlkampf von Willy Brandt 1969. Damals gab es zum ersten Mal eine Wählerinitiative von Schriftstellern und Künstlern, an der auch Gastwirte mitwirkten. Einer der Unterstützer war Friedel Drautzburg, der dann später in Berlin die „Ständige Vertretung" am Schiffbauerdamm gegründet hat. Ihm gehörten in Bonn unzählige Kneipen. Ebenso war der spätere Tagesthemen-Moderator Ulrich Wickert Teil der Initiative. Die beiden eröffneten später gemeinsam die „Elsässer Weinstuben" in der Breitestraße, wo heute das „Babel" ist. Ein Journalist und ein Politikaktivist. Dort gab es dann einen Treffpunkt, wo sich alle versammelten. Der Wirt gehörte zum weiteren Kreis der Parteiunterstützer und der Journalist hatte seinen Anteil an der Kneipe.

Ist Horst Ehmke ebenfalls abends in die Kneipen gegangen und hat Hintergrundgespräche geführt?
Das weiß ich nicht. Ich kann versichern, dass bei wichtigen Gesprächsthemen nicht die Kneipe aufgesucht wurde. Es gab Hintergrundgespräche mit den Korrespondenten der großen Zeitungen, die fanden meistens im Presseclub in der Heinrich-Brüning-Straße statt. Ein anderer Ort war die Parlamentarische Gesellschaft. Das Villengebäude wurde für den Bau des Konferenzzentrums WCCB abgerissen. Dort konnte man sich unauffällig treffen. In deren Bar wurden sicherlich zufällige Hintergrundgespräche geführt. Aber um gezielt mit jemandem zu sprechen, wurden weniger belebte Orte aufgesucht. In der Ära Kohl war bei den Politikern das Ristorante Caminetto, auf der Römerstraße, Ecke Nordstraße sehr beliebt. Genscher und Kohl waren dort regelmäßig zu Gast. Helmut Kohl und Johannes Rau gingen gerne in die Gaststätte „Cäcilienhöhe" in Bad Godesberg, die 2020 abgerissen wurde. Diese Lokale waren jedoch für die höchste Ebene und wenn zwei, drei Gäste dieser Art dort waren, dann wurden andere Gäste auch nicht mehr zugelassen. Die Drautzburg-Kneipen, wie die „Elsässer Weinstuben", „Gambrinus" etc. waren für Journalisten, einfache Abgeordnete und deren Mitarbeiter.

Wie hat sich die Kommune auf das Leben in der Hauptstadt ausgewirkt?
Bonn hatte die letzten 250 Jahre einen Residenzcharakter. Erst war es kurfürstliche Residenz, dann preußische Universitätsstadt und zusammen mit Bad Godesberg und Bad Honnef ab 1890 Pensionärsstadt. Industrie gab es nur in einem geringen Umfang, beispielsweise die Keramikindustrie und später die Aluminiumwerke an der Autobahn Richtung Köln. Großindustrie existierte hier jedoch nie. In den 1950er Jahren wurde diskutiert, ob die Volkswagenwerke, die damals noch Staatsbetrieb waren, in Bonn eine Produktionsstätte errichten sollten. Der Gedanke dahinter war, allen Bevölkerungskreisen ausreichend Arbeitsplätze zu geben; besonders denjenigen, die keine Ausbildung besaßen, um beim Bund beschäftigt zu werden. Bei der damaligen Stadtverwaltung ist dieser Vorschlag jedoch vehement abgelehnt worden. Die vorhandenen Industrien wurden immer an den Rand gedrängt. Als ich bei Horst Ehmke arbeitete, erlebte ich eine ähnliche Situation. Es ging darum, dass Haribo einen neuen Standort bekommen sollte, der das expandierende Unternehmen in der Stadt hält. Damals wurde von unserer Seite das Gelände hinter den Aluminiumwerken an der Autobahn in Richtung Köln vorgeschlagen. Dieses Gelände wollte uns die Stadt nicht zur Verfügung stellen, da es nur für Wohnbebauungen vorgesehen war. Der damalige Bundesverkehrsminister Matthias Wissmann war außerdem der Meinung, man könne in so kurzem Abstand nicht bereits eine weitere Ausfahrt bauen. In Bonn wurde sich im Grunde immer darüber gefreut, dass die Bundesregierung mit ihrem ganz ruhigen Betrieb ansässig war. Ein bisschen Rummel gab es nur, wenn ein Staatsbesuch in der Stadt war. Nach dem Wegzug des Bundes 1999 ist dies auch weiterhin der Fall. Die Diskussion um Arbeitsplätze in industriellen Bereichen wurde nie geführt. Es wurde lieber die UN-Karte gezogen. Das ist zwar repräsentativer, aber für die Bevölkerung in Bonn weniger attraktiv, als wenn

in Bonn ein Hightech Standort angesiedelt worden wäre. In Aachen wurden im Umfeld der Universität beispielsweise Hightech Betriebe angesiedelt. Durchschnittlich kostet ein Arbeitsplatz bei den Vereinten Nationen den Steuerzahler fast 1 Millionen Euro. Nur wenige Arbeitnehmer kommen jedoch aus Bonn. Gleichwohl haben die Bonner sich mit dem ruhigen Verwaltungsbetrieb immer gut arrangiert.

Wie stand Horst Ehmke zum Regierungssitz Bonn?
Er hat sich ganz gut eingelebt. Ehmke ging zum Karneval und hat sich mit den Vereinen in den Stadtteilen sehr gut verstanden. Eigentlich ist er fast schon Rheinländer geworden. Bei der Entscheidung für den Hauptstadt- und Regierungssitz 1989/90 hat er sich vehement für Bonn eingesetzt. Bonn sollte Regierungs- und Bundessitz bleiben und Berlin nur den Titel Hauptstadt bekommen. Dieses Modell hat Ehmke während der Hauptstadtdebatte immer propagiert.

Wie hat sich der Status als Hauptstadt auf das Leben in der Kommune und auf die Region ausgewirkt?
Einen positiven Effekt auf die Arbeitsplatzsituation hat es im Vergleich zu den 1970er und 1980er Jahren in anderen Teilen Nordrhein-Westfalens und Rheinland-Pfalz' gegeben. Die Region war durch den Regierungssitz privilegiert, weil hier die meisten Menschen eine größere Arbeitsplatzsicherheit hatten, als es bei den gewerblichen Arbeitnehmern z. B. im Ruhrgebiet der Fall war. Für die Region war das schon ein positiver Wirtschaftsfaktor, der sich bis in das Handwerk hinein auswirkte. Handwerker, Umzugsunternehmen und andere Dienstleister sowie die schon erwähnten Gaststätten hatten viel Arbeit. Es gab außerdem überdurchschnittlich viele hochwertige Bekleidungsgeschäfte. Gerade für Herrenbekleidung gab es eine deutlich höhere Konzentration von Geschäften als

Abb. 51: Porträtaufnahme von Horst Ehmke, November 1998, Foto: Franz Fischer

in anderen Städten der Größe Bonns. Damals war es möglich an mindestens zehn verschiedenen Stellen einen hochqualitativen Herrenanzug zu kaufen. Heutzutage gibt es vielleicht noch zwei oder drei Läden, die allerdings so teuer sind, dass ich dafür auch gleich nach Paris fahren könnte.

Auf der anderen Seite wurde in Bonn im großen Stil gebaut. Zunächst für die Alliierten, weil die Regelungen über die Unabhängigkeit der neuen Bundesrepublik noch nicht von Anfang an völlig klar waren. In Alt Tannenbusch wurde beispielsweise ein ehemaliger preußischer Exerzierplatz umgebaut. Dort wurden für die High Commission of Germany (HICOG), also die Militärverwaltung der Vereinigten Staaten, Wohnungen gebaut. In Plittersdorf wurde eine amerikanische Stadt errichtet, mit Einkaufszentrum und ähnlichem. Diese Infrastruktur, die damals geschaffen wurde, hat Bonn selbstverständlich herausgehoben gegenüber anderen Städten, die lange noch nicht so ausgebaut waren. Die Reutersiedlung, Ecke Bonner Talweg und Reuterstraße, entstand zum Zweck der Wohnraumschaffung für Bundesbedienstete. Wo ich heute wohne, entstand auf einem ehemaligen Kasernengelände zwischen Nordstraße, Rosental und Graurheindorfer Straße eine ganze Wohnsiedlung. Das Gelände gehörte vorher dem preußischen Staat und wurde mit dessen Auflösung an die Bundesrepublik Deutschland übergeben. Somit wurde der Wohnungsbau in Bonn früh auf außergewöhnlich starke Weise gefördert.

Gab es auch negative Auswirkungen durch die Hauptstadtfunktion?
Alles in allem war es nicht so schlimm. Die Straßen waren vielleicht alle 14 Tage wegen Demonstrationen blockiert, meistens nur samstags. In den Jahren 1976/77/78 waren die Kontrollen aufgrund der Terroristen der Roten Armee Fraktion unangenehm. In dieser Zeit konnte das schon mal zu viel werden und auf dem Weg nach Bad Godesberg wurde man zweimal kontrolliert, wenn die Beamten gut drauf waren. Aber das war schon mit das Unangenehmste, an das ich mich erinnern kann.

Hat sich durch die Kontrollen dennoch etwas verändert? Verlor die „Bonner Republik", wenn wir bei dem Namen bleiben, ihre Freiheit, ihre Freizügigkeit, ihre Unschuld?
Zum Teil hatte sie diese Eigenschaften eingebüßt. Aber nach den intensiven Jahren ließ es wieder nach. Nach 15 oder 16 Monaten nimmt man die Situation deutlich gelassener wahr. Nach zehn Jahren sieht man die Kontrollen und weicht ihnen aus. Es wurde routiniert. Ein gruseliges Erlebnis habe ich jedoch erlebt. Während eines Besuchs im Bundeshaus bei einem früheren Kollegen im Jahr 1991 war der Sohn von Indira Gandhi, Rajiv Gandhi, zu Gast. Mit ein paar Leuten sind wir ans Auto gegangen und haben ihn begrüßt, um ihn dann ins Haus zu geleiten. Mit vier oder fünf Sicherheitsbeamten aus Indien und zehn oder zwölf Bundesgrenzschutzbeamten sind wir anschließend ins Gebäude gegangen. Es gab jedoch keine richtige Sicherheitsabsperrung. Nach seinem Besuch ist er von Bonn aus nach Neu-Delhi geflogen. Zwei Tage später war er in Indien in einer ähnlichen Situation wie am Bundeshaus umgekommen. Alle anderen beteiligten Personen wurden ebenfalls Opfer des Bombenanschlags. Wenn man unmittelbar vorher in derselben Situation war, ging einem das schon sehr nahe und man nimmt die Sicherheitsmaßnahmen aus einer anderen Perspektive wahr. Man hätte zwei Tage zuvor der Kollateralschaden sein können.

Inwiefern wurde der Alltag der Menschen in Bonn und in der Region noch durch die Hauptstadtrolle beeinflusst?
Irgendwann war es so, dass natürlich jeder irgendwen kannte, der für den Bund arbeitete. In Bonn existierten zudem bundespolitische Kuriosa. Die CSU – eigentlich auf Bayern begrenzt – besaß beispielsweise einen eigenen Ortsverband in Godesberg-Plittersdorf, der von Mitarbeitern der CSU-Landesgruppe im Deutschen Bundestag gegründet wurde. Unglaublich spannend waren außerdem die Botschaften. Diese Bauten haben

die Stadt wirklich verändert. Ein negativer Effekt war, wenn die Mitarbeiter der Botschaft sie zugeparkt hatten, dann gab es keine Rettung. Nur wenn es irgendwo brannte, konnten sie auf Hilfe hoffen.

Ein anderes Thema, was alle und mich eingeschlossen immer beschäftigt hat, war die Spionage. Vom ersten Tag an gehörten zu dieser Republik die Spionagefälle. Als wir damals als Schüler auf dem Bolzplatz spielten, beobachteten wir, wie die Polizei ein Ehepaar verhaftete. Später hieß es, dass seien DDR-Spione. Diese wurden in die Ministerien und auch in das Bundeskanzleramt eingeschleust. Ich kann alleine aus meinem persönlichen Bekanntenkreis vier oder fünf Menschen nennen, die für das Ministerium der Staatssicherheit (MfS) gearbeitet haben. Das war ein Ehepaar, er arbeitete für eine Europaabgeordnete und sie arbeitete im Bundeskanzleramt in der Zeit von Helmut Kohl. In der SPD-Fraktion war jemand, der zunächst für Herbert Wehner und später für Horst Ehmke arbeitete. Später stellte sich heraus, dass dieser für die Staatssicherheit spionierte. Angeblich war er Universitätsprofessor in der DDR. Aber er hatte nie studiert! Die Staatssicherheit hatte ihm nur diesen Lebenslauf verschafft. Ein anderer Agent bespitzelte Egon Franke im Ministerium für Innerdeutsche Beziehungen. Er hat die höherrangigen Künstler oder Kulturschaffenden, die aus der DDR ausgebürgert wurden, in Westdeutschland empfangen und im Auftrag der Bundesregierung betreut. Erst tat er dies unter der Regierung von Schmidt und später unter Kohl, bis sich 1992 oder 1993 herausstellte, dass er alle Berichte, die er angefertigt hatte, immer in Kopie nach Ost-Berlin geschickt hatte. Das waren schon viele Menschen in meinem Umfeld. Zum Schluss stand am 27. August 1995 ein Herr vor meiner Tür. Ich war gerade nicht da und meine Frau hat ihn empfangen. Er kam vom Bundesamt für Verfassungsschutz und erklärte, man hätte in alten MfS-Unterlagen Hinweise gefunden, dass ich ein Schläfer des KGB sei. Dieser Vorwurf ist bis heute nicht entkräftet und das Verfahren wurde nur wegen Mangel an Beweisen eingestellt.

Das politische Geflecht war bis zum letzten Tag immer von Verrätern durchzogen. Menschen, die für die eine oder andere Seite arbeiteten. Manche arbeiteten auch für mehrere Seiten. Das eigentlich Erstaunliche war daran, dass das Ganze so unspektakulär ablief. Die Menschen haben ganz normal gelebt. Bei manchen hatte man sich schon gewundert, beispielsweise bei dem Kollegen, der zunächst Herbert Wehner und dann Horst Ehmke abgeschöpft hatte. Er kaufte sich das Haus an der Straße nach Remagen, das später auch Thomas Gottschalk erwarb. Wir wunderten uns, warum der Kollege so viel Geld besaß, um sich eine Villa zu kaufen. Aber man geht ja auch nicht direkt zu ihm hin und fragt, wo das Geld herkommt.

Der amerikanische Präsident Joseph Biden hat ebenfalls Ihren Weg gekreuzt?
Horst Ehmke war zuständig für Außen- und Sicherheitspolitik und saß im Bundessicherheitsrat, der nicht nur für Außenpolitik, sondern auch für Rüstungs- und Abrüstungspolitik zuständig war. Die SPD-Bundestagsfraktion hatte seit Beginn der 1960er Jahre eine ganz enge Beziehung zu den amerikanischen Demokraten. Die Außenpolitik von Willy Brandt wurde teilweise von John F. Kennedy angestoßen. Jedes Mal, wenn im

Repräsentantenhaus oder im Senat neue Sprecher der Demokraten für transatlantische Politik gewählt wurden, setzte sich der SPD-Gegenüber mit ihnen direkt in Kontakt. Im Büro Ehmke führten wir den Terminkalender und zweimal im Jahr traf sich in der zweiten Hälfte der 1980er Jahre der Stellvertretende Fraktionsvorsitzende für Außen- und Sicherheitspolitik Horst Ehmke mit dem Sprecher der Demokraten im amerikanischen Senat. Damals war das Joe Biden. Er hatte bereits 1988 für das Amt des Präsidenten kandidiert. In den Vorwahlen ist er damals knapp geschlagen worden und Bush senior wurde Präsident. Biden war mindestens einmal im Jahr in Bonn zu Besuch. Vor seiner Anreise kamen immer Menschen von der NSA und der CIA und haben 5 bis 6 Stunden unsere Büros auf Wanzen untersucht. Erst wenn dieser Prozess vollzogen war, wurde der Raum für das Gespräch mit dem Senator freigegeben.

Würden Sie von einer Bundesrepublik sprechen, oder von „Berliner" und „Bonner Republik"? Wo liegen hierbei die Unterschiede zwischen Berlin und Bonn?
Es gibt sicherlich große Unterschiede in der Praxis, allein wegen den räumlichen Voraussetzungen in Berlin. Jedoch hat sich meiner Meinung nach viel erhalten: Innenpolitisch erkenne ich eine hohe Kontinuität im Bereich der Sozialpartnerschaft sowie der Sozial- und Wirtschaftspolitik. Im außenpolitischen Bereich beobachte ich das gleichermaßen. Die Änderungen in der außenpolitischen Leitlinie seit dem 3. Oktober 1990 sind nur minimal. Das Eingreifen der Bundesrepublik im Kosovokrieg, vor allem der Einsatz von Bundeswehrmaschinen, ist den Verantwortlichen Gerhard Schröder und Joschka Fischer sehr schwergefallen. Die Vorgängerregierung Kohl und die Nachfolgeregierung Merkel hat sich in solchen außenpolitischen Fragen ebenfalls sehr schwergetan. Es hat Weiterentwicklungen gegeben, die aber auch notwendig gewesen wären, wenn Bonn als Hauptstadt oder als Regierungssitz weiter fungiert hätte. Die Kosovo-Entscheidung wurde sogar noch im Bonner Kanzleramt beschlossen. Die Veränderungen sind vor allem aufgrund der Rahmenbedingungen in Berlin eingetreten. In Berlin ist alles stärker abgeschirmt, mehr als es in Bonn war. Bei meinem letzten Besuch habe ich das Innenministerium von außen betrachtet. Dort ist nicht nur ein Zaun, sondern ein ganzer Graben vor dem Gebäude. Am Kanzleramt hatte ich ebenfalls das Gefühl unter ständiger Beobachtung zu stehen. In der Politik hat sich aus meiner Sicht wenig verändert, weil einzelne Politikfelder von ähnlichen Interessengruppen bestimmt werden. Die politische Atmosphäre hat sich jedoch gewandelt.

Wie wurde unter den Bundestags-Büromitarbeitern der Kontakt gepflegt?
Die Büromitarbeiter standen parteiübergreifend in Kontakt. Zwar ging man häufiger mit den Menschen aus der eigenen Fraktion aus, aber auch mit Kollegen aus anderen Fraktionen entspannte man nach Feierabend. Die Grundlage war die persönliche Beziehung, die wenig mit der politischen Position des Einzelnen zu tun hatte. Mit den Journalisten war dies ähnlich. Es ging nicht immer darum, dass man ihnen einen Tipp gab.

Herr Kampmann, haben Sie vielen Dank für das Gespräch!

Beobachter

Ein Leben mit der „Bonner Republik":
Konrad Paul Karl Adenauer

Hanna Wagner

Konrad Paul Karl Adenauer, Enkel des ersten deutschen Bundeskanzlers, wurde 1945 in Honnef geboren und wuchs in Köln auf. Als er vier Jahre alt war, bestimmte der Parlamentarische Rat Bonn zur provisorischen Hauptstadt der Bundesrepublik Deutschland. Durch seinen familiären Hintergrund konnte Adenauer die Entwicklung der „Bonner Republik" aus buchstäblich nächster Nähe betrachten und miterleben. Der Familientradition folgend, trat er in die CDU ein, die Partei, die sein Großvater mitbegründet hatte und der auch sein Vater angehörte. Für eine Legislaturperiode saß er für die CDU von 1994 bis 1999 im Rat der Stadt Köln. Konrad Adenauer wurde wie sein Vater und sein Onkel Max[1] Jurist und arbeitete als Notarassessor in Köln und Wuppertal.

Dem politischen Erbe seines Großvaters und der frühen Bundesrepublik fühlt er sich verpflichtet. Hiermit korrespondiert Adenauers Engagement in mehreren historischen Vereinen.[2] Er ist zudem Vorstandsmitglied sowohl der Stiftung Bundeskanzler-Adenauer-Haus in Rhöndorf als auch des Freundeskreises der Konrad-Adenauer-Stiftung.

Das Vermächtnis seines Großvaters – im Familiären wie im Politischen – sieht Konrad Adenauer als seine Hauptaufgabe. Er bewahrt die Erinnerung an den prominenten Großvater und an eine im Rheinland verwurzelte Familie mit europäischer Bedeutung. Damit bewegt sich der Enkel als erinnerungspolitischer Akteur. Über das Rheinland hinaus bemüht er sich um Formen der Erinnerung an den ersten Bundeskanzler, die an dessen Politik anknüpfen.

Als erster Bundeskanzler spielte Konrad Adenauer (1876–1967) eine tragende Rolle in der Geschichte der jungen Bundesrepublik Deutschland – und damit auch in der Geschichte Bonns.[3] Von 1917 bis 1933 und kurzzeitig auch nach dem Krieg 1945 amtierte Adenauer als Oberbürgermeister der Stadt Köln.[4] Im Anschluss betrat er in Bonn die bundespolitische Bühne, zunächst 1948 als Präsident des Parlamentarischen Rates der

---

1 Zum politischen Wirken von Max Adenauer vgl. Edelmann, Heidrun, Die Adenauers und die Universität zu Köln, Wien 2019, S. 331–365.
2 Konrad (III) Adenauer ist u. a. Mitglied der Gesellschaft für Rheinische Geschichtskunde und der Kölner Historischen Gesellschaft.
3 Zur Biographie Konrad Adenauers vgl. beispielsweise Schwarz, Hans-Peter, Adenauer. Bd. 1: Der Aufstieg 1876–1952, Stuttgart 1986; Ders., Adenauer. Bd. 2: Der Staatsmann 1952–1967, Stuttgart 1991.
4 Zu Adenauers Zeit in Köln vgl. Stehkämper, Hugo (Hg.), Konrad Adenauer, Oberbürgermeister von Köln. Festgabe der Stadt Köln zum 100. Geburtstag ihres Ehrenbürgers am 5. Januar 1976, Köln 1976.

drei westlichen Besatzungszonen[5] und ab dem 15. September 1949 als erster deutscher Bundeskanzler. Er engagiete er sich für eine Verständigung mit den ehemaligen Kriegsgegnern und eine institutionalisierte Zusammenarbeit mit den Staaten Westeuropas (EGKS/EWG) und den Vereinigte Staaten. Die in seine Regierungszeit fallenden Grundsatzentscheidungen, darunter die Westintegration Deutschlands, der ökonomische Wiederaufstieg durch die soziale Marktwirtschaft und die Wiederbewaffnung im nordatlantischen Bündnis, prägten Gestalt und Zukunft der Bundesrepublik.[6]

Die Stadt Bonn nimmt in Adenauers Werdegang als Sitz der Bundesregierung einen zentralen Platz ein. Der gebürtige Kölner Konrad Adenauer wohnte in Rhöndorf am Fuße des Siebengebirges,[7] daher kam ihm die Wahl Bonns zur provisorischen Hauptstadt gelegen. Der von Adenauer angeführte demokratische Neuanfang Deutschlands nach dem Zweiten Weltkrieg ist untrennbar mit Bonn verbunden. Hier setzte er seine Idee einer starken und stabilen Bundesrepublik um.

Abb. 52: Das Wohnhaus von Konrad Adenauer in Rhöndorf, 1959, Foto: Heinz Engels

---

5   Dazu Feldkamp, Michael F., Der Parlamentarische Rat 1948–1949. Die Entstehung des Grundgesetzes, Göttingen 2019.
6   Dazu Fischer, Alexander, Wiederbewaffnung in Deutschland nach 1945, Berlin 1986; Altmann, Normen, Konrad Adenauer im Kalten Krieg. Wahrnehmungen und Politik 1945–1956, Mannheim 1993; Baumann, Ansbert, Die organisierte Zusammenarbeit. Die deutsch-französischen Beziehungen am Vorabend des Elysée-Vertrags (1958–1962), Ludwigsburg 2002.
7   Für weitere Informationen siehe Werhahn, Carola M., Das Wohnhaus Konrad Adenauers in Rhöndorf – Baugeschichte und Besonderheiten, in: Jahrbuch der rheinischen Denkmalpflege 43 (2013), S. 270–277.

Als junger Enkel des Kanzlers nahm Konrad Adenauer an einigen bundespolitischen Anlässen teil. So war er Gast bei Geburtstagen seines Großvaters und regelmäßig im Palais Schaumburg zu Besuch. Außerdem war er sowohl bei der Bundestagssitzung anwesend, in der der Elysee-Vertrag beschlossen wurde, als auch in jener, in der sein Großvater als Bundeskanzler verabschiedet wurde. Als Konrad Adenauer starb, war sein Enkel 22 Jahre alt. Viele Dinge über den ehemaligen Bundeskanzler erfuhr er daher erst in der Rückschau.

Konrad Adenauer spricht von einem guten und engen familiären Verhältnis, betont auch die Souveränität und Strenge, die der Großvater seinen Enkeln insbesondere während seiner Kanzlerschaft entgegenbrachte. Die Mentalität des Großvaters als Individualist und dessen Ablehnung des Gleichförmigen sieht der Enkel als zentralen Wesenszug der Familie.

Für ihn gehe der Status als Enkel und Träger eines großen Namens mit großer Verantwortung einher, die er zeitweilig auch als Last empfunden habe. Mit dem Namen Adenauer habe er sich nie verstecken können und sei oft zum Gesprächsthema geworden. Nicht nur im Anfang der „Bonner Republik", sondern auch zu Beginn vieler persönlicher Gespräche unseres Interviewgastes stand (fast) immer der Name „Adenauer".[8]

---

8 Vgl. Baring, Arnulf, Im Anfang war Adenauer. Die Entstehung der Kanzlerdemokratie, 3. ungek., vom Autor durchges. Aufl., München 1984.

Dokumentiertes Gespräch mit Konrad Paul Karl Adenauer vom 5. Juli 2021

Interviewt von Hanna Wagner

Welche Rolle spielten Sie in der „Bonner Republik" und was hatte diese Rolle mit Bonn zu tun?
In der Politik spielte ich keine Rolle. Als mein Großvater gewählt und Bonn Hauptstadt wurde, war ich mit vier Jahren noch zu jung. Später aber habe ich die Rolle Bonns durchaus wahrgenommen. Seit 1951, als mein Großvater 75 Jahre alt wurde, bin ich zu seinen Geburtstagen regelmäßig ins Palais Schaumburg eingeladen worden. Mindestens einmal im Jahr habe ich Bonn besucht. Durch den Großvater habe ich die Stadt besser kennengelernt. Meine Eltern waren deutlich häufiger in Bonn, da sie zu den regelmäßigen Gästen der Staatsempfänge im Palais Schaumburg, in der Villa Hammerschmidt oder auch im Schloss Brühl gehörten, wodurch wir einiges hautnah mitbekamen. Mein Vater hat meinen Großvater auch ein paar Mal auf Auslandsreisen, so nach Japan, Persien, und in die USA begleitet. In der 12. Klasse besuchte ich ihn im Rahmen eines Konzerts unseres Kölner Apostelgymnasiums im Palais Schaumburg. Ich war bei der Bundestagssitzung anwesend, in der er als Bundeskanzler verabschiedet wurde, und bei derjenigen vorher, in der 1963 der Deutsch-Französische-Freundschaftsvertrag ratifiziert wurde. An der Feier zu der Beerdigung meines Großvaters im Bundestag nahm ich natürlich auch teil. Gleichwohl verbinde ich mit Bonn noch mehr: Bei Bonner Studentenverbindungen war ich häufiger Gast. Unser erster Sohn hat an der Bonner Universität Jura studiert und wurde dort in diesem Fach promoviert. Meine Tante, die Nichte meines Großvaters, Resi Schumann, besaß schon vor der „Bonner Republik" ein Haus in der Ölbergstraße im späteren Bonner Regierungsviertel. Ich habe gerne bei ihr übernachtet. Bonn ist sicherlich die Stadt, in der ich mich neben Köln am häufigsten aufgehalten habe. Aber eine Rolle in der Bonner Politik habe ich nicht gespielt, das wäre übertrieben.

Sie engagieren sich für die Traditionspflege der „Bonner Republik" und ihrer Staatsraison.
Seit über 30 Jahren bin ich im Vorstand der Stiftung Bundeskanzler-Adenauer-Haus in Rhöndorf tätig und habe vor vielen Jahren einen Konrad-Adenauer-Freundeskreis gegründet, der diese Stiftung unterstützt. Zugleich habe ich als Vorstandsmitglied des Freundeskreises der Konrad-Adenauer-Stiftung in Berlin gewirkt. Außerdem engagiere ich mich für die Geschichtsforschung im Rheinland, namentlich in der Gesellschaft für Rheinische Geschichtskunde und als Vorsitzender des Kölnischen Geschichtsvereins sowie in der Kölner Historischen Gesellschaft. Die Historie war von der Schulzeit an

mein Hobby. Später habe ich fast Geschichte studiert, habe aber dann Jura studiert und den Brotberuf des Juristen ergriffen. Mittlerweile, als Sprecher der Familie Adenauer, bewahre ich unseren Nachlass und das Familienerbe. Ich habe über meinen Großvater selbst auch schon einiges geschrieben und würde mich als großen Kenner seiner Geschichte bezeichnen. Ich bin dabei, meine Sammlung über ihn an die Stiftung in Rhöndorf weiterzugeben. Ich besitze Autografen, Büsten, Gemälde, Grafiken, Fotografien und Medaillen von ihm. Alles, was ich über ihn erwerben konnte, habe ich gesammelt und versuche, es vernünftig auszuwerten und weiterzugeben.

Abb. 53: Palais Schaumburg, undatiert

Was verbinden Sie persönlich mit der „Bonner Republik"?
Mit der „Bonner Republik" verbinde ich primär den Großvater und somit auch die CDU. Zudem hatte ich eine Volksschullehrerin, der ich meine ganze Bildung und Ausbildung verdanke. Sie hat uns damals schon Zeitgeschichte beigebracht. Mit bunter Kreide zeichnete und erklärte sie uns an der Tafel Ereignisse, wie den Aufstand in der Ostzone 1953 und die Viermächtekonferenz in Berlin 1954. Insofern habe ich mit der „Bonner Republik" gelebt. Bonn war für mich die Stadt des Grundgesetzes: Das Bundeshaus, das Bundespräsidialamt, der Bundestag, wie er früher war, diese Motive und der Bundesadler haben sich mir eingebrannt. Das Gestühl im alten Plenarsaal hat mich optisch auch

Abb. 54: Die Länderwappen der Bundesrepublik Deutschland an der Wand des Plenarsaals im Deutschen Bundestag, 1952, Foto: Rhein-Bild-Verlag

geprägt. Ich hielt Bonn immer für eine schöne und gepflegte Stadt. Sie war nicht protzig, sie war nicht groß, aber mit der Vergangenheit als kurfürstliche Residenz und mit einer renommierten Universität. Bonn hat immer diese Gelassenheit gehabt: „Klein, aber fein". Natürlich wurde viel über Bonn gelästert, aber das waren billige Bemerkungen. Ich finde auch den Ansatz nicht gut, dass man über die „Bonner Republik" spricht. Das sieht so aus, als hätte man diese Republik abgelegt, wobei sie alles ist, was wir heute sind und in der Welt und in Europa darstellen. Sie ist in Bonn geboren und groß geworden. Ich finde, dass es unserem Staat nach wie vor guttut, sich dieser Bonner Wurzeln zu besinnen und sie auch zu pflegen und hochzuhalten.

Ich habe sehr dafür gekämpft, dass Bonn Hauptstadt bleibt. An Berlin musste ich mich erst gewöhnen. Natürlich kann man in Berlin mehr protzen – ich habe auch inzwischen eine Wohnung dort –, man muss aber auch in Berlin die Nachteile sehen. Es gibt viele tolle Sachen dort, aber Berlin hätte auch ohne Hauptstadteigenschaft weiter gut gelebt. Für mich ist es kein Prinzip, dass immer die größte Stadt Hauptstadt sein muss, aber es ist so gelaufen. Ich war damals sehr enttäuscht. Andere wissen, wann Kennedy gestorben ist, oder erinnern sich, wie ich auch, an den Fall der Twin Towers in New York. Ich weiß ebenso noch genau, wie es war, als mich die Nachricht ereilte, dass Berlin wieder Hauptstadt würde. Es war in einem italienischen Lokal abends. An dem Tag waren wir doch sehr traurig.

Sie haben schon über das Palais Schaumburg und auch über die Villa Hammerschmidt gesprochen. Gibt es weitere Orte, die Sie besonders mit Bonn und der „Bonner Republik" in Zusammenhang bringen?
Das sind bereits wichtige Orte. Dazu zählen aber auch das Auswärtige Amt und das Museum Koenig sowie die anderen Museen, die Bonn hat. Ich denke zudem an den Alten Zoll und die Villen von Lenné und Ernst Moritz Arndt, aber auch die Lokale, wo ich in den letzten Jahren viel mit dem Fahrrad war. Bonn hat schon sehr viel Romantik, auch was seine Hügel angeht, den Venusberg und das Land bis an die Ahr, vor allem den Rodderberg. Die Stadt ist lieblich und romantisch. Auswärtige wie meine Frau, die in Witten und Monheim großgeworden ist, schätzen die Landschaft des Siebengebirges. Bonn besitzt viel Rokoko und diesen Hauch Politik. Die Stadt hat eine gute Vergangenheit.

Die Erinnerung geht jedoch langsam verloren, da viele das nicht mehr miterlebt haben. Ich erinnere mich an ein Gespräch, als wir für das Adenauer-Haus Personal gesucht haben. Das waren junge Historikerinnen und Historiker, aber wenn man sie nach gewissen Namen aus Politik und Kultur gefragt hat, kannten sie diese gar nicht mehr. Es ist erstaunlich: Man denkt, das ist Allgemeinwissen, aber es ist eben heute nicht mehr vieles Allgemeinwissen. Es muss alles trainiert und richtig unterrichtet werden. Ich finde gut, dass das Haus der Geschichte nach Bonn gekommen ist und wir es nicht in Berlin haben. Dort steht auch der Salonwagen meines Großvaters und sein Dienst-Mercedes 300.

Es gibt Studentenkneipen, die unvergessen zum Flair Bonns beigetragen haben, ebenso das Beethoven-Haus und diverse Gasthäuser in der Altstadt. Baulich ist vieles gut geglückt. Dem Bundestagsneubau aus den 1980er/1990er Jahren fehlt jedoch das alte Flair. Das Bundesviertel hat sich von einem Wohngebiet zu einem Geschäfts- und Arbeitsviertel gewandelt.

Welche spezifischen Ereignisse verbinden Sie mit der „Bonner Republik" bzw. mit Bonn und würden Sie von den genannten Ereignissen als „Bonn-spezifisch" sprechen?
Neben den bisher genannten Ereignissen erinnere ich mich an die letzte Wiederwahl meines Großvaters 1961 im Bundestag, bei der ich vor und nach der Wahl gemeinsam mit ihm und sehr wenigen Leuten im Kanzleramt war. Dieser Tag und der Zapfenstreich für ihn im Oktober 1963 waren sehr beeindruckend. Ich habe auch Massenveranstaltungen wie die Großdemonstrationen auf der Hofgartenwiese erlebt. Des Weiteren erinnere ich mich an die Geburtstage im Palais Schaumburg. Mein Großvater war nicht der Opa, bei dem man auf dem Schoß saß und der einen tätschelte, das gab es nicht. Ich erinnere mich an eine Begebenheit, als ein Freund aus den Niederlanden meinen Großvater besuchte. Er war Ende der 1920er Jahren in Köln promoviert worden und berichtete über die Stimmung in Holland. Mit ihm bin ich von Köln nach Bonn gefahren und wir haben in dem Vorzimmer seines Bundesratsbüros gewartet. Als mein Großvater unseren Freund hineinbat, kam er nicht heraus, um mich zu begrüßen. In demselben Bundesratsflügel ist 1949 das Grundgesetz verabschiedet und verkündet worden. Diesem Geist von damals

versuche ich in meinen Arbeiten nachzuspüren. Das Grundgesetz ist für mich ein Zeugnis von Heimat. Nach Köln ist Bonn meine zweite Heimat.

Gab es Wechselwirkungen zwischen Kommune und Region einerseits und dem Hauptstadtleben in Bonn andererseits?
In Berlin habe ich während der Corona-Pandemie beobachtet, dass die Berliner doch sehr viel abweisender, großspuriger und hochmütiger sind als die Rheinländer. Sie lieben Gebote und Verbote und achten auf deren Einhaltung. Auch früher schon war in Berlin der Reichstag abgesperrt und, wenn man dort mit dem Fahrrad herumfuhr, hieß es: ‚Hier darf man nicht Fahrrad fahren.' Immer das nicht dürfen. In Bonn heißt es: ‚Kommen Sie rein, wollen Sie ein Bier haben?' Diese Art der Ansprache ist doch ganz anders und ich denke mir, dass die Art der Bonner, die ja noch ruhiger ist als die der Kölner, vielleicht doch auch mäßigend gewirkt hat auf die Leute. Sie waren bescheidener und freundlicher. In Berlin wird mehr kommandiert. Das war im Rheinland hier früher nicht der Fall.

In welcher Form beeinflussten Ort und Raum den Regierungsalltag und die Arbeit der Regierungsmitarbeiterinnen und -mitarbeiter? Wie hat sich anders herum der Status als Hauptstadt auf das Leben/den Alltag in der Kommune und in der Region ausgewirkt?
Das Personal hat sicherlich ebenfalls mäßigend gewirkt. Manche Mitarbeiter sprachen sicher Platt, das heißt Rheinisch. Das Rheinische ist nicht immer beliebt gewesen in Deutschland, und der Rheinländer gilt manchmal als etwas simpel aufgrund seiner Sprache. Ich denke mir, dass die Leute hier einfach bodenständig klingen. Die Parlamentarier und Minister, die nicht von hier kamen, gewöhnten sich an das Rheinische, die Lebensart, das Unkomplizierte und vielleicht auch an das nicht so hierarchische Denken. In Berlin geht es doch vielmehr nach Kategorien und Hierarchien zu.

Was für ein Verhältnis hatte ihre Familie gerade aus der politischen Perspektive zu Bonn?
Die Familie lebte damals weitestgehend im Rheinland. Für sie war Bonn nichts Fremdes. Mein Großvater erwartete, dass seine Kinder und Enkel auch der CDU beitraten und sich dort engagierten. Das haben auch die meisten getan. Im Großen und Ganzen waren alle mit seiner Politik sehr zufrieden. Er hat sich mit meinem Vater viel darüber in Briefen ausgetauscht. Man konnte mit ihm diskutieren und er hat auch nichts vergessen. Er hat sich auch mal gern gestritten, aber wir waren uns alle sehr nah. Heute sind die Enkel und Urenkel in der Welt verstreut, aber damals war die Familie mit Bonn und Rhöndorf zusammen eine geschlossene Einheit.

Ihr Großvater hatte auch seine Aufgaben in Berlin. Wissen Sie, wie sein Blick vor 1933 auf Berlin war?
Als er starb, war ich 22 Jahre alt. Dadurch haben wir uns nicht über die ganz frühen Zeiten unterhalten können. Generell sprachen auch die Kinder mehr mit ihrem Vater als die Enkel mit ihrem Großvater. Man sprach eigentlich nur, wenn man gefragt wurde, und

Abb. 55: Einweihung des „Adenauerkopfes" vor dem Bundeskanzleramt, 26.5.1982

musste sehen, dass man etwas aufschnappte. Er hat von seiner Schulzeit erzählt, aber nichts von Berlin. Was ich davon weiß, habe ich gelesen. Als Präsident des Preußischen Staatsrats hielt er sich jeden Monat im Jahr eine Woche in Berlin auf. Abgesehen davon war er im Reichsvorstand des Zentrums und hatte in Berlin Sitzungen. Er ist viel dorthin gefahren und kannte sich in Berlin gut aus, aber im Herzen blieb er doch Rheinländer, aber nicht von der primitiven Art. Auch nach dem Zweiten Weltkrieg hat er immer an Berlin gedacht, und Berlin hätte ohne die Hilfe vom Bund nicht leben können. Insofern fand ich es immer etwas undankbar, dass man meint, er hätte nichts für Berlin übriggehabt. Als Familie haben wir in Berlin einen Zweitguss seines Denkmals, wie es vor dem Palais Schaumburg in Bonn steht, von dem Bildhauer Hubertus von Pilgrim aufstellen lassen. Es hatte sich herausgestellt, dass es in Berlin sehr schwer ist, ein Denkmal überhaupt aufzustellen. Es gibt eine Hassliebe, die auch von der Linken geschürt wurde. Nur mit Hilfe der Konrad-Adenauer-Stiftung ist uns die Aufstellung geglückt.

Natürlich war Adenauer lieber Kölner, aber die Idee, dass er eine rheinische Republik hätte haben wollen, ist verwegen. Es war nach dem Krieg so, dass wir eine Ostzone hatten und Berlin unter Viermächteverwaltung stand und daher nicht Hauptstadt bleiben konnte. Dass Bonn gewählt wurde, kam meinem Großvater natürlich wegen seines Wohnsitzes in Rhöndorf sehr passend. Vielleicht konnte man dadurch auch demonstrieren, dass wir einen Neuanfang hatten, ohne Militarismus und alles, was mit Berlin damals verbunden wurde. Bonn weckte keine bösen Erinnerungen, es war eine liebliche Stadt, eine Stadt der Kurfürsten von Köln, eine Stadt des Geistes, der Literatur und Musik. Diese Vorstellung war damals vorteilhaft für unser Land. Später, direkt nach dem Mauerbau, wollte mein Großvater die Situation in Berlin nicht aufheizen, so dass er Berlin erst zehn Tage später besuchte. Dass viele Ostdeutsche in den Westen geflohen waren und weiterhin fliehen wollten, war schließlich auch eine Bestätigung für unser Land und Adenauers Deutschlandpolitik.

Würden Sie von einer Bundesrepublik sprechen, oder von einer „Berliner" und „Bonner Republik"? Wo lagen die Unterschiede zwischen Berlin und Bonn?
Das ist schwer zu sagen. Ich würde eigentlich gar keinen Unterschied machen, denn wir haben ein Grundgesetz, und ich war sehr froh, dass wir keine neue Verfassung ausgearbeitet haben, sondern das Grundgesetz nur angepasst wurde. Die wesentlichen Entscheidungen sind im Parlamentarischen Rat in Bonn getroffen worden. Das sollte man nicht vergessen. Berlin ist eigentlich nur die Fortsetzung Bonns an einem anderen Ort. Ich würde nur von Deutschland reden und nicht von „Bonner" und „Berliner Republik". Meistens ist es jedoch nicht böse gemeint, wenn man beide Begriffe benutzt, sondern es geht ausschließlich darum die Zeit zu definieren. Insofern kann man diese Begriffe so benutzen, aber sie sind identisch.

Sind Ihnen Themen in Erinnerung geblieben, die sie häufig mit Ihrem Großvater besprochen haben? Wie haben Sie das wahrgenommen? Was hat ihn angetrieben?
Es war damals aus Zeitgründen nicht möglich, dass ich mit ihm so sprechen konnte, wie ich jetzt mit Ihnen spreche. Wir haben ihn höchstens vier- oder fünfmal im Jahr gesehen und waren dann nicht die Hauptgäste, sondern eher die „Nebengäste". Ich kann mich daran erinnern, dass ich als sein Patenkind Geschenke von ihm zur Erstkommunion und nachträglich zu meiner Taufe bekommen habe und er uns besucht hat. Sonst wurden wir Enkelkinder alle gleich behandelt. Er war doch schnell genervt durch so viele Enkel und brauchte seine Ruhe. Aber immerhin hatte ich den Vorteil, dass ich ihn doch mit am längsten kannte und ihm Briefe schreiben konnte. Ich bekam auch immer eine Antwort von ihm. Nachher, als er dann nicht mehr Kanzler war, hat er mehr erzählt. In seiner Amtszeit hatte er die Sorge, dass die Dinge hinausgetragen würden, so dass er auch gegenüber der eigenen Familie mit seinen Äußerungen vorsichtig war.

Als Ex-Kanzler äußerte er seine Unzufriedenheit über viele Personen und Entwicklungen. Auf De Gaulle ließ er meines Erachtens jedoch nichts kommen. Ich hätte gerne mit ihm diskutiert und in die Vergangenheit zurückgeschaut. Vor meinem Abiturjahrgang hat er auch eine Rede in Köln gehalten. Das letzte, was er zu uns gesagt hat, war: „Werden sie eine Persönlichkeit!" Für ihn war es sehr wichtig, dass die Menschen einen Standpunkt einnehmen und eine Meinung vertreten und keine Fähnchen im Wind werden.

Haben sie damals als Enkel und im Umfeld ihres Großvaters einen bestimmten Druck verspürt, dass sie gewisse Ziele erreichen müssen?
(lacht) Ich bin immer ein sehr guter Schüler gewesen. Ich hatte den Ehrgeiz, der Klassenprimus zu bleiben. Als ich doch mal eine 4 geschrieben habe, sagte auch der Lehrer, das könne ich mir gar als Enkel des Bundeskanzlers gar nicht leisten. Ein gewisser Druck von außen hat existiert. An der Universität musste ich nochmal neu loslegen und neu lernen, und es zählte plötzlich nicht mehr, dass mein Großvater Kanzler war. Das Leben ist immer ein Kampf, aber die Schule fiel mir sehr leicht. Nachher wurde es eben etwas härter. Wenn ich an einem Schalter stand und der Name aufgerufen wurde, drehten sich alle um und guckten. Dann wurde auch gefragt. Wenn einmal etwas nicht so gut lief, hieß es: „Ach, das war der Adenauer". Das wurde nicht vergessen. Hätte ich Müller geheißen, wäre das anders gewesen. Ich konnte mich mit dem Namen nicht verstecken. Als ich Notarassessor war, sollte ich eine Stelle in Godesberg bei einem sehr berühmten Notar und Professor bekommen. Es wäre für mich sehr umständlich geworden, jeden Tag so weit zu reisen. So bat ich darum, nicht in Bad Godesberg, sondern in Köln eingesetzt zu werden. Da hieß es: „Das geht nicht, Sie heißen Adenauer und wenn wir Ihnen irgendwo nachgeben, gibt es sofort Ärger." Zur Strafe wurde ich nach Wuppertal versetzt.

Als Assessor habe ich einmal einen Leserbrief an die Frankfurter Allgemeine Zeitung geschrieben. Darunter stand geschrieben ‚Notarassessor Konrad Adenauer, Köln'. Daraufhin gab es Anfeindungen von gestandenen Notaren, die behaupteten, ich hätte unerlaubt Werbung betrieben. Die Leute pflegten ein Konkurrenzdenken und dachten, dass ich Vorteile durch meinen Namen hätte. Dabei war es eher das Gegenteil. Selbst unser Sohn Konrad hatte noch Ärger mit einem Prüfer im Staatsexamen, der frei von sich gab, dass er als ein Adenauer keine Sonderbehandlung erwarten könne. Der Name brachte also auch Nachteile mit sich. Andererseits war er natürlich ein Türöffner für Gespräche. Ich hatte viel Glück im Leben und habe versucht, dem zu entsprechen, was sich die Leute unter mir vorgestellt haben.

Sie sprachen von einer Gelassenheit, die Bonn ausgestrahlt hat. Nun gibt es Diskussionen in der Politik- und Geschichtswissenschaft über eine gewisse Symbolarmut der „Bonner Republik", verglichen mit Berlin. Ihr Großvater hat immer betont, dass man gerade symbolisch, da man vorher Hochstapler war, „runterfahren", also eine besondere Bescheidenheit ausdrücken müsse. Haben Sie das persönlich auch erlebt, oder fällt es Ihnen heutzutage im Vergleich zur „Berliner Republik" auf?
Ich würde die Frage anders beantworten, als Sie vielleicht erwarten. Mein Großvater war von der Statur immer ein Herr. Er war immer bestens angezogen, auch in den schlechtesten Zeiten. Er besaß keine Freizeitkleidung; er trat immer im Anzug auf mit Hut, Stock und Weste. Schuhe waren für ihn wichtig, und er legte auch in schlimmsten Zeiten Wert auf ein gutes Aussehen. Er war großgewachsen, was in der Politik immer ein Vorteil ist. Er war nicht sparsam und wusste, was gut ist. Als Kanzler hat er oft mit dem Hotel Königshof in Bonn kommuniziert, zum Beispiel wenn der Wein oder das

Fleisch nicht gut waren. Auch als Gastgeber wollte er immer das Beste bieten. Dabei war er sehr kritisch und auf Repräsentation bedacht. Er hatte es auch mit den Fahnen. Er hat erzählt, dass er sehr gerührt war, als 1953 in Washington auf dem Soldatenfriedhof Arlington die Deutschlandfahne vor ihm hergetragen und das Deutschlandlied gespielt wurde. Auch andere solcher Ereignisse waren für ihn sehr bewegend. Er schätzte Symbole und Repräsentation. Zum Ende seines Lebens vermisste er das Nationalgefühl. Als alle sich nur genierten und drückten, sagte er, er sei Deutscher und wolle das auch sein. Ein übersteigertes Nationalgefühl, wie es Bürger anderer Länder teilweise haben, hatte er nicht, sondern einen gesunden Nationalstolz und ein Selbstbewusstsein. Mein Großvater hatte immer einen großen Respekt vor der Nationalhymne und den Bundesfarben. Er ließ diese nicht gerne in den Dreck ziehen. Wie sollen die Bürger den Staat achten, wenn seine Symbole in den Dreck gezogen werden? Einen gewissen Habitus muss man schon haben. Insofern war er jemand der wusste, wie man repräsentiert.

Trotz Kanzler-Mercedes und Lockheed-Super-Constellation war er aber kein Protz. Er wusste vor Päpsten und Präsidenten, wie man sich zu geben hat, und pochte auf gleiche Augenhöhe. Unterwürfigkeit und Kniefälle hat er nicht gemocht. Insofern ist da vielleicht auch heute noch einiges zu verbessern. Seit Urgedenken haben Menschen versucht, sich zu distinguieren – eben auch durch Kleidung und Äußeres. Der Mensch braucht Symbole und Hierarchie und entsprechende Bauwerke. Das wird geliebt, und wir leben ja auch von der Distinktion und nicht von der Einheitlichkeit. Der Mensch hat gleiche Rechte, aber ist nicht gleich. Adenauer war Individualist und kein Freund des Kollektivs und des Gleichseins. Jeder hat die Chance, etwas aus sich zu machen. Er kam ja auch aus kleinsten Verhältnissen und hat sich nach oben gearbeitet. Die Adenauers waren eine „Aufsteigerfamilie". Seine Nachfahren haben es auch zu etwas gebracht, aber es ist nicht geschenkt und vererbt worden. Er war ein Mann der Leistung, der seine Füße als Student in kaltes Wasser stellte, um nachts noch wach zu bleiben und weiter zu lernen. Er hatte in 6 Semestern sein Jurastudium absolviert. Das kam nicht von allein.

Wir sind größtenteils eine Juristenfamilie, das „Leistenmüssen" war immer in mir drin. Ich bin Notar geworden, also auch Freiberufler, ich wollte in keine Hierarchie. Mein Vater war in der Wirtschaft, wo es sehr viel auf und ab ging. Unser Sohn ist auch Rechtsanwalt geworden, da er auch in keine Hierarchie wollte. Wenn man gut ist und den Willen dazu hat, funktioniert das auch.

Wenn ich abschließend noch eines sagen darf: Es gibt auch ganz andere Bonn-Narrative, die unter anderem von Heinrich Böll geschaffen wurden und Bonn sehr negativ dargestellt haben. Das hat mein Großvater eben genau anders gesehen, gewollt und gemacht. Aber das ist ein eigenes Thema. Das „Runtermachen" von Bonn oder unseres Staates war ihm verhasst.

Herr Adenauer, haben Sie vielen Dank für das Gespräch!

Günter Bannas: Zeichner des Politischen zwischen Bonn und Berlin

René Schulz

Mit dem Ende der 1970er Jahre häuften sich jene politischen, sozioökonomischen und kulturellen Umbrüche, die das nachfolgende Jahrzehnt prägten, scheinbar festgefügte Ordnungen ins Wanken brachten und auch die Bundesrepublik sowie die politische Bühne Bonns nicht unberührt ließen:[1] Ein bislang nicht gekannter Strukturwandel begann die westdeutsche Industriegesellschaft zu erfassen. Die Friedensbewegung gewann an Zulauf und ihre Proteste gegen den NATO-Doppelbeschluss als Reaktion auf die sowjetische Raketenrüstung machten die Bundeshauptstadt zum Schauplatz der bis dato größten Massendemonstrationen in der Geschichte der Republik.[2] Helmut Schmidt (1918-2015) stürzte 1982 über die notwendig gewordene Nachrüstung und musste als Kanzler Helmut Kohl (1930-2017) weichen, während DIE GRÜNEN vor dem Sprung in den Bundestag standen.[3]

Abb. 56: Porträtaufnahme von Günter Bannas, undatiert

Einigen dieser Umbrüche lag auch ein „Wandel des Politischen"[4] zugrunde, der oft mit einer eigenen Dynamik etablierte Formen herausforderte und neue Akzente setzte – über die Auflösung des Kalten Krieges hinaus bis in unsere multipolare Welt. Einher ging

---

1   Für die Umbrüche seit den 1970er Jahren vgl. aus der jüngeren Literatur etwa Bösch, Frank, Zeitenwende 1979. Als die Welt von heute begann, München 2019; Raphael, Lutz, Jenseits von Kohle und Stahl. Eine Gesellschaftsgeschichte Westeuropas nach dem Boom, Berlin 2019; Sarasin, Philipp, 1977. Eine kurze Geschichte der Gegenwart, Berlin 2021. Die ideologischen Konfrontationen dieser Wendezeit verarbeitete literarisch Kracht, Christian, 1979, Köln 2001.
2   Siehe dazu in unterschiedlichen Facetten Gassert, Philipp/Geiger, Tim/Wentker, Hermann (Hgg.), Zweiter Kalter Krieg und Friedensbewegung. Der NATO-Doppelbeschluss in deutsch-deutscher und internationaler Perspektive (Schriftenreihe der Vierteljahrshefte für Zeitgeschichte, Sondernummer), München 2011.
3   Zur „Bonner Wende" von 1982 vgl. am gründlichsten Jäger, Wolfgang, Die Innenpolitik der sozial-liberalen Koalition 1974–1982, in: Ders./Link, Werner, Republik im Wandel 1974–1982. Die Ära Schmidt (Geschichte der Bundesrepublik Deutschland, Bd. 5/2), Stuttgart/Mannheim 1987, S. 221–263.
4   Vgl. hierzu die Beiträge in Woyke, Meik (Hg.), Wandel des Politischen. Die Bundesrepublik Deutschland während der 1980er Jahre (Einzelveröffentlichungen aus dem Archiv für Sozialgeschichte, Bd. 3), Bonn 2013.

dies auch mit einem Medienwandel, zu dessen markantestem Zeichen die immer weiter voranschreitende Verdichtung der politischen Kommunikation zählt.⁵

Ein prononcierter Beobachter, der in dieser Umbruchzeit seine journalistische Karriere begann, war Günter Bannas. Er hat als Journalist in Bonn und Berlin über vier Jahrzehnte lang „den ursprünglichen Ort des Politischen in der Demokratie"⁶ gezeichnet und dabei den Wandel im politischen Betrieb wie auch in dessen Kommunikation zwischen Rhein und Spree aufmerksam und kritisch zugleich verfolgt.

Der 1952 in Kassel geborene Bannas wuchs in Köln auf und erwarb am dortigen Friedrich-Wilhelm-Gymnasium 1971 das Abitur. Seine Studien in Volkswirtschaftslehre, Politische Wissenschaften und Sozialpsychologie schloss er im Frühjahr 1979 mit dem Diplom-Examen an der Universität zu Köln ab. Nach einer Hospitanz war er ab 1977 als ständiger freier Mitarbeiter in verschiedenen politischen Ressort-Redaktionen beim Deutschlandfunk tätig. Im September 1979 wechselte er zur Nachrichtenredaktion der Frankfurter Allgemeinen Zeitung (FAZ)⁷, die ihn im März 1981 nach Bonn entsandte. Als Korrespondent begleitete er intensiv die Formierung der noch häufig von der politischen wie journalistischen Zunft beargwöhnten Partei DIE GRÜNEN und deren weitere Metamorphosen.⁸ Seine Notizen und Aufzeichnungen aus den zahlreichen Jahren der Berichterstattung hat Bannas dem Archiv Grünes Gedächtnis der Heinrich-Böll-Stiftung anvertraut, wo diese die Quellengrundlage für weitere Untersuchungen zur Geschichte der GRÜNEN, der Neuen Sozialen Bewegungen sowie der alten Bundesrepublik bilden können. Zu Bannas' Schwerpunkten gehörten nach und neben den GRÜNEN die bundesdeutsche Innenpolitik, die Parteienlandschaft und der Bonner, später der Berliner Parlamentsbetrieb. Vom Frühjahr 1997 bis zum Sommer 1998 war er kurzzeitig Büroleiter der Süddeutschen Zeitung in Bonn, ehe er in die FAZ-Redaktion zurückkehrte. Seit Herbst 1998 leitete er das politische Ressort der Zeitung in Bonn und nach dem Umzug von Bundesregierung und Bundestag die politische FAZ-Redaktion in Berlin. Bannas erwarb sich in den vielen Jahren als Beobachter der Bonner und Berliner Szenerie den partei- wie redaktionsübergreifenden Ruf einer „Koryphäe des politischen Journalismus"⁹ in Deutschland. Als er im März 2018 in den Ruhestand trat, konnte der allseits anerkannte Parlaments-

---

5 Vgl. dazu konzeptionell Bösch, Frank, Ereignisse, Performanz und Medien in historischer Perspektive, in: Ders./Schmidt, Patrick (Hgg.), Medialisierte Ereignisse – Performanz, Inszenierung und Medien seit dem 18. Jahrhundert, Frankfurt/Main 2010, S. 7–29.

6 Laudatio von Stephan Detjen für Günter Bannas anlässlich der Verleihung des Medienpreises des Deutschen Bundestages am 23. Februar 2011, in: Webarchiv des Bundestages, abgerufen unter: https://www.bundestag.de/webarchiv/textarchiv/2011/detjen-249828 (abgerufen am 21.9.2022).

7 Zur Geschichte der Zeitung im Kontext der Politik- und Kulturgeschichte der alten Bundesrepublik siehe Hoeres, Peter, Zeitung für Deutschland. Die Geschichte der FAZ, München/Salzburg 2019. Bannas findet in Hoeres' sehr lesenswerter Studie leider nur am Rande Erwähnung; vgl. ebd., S. 374, 377 f.

8 Zur Geschichte der frühen Grünen siehe vor allem Mende, Silke, „Nicht rechts, nicht links, sondern vorn". Eine Geschichte der Gründungsgrünen, München 2011.

9 So etwa die des Lobes unverdächtige Tageszeitung „taz" in der Einleitung zum Interview mit Bannas: Pfaff, Jan/Schulte, Ulrich, „Ich kam mir wie ein Beichtvater vor", in: taz, 16.6.2018, abgerufen unter: https://taz.de/Guenter-Bannas-ueber-Politikjournalismus/!5510890/ (abgerufen am 21.9.2022).

korrespondent, der seine journalistische Laufbahn in den letzten Kanzlermonaten Helmut Schmidts begonnen hatte, seine Abschiedsfeier mit Bundeskanzlerin Angela Merkel sowie vielen weiteren Spitzen des politischen als auch journalistischen Berlins begehen.[10]

In seiner Berichterstattung konzentrierte sich Bannas vornehmlich auf das nüchterne Abwägen der politischen Argumente sowie auf das genaue Nachvollziehen von Entscheidungsprozessen und deren Zustandekommen, was ihm sowohl große Anerkennung als auch die nachhaltige Wertschätzung seiner Leser eintrug. Der Schriftsteller und Büchner-Preisträger Rainald Goetz verwarf nach eigener Aussage die Idee, einen Roman über den Berliner Hauptstadtbetrieb zu schreiben, weil dieser schon von Bannas in erschöpfender Weise beschrieben worden sei: „Seine beschreibende Analyse des politischen Betriebs […] ist unerreichbar. Da kommt man als Literat mit diesem komischen Nervositätssensibilismus überhaupt gar nicht mit."[11] Seine eigenen Erfahrungen mit dem Politikbetrieb zwischen Bonn und Berlin bündelte Bannas mit persönlichen Erinnerungen und politisch-zeithistorischen Einordnungen in einem Buch unter dem programmatischen Titel „Machtverschiebung", in dem er neben den Geschehnissen, Akteuren und Orten insbesondere die Veränderungen in der politischen wie journalistischen Kultur seit Bonner Tagen ausleuchtete.[12]

Im Interview konnte der mehrfach ausgezeichnete Hauptstadtjournalist[13] an die Befunde aus seiner jüngsten Auseinandersetzung mit der „Berliner" und somit auch indirekt mit der „Bonner Republik" anknüpfen – auch wenn ihm diese Begrifflichkeit widerstrebt. Denn für Bannas hat die Frage nach der „Bonner" oder „Berliner Republik" vor allem mit der jeweiligen Zeit und ihren Tendenzen zu tun, gegenüber denen nur wenige strukturelle Merkmale der Prägekraft des Ortes zuzurechnen seien. Zu den Letzteren zählt Bannas die kurzen Wege und die Kneipenkultur in der Bundeshauptstadt Bonn, die der politisch-journalistischen Kontakt- und Zeitgestaltung sehr zuträglich gewesen seien. Vor dem Vergleich zu Berlin und durch Bannas detaillierte Beobachtungen gewinnen hingegen die allgemeinen Zeittendenzen und Veränderungen in der politischen Kultur der Bundesrepublik an Kontur.

---

10 Vgl. Schaaf, Julia: Abschied von einer F.A.Z.-Institution, in: Frankfurter Allgemeine Zeitung, 20.3.2018, abgerufen unter: https://www.faz.net/aktuell/politik/inland/guenter-bannas-abschied-einer-institution-15504499.html (abgerufen am 21.9.2022).
11 So Rainald Goetz im Interview mit Mangold, Ijoma/Uslar, Moritz von, Wut ist Energie, in: Zeit (online), 29.11.2012, abgerufen unter: https://www.zeit.de/2012/49/Interview-Rainald-Goetz-Johann-Holtrop (abgerufen am 21.9.2022). Das Ergebnis des Vorhabens war schließlich ein Roman über die Selbstüberschätzung und den jähen Fall eines deutschen Topmanagers; vgl. Goetz, Rainald, Johann Holtrop. Abriss der Gesellschaft, Berlin 2012.
12 Bannas, Günter, Machtverschiebung. Wie die Berliner Republik unsere Politik verändert hat, Berlin 2019.
13 Für seine über vierzigjährige journalistische Tätigkeit ist Günter Bannas mehrfach ausgezeichnet worden: 2011 erhielt er für sein Gesamtschaffen den Medienpreis Politik des Deutschen Bundestages. Das „Medium Magazin", eine Fachzeitschrift der journalistischen Zunft, ehrte ihn 2013 als „Journalist des Jahres" in der Kategorie Politik. 2014 empfing er als erster Preisträger den Ernst-Dieter-Lueg-Preis der Wochenzeitschrift „Der Hauptstadtbrief", für die er weiterhin als Kolumnist schreibt. Der Bundesverband Deutscher Zeitungsverleger verlieh Bannas für sein journalistisches Lebenswerk 2018 den hochangesehenen Theodor-Wolff-Preis.

Dokumentiertes Gespräch mit Günter Bannas vom 23. Februar 2022

Interviewt von René Schulz

Herr Bannas, welche Rolle spielten Sie in der Bundesrepublik und was hatte diese Rolle mit Bonn zu tun?
Meine Schul- und Studienzeit habe ich in Köln verbracht. Die Kölner schauen gerne auf die Bonner herab und das wohlgestaltete Bonn mit seinen gut erzogenen Schülerinnen und Schülern versprühte eine andere Atmosphäre als Köln. Nach dem Studium war ich für kurze Zeit in der Frankfurter Nachrichtenredaktion der FAZ tätig und wurde im März 1981 in das Bonner Korrespondentenbüro der FAZ geschickt. Damals hatte ich zwei journalistische Schwerpunkte: Zum einen war dies das Bundesinnenministerium mit seinen anhängenden Behörden, wie etwa dem Bundesamt für Verfassungsschutz oder dem Bundeskriminalamt. Zum anderen waren dies – auch altersbedingt – DIE GRÜNEN, die zu diesem Zeitpunkt noch nicht in den Bundestag eingezogen waren. Gleichwohl empfand die Zeitung, dass diese noch kaum in den Parlamenten vertretene Partei der Beobachtung wert sei. Anfang der 1990er Jahre gab ich DIE GRÜNEN ab und übernahm schwerpunktmäßig die SPD. 1997/98 war ich für die Süddeutsche Zeitung, die mich abgeworben hatte, anderthalb Jahre Büroleiter in Bonn, bis mich die FAZ zurückholte. Dann wurde ich Büroleiter der FAZ in Bonn und nach dem Umzug in Berlin.

Gewohnt habe ich mit der Familie in Bad Godesberg-Rüngsdorf. Was mir damals auffiel, war die Redewendung unserer Nachbarn, die schon länger in Rüngsdorf wohnten: ‚Wir fahren jetzt nach Bonn!' Da merkte ich das Ortsbewusstsein der alten Godesberger. Die Kinder gingen in Godesberg zur Schule. Der Freundes- und Bekanntenkreis bestand berufsbedingt aus Kollegen des eigenen Hauses sowie der anderen Medien. Neue Freunde kamen aber, wie das nun mal so ist, auch durch die Kinder hinzu. Der Kindergarten war eine Art Elterninitiative, an der einige mitwirkten, die im politischen Milieu arbeiteten. Aus diesem Kindergartenkreis sind im Laufe der Jahre drei oder vier, mittlerweile pensionierte Staatssekretäre hervorgegangen: Ein Staatssekretär im Auswärtigen Amt, einer an führender Stelle im Bundespresseamt, ein anderer mit maßgeblicher Rolle im Umweltministerium und ein weiterer war zuerst Leiter einer Planungsgruppe der SPD-Bundestagsfraktion und müsste später, glaube ich, als Abteilungsleiter im Wissenschaftsministerium gelandet sein. Auch im Privaten hatte man also mit dem zu tun, was die Bundespolitik beschäftigt hat.

Was verbinden Sie persönlich aufgrund der gemachten Erfahrungen mit dem Begriff der „Bonner Republik"?

Eigentlich kann ich mit ihm nicht sehr viel anfangen. Ich glaube, der Begriff kam erst in den Debatten über den Regierungsumzug richtig auf. Vorher kannte ich den Begriff gar nicht. Es gab zwar das berühmte Buch von Fritz René Allemann „Bonn ist nicht Weimar", aber erst in der großen Auseinandersetzung über den Umzug tauchte die Bezeichnung prominent auf. Man kann bestimmte Dinge nennen, die die „Bonner Republik" oder vielmehr Bonn als Regierungssitz ausgezeichnet haben: Bonn war nicht großkotzig, es war auch – jedenfalls nach meiner politischen Einschätzung – typischer für Deutschland als Berlin. Es ist mit rund 300.000 Einwohnern eine klassische Mittelstadt, eine Universitätsstadt mit einer sehr bekannten Hochschule, eine Beamtenstadt, beliebt in früheren Zeiten als Alterssitz bei Pensionären und Rentnern – und damit für Deutschland typischer als eine Millionenstadt wie Berlin. Es hatte keinen Anlass zur Großspurigkeit und es nahm anderen Städten auch nichts weg: Bonn konkurrierte nicht mit den deutschen Großstädten. Was die Kultur angeht, konnte es sein Theater und seine Oper mit guten Intendanten und Regisseuren vorzeigen – auch wenn es kein Vergleich gegenüber Köln, Berlin, München oder Hamburg war. Entsprechend verhielt es sich mit den Bauten, was natürlich mit der Stadt selbst und der Nachkriegszeit zusammenhing: Mit dem Palais Schaumburg als Sitz des Bundeskanzlers und der Villa Hammerschmidt als Sitz des Bundespräsidenten griff man auf alte repräsentative Gebäude zurück, aber auch die Ministerien waren zunächst in dem untergebracht, was da war.

Abb. 57: Reihenhäuser in der Dahlmannstraße, 1970/1975, Foto: Ernst Linderoth

Ich kann mich an meinen Schulunterricht in der Oberstufe erinnern, in dem wir uns mit den Wahlprogrammen der Bundesparteien beschäftigten. Ich bin daher nach Bonn gefahren und in die CDU-Zentrale in der Nassestraße gegangen. Eine richtige Pforte gab es gar nicht. Ich erklärte dem Pförtner, dass ich Schüler aus Köln sei und Wahlprogramme benötige. Er antwortete daraufhin: ‚Fahren Sie in die dritte Etage, da finden Sie schon den Raum, wo die Kisten stehen.' Man musste sich nicht anmelden, man ging einfach rein. Ähnlich war es auch in der „Baracke", dem Ollenhauer-Haus der SPD, das noch wirklich barackenähnlich aussah.

Das FAZ-Büro war, als ich anfing, in der Dahlmannstraße, heute Karl-Carstens-Straße, untergebracht. Dort in der denkmalgeschützten schönen Villa Dahm saß auch die Parlamentarische Gesellschaft. Das Gebäude wurde dennoch für das World Conference Center abgerissen. Zwischen unserem Büro in der Dahlmannstraße und dem Eingang zum Bundestag erstreckten sich unscheinbare Bauten, in denen die FDP-Abgeordneten untergebracht waren, vor allem jener Teil der Liberalen, der 1982 gegen den Koalitionswechsel der FDP von der SPD zur Union gestimmt haben. Später ist das FAZ-Büro in eine modernisierte Villa in der Fritz-Schäffer-Straße, quasi rückwärtig zur Vertretung der evangelischen Kirche, umgezogen.

In der gesamten Bonner Zeit war die fußläufige Nähe zum Bundestag angenehm: DIE GRÜNEN hatten ihren Fraktionssaal und die meisten Büros im Hochhaus am Tulpenfeld. Die Bundespressekonferenz war nur fünf Minuten zu Fuß entfernt. Der Bundestag war, wenn man langsam ging, zehn Minuten entfernt. Ein Gegensatz zu Berlin ist auffällig: Wenn ich von der Fritz-Schäffer-Straße über die Kurt-Schumacher-Straße zum Bundestag ging, traf ich dort auf der Straße je nach Uhrzeit etwa den innenpolitischen Referenten einer Fraktion oder den Dienststellenleiter einer der dortigen Landesvertretungen. Man hatte dadurch die Gelegenheit zum Austausch und Informationsgewinn. Der Zufall oder Nicht-Zufall wollte es, dass man die Leute traf. Zu den Ministerien war es schon ein weiterer Weg. Zum Innenministerium musste ich bis nach Graurheindorf hoch, das Auswärtige Amt lag zwar in der Nähe, aber es war nicht mein Arbeitsfeld, insofern hatte ich mit diesem weniger zu tun. Die Parteizentralen waren fußläufig zu erreichen: CDU und SPD lagen einander schräg gegenüber an der B9. Man konnte in Bonn für die Arbeit sehr viel miteinander vereinbaren, was in Berlin unvereinbar ist. Wenn in Bonn die CDU-Zentrale nach einer Sitzung die Pressekonferenz für 13.00 Uhr ansetzte, war es überhaupt kein Problem um 13.30 Uhr bei der SPD vorbeizuschauen und einen dortigen Termin mitzunehmen. Das ist in Berlin vollkommen ausgeschlossen. Es ist überhaupt nicht fußläufig und man braucht zum Beispiel mit dem Fahrrad von meinem heutigen Büro zur CDU-Zentrale, wenn man nicht durchgeschwitzt ankommen möchte, eine knappe halbe Stunde. Dasselbe gilt auch für die Bundespressekonferenz, wobei hier auch technische Modernisierungen hineinspielen. In Berlin sind es zu Fuß von unserem FAZ-Büro zur Bundespressekonferenz zwanzig Minuten, in Bonn waren es nur fünf. Das ist mit Hin- und Rückweg schon ein riesiger Unterschied, was auch dazu geführt hat, dass die Bundespressekonferenz in

Berlin zunehmend schlecht besucht ist. Das hängt allerdings ebenso mit der Übertragung praktisch jeder Konferenz auf phoenix zusammen. In Berlin wurde zudem unabhängig von phoenix ein spezieller Fernsehkanal für die Journalisten, die Ministerien und Bundestagsbüros eingerichtet, so dass man die Bundespressekonferenz im Bild verfolgen kann. In Bonn gab es einen Lautsprecher, an dem wir die Bundestagsdebatten verfolgen konnten.

Abb. 58: Luftaufnahme der Bürohäuser im Tulpenfeld, 1969/1974, Foto: Bundesbildstelle Bonn

Bonn war also die bescheidene Stadt der kurzen Wege, die sie auch heute geblieben ist, aber vor allem die Stadt der kurzen Dienstwege.
Ja, das trifft es ganz gut – voran die Möglichkeit der kurzen Dienstwege.

Sie haben gerade viele spezifische Orte der alten Bundesrepublik genannt. Gab es auch Ereignisse, an die Sie sich als „Bonn-spezifisch" erinnern?
Es gab natürlich politische Ereignisse, die waren aber nicht „Bonn-spezifisch", sondern im Allgemeinen mit dem Regierungssitz verbunden.

Fallen ihnen Ereignisse ein, die ein Licht auf den Zusammenhang von Stadt und Politik werfen könnten?
Da fallen mir natürlich die Umstände und Debatten rund um den Regierungsumzug ein, vor allem auch die Bonner Montagsdemonstrationen. Auch erinnere ich mich an die Reaktionen der „normalen" Bonner auf den Umzug und diejenigen, die dann nach Berlin gingen. Friedhelm „Friedel" Drautzburg und Harald Grunert, die beiden Kneipiers der „Ständigen Vertretung" in Berlin, hatten in Bonn die Montagsdemonstrationen mitorganisiert. Als sie dann in Berlin mit großem Erfolg die „Ständige Vertretung" eröffneten, wurden sie vom Kneipier meiner Godesberger Stammkneipe nur noch als „Verräter" bezeichnet.

In dem Lokal tauchte auch mal jemand auf, der im Regierungs- oder Parteienmilieu arbeitete. Es war aber eine reine Privatsache. Dort ging ich nicht hin, um Leute aus der Politik oder dem Journalismus zu treffen. Ein solcher Ort war eher die „Provinz" gegenüber vom Kanzleramt, an der Ecke B9/Reuterstraße. Dort konnte man hingehen und wusste, zumal in Sitzungswochen, dass man immer Abgeordnete und Journalisten traf – vor allen Dingen jüngere Abgeordnete der SPD und der GRÜNEN. Gerhard Schröder und Joschka Fischer tauchten dort regelmäßig auf. Die „Provinz" war das Lokal, aus dem der Legende nach – wahrscheinlich stimmt es – der betrunkene Gerhard Schröder spätnachts an den Zaun des Kanzleramtes herausging, um daran zu rütteln. Bei dem Rütteln war ich nicht dabei. Ich war aber dabei, als Schily – damals noch bei den GRÜNEN –, Schröder und Fischer auf einem Bierdeckel eine gemeinsame Kabinettsliste unter einem Kanzler Schröder erstellten. Solche Erlebnisse waren natürlich lustig, wobei ich beim „Sie" geblieben bin. Sie waren aber eben auch politisch und für die eigene Arbeit interessant.

Gab es nach ihrer Kenntnis Wechselwirkungen zwischen Kommune und Region einerseits und dem Hauptstadtleben andererseits?
Da tue ich mich schwer. Viele gewöhnliche Beamte, die sich kein Haus am Rhein leisten konnten, zogen nach Meckenheim. Wenn man zum Bonner Marktplatz fuhr, war vom Regierungssitz nichts zu spüren. Die Bonner Gesellschaft war in sich relativ geschlossen. Eigentlich ähnlich wie die Berliner, die auch nicht viel mit ihrem Regierungsquadratkilometer zu tun haben. So war die Gesellschaft in sich relativ geschlossen. Es gab ein paar Lokale, wie die „Provinz", den angesagten „Gambrinus" oder die Schumann-Klause, in dem sich das DKP-Spektrum traf. Die „Kanalarbeiter" des rechten SPD-Flügels sammelten sich im „Kessenicher Hof". In Godesberg traf man hin und wieder mal, ohne dass ich mit ihm gesprochen hätte, Rainer Barzel beim Einkaufen. Das war alles nichts Außergewöhnliches. Ein Zusammenhang ergab sich mit den vielen Botschaften, die in Godesberg untergebracht waren: Wo wir wohnten, in Godesberg-Rüngsdorf, lagen auch die amerikanische und die israelische Botschaft. Der Vorteil daran war, dass man eigentlich die Kellertür nicht abschließen brauchte. Es kam ja alle Nase lang die Polizei vorbei. Ich weiß noch, dass ein Polizeibeamter eines Abends klingelte, um uns Bescheid zu sagen, dass die Kellertür offenstand.

Die Bonner nahmen also vom Hauptstadtstatus nur freundlich Kenntnis?
So kann man es ausdrücken. Es kam gleichwohl immer darauf an: Ein Beamter aus dem Innenministerium ist natürlich anders gestrickt als ein ansässiger Zahnarzt. Wobei man auch die Frau eines späteren Staatssekretärs im Auswärtigen Amt treffen konnte, die eine sehr gute Zahnärztin war. So ergaben sich Überschneidungen. Gefühlt, nahmen es die Bonner nur freundlich zur Kenntnis – bis die Umzugsfrage anstand. Bis dahin hieß es ja: Das Schönste an Bonn ist die Straßenbahn nach Köln. Als dann die Debatte über den Umzug kam, wurde dieser Spruch erst mal vergessen.

Unterschied sich denn das Speckgürtelphänomen zu Bonner Zeiten von den jetzigen Berliner Verhältnissen?
Die Beamten, die früher in Meckenheim gewohnt haben, wohnen heute eher in Kleinmachnow. Das ist auch tatsächlich ein ähnliches Milieu. Meckenheim war vordem ländlich geprägt, bis die Reihenhaussiedlungen hinzukamen. So ähnlich verhält es sich auch strukturell mit Kleinmachnow: Zu den Alteingesessenen stießen die neu zugezogenen Beamten, Journalisten oder Parteimitarbeiter. Ein normaler Beamter kann sich nun mal kein Haus Unter den Linden mieten und zieht daher eher in den Speckgürtel. So war es im Grunde genommen auch in Bonn. Es war allerdings in Bonn sehr viel konzentrierter. Als der Umzug vollzogen wurde, hat sich das ausgewirkt: Der wohl bestallte Beamte wurde ersetzt durch den wohl bestallten Abteilungsleiter der Telekom oder der Post AG.

Ich höre von meinen Freunden, die noch in Bonn wohnen: ‚Godesberg würdest Du nicht wiedererkennen. Die Godesberger Innenstadt ist so heruntergekommen!' Einige Geschäfte, in denen früher die Beamten, Botschaftsfamilien und -mitarbeiter gerne einkauften, gibt es nicht mehr. Wobei diese auch damals schon gerne bei Aldi einkauften. Aldi Godesberg hatte regelmäßig gute Weinaktionen und wenn es einen weltberühmten Rioja gab, gingen viele Botschaftergattinnen dort einkaufen.

Wir waren auf diese Begrifflichkeit schon zu sprechen gekommen. Würden Sie von einer Bundesrepublik sprechen, oder von „Berliner" und „Bonner Republik"? Wo würden Sie hierbei die Merkmale oder Unterschiede setzen?
In der selben Zeit des Umzuges nach Berlin gab es, was die technischen Möglichkeiten und die Vielfalt der Medien angeht, einen richtigen Schub. Das heißt: Wäre der Regierungssitz in Bonn geblieben, dann wäre das Bonn von heute nicht das Bonn von 1990 oder 1999. Nur ein Beispiel, um die technischen Veränderungen zu beschreiben: Als ich bei der Süddeutschen Zeitung war, kamen die Mitarbeiter auf mich zu und sagten: ‚Chef, wir brauchen einen Internetzugang!' Ich war misstrauisch und fragte noch: ‚Warum?' Es ist mir unvergessen, dass eine Kollegin damals das Gesetz über die parlamentarischen Staatssekretäre suchte. Mit einem riesigen Aufwand fragte sie in der Bibliothek des bayerischen Landtags an, weil sie dort jemanden kannte. Dieser kopierte ihr das Gesetz und schickte es per Telefax nach Bonn. Mit Hilfe des Internets gehe es schneller, meinte die Kollegin. Ich ging in ihr Büro, griff ins Bücherregal und holte das

Gesetz heraus. Das Ende vom Lied war ein Kompromiss: Das Sekretariat erhielt einen Internetzugang. Das war ein Jahr vor dem Umzug. Seither hat sich die gesamte politische Kommunikation verändert.

In der Bonner Zeit gab es faktisch nur ARD und ZDF, RTL war ein Unterhaltungssender. Eigene Nachrichtenkanäle gab es noch nicht und das Kabelfernsehen spielte für die politische Kommunikation keine Rolle. Wenn Sie nach der „Bonner" und „Berliner Republik" fragen, hat das natürlich auch mit den Städten zu tun, aber vor allen Dingen mit dem Zeitablauf und seinen Veränderungen.

Was die Baulichkeiten betrifft, konnten sich die Architekten in Berlin austoben. Umbauter Raum wurde vervielfacht, ohne dass die Büros deswegen größer geworden wären. Der Begriff „Atrium" gehörte in Bonn nicht zu meinem aktiven Sprachschatz. Die Ministerien und Behörden sind alle in Berlin „aufgesupert" worden. Nehmen wir allein den Bundestag im Reichstagsgebäude, der ein anderes Maß angenommen hat – inklusive der immer weiter gehenden Sicherheitsmaßnahmen. Das Gegenbeispiel mit der CDU-Zentrale in Bonn habe ich genannt. Allerdings veränderte sich nach dem „Deutschen Herbst" auch in Bonn das Sicherheitsbedürfnis zunehmend. In Berlin brauchen Sie jetzt mittlerweile einen jährlich neu auszugebenden Bundestagspresseausweis. In Bonn kam man auch ohne Akkreditierung in den Bundestag hinein, wenn man den Pförtner kannte. Aber zurück zur Größe: Viele Jahre diente das Bonner Wasserwerk als Bundestagsplenarsaal, während am neuen Plenarsaal, der heute Teil des Kongresszentrums ist, gebaut wurde. Dieser letzte Plenarsaal wies schon, wenn Sie so wollen, Berliner Format auf.

Hat man denn architektonisch mit der eher bescheiden angelegten „Bonner Republik" gebrochen? Spiegelt sich in der Architektur ein Bruch wieder, der gleichwohl von Bonn aus geplant wurde?

Ja, etwa das Berliner Kanzleramt wurde noch zu Zeiten Helmut Kohls geplant. Es haben sich aber auch die Ansprüche und Moden geändert. Angenommen, das Kanzleramt wäre in Bonn geblieben und man wäre zu der Ansicht gelangt, es sei zu klein geworden, dann hätte ein Neubau wahrscheinlich ein ähnliches Format erhalten. Die Ministerien und Bürobauten in Bonn sind noch von der Nachkriegszeit und den Vorstellung, was als angemessen erschien, geprägt gewesen. In den 75 Jahren haben sich sowohl die sachlichen Ansprüche als auch die Repräsentationsbedürfnisse geändert. In Bonn wurde auf repräsentative Bauten nicht viel Wert gelegt. Die Kreuzbauten, in denen das Justiz- und Forschungsministerium untergebracht waren, sind relativ normale Bürogebäude. Wenn Sie das mit den Neubauten in Berlin vergleichen, etwa mit dem Bundesinnenministerium, dann ist das eine andere Größenordnung. Das gilt im übrigen auch für die Bundestagsbürobauten, das Jakob-Kaiser-Haus und das Paul-Löbe-Haus: Riesig umbaute Atrien und ganze Hallen, die nur als Durchgang fungieren. In Bonn konnte man sich hingegen in den verwinkelten Gängen des Abgeordnetenhochhauses leicht verlaufen.

Wie fühlte sich der Wechsel von Bonn nach Berlin persönlich für sie an? Ging die Eingewöhnung schnell oder brauchte es eine gewisse Zeit?
Ich war beruflich sehr eingespannt, so dass ich mir über die Besonderheiten Berlins nicht viele Gedanken machen konnte. Auffällig waren die Wege, die alle doppelt so lang waren. Wo ich in Bonn von Rüngsdorf mit dem Fahrrad ins Büro zwanzig Minuten brauchte, war es in Berlin eine Dreiviertelstunde. Ähnliches gilt auch, wenn man die Wege mit den öffentlichen Verkehrsmitteln oder dem Pkw bewältigt. Das wirkt sich aus: Wenn Sie für die Wegstrecke doppelt so viel Zeit brauchen wie zuvor, dann geht das an Freizeitmöglichkeiten verloren. Dass sich der Arbeitsrhythmus in Berlin veränderte, hing mit den technischen Veränderungen, wie der Entwicklung von FAZ.net und zusätzlichen Angeboten, aber auch mit den weiten Wegstrecken zusammen. Ich habe eben geschildert, wenn ich in Bonn vom Büro zum Bundestag ging, traf man immer jemanden, der als Mitarbeiter einer Fraktion oder als Abgeordneter zu seinem Büro ging. Das ist in Berlin, obwohl sich das Geschehen dort auch stark konzentriert, weniger der Fall oder praktisch erlahmt.

Da ich im Rheinland aufwuchs und dort lange gearbeitet habe, bin ich nicht der Berlinfreund schlechthin gewesen. Aber es ist natürlich eine tolle Stadt, die viele Möglichkeiten bietet.

Sie wiesen in ihrem Buch „Machtverschiebung" auf die ‚kennzeichnende Nebensächlichkeit' hin, dass der Rücktritt Christian Wulffs zum Höhepunkt des rheinischen Straßenkarnevals erfolgte. ‚Niemals hätte eine Staatsanwaltschaft aus den Hochburgen des katholisch geprägten Frohsinns', so Ihr prägnantes Urteil, ‚am Donnerstag der sogenannten Fünften Jahreszeit [...] das Ermittlungsverfahren eingeleitet'. Wie rheinisch und katholisch war der Bonner Politikbetrieb?
Er war vor allem rheinisch-katholisch. Karneval hängt ja mit dem Katholizismus zusammen. Jedenfalls habe ich festgestellt, dass alle Beteiligten im Umfeld von Wulffs Rücktritt aus dem Norden und dem Osten der Republik stammten: Wulff selbst, die Staatsanwaltschaft aus Hannover, Wulffs Nachfolger Gauck, Angela Merkel, Philipp Rösler, Sigmar Gabriel und Jürgen Trittin. Dass eine Staatsanwaltschaft aus Düsseldorf, Köln oder Bonn dies an Weiberfastnacht gemacht hätte, glaube ich nicht – zumal ja auch keine Fluchtgefahr bestand. Das ist eine der Passagen, die ich mit einem Augenzwinkern geschrieben habe. Eindrucksvoll ist es trotzdem!

Ich war sozusagen auch persönlich betroffen: Ich war an Weiberfastnacht in Köln in einem Lokal, als mich jemand auf die Nachricht hinwies, dass die Staatsanwaltschaft Hannover das Verfahren eingeleitet hatte. Meine erste Reaktion lautete: ‚Ach du liebe Zeit! Dann tritt der Wulff morgen zurück.' Mein Gegenüber mochte das noch nicht glauben. Am nächsten Morgen rief ein Kollege aus der Nachrichtenabteilung in Frankfurt an und fragte: ‚Sagen Sie mal, Herr Bannas, was machen wir denn jetzt?' Ich sagte: ‚Wir machen gar nichts, ich bin in Köln.' Der Karneval war natürlich sofort abgebrochen und am Sonntag kam es dann schon zur Nominierung von Joachim Gauck. Es war mir in dieser Zeit sowieso schon aufgefallen, dass sich die Rücktritte in der Karnevalszeit mehrten: Guttenberg trat kurz vor Weiberfastnacht zurück, Schavan bot ihren Rücktritt am Karnevalsfreitag an. Es war also eine ganz gefährliche Zeit für Rücktritte damals.

Welche Prägekraft kam dem Katholizismus zuletzt im Bonner Betrieb zu? Hat die Politik damals noch stärker an ihm partizipiert?
Bei der CDU wird immer noch vor Beginn des Parteitags eine ökumenische Andacht abgehalten. In Bonn war es noch eine andere Zeit, vor allem was die Zahl der Kirchenmitglieder angeht. Es war schon katholisch geprägter. Karneval ist ja vor allen Dingen in katholisch geprägten Städten und Gemeinden zuhause. Das sollte man aber auch nicht überstrapazieren, es hat sich vieles egalisiert. Das war in den 1950er und 1960er Jahren noch anders. Manche zählen die Konfessionszugehörigkeit aber heute noch. Jemand aus katholischem Zusammenhang beklagte sich mir gegenüber mal: ‚Herr Bannas, das geht doch gar nicht! Die CDU stellt die Kanzlerin und im ganzen Kabinett nur ein Katholik!' Im Kabinett Merkel III war Peter Altmaier der einzige katholische CDU-Minister. Das letzte Kabinett Merkel war hingegen konfessionell ausgeglichener.

Ist der Politikbetrieb also insgesamt norddeutscher und protestantischer geworden?
Wenn wir das Protestantische etwas beiseitelassen: Ja, doch. Die letzten drei Bundespräsidenten, Wulff, Gauck, Steinmeier, stammen alle aus dem Nordosten. Die letzten drei Bundeskanzler, Schröder, Merkel, Scholz, stammen ebenfalls alle aus dem Nordosten. Laschet, Kramp-Karrenbauer und Nahles gerieten mit Fehltritten an Karneval in Turbulenzen. Deutlicher wird es in der Frage des Dialektes: Kohl konnte sich als Kanzler der Einheit später darüber erheben, zuvor galt er allerdings als ein bisschen tumb – auch wegen seines Dialektes. Kurt Beck ist ein ähnlicher Fall. Das reine Hochdeutsch hat sich als Umgangssprache weit durchgesetzt. Ausgenommen scheinen nur die Bayern, die trotzdem nicht als tumb gelten. Vermutlich, weil sie ihre Interessen trotzdem durchsetzen können. Es gab mal eine Zeit, da konnten ganze Talkshows mit ehemaligen Mitgliedern des niedersächsischen Landtags besetzt werden: Von der Leyen, Trittin, Rösler; und die SPD der Schröder-Zeit war ohnehin sehr stark von Leuten aus Hannover geprägt gewesen. Niedersachsen hatte für eine gewisse Zeit eine unglaubliche Zahl von maßgeblichen Politikern vorzuweisen. Das südwestdeutsche Element der Bundespolitik ist, und das fällt mit dem Regierungsumzug zusammen, erheblich zurückgegangen. Es kann da einen Zusammenhang geben: Auffällig war in der Bonner Zeit, dass die baden-württembergische Landesgruppe sowohl in der CDU/CSU- als auch in der SPD-Fraktion über einen enormen Einfluss verfügte. Das lag einerseits natürlich an ihrer Größe, andererseits mag es aber auch am Verhältnis zur nordrhein-westfälischen Landesgruppe gelegen haben, die ja eigentlich immer größer ist als die baden-württembergische. Die Erklärung dafür war, dass die nordrhein-westfälischen Abgeordneten in den Sitzungswochen abends nach Hause fuhren. Pendelte man mit dem Zug von Bonn nach Dortmund, so konnte man den Abend zuhause verbringen, sich im Wahlkreis oder Ortsverein sehen lassen. Für die baden-württembergischen Abgeordneten war der Weg damals zu

weit. Was machten sie also abends? Sie setzten sich zusammen und heckten aus, wer was wird, während die nordrhein-westfälischen Kollegen daheim nach dem Rechten sahen.

Ist der Politikbetrieb in Berlin vielleicht auch humorloser geworden?
Dieses „Man muss auch gönnen können!" und „Lass mal gut sein!" ist keine weit verbreitete Lebenseinstellung in Berlin. Aber dieses Laissez-faire ist schließlich eine rheinische Haltung.

Wie gestaltete sich der Umgang zwischen Journalisten und Politikern in Bonn? Welche Kreise und Zusammenschlüsse bestanden unter den Hauptstadtjournalisten ihrer Zeit? Und was hat sich in Berlin verändert?
Nach meinem Erleben hat sich in Berlin strukturell nichts Wesentliches verändert, ausgenommen die eben erwähnten weiteren Wege in Berlin und die andere Kneipenkultur in Bonn wie im Rheinland insgesamt. An der Theke stehen und sich dort Geschichten erzählen ist in Berlin nicht so verbreitet. Es gibt auch in Berlin Kneipen mit einer Theke, aber vergleichsweise weniger als in Bonn oder Köln. Damit verbindet sich natürlich eine andere Form von Kommunikation. In Bonn konnte ich in bestimmte Lokalitäten gehen und ich wusste, hier treffe ich jemanden, den ich kenne. Das ist in Berlin nicht so, es sei denn im „Borchardt", wobei das Restaurant keine Theke besitzt. Dort sitzt man am Tisch und je nach dem sollte man diesen auch vorher reservieren.

Aber was die Journalistenzirkel angeht, die gab es in Bonn und gibt es in Berlin. Manche von denen sind hinübergerettet, andere sind neu gegründet worden. Das Entstehen von Journalistenkreisen hat immer etwas mit dem Alter der Beteiligten zu tun. Der erste Kreis, in dem ich in Bonn war, hatte zunächst keinen Namen und bestand vornehmlich aus 30- bis 35-Jährigen. Wir hatten diesen Kreis selbst neu gegründet, weil wir in die arrivierten Journalistenzirkel der 50- bis 60-jährigen Kollegen nicht aufgenommen wurden. Der sogenannte „Adler-Kreis" war das Nonplusultra, aber dessen Mitglieder waren alle 20 bis 25 Jahre älter als ich. Auch in Berlin hat sich dann ein Kreis von Kollegen gegründet, die Anfang 30 waren und sich „U 30" nannten. Ich weiß nicht, ob es in Bonn schon einen Kolleginnenkreis gab oder ob der erst in Berlin gegründet wurde. Man muss dabei sagen, dass die journalistische Zunft in Bonn gefühlt zu 85 Prozent männlich war, was auch der damaligen Zeit entsprach. Im letzten Kabinett Kohl waren nur zwei Frauen vertreten, Angela Merkel und Claudia Nolte.

Haben Sie denn das Gefühl, dass heute der Anteil der weiblichen Politik-Korrespondenten stark gestiegen ist?
Ja, schauen Sie in die Talkshows: Außer Robin Alexander sind meist Frauen zu Gast. Die Büroleitung beim „Spiegel" hat Melanie Amann inne. Das Büro des Redaktionsnetzwerks Deutschland RND leitet Eva Quadbeck und ihre Stellvertreterin ist Kristina Dunz. Bei der Rheinischen Post, die ebenfalls ein großes Büro unterhält, führt Kerstin Münstermann die Geschäfte. Bei der ARD leitet Tina Hassel das Hauptstadtstudio.

Abb. 59: Die Gaststätte Ria Maternus in Bad Godesberg, 13.10.1974, Foto: Camillo Fischer

Beim ZDF lag die Studioleitung lange Jahre bei Bettina Schausten. Das hat sich also schon komplett geändert.

Bis in die 1980er Jahre war es eine klassische Karriere, vor allen Dingen im öffentlich-rechtlichen Hörfunk, als einfacher Reporter beim WDR, Südwestfunk oder Deutschlandfunk zu beginnen, Redakteur im Bonner Büro zu werden, dann für ein paar Jahre als Parteisprecher tätig zu sein und anschließend als Büroleiter in den Journalismus zurückzukehren. Das waren ganz andere Karriereschritte als heute, aber das nahm schon im Laufe der 1980er Jahre ab.

Auch die parteipolitische Sortierung löste sich auf. Noch vor meiner Zeit in Bonn wusste man, welcher Kollege welcher Partei nahestand. Dabei waren diese Kollegen auch noch häufig für „ihre" Partei zuständig. Das war schon eine heiße Kiste! Mit den 1980er und 1990er Jahren, ungefähr zeitgleich mit dem Einzug der GRÜNEN in den Bundestag, nahm das aber ab. Auch die Journalistenkreise hörten dann auf, so parteipolitisch orientiert zu sein. In Bonn war „die gelbe Karte" ganz klar sozialliberal bis sozialdemokratisch eingestellt, während die Kollegen im „Ruderclub" christdemokratisch waren. Diese parteipolitische Zuordnung von Journalisten ist verschwunden. Ich bin mir aber nicht sicher, ob das nun wiederkommt. Es ist jetzt aber auch eine andere Zeit. Viele Medien haben es finanziell schwer und einige Kolleginnen und Kollegen kehren dem Zeitungsgeschäft den Rücken, um beim Bundespräsidenten oder in Ministerien als Sprecher zu arbeiten. Man wird beobachten, wie sich das entwickelt.

Am Schluss würde ich gerne versuchen, einen Kreis zu schließen: Sie hatten zu Beginn von den kurzen Wegen zu den Bonner Landesvertretungen berichtet. War Bonn aufgrund seiner geringeren Größe oder Bedeutung föderaler geprägt als Berlin?
Gefühlt würde man das vielleicht bejahen, aber ich glaube tatsächlich nicht. Wenn Sie die Debatten über die Corona-Maßnahmen betrachten, dann macht ja doch jedes Bundesland was es will. Insofern ist das Föderalismus pur. Wobei ich ausdrücklich sagen möchte, dass ich für Föderalismus bin und nicht den Ideen eines Zentralstaates anhänge. Dass man aber von einem Berliner Zentralismus sprechen kann, entspricht nicht der Realität. Es ist mehr eine Frage von politischen Entwicklungen: In der späten Bonner Zeit wurden die SPD-Länder im Bundesrat von Schröder und Lafontaine geführt, die teilweise mit ziemlich harten internen Maßnahmen dafür gesorgt haben, dass zum Beispiel der Hamburger Bürgermeister Voscherau bei der Stange blieb und sich nicht von der Union-FDP-Regierung rauskaufen ließ. Das heißt, es gab da schon einen SPD-internen Zentralismus. Dass die Union traditionsmäßig föderaler orientiert ist als die SPD, hat mit ihrer Geschichte zu tun. Aber auch jetzt mit der Union in der Opposition lassen sich die Ministerpräsidenten der unionsgeführten Länder nichts von ihren Berliner Oppositionspolitikern sagen, auch machtpolitisch-intern nicht. Die Bayern lassen sich sowieso nichts sagen, weder von Bonn noch von Berlin aus. Wenn die SPD in der Berliner Opposition war, was bisher nur für ein paar Jahre vorkam, dann machten die SPD-Ministerpräsidenten natürlich ihr eigenes Ding.

Auffällig ist aber, dass die Berichterstattung über Feinheiten des Bund-Länder-Verhältnisses und den Bundesrat eingeschlafen ist. Das dürfte allerdings, glaube ich, mehr mit Entwicklungen im Journalismus als mit der politischen Wirklichkeit zu tun haben.

Herr Bannas, haben Sie vielen Dank für das Gespräch!

Eine Pionierin des Journalismus in der „Bonner Republik": Heli Ihlefeld

Mara Weber

Nach Ende des Zweiten Weltkrieges bot sich in Deutschland wieder ein Betätigungsfeld für etwas, was in den Jahren der nationalsozialistischen Gewaltherrschaft unmöglich gewesen war: eine freie Presse. Die westlichen Alliierten kontrollierten die Entstehung dieses neuen deutschen Pressewesens durch die Erteilung oder Verweigerung von Lizenzen.[1] 1949 wurde mit Artikel 5 des Grundgesetzes das Prinzip der Pressefreiheit für die junge Bundesrepublik verankert. Unter diesen Voraussetzungen entwickelte sich ein neues Pressewesen mit neuen Produkten. Neben den Tages- und Wochenzeitungen entstanden branchenübergreifende Institutionen wie die 1949 gegründete Deutsche Presseagentur oder der 1956 ins Leben gerufene Presserat.[2] Journalistinnen und Journalisten nahmen in der Bundesrepublik Deutschland eine bedeutende Rolle ein: Sie schufen Transparenz in öffentlichen Angelegenheiten und stärkten damit die Kontrolle von Regierungs- und Parlamentsentscheidungen. In Bonn unterstrich die Bundespressekonferenz den Stellenwert des Journalismus.[3]

Eine der ersten Frauen im bundesdeutschen Journalismus war Heli Ihlefeld. 1935 in Hannover geboren, standen ihre Kindheit und Jugend unter den Zeichen von Krieg und Kriegsfolgen. Nach einem begonnenen Studium der Soziologie und Volkswirtschaftslehre volontierte sie bei der Kölnischen Rundschau und übernahm anschließend das Bonner Büro der Nachrichtenagentur ihres Vaters.[4] In dieser Funktion kam Ihlefeld intensiver denn je mit der bundespolitischen Seite Bonns ins Kontakt: Für den Neuen Landesdienst (nld), der ihrem Vater Dr. Kurt Ihlefeld gehörte, berichtete sie häufig aus dem Bundeshaus und von den Bundespressekonferenzen. Ihlefeld wohnte den Ausführungen bundes-

---

1 Siehe Koszyk, Kurt, Pressepolitik für Deutsche 1945–1949 (Geschichte der deutschen Presse, Bd. 4), Berlin 1986.
2 Siehe hierzu Hodenberg, Christina von, Konsens und Krise. Eine Geschichte der westdeutschen Medienöffentlichkeit 1945–1973 (Moderne Zeit, Bd. 12), Göttingen 2006.
3 Für die Frühphase siehe Krüger, Gunnar, „Wir sind doch kein exklusiver Club!" Die Bundespressekonferenz in der Ära Adenauer, Münster 2005.
4 Simsek, Melahat, Erlebte Geschichte mit Heli Ihlefeld. Interview im WDR, 27.9.2015, abgerufen unter: https://www1.wdr.de/radio/wdr5/sendungen/erlebtegeschichten/heli-ihlefeld-100.html#:~:text=Heli%20Ihlefeld%20begleitete%20zahlreiche%20Politiker,1967%20das%20letzte%20Interview%20f%C3%BChrte (abgerufen am 28.9.2023).

politischer Akteure stets „mit Interesse" bei, „nicht ahnend, dass ich [Heli Ihlefeld, Anm. d. A.] bereits für später lernte."⁵

Anschließend war sie als Journalistin für die Münchner Abendzeitung, die Frauenzeitschrift „Constanze" und das Magazin „stern" tätig. Besonders bekannt war sie für ihre Porträts von Politikern der „Bonner Republik", darunter Konrad Adenauer (1876–1967), Ludwig Erhard (1897– 1977), Willy Brandt (1913–1992) und Helmut Schmidt (1918–2015).⁶

Das Verhältnis zwischen Journalistinnen und Journalisten einerseits und Politikerinnen und Politikern andererseits war im Vergleich zu heute geprägt von einem höheren Maß an Pragmatismus und Zurückhaltung. Beide Seiten waren aufeinander und auf ein gewisses Maß an gegenseitigem Vertrauen angewiesen. Die Politikerinnen und Politiker brauchten die Medien, um sich der Bevölkerung und ihrer

Abb. 60: Porträtaufnahme von Heli Ihlefeld, undatiert

Wählerschaft zu erklären und ihre Ansichten und Entscheidungen zu verbreiten und zu verteidigen. Die Presse ihrerseits war sich darüber im Klaren, dass für belastbare Informationen und Hintergründe Respekt und gelegentlich auch Verschwiegenheit von Nöten waren.⁷

Heli Ihlefeld war Teil dieser besonderen Dynamik. Sie kannte jedoch auch die Gegenseite. Im Jahr 1974 übernahm sie die Position der Pressesprecherin für Bundestagspräsidentin Annemarie Renger (1919–2008), die erste Frau in diesem Amt. Kurt Gscheidle (1924–2003), ein SPD-Politiker, der 1974 als erster Minister sowohl das Bundespost- als auch das Verkehrsministerium übernahm, engagierte Ihlefeld daraufhin als Pressesprecherin bei der Bundespost.⁸ Sie verließ das Ministerium und wechselte nach der Privatisierung zur Deutsche Telekom AG in die Funktion der Gleichstellungbeauftragten.

Den Themen Gleichberechtigung und Frauenemanzipation fühlte sich Ihlefeld während ihrer gesamten Karriere verpflichtet.⁹ Für ihre Arbeit als Gleichstellungbeauftragte wurde ihr 1999 das Bundesverdienstkreuz verliehen. Heute lebt Heli Ihlefeld auf der griechischen Insel Naxos und in Berlin und ist als Autorin tätig. In ihrer schriftstellerischen Arbeit setzt sie sich vor allem mit dem Verhältnis der Generationen auseinander.¹⁰

---

5 Ihlefeld, Heli, Auf Augenhöhe oder Wie Frauen begannen, die Welt zu verändern, München 2008, S. 80. Zu Heli Ihlefelds Zeit beim nld siehe ebd., S. 77–82.
6 Vgl. hierzu heli-ihlefeld.de/autorin/ (abgerufen am 28.9.2023); Ihlefeld, Augenhöhe, S. 8.
7 Hombach, Bodo, Rollenspiele. Journalistische Hauskreise in der Bonner Republik, in: Mayer, Tilman/ Schulze-Heuling, Dagmar (Hgg.), Über Bonn hinaus. Die ehemalige Bundeshauptstadt und ihre Rolle in der deutschen Geschichte, Baden-Baden 2017, S. 191–198, hier S. 195.
8 Ihlefeld, Augenhöhe, S. 209–211, S. 225.
9 Heli Ihlefeld: Die liebe Freundin des Willy Brandt, Berliner Zeitung, 4.12.2012, abgerufen unter: https://www.berliner-zeitung.de/heli-ihlefeld-die-liebe-freundin-des-willy-brandt-li.28849 (abgerufen am 1.12.2023).
10 Siehe hierzu Ihlefeld, Heli, Ein unsichtbares Band, genannt Familie. Ein Drei-Generationen-Dialog, Jüchen 2021.

Dokumentiertes Gespräch mit Heli Ihlefeld vom 7. Juni 2021

Interviewt von Mara Weber

Welche Rolle haben Sie in der „Bonner Republik" gespielt?
Ich bin in jungen Jahren und als eine der ersten Frauen in den politischen Journalismus der Bundeshauptstadt Bonn gekommen. Neben der älteren und bekannten Kollegin Hilde Purwin berichtete ich, soweit ich mich erinnern kann, als einzige Frau aus der Politik. Dadurch gelang es mir, mir einen journalistischen Namen zu machen. Diese Chance verdankte ich meinem Vater, der die Nachrichtenagentur „Neuer Landesdienst" gegründet hatte und mir nach meinem Studium und meinem journalistischen Volontariat das Bonner Verbindungsbüro dieser Agentur übertrug. Nach einigen Jahren – meinen Bonner Lehr- und Wanderjahren – löste sich die Agentur meines Vaters auf und ich hatte keinen Job. Nach kurzer Tätigkeit für einen Verlag erfuhr ich, dass der Herausgeber Werner Friedmann, der die Süddeutsche Zeitung mitbegründet hatte, aber dann die Abendzeitung in München übernahm, einen Journalisten für die Bonner Berichterstattung suchte. Die Abendzeitung war eine sehr eigenständige Boulevardzeitung, die anders als normalerweise Boulevardzeitungen auch von Intellektuellen gelesen wurde.

Abb. 61: Annemarie Renger, 1985, Foto: Heinz Engels

Friedmann kam nach Bonn und ich habe mich bei ihm beworben. Er sagte ehrlich, er suche eine Frau, weil die billiger seien. Ich konkurrierte eine Zeitlang mit einer Kollegin und bekam schließlich den Job. Jahrelang habe ich für die Münchner Abendzeitung geschrieben, unter anderem viel auf der Seite Drei, viele große politische Features. So fing also meine Rolle in Bonn an.

Später habe ich die Pressearbeit für Annemarie Renger übernommen, weil die Frauenfrage mich damals schon sehr interessierte. Renger besetzte als einzige Frau ein politisches Spitzenamt und hatte eine schlechte Presse. Eine Frau als Bundestagspräsidentin und somit zweite Person im Staate, das war damals ungeheuerlich. Das kann man sich heute nicht mehr vorstellen. Wir waren ja schon froh, wenn wir eine Ministerin im Kabinett hatten. Auch das fing damals erst an. Die zwei Jahre muss ich gut gemeistert haben. Annemarie Renger hatte am Ende ihrer Amtszeit eine gute Presse und der Bundespostminister Kurt Gscheidle engagierte mich als Pressesprecherin und für die Öffentlichkeitsarbeit der gesamten Bundespost und des Bundespostministeriums. Damit wechselte ich endgültig die Fronten – vom Journalismus in die Öffentlichkeitsarbeit der Regierung. Später übernahm ich auf eigenen Wunsch die Gleichstellungsarbeit im Telekom-Konzern und wurde dafür mit dem Bundesverdienstkreuz am Bande ausgezeichnet. Das also ist mein Lebenslauf in aller Kürze.

Hat das Thema Gleichstellung, das Ihnen sehr wichtig war, früher auch in ihrer Familie oder Ihrer Beziehung eine Rolle gespielt?
Auf eine gewisse Weise ja. Ich bin mit zwei Brüdern großgeworden, die waren aber jünger als ich. Meine Mutter, die durch den Ersten Weltkrieg auch ein Kriegskind war und auch ein unglückliches Kind, hat ihre reine Hausfrauenrolle nie gemocht. Sie konnte aus ihren anderen Interessen nichts machen. Letztlich hat sie aber doch dann meine Brüder gefördert. Das seien eben Jungs... Ich musste hingegen, weil ich auch noch die Älteste war, im Haushalt helfen. Aber ich habe mich von Anfang an dagegen gewehrt. Da muss irgendwas in mir und in meinen Genen gewesen sein, das gesagt hat, ich kann genauso gut denken, wie meine Brüder, ich geh ja schließlich auch aufs Gymnasium. Es gibt überhaupt gar keinen Grund, weswegen ich anders behandelt werden sollte als sie. Mein Widerstandsgeist hat mich durch mein Leben begleitet. Ich habe eigentlich immer sehr darauf geachtet und alles auch sehr bewusst erlebt, was so mit Männern und Frauen in unserer Gesellschaft passierte. Schon als Journalistin habe ich immer über diese Thematik berichtet. Und da ich einen guten journalistischen Namen hatte, wurden auch diese Berichte immer gedruckt, obwohl dieses Thema damals noch nicht so beachtet wurde wie heute.

Wie war die Resonanz des sehr männlich dominierten politischen Umfelds auf Ihre Arbeit für Frauen und Gleichstellung?
Als ich anfing, gab es noch diese ganzen Gesetze, über die man sich heute nur noch wundert, zum Beispiel der „Gehorsamsparagraph", welcher es dem Mann erlaubte, zu entscheiden, ob die Frau arbeiten gehen durfte oder nicht oder Zuhause die Hausfrauenrolle spielen musste. Der wurde damals abgeschafft. Dann gab es diese Diskussion, ob wir eine Ministerin brauchen im Bundeskabinett. Die erste Bundesministerin bei Bundeskanzler Adenauer wurde Elisabeth Schwarzhaupt. Zunächst beschränkten sich alle Bundeskanzler auf eine Ministerin; sogar noch Willy Brandt. Für die Abendzeitung war ich sehr daran interessiert, über alle frauenpolitischen Initiativen zu berichten. Hier konnte ich das Thema auch platzieren. Ich stellte damals fest, dass in anderen Zeitungen hierüber – wenn überhaupt – nur kurze Meldungen gedruckt wurden. Also das war kein Thema in der breiten Presse.

Bundestagspräsidentin Annemarie Renger wurde zunächst kaum mit ihren politischen Aussagen von der Presse zitiert, dafür kommentierte die Öffentlichkeit umso mehr ihre Kleidung. Schon in ihrem Amt als Vizepräsidentin des Bundestags, wenn sie eine Sitzung leitete, wurde ihre Garderobe ausführlich beschrieben. Das Problem wiederholte sich als Renger dann Bundestagspräsidentin wurde. Sie hatte keine gute Presse, weil ihre Kleidung immer Thema war und das oft mit einem negativen Unterton. Ich traf Frau Renger in dieser Zeit zufällig auf dem Gang des alten Bundeshauses. Ich sprach sie darauf an und daraus entwickelte sich eine Unterhaltung. Plötzlich fragte sie mich, ob ich nicht Lust hätte, ihre Pressereferentin zu werden. Ich habe damals gut verdient als Journalistin, weil ich auch noch viel frei arbeiten konnte und viele Kolumnen schrieb. Dennoch habe ich sofort „Ja" gesagt, weil ich dachte, jetzt kann ich unterstützen, was mir am Herzen liegt. Tatsächlich habe ich es in diesen zweieinhalb Jahren geschafft, dass sie eine gute Presse bekam. Immer wieder wurde sie mit Pressekonferenzen und anderen Initiativen genannt. Ihre politischen Vorstellungen setzten sich immer mehr in der Öffentlichkeit durch. Vermutlich hat mir auch deshalb Kurt Gscheidle, der das wahrnahm, etwas später den Vorschlag gemacht, bei ihm die gesamte Presse- und Öffentlichkeitsarbeit der Deutschen Bundespost zu übernehmen und Regierungssprecherin zu werden. Das hieß, ein großes Referat zu leiten! Bis dahin war ich nur „Einzelkämpferin" gewesen. Aber ich konnte mich offenbar erfolgreich einarbeiten.

Was machte die „Bonner Republik" für Sie aus? Was verbinden Sie damit?
Die „Bonner Republik" ist, wenn ich heute darüber nachdenke, eigentlich sowas wie die Grundlage der neuen Demokratie in Deutschland. Als Studentin und Jungredakteurin interessierte mich die Entstehungsgeschichte des Grundgesetzes. Die Orte des Parlamentarischen Rates habe ich natürlich besichtigt. Bewundert habe ich Elisabeth Selbert, die es tatsächlich und mit Geschick geschafft hat, den Gleichstellungsartikel im Grundgesetz unterzubringen. Das Grundgesetz hat die „Bonner Republik" ausgemacht. Wenn man heute hört ‚Grundgesetz? Ach so, was ist denn das?', bin ich immer etwas traurig darüber, dass man eigentlich nicht wirklich weiß, wie ernst dieser Neuanfang den handelnden Akteuren gewesen ist. Auch dass Adenauer mit so einem Nazi wie Globke arbeiten musste, aber auch arbeiten wollte, weil der eben was von Verwaltung verstand. Ich habe als junger Mensch durch die Anfangsjahre der „Bonner Republik" ebenfalls erstmals überhaupt Demokratie gelernt.

Sie sprachen eben Globke an und den Zwang zumindest in Teilen auf die Verwaltungserfahrung von ehemaligen Nationalsozialisten oder auch überhaupt auf die Führungserfahrung ehemaliger Nationalsozialisten zurückgreifen zu müssen. Wie konnte man das in Bonn spüren? Wie liefen solche Kontakte mit Ministerialbeamten ab? Wie ist damit umgegangen worden? Hat man eher den Neuanfang in den Mittelpunkt gestellt und den Willen zur Änderung oder waren da auch viele „alte Kameraden", die ihre Seilschaften aufrechterhielten?

Es wurde immer gesagt, dass in den Ministerien viele ehemalige Nazis arbeiteten, aber in unserer unmittelbaren Arbeit als Journalisten hatten wir andere Gesprächspartner. Unser Umfeld waren die Büros der Abgeordneten, dort saßen eigentlich keine alten Nazis. Dass sie im Hintergrund eine Rolle gespielt haben, ist sicherlich nicht zu bezweifeln. Aber man kann sich diesen Neuanfang nicht so vorstellen, dass man den ganzen Eimer auskippt und anschließend wieder neue Leute hineinfüllt. So einfach ging das nicht. Neues Personal musste langsam zusammengesucht werden. Schuld musste erkannt und zur Sprache gebracht werden. Das kostete auch Zeit. Außerdem war ja alles zerstört.

Ich habe zum Beispiel meine Kindheit verloren. Kindheitsereignisse, an die ich mich hätte erinnern müssen, sind weg. Das ist eigentlich ein gütiges Trauma. Was hätte ich letztlich davon, wenn ich mich zum Beispiel an die Reise aus Baden-Württemberg nach Hannover erinnern könnte! – Bereits im Oktober 1945, als mein relativ früh von den Amerikanern aus der Kriegsgefangenschaft entlassener Vater, uns dort aus der Evakuierung abholte, gab es überhaupt noch keinen normalen Reiseverkehr. Überfüllte Waggons, Güterwagen… Aber ich kann mich überhaupt nicht mehr daran erinnern. Alles weg! Weg! Dabei war das Reisen damals wirklich ein reines Abenteuer und Wagnis! Wieso kann ich mich als immerhin schon neunjähriges Kind an diese Reise und die große Freude so plötzlich meinen Vater wieder zu haben gar nicht erinnern? Und dann diese Zerstörung überall. Hannover, wo ich aufgewachsen bin, war total zerstört. Wir haben auf Trümmern gespielt. Ich war halt ein Kind. Kinder machen das, was von ihnen erwartet wird. Sie fragen noch nicht. Die Volksschule hatte ich während der Evakuierung ja kaum gesehen, weil die Tiefflieger mich und meinen Bruder Andreas oft auf dem langen Schulweg davon abhielten.

In der Corona-Pandemie erschraken alle: ‚Oh Gott, die Kinder kommen nicht zur Schule!' Für mich ist die Grundschule eigentlich fast ganz ausgefallen. Ich bin im besetzten Paris, wo mein Vater zunächst an der deutschen Botschaft arbeitete, auf die deutsche Schule gekommen. Danach kam ich mit meinem zwei Jahre jüngerem Bruder Andreas in die „Kinderlandverschickung" – weg von den Eltern. Dort bekam ich Scharlach, war sechs Wochen in Quarantäne und hatte natürlich auch keinen Unterricht. Und dann waren wir auf dem Land und da bin ich dann zwischen Kriegsfliegern immer einen weiten Schulweg gelaufen. In Hannover nun zogen wir zunächst in das Haus meines Großvaters und dort bereitete mich eine Nachhilfelehrerin auf die Aufnahmeprüfung am Gymnasium vor.

Welche Ereignisse verbinden Sie spezifisch mit Bonn?
Neben dem Frauenthema prägten die Features über Menschen, die die Politik machten, meine journalistische Karriere. In dieser Zeit habe ich jeden wichtigen Politiker interviewt. Adenauers letztes Interview habe ich geführt. Er fehlte bis dahin in meiner Sammlung. Er hatte immer keine Zeit. Das Interview mit ihm fand im letzten Moment und durch meine Hartnäckigkeit statt. Durch die Vermittlung von Rainer Barzel hatte ich endlich einen Termin bekommen. Dann wurde der kurzfristig abgesagt und auf eine unbestimmte Zeit nach Adenauers Osterurlaub verschoben.

Dokumentiertes Gespräch mit Heli Ihlefeld 235

Mir war wichtig, was die Menschen bewegt, die die Politik bestimmen. Politische Veranstaltungen und Parteitage habe ich in ihrer Stimmung und ihren Ergebnissen wiedergegeben. Das war mit sehr viel Recherchearbeit verbunden. Diese farbigen Berichte standen oft auf Seite Drei der Abendzeitung.

Von den Staatsbesuchen erinnere ich mich besonders an den von Kennedy. Ich konnte sogar mit ihm sprechen. Das kam so: Er begrüßte im Palais Schaumburg die ersten deutschen Entwicklungshelfer. Das waren Freiwillige, die sich meldeten, um in den Entwicklungsländern den Menschen zu helfen. Ich stand mit ein paar wenigen Journalisten, die ins Kanzleramt durften, dabei. Der Protokollchef, der mich kannte, hat mich, da ich auch im Alter zu den Entwicklungshelfern passte, eingeladen, mich einzureihen. Kennedy wurde bei der Begrüßung sofort aufmerksam und fragte, wo ich denn herkäme. Als ich ihm sagte, ich sei Journalistin, unterhielt er sich sehr interessiert mit mir und stellte mir auch seine Schwester Eunice Shriver vor, die ihn auf dieser Reise begleitete. Von dieser Episode gibt es noch ein Foto. Natürlich berichtete ich von diesem Gespräch anschließend in der Abendzeitung. Meinem Konkurrenten bei der großen Süddeutschen Zeitung war ein derartiges Gespräch nicht gelungen. Er konnte es beim Abflug von Kennedy im letzten Moment nachholen.

Eine andere schöne Geschichte geschah auf einem Empfang auf dem Bonner Petersberg beim ersten Staatsbesuch der jungen Königin Elisabeth für die bei ihr akkreditierten Journalisten. Damals war auch ich noch sehr jung, kannte aber meinen Mann schon, ebenfalls ein politischer Journalist. Die Gäste wurden der Königin in Gruppen

Abb. 62: Königin Elisabeth II. auf Staatsbesuch in Bonn, Mai 1965, Foto: Heinz Engels

Abb. 63: Wahlkampfauftritt von Willy Brandt, 18.1.1983, Foto: Camillo Fischer

vorgestellt. Als die Königin und ihr Mann, Prinz Philip, zu unserer Gruppe traten, habe ich als eifrige Journalistin sofort der Königin eine Frage gestellt, wie ihr Bonn gefalle oder etwas ähnlich Harmloses. Sie guckte mich nur an, drehte sich abrupt um und ging weiter. Später erfuhr ich: Ich hatte das Protokoll gebrochen. Ein gewöhnlicher Sterblicher darf eine Königin nie zuerst ansprechen.

Wie haben Sie den späten Adenauer kurz vor seinem Tod wahrgenommen?
Adenauer hatte ein Büro im Bundesratsflügel. Das war ein kleiner Raum, wo er seine mehrbändigen Memoiren schrieb. Einen Interviewtermin mit ihm habe ich nur schwer kriegen können. Die Münchner Abendzeitung interessierte ihn nicht. Rainer Barzel hat mir damals geholfen, dieses Interview zu bekommen. Aber vor Ostern 1967 wurde der Termin kurzfristig abgesagt und ich dachte schon ‚Wenn das jetzt abgesagt wird, dann wird das nie was'. Ich habe nochmal Rainer Barzel angerufen und bekam einen kurzen Termin, eine halbe Stunde in Adenauers Büro im Bundesratsflügel. Nach dem Interview fragte er mich, ob er das nochmal lesen könne, was ich da geschrieben hätte. Wenn es sich um ein reines Frage-Antwort-Interview gehandelt hätte, wäre das normal gewesen. Ein Gesprächsfeature, so wie ich meine Berichte damals über die Bonner Persönlichkeiten verfasste, muss dem Gesprächspartner nicht vorgelegt werden. Im Falle des alten Herrn habe ich natürlich eine Ausnahme gemacht. Ich sollte Karfreitag nach Rhöndorf kommen. Ich war damals hoch in anderen Umständen und erwartete mein zweites Kind. Trotzdem bin ich die 56 oder 57 Stufen mit meiner kleinen Tochter an der Hand zu seinem Haus emporgestiegen und habe Adenauer in seinem berühmten Memoiren-Pavillon besucht.

In einem Artikel habe ich später beschrieben, wie es dort aussah und wie er dort umgeben von Fotografien von wichtigen Staatsführern arbeitete. Er hat meinen Bericht gelesen und hatte nichts zu beanstanden. Er sprach auch mit meiner kleinen Tochter Katharina. Er war ja auch mehrfacher Großvater und kannte sich auch mit Kindern gut aus. Am Ostermontag wurde Adenauer krank und ist nicht mehr wieder aufgestanden. Ich hatte das letzte Interview mit ihm gemacht! Wir tauften dann meinen Sohn Konrad-Sebastian.

Sie haben das Palais Schaumburg schon beschrieben. Gibt es sonst noch Orte in Bonn, die Sie mit der „Bonner Republik" verbinden?
Ja, die gibt es. Im Gebäude der ehemaligen Pädagogischen Akademie gab es ein großes Restaurant. Der langgestreckte Speisesaal war zu den Sitzungswochen des Bundestages eingeteilt in einen vorderen Teil für allgemeine Besucher sowie für die Journalisten und einen hinteren für die Abgeordneten. Im vorderen Teil stand ein großer Tisch, an dem die Journalisten in den Parlaments-Pausen Kaffee tranken und ihre Informationen austauschten, auf Politiker warteten oder bloß einen Moment ausruhten. Viele Politiker machten dort auch gerne kurze oder längere Pausen, um sich mit uns zu unterhalten und unsere Meinung zu erfahren über die gerade aktuellen politischen Debatten. Die Informationen, die wir dabei erhielten, konnten wir nicht direkt zitieren, aber wir erhielten Hinweise, wo man vielleicht mal was nachprüfen oder recherchieren sollte. Der zweite Ort von Interesse war die „Rheinlust". Dieses Lokal befand sich fußläufig zum Bundestag. Es war ein Journalisten- und Politikertreff in ganz unkonventioneller Atmosphäre, eine Nachrichtenbörse. Die Linken trafen sich allerdings stattdessen in der „Schumann-Klause". Aber die lag weiter weg.

Also waren das letztlich kurze Wege in Bonn? Man traf sich, man sprach miteinander …
Das war so! Das war auch eine ganz eigene Form der Recherche. Man hatte natürlich immer seine Kontakte, konnte in Vorzimmern anrufen. Im Gegenzug wurden von den Informanten bestimmte Verhaltensweisen erwartet. Quelle verraten war sowieso tabu. Dafür gab es die Formulierung „unter drei", d. h. der Informant wird nicht zitiert. Auch mein Berufswechsel konnte schließlich durch ein solches Gespräch auf dem Flur des Bundestages auf kurzem Wege sozusagen angebahnt werden.

Sie haben bereits angesprochen, dass Sie als Journalistin sehr viele wichtige Persönlichkeiten dieser Zeit interviewt haben. Gab es da jemanden, der Sie besonders beeindruckt hat?
Willy Brandt war so eine Persönlichkeit. Er hat nach wiederholten Versuchen schließlich die Bundestagswahlen gewonnen. Es gelang ihm, immer mehr Menschen für seine Überzeugungen zu gewinnen. Sie erkannten, was für ein großartiger Politiker er war. Diese Menschen, besonders auch Intellektuelle, gaben ihre Überzeugungen weiter. Ich war auch Mitglied der von Günter Grass gegründeten Wählerinitiative. Trotz Familie, trotz zweier Kinder und trotz eines sehr intensiven Berufs bin ich auch mit meinem Auto

noch nachts irgendwo durch die Dörfer gefahren und hab in kleinen Versammlungen dann erklärt, warum die Anwesenden unbedingt Willy Brandt wählen sollten.

Carlo Schmid und Konrad Adenauer fand ich ebenfalls beeindruckend, aber anders. Das Verhältnis Brandt-Adenauer hat mich später noch beschäftigt. Immer wurde behauptet, die beiden wären Feinde gewesen. Das ist so nicht richtig! Sie haben auf ihre Weise sehr gut – jedenfalls politisch – miteinander kooperiert. Adenauer und Brandt hatten eine Gemeinsamkeit: Beide waren von Haus aus Bürgermeister. Als Willy Brandt noch Regierender Bürgermeister von Berlin gewesen war, unterstützte ihn der „Alte" zum Beispiel. So überraschte 1963 Willy Brandt Journalisten zum Thema Wiederaufbau von Berlin mit der ehrlichen Mitteilung: ‚Mit Bundeskanzler Adenauer hat es da nie Schwierigkeiten gegeben'. Brandt erläuterte, Adenauer sei, was die finanzielle Unterstützung anging, Berlin gegenüber stets großzügig gewesen. Bei Stadtbesichtigungen habe der Bundeskanzler ohne Rücksicht auf die Kosten wiederholt ihm gegenüber erklärt: ‚Dat könnense noch wat besser machen!'. Willy Brandt soll schmunzelnd resümiert haben: ‚Adenauer ist als alter Oberbürgermeister schon lange der Meinung, Geld ist dazu da, um ausgegeben zu werden.'

Abseits der offiziellen Politik und aus Hintergrundgesprächen erfährt man oft erst, wie die Menschen wirklich ticken und wie sie sich tatsächlich verständigen.

Gab es Ereignisse, die so wie sie passiert sind, nur in Bonn passieren konnten?
„Bonn-spezifisch" ist sicherlich, dass man sich in Lokalen wie der „Rheinlust" oder im Bundeshausrestaurant traf, und dass dort Brandt oder Scheel einfach mit einem plauderten. Ich glaube, das gibt es heute nicht mehr. Genauso typisch war es, dass die damalige Bundeshauptstadt, auch das „Bundesdorf" genannt, für viele Abgeordnete nur ein Arbeitsort blieb, der möglichst schnell wieder zu verlassen war. So lautete eine beliebte Bemerkung der bayerischen Abgeordneten: ‚Das Schönste an Bonn ist der Zug nach München.' Diese Politiker haben sich in Bonn aufgehalten, um ihren politischen Job zu erledigen und sind dann schnell wieder nach Hause in ihre Wahlkreise gefahren. Das war typisch für Bonn.

Wie haben sich die Kommune und die Region auf das Leben in der Hauptstadt ausgewirkt?
Das war – für mich jedenfalls, obwohl ich fast mein ganzes berufliches Leben in Bonn gelebt habe – wie zwei getrennte Teile. Das politische Bonn, das Bundeshaus und die ganzen Ministerien, die natürlich auch an anderen Orten im Stadtgebiet errichtet worden waren, waren ein Teil. Den kannten wir, aber es war ein Teil für sich. Und das Bonn mit dem Münster und dem schönen Marktplatz, das allenfalls repräsentativ von der Politik genutzt worden ist, wenn zum Beispiel irgendein wichtiger Staatsbesucher auf der Rathaustreppe begrüßt wurde, war ein anderer Teil. Die Abgeordneten sagten gerne über Bonn als Kommune: ‚Entweder es räänt oder man ist möd oder de Schranken sin zo.'
Haben sich die Region oder die Kommune auf den Alltag der Regierungsmitarbeiter und -mitarbeiterinnen ausgewirkt?

Ich würde sagen, dass es vielleicht eher umgekehrt war. Bedeutende Museen, das Haus der Geschichte, das Kunstmuseum der Stadt Bonn und die Bundeskunsthalle mit ihrem interessanten Angebot an Ausstellungen sind mit Hilfe der Bundesregierung in Bonn gebaut worden. Für die Bonner ist es ein großer Gewinn, dass es diese Institutionen inzwischen gibt.

Bonn beeinflusste wiederum durch die Landschaft und den Rhein. Man kann gut leben in Bonn. Ich habe gerne in Bonn gelebt. Es ist also nicht so, wie die Münchner sagen, dass das Schönste der Zug nach München sei. Für mich war es jedenfalls nicht so. Die kurzen Wege sind natürlich auch ein großer Vorteil. Das vermisse ich in Berlin immer sehr stark. Heute, wo ich nicht mehr so gerne viel mit dem Auto fahre, bleibe ich in meinem Stadtteil Kreuzberg und komme nicht mehr so viel herum. In Bonn war das überhaupt kein Problem auch zu Fuß von hier nach da zu kommen.

Gab es für die Bonner Bevölkerung, zum Beispiel die Studierenden, die Möglichkeit, die Politik beziehungsweise die Politiker hautnah zu erleben? Entstanden Wechselwirkungen?
Es gab immer viele gesellschaftliche Anlässe, zu denen man eingeladen wurde. Die Botschaften gaben zu irgendwelchen Jahrestagen einen Empfang. Die Bonner, sicher auch die Studenten, hatten, wenn sie Kontakte besaßen, zum Beispiel, wenn Sie für einen Abgeordneten gearbeitet haben, die Möglichkeit, daran teilzunehmen und die Welt der Diplomaten und Politik direkt vor Ort kennenzulernen.

Mit meinem Mann zusammen habe ich einmal im Monat einen Jour fixe veranstaltet. In unser Haus in Sankt Augustin haben wir Journalisten und Politiker, aber auch Menschen mit anderen Berufen aus unserem Bekanntenkreis eingeladen. Darunter waren auch Freunde aus Düsseldorf und Köln. Die erhielten auf diese Weise die Möglichkeit, zum Beispiel einen Herrn Genscher oder einen Herrn Scheel persönlich kennenzulernen. Die sind nämlich zu unserem Jour fixe gekommen. Man war auch oft dieser ständigen offiziellen Empfänge müde, wo es bei großen Buffets immer das Gleiche zu essen gab. Wir haben das ein bisschen lockerer und improvisierter gemacht. Eine Brauerei stiftete gerne mal ein Fässchen von dem rheinischen obergärigen Bier. Unser Jour fixe war sehr beliebt. Es kamen auch immer mal Menschen, die nur kurz und zu Besuch in Bonn verweilten, wie zum Beispiel der Chefredakteur einer Zeitung oder andere. Es war immer eine gemischte und stets anders zusammengesetzte Gesellschaft. Generell kam aber eine größere Durchmischung mit der Bevölkerung in Bonn selten zu Stande.

Wie hat sich der Status als Hauptstadt auf die Kommune und die Region ausgewirkt?
Sicher beim Haus- und Wohnungsbau! Für die Mitarbeiter der Regierung und der Abgeordneten wurde natürlich gebaut. Auch für uns Journalisten. Ich bin ja auch dadurch, dass Bonn auf Adenauers Wunsch hin Bundeshauptstadt geworden war, nach Bonn gekommen. Mein Vater holte mich nach Bonn, weil er mich für seine Nachrichtenagentur dort brauchte. Bei den anderen Zeitungen, Agenturen und Sendeanstalten sah

es schließlich ähnlich aus. So hat sich natürlich etwas Neues hier entwickelt. Die bisherigen Bewohner der Kleinstadt spürten die Hauptstadtrolle Bonns, wenn Staatsgäste oder politische Gäste zu Besuch waren. Staatskarossen mit „weißen Mäusen" und Straßensperrungen gehörten zum Alltag. Insofern hat man natürlich gemerkt, dass man in der Hauptstadt wohnte und nicht in irgendeiner Kleinstadt. Aber dass man die Bahnlinie zum Beispiel bis zum heutigen Tag ebenerdig mitten durch die Stadt laufen lässt, ist dagegen schon ein interessantes Wagnis. Denn wenn ein Zug fuhr, kam keiner über die Schranke rüber, auch kein Staatsgast. Aber vielleicht haben die ja einen anderen Weg gewusst.

Wir haben öfter von der „Bonner Republik" gesprochen. Ist das überhaupt korrekt? Wie vollzog sich die Entwicklung der Bundesrepublik von Bonn nach Berlin? Lebte man vor der Wiedervereinigung in einer „Bonner Republik" oder wurde das politisch nur als eine Bundesrepublik bis zum heutigen Tag wahrgenommen?
Ich habe mich mit dieser Frage bisher nicht auseinandergesetzt. Bonn war damals die Bundeshauptstadt. Punkt. Diese Frage spielte in meinem Arbeitsalltag keine Rolle. Bonn habe ich natürlich immer anders als Berlin erlebt. Bonn ist viel kleiner und sehr überschaubar. Auch das Kommunale und der politische Bereich hatten überhaupt nichts miteinander zu tun. Dass die Ursprünge der Bundesrepublik in Bonn liegen; dass hier der Parlamentarische Rat tagte und das Grundgesetz entstand, das gehört nach wie vor zu Bonn. Es ist Bonner Geschichte und hängt mit dem Politischen und der Republik zusammen und nicht nur mit der Stadt.

In der Rückschau halte ich es für eine Abwertung der Arbeit, die damals zum äußerst schwierigen Wiederaufbau nach großer Kriegsschuld und einer völligen Zerstörung unseres Landes geleistet wurde, von einer „Bonner Republik" zu sprechen. In der Bundeshauptstadt Bonn ist ein besseres und gut funktionierendes politisches und demokratisches Deutschland entstanden, durch politische Köpfe, wie Konrad Adenauer, Ludwig Erhard, Carlo Schmid, Gustav Heinemann, Thomas Dehler und Willy Brandt. Darauf können wir heute aufbauen.

Frau Ihlefeld, haben Sie vielen Dank für das Gespräch!

Jürgen Rausch und das Bundesbüdchen: Ein persönliches Denkmal der „Bonner Republik"

Lara Giovanna Bettin

Nach dem Zweiten Weltkrieg befand sich Deutschland in einem von den alliierten Siegermächten überwachten Zustand der Fremdbestimmung. Die 1949 gegründete Bundesrepublik Deutschland besaß vorerst keine nationale Hauptstadt – Berlin hatte diese Funktion verloren. Den daraus resultierenden Planungswettlauf um den Status der vorläufigen Bundeshauptstadt zwischen Frankfurt am Main und Bonn gewann Letztere mit knapper Mehrheit. Die Stadt wies mit 16 Prozent einen relativ geringen Zerstörungsgrad auf, besaß aber historisch gesehen keine Tradition als Hauptstadt Deutschlands. Bonns Funktion als politisches Zentrum und dessen praktische Umsetzung wurden ausdrücklich ein vorläufiger Charakter zugesprochen. Bonn sollte den provisorischen westdeutschen Staat und dessen Verfassung repräsentieren, um weder eine Anerkennung der Deutschen Demokratischen Republik zu implizieren, noch die Bemühungen für ein geeintes Deutschland zu gefährden.[1]

In der Gronau entstand ein funktionales Parlaments- und Regierungsviertel in Rheinlage.[2] In dessen Herzen befand sich von 1957 bis 2006 der Kiosk der Familie Rausch, der im Volksmund den Namen „Bundesbüdchen" erhielt. Denn ihm direkt gegenüber lag die zum lichtdurchfluteten Bundeshaus umgebaute Pädagogische Akademie, in der sowohl Bundesrat als auch Bundestag zusammenkamen.[3] Nördlich angrenzend fungierte das Palais Schaumburg von 1949 an als Bundeskanzleramt; 1976 um einen Neu-

---

1 Siehe zum Entscheid für Bonn 1948/49 u. a. Pommerin, Reiner, Von Berlin nach Bonn. Die Alliierten, die Deutschen und die Hauptstadtfrage nach 1945, Köln/Wien 1989.
2 Zur baulichen Entstehung des Bundesviertels siehe u. a. Vogt, Helmut, Die Anfänge der Bundesrepublik Deutschland in der provisorischen Hauptstadt Bonn 1949/1950, in: Internetportal Rheinische Geschichte, abgerufen unter: https://rheinische-geschichte.lvr.de/Epochen-und-Themen/Themen/die-anfaenge-der-bundesrepublik-deutschland-in-der-provisorischen-hauptstadt-bonn-19491950/DE-2086/lido/57d130731aba22.31860853 (abgerufen am 7.10.2023). Aus kunsthistorischer Sicht vgl. Plessen, Elisabeth, Bauten des Bundes 1949–1989. Zwischen Architekturkritik und zeitgenössischer Wahrnehmung, Berlin 2019. Kritische Zusammenfassung bei Flagge, Ingeborg, Provisorium als Schicksal. Warum mit der Bonner Staatsarchitektur kein Staat zu machen ist, in: Dies./Stock, Wolfgang Jean (Hgg.), Architektur und Demokratie. Bauen für die Politik von der amerikanischen Revolution bis zur Gegenwart, Stuttgart 1992, S. 224–245.
3 Vgl. Wefing, Heinrich, Parlamentsarchitektur. Zur Selbstdarstellung der Demokratie in ihren Bauwerken. Eine Untersuchung am Beispiel des Bonner Bundeshauses (Beiträge zum Parlamentsrecht, Bd. 31), Berlin 1995.

Abb. 65: Luftaufnahme des Bundesbüdchens im Regierungsviertel, 1959, Foto: Westdeutscher Luftfoto Palle Thomsen

bau ergänzt.[4] Zahlreiche Ministerien, Landesvertretungen, Medienhäuser und Verbände ließen sich ebenso in nächster Nähe zu Regierung und Parlament nieder. Am „Bundesbüdchen" kreuzten sich also viele Wege.

Der Kiosk wird 1957 als ein ovaler Verkaufspavillon mit gefliestem Sockel und breitem Überdach errichtet.[5] Er stand zwischen Bundeskanzleramt, Bundesrat und Bundestag auf der Görresstraße und wurde zunächst von Jürgen Rauschs Mutter, Christel Rausch (1922–2017), betrieben. Sie hatte ihr Geschäft nach Kriegsende mit einer Obstkarre gestartet. Im entstehenden Regierungsviertel verkaufte sie Lebensmittel in einer Bretterbude und anschließend in einem mobilen Verkaufsanhänger. Das „Bundesbüdchen" wurde von 1957 bis 2006 von der Familie Rausch betrieben und entwickelte sich zu einem beliebten Treffpunkt zahlreicher Politiker und ihrer Mitarbeiter, die dort zu Mittag aßen, Gespräche führten und den Blick in die ausliegenden Zeitungen warfen. Als gebürtiger Bonner arbei-

---

4   Vgl. Ziegler, Merle, Kybernetisch regieren. Architektur des Bonner Bundeskanzleramtes 1969–1976 (Beiträge zur Geschichte des Parlamentarismus und der politischen Parteien, Bd. 172), Berlin 2017.
5   Siehe zur Geschichte des Verkaufspavillons Erdmann, Karl-Heinz/Gielen, Lukas/Stoltenberg, Johannes, Das Bundesbüdchen. Symbol der Bonner Republik. Bonn 2022.

tete Jürgen Rausch (Jahrgang 1956) ab September 1984 im „Bundesbüdchen". Inmitten des politischen Zentrums der „Bonner Republik" verkaufte er über 26 Jahre lang täglich Zeitungen, Zigaretten sowie kleinere Mahlzeiten. Für die zuweilen illustre Kundschaft hatte er oft ein offenes Ohr und einen ermunternden Spruch parat. Das Arbeitsleben gab seinem Tag Kontur, die Bewirtung der Kunden empfand er als sinnstiftende Tätigkeit und als seine Aufgabe, ein Lächeln auf die Lippen der Kunden zu zaubern.

Mit dem Regierungsumzug verlor das „Bundesbüdchen" 1999 zuerst die angestammten Kunden und 2006 durch die Planung des World Conference Centers in Bonn seinen Standort. Jürgen Rausch war die historische Bedeutung des „Bundesbüdchens" auf Grund des Status als gesellschaftlicher Dreh- und Angelpunkt des Alltags und der Leichtigkeit bewusst, so dass er sich in Verbindung mit dem Förderverein historischer Verkaufspavillon e. V. für dessen Erhalt und Wiederaufbau einsetzte. Erst 2020 wurde es in der Nähe des alten Standorts wiedererrichtet und steht nun leicht versetzt auf dem Platz der Vereinten Nationen als Denkmal und Symbol der „Bonner Republik".

Dokumentiertes Gespräch mit Jürgen Rausch vom 21. Februar 2022

Interviewt von Lara Giovanna Bettin

Welche Rolle spielten Sie in der Bundesrepublik und was hatte diese Rolle mit Bonn zu tun?
Ich bin ein Zeitungsverkäufer, der Jahrzehnte in Bonn gearbeitet hat. Damit das klar ist, möchte ich eingangs sagen, dass ich natürlich das Ein oder Andere, vielleicht auch viel mitbekommen habe. Ich möchte aber die Position eines Beobachters vertreten und nicht mehr. Zu behaupten, dass Bonn von einem Zeitungsverkäufer regiert wurde, so wie Berlin „von einem Friseur" (Friedrich Nowottny), wäre mir unangenehm (lacht). Aber ich denke, wir haben Gesprächsstoff genug. Welche Rolle ich spielte, ist damit eigentlich beantwortet. Ich habe Zeitungen im bekannten, berühmten, historischen Bundesbüdchen verkauft. Vom Stadtstreicher bis zum Kanzler waren alle da. Mir hat es Spaß gemacht, die breite Kundschaft vom Tresen aus zu beobachten. Mittlerweile befindet sich

Abb. 66: Porträtaufnahme von Jürgen Rausch, undatiert

das Bundesbüdchen auf dem Platz der Vereinten Nationen. Früher stand es mitten im Zentrum der Macht, im Regierungsviertel, gegenüber vom Bundesrat, ganz in der Nähe des Haupteingangs des Bundeskanzleramts, 50 bis 100 Meter entfernt vom Bundestag, auf der gegenüberliegenden Straßenseite war der Eingang Eins. Alles war fußläufig zu erreichen. Zentraler ging es nicht.

Was verbinden Sie persönlich mit der „Bonner Republik"?
In meinen Augen ist die „Bonner Republik" ein Stück Geschichte, die wichtig und erhaltenswert ist. Nach dem Zweiten Weltkrieg hat die „Bonner Republik" viel Gutes hervorgebracht. Dieser Zeitabschnitt von Frieden und Freiheit darf nicht vergessen werden und dazu gehört ein Stück weit auch das Bundesbüdchen.

Ich bin stolz, dass die Republik von Bonn mit dem immer im Vordergrund stehenden Wunsch nach „Frieden und Freiheit" regiert wurde.

Sie haben schon das Bundesbüdchen als „Bonn-spezifischen" Ort angesprochen. Gibt es weitere Orte, die Sie besonders mit Bonn und der „Bonner Republik" in Zusammenhang bringen?
Es gibt viele Orte, die mit der „Bonner Republik" verknüpft werden können. Immer kommt die bescheidene Kleinkariertheit Bonns zum Vorschein. Ich beginne bei den provisorischen Anfängen. Die SPD-Fraktion hat in einer Baracke gearbeitet. Die meisten wussten nicht, wo sie sich „hinhocken" sollten. Wenn ich keinen Platz habe, muss ich zusammenrücken und mit dem arbeiten, was ich vorfinde. Irgendwann ist Bonn aus den Nähten geplatzt. Aber es hat immer gereicht und war auch immer gut genug, nur nachher nicht mehr.

Kurz vor der Wende wurden konkrete Pläne gemacht, Wettbewerbe ausgeschrieben und man hätte baulich etwas gemacht. Da sind Gespräche geführt worden über eine Brücke, die als Beamtengang über den Rhein gebaut werden sollte. Es sind viele Sachen geplant und beredet worden. Damals habe ich den Wirtschaftsminister Otto Graf Lambsdorff, dessen Neffe Alexander Graf Lambsdorff das Bundesbüdchen im Wahlkampf 2021 ohne zu fragen sehr selbstbewusst als Werbeträger benutzt hat, angesprochen, ob man im Tulpenfeld vielleicht eine zusätzliche Versorgungseinrichtung einrichten könnte. Ich hatte gehört, dass es die Idee gab, dort irgendwo einen McDonald's zu bauen. Da dachte ich, fragst du auch einfach mal. Ich hatte auch lange Kontakt zu Professorin Ruth Berktold, die das WCCB geplant hat und nach deren Entwürfen es später gebaut wurde.

Alles in allem ist Bonn eine Wahnsinnsstadt gewesen und geblieben, der es heute trotz hoher Verschuldung wirtschaftlich besser geht als zu Regierungszeiten.

Welche spezifischen Ereignisse verbinden Sie mit der „Bonner Republik" beziehungsweise mit Bonn? Würden Sie von einem dieser Ereignisse als „Bonn-spezifisch" sprechen?
Die Großereignisse fanden im Bonner Hofgarten statt. Es hieß immer, das reicht doch. Wir hatten eine Bannmeile um das Bundesviertel. Die dort eingesetzten Polizisten kamen natürlich bei mir vorbei. Kaffee, nächste Runde, wieder einen Kaffee. Ab und zu stand, wenn irgendetwas war, ein Streifenwagen, ein alter Ford Transit, in der Nähe vom Bundesbüdchen. Das Ding sprang nie an, weil es eine Standheizung hatte und die Batterie unglaublich schnell leer war. Erst mit der RAF wurden die Kontrollen verschärft. Dann fuhr die Polizei mit Panzerspähwagen durch das Regierungsviertel. Das war vor meiner Zeit, wahrscheinlich haben sich die Spähwagenfahrer auch am Bundesbüdchen Kaffee geholt.

Gibt es Besuche am Bundesbüdchen, an die Sie sich besonders erinnern?
Personen, die in Bonn gearbeitet und regiert haben, gehörten zur Kundschaft. Die FDP-Baracke war direkt nebenan. Also kamen in den Sitzungswochen Otto Graf Lambsdorff oder Klaus Kinkel vorbei. Joschka Fischer von den GRÜNEN war ebenfalls fast jeden Tag da. Auch das Sicherheitspersonal und der Personenschutz gehörten zu den Kunden.

Ich habe oft gesehen, was Menschen aus sich machen können, zum Beispiel Joschka Fischer, der vom Steinewerfer zum Vizekanzler aufstieg. Das hat nichts mit Wertung oder politischer Einstellung zu tun, einfach vom Menschlichen her. Montagmorgens um sechs Uhr war es am Bundesbüdchen nicht immer spannend. Diese müden Gesichter. Mir ist es fast immer gelungen, sie aufzuheitern, wenn sie morgens angeschlichen kamen. Das hat mir Spaß gemacht, wenn man mit den Menschen eine gute Verbindung hatte und etwas vermitteln konnte. Es war schön Joschka Fischer, auch ein unglaublicher Morgenmuffel, aufzumuntern. Einfach ein bisschen lachen, ist doch gar nicht so schwer. Aber auch für die schwierigeren Momente, wenn man als M.d.B. Hinterbänkler wird oder sein Mandat verliert, hatte ich aufmunternde Worte parat. Bürokraten, die Abschied nehmen mussten, haben oft geweint oder geflucht. Man muss sich immer vor Augen halten, dass nichts, aber auch gar nichts im Leben selbstverständlich ist. Wenn ich sehe, es geht einem nicht gut, dann lasse ich mir etwas einfallen, damit ich ein Lächeln auf das Gesicht zaubern kann.

Meine Lieblingsgeschichte ist immer die: Ich hatte einen Dackel, der genoss alle Freiheiten. Der war auch sehr gut erzogen und durfte überall ohne Leine herumlaufen. Den habe ich mit zur Arbeit genommen. Bei schlechtem Wetter saß er im Auto, das direkt am Bundesbüdchen stand. Der Dackel dachte immer, das Regierungsviertel gehöre ihm. Natürlich war er den Stammkunden bekannt. Joschka Fischer ging manchmal joggen und der Dackel mochte keine Jogger. Den Rest kann man sich denken. Er hat immer so Scheinangriffe gemacht. Wenn man das zum ersten Mal erlebte, war das schon hochgradig unangenehm. Mir hat richtig gut gefallen, dass Fischer nicht einmal die Miene verzogen hat. Der Hund hat einen Zirkus veranstaltet, aber Fischer nahm seine Zeitungen und beachtete ihn überhaupt nicht. Da war ich wirklich sehr beeindruckt. Wenn so ein Dackel in die Wade schnappt, merkt man das. Fischer konnte ja nicht wissen, dass er es nicht tut.

Eine andere Geschichte werde ich ebenfalls nicht vergessen. Als Oskar Lafontaine plötzlich im März 1999 von seinem Ministeramt zurückgetreten war, kam Klaus Kinkel aus Eingang Eins direkt gegenüber vom Büdchen und brüllte ‚Sie haben keinen Finanzminister mehr!' Ich wusste nicht, was ich antworten sollte. ‚So ein Blödsinn', dachte ich, aber Kinkel war emotional. Da habe ich zurückgebrüllt ‚Sie haben auch keinen mehr. Und was machen wir jetzt?' Dann ist er ins Büro gehetzt.

Gab es Wechselwirkungen zwischen Kommune und Region einerseits und dem Hauptstadtleben in Bonn andererseits? In welcher Form beeinflussten Ort und Raum den Regierungsalltag und die Arbeit als Regierungsmitarbeiter?
Ganz ehrlich, auch wenn diese Antwort enttäuscht, da hatte ich keine Zeit zu. Das Bundesbüdchen war ein ganz harter Job, meist als Einzelkämpfer. Ich hätte kostenlos alle Objekte lesen können, aber mir fehlte die Zeit dazu. Zu den Wechselwirkungen in der Freizeit kann ich deshalb keine Auskunft geben. Der Status als Hauptstadt hat sich auf mein berufliches, nicht mein privates Leben ausgewirkt. Ich war einfach da und hatte mit Wechselwirkungen nichts zu tun.

Würden Sie von einer Bundesrepublik sprechen oder von der „Berliner Republik" und „Bonner Republik"? Wo liegen hierbei die Unterschiede zwischen Berlin und Bonn?
Der Charakter von Bonn waren kurze Wege, kleine Gespräche, bauliche Zurückhaltung. Es wurde geschimpft über Sachen, über die in Berlin niemand mehr ein Wort drüber verlieren würde. Wie schlecht das Essen in der Kantine ist, über das Wetter, dieser ganze Kram.

In Berlin dagegen ging es direkt volle Pulle los, Vollanschlag, auch kostenmäßig. Dort wurde direkt alles gemacht. Gebaut, renoviert, strukturiert. Die Nachwelt wird sicherlich von diesen Gebäuden profitieren. Zum Beispiel das ehemalige Herrenhaus, wo der Bundesrat residiert, eine schöne Location und eine tolle Immobilie. Ich habe nicht nur das Gefühl, sondern auch die Sorge, dass wir uns nicht mehr in der „Bonner Republik" befinden. Berlin ist eine traumhaft schöne Metropole, aber aus Berlin kam mit wenigen Ausnahmen nie etwas Gutes. In Berlin tickt alles ganz anders. Ich mag die Mentalität der Berliner Bürger. Jedoch bin ich fest davon überzeugt, dass die Berliner größenwahnsinnig sind – politisch und baulich.

Bonn besaß diese oft kleinkarierte Bescheidenheit. Aus dieser theoretisch bescheidenen Situation wurde aber verdammt viel bewegt. Einmal kam ein Delegierter aus Moldawien an mein Büdchen und fragte nach dem Bundestag. Ich zeigte über die Straße, da war der Haupteingang in Sichtweite, sogar in Rufweite. ‚Bei uns sieht das Parlament aber anders

Abb. 67: Das Bundesbüdchen nach Wegzug der Regierung, 2001, Foto: Hans Egon Drüe

aus', sagte er. Das ist der Ausdruck der Bescheidenheit nach dem verfluchten Krieg. Trotz des komischen Gefühls, das ich heute habe, bin ich gnadenloser Optimist. Sonst wäre das Bundesbüdchen nach fünfzehn Jahren nicht wieder zurück ins Bundesviertel gekommen.

Wie etablierte sich das Bundesbüdchen zu einem ‚liebenswerten Treffpunkt' (Norbert Blüm) für Politikerinnen und Politiker?
Die Geschichte des Bundesbüdchens beginnt mit meiner Mutter. Ich lege großen Wert darauf, dass das erwähnt wird. Die Kriegswirren haben sie nach Bonn geführt. Meine Mutter war zweimal verwitwet. Ihr erster Mann hat einen Lungenschuss nicht überlebt, der zweite Mann, mein Vater, ist mit dem Auto tödlich verunglückt. Man darf nicht vergessen, dass meine Mutter das Büdchen in einer Zeit betrieben hat, in der eine Frau ohne Erlaubnis des Ehemanns nicht einmal ein Konto eröffnen durfte. Sie hat das Risiko gekannt. Meine Mutter war eine sehr gute Geschäftsfrau, der jedoch die Chancen fehlten. Sie fing mit einer Obstkarre an. Irgendwann wurde sie gefragt, ob sie im Bundesviertel nicht mehr machen wolle. In der Nähe des heutigen UNO-Standorts auf dem Plateau des Parkplatzes vor dem „Langen Eugen" gab es eine Ladenzeile mit Supermarkt. Hier wurde ihr ein Objekt angeboten. Das wollte sie allerdings nicht, da sie es sich als alleinstehende Frau nicht zugetraut hat. Schließlich hat meine Mutter das Bundesbüdchen errichtet. Sie hat es nicht gemietet, sie hat es selbst gebaut.

Zu einem Treffpunkt entwickelte sich das Bundesbüdchen aus der räumlichen Situation heraus, weil es eben an einem markanten, hochinteressanten, hochbrisanten Standort stand. Es ist so gewachsen, ganz bescheiden, vermischt und eingefügt in diese Atmosphäre der Gegend. Dass ich zum Bundesbüdchen gekommen bin, ist Zufall gewesen. Vor meiner Zeit im Bundesbüdchen hatte meine Mutter den Laden verpachtet. Die Pacht war sehr moderat und irgendwann wollte sie diese um 100 D-Mark erhöhen. Die Situation mit dem Pächter ist eskaliert und letztlich wurde der Vertrag vonseiten meiner Mutter gekündigt. Ich wollte mich zu der Zeit verändern und so habe ich gesagt ‚Komm, ich gucke mir das mal an.' Ich bin hängengeblieben, nicht nur wegen des Umsatzes, der wirklich gut war. Ich würde nie hinter einem Bahnhof einen Zeitungskiosk betreiben wollen. Es war einfach spannend, beobachten zu dürfen, wie mächtige Leute Höhen und Tiefen erleben, Heulende und Betrunkene jeder Couleur am Bundesbüdchen stehen. Für die Politiker gab es nicht viel Auswahl. Es hat aber auch keiner gemoppert. Hauptsächlich habe ich Zeitungen, Wurst und Zigaretten verkauft. Ich hätte gerne umgebaut, größer und anders. ‚Nein, das reicht doch. Wir haben alles. Wenn wir was ändern', haben sie gesagt, ‚sind Sie der Erste, den wir fragen.'

Inwiefern veränderte sich die Situation nach dem Bonn-Berlin-Gesetz 1991 und vor allem mit dem tatsächlichen Umzug 1999?
Die Hauptstadtfrage war eine große Diskussion damals. Da wurde gekämpft, ich kann mich erinnern. Morgens standen Abgeordnete am Bundesbüdchen und sagten ‚Ich stimme für Bonn' und abends war es Berlin. Es gab wirklich heiße Diskussionen. Auch

innerhalb einer Partei, da möchte ich keine Namen nennen, fielen Sätze wie ‚Denk dran, Dein Haus ist noch nicht bezahlt. Du weißt, wo Du dein Kreuzchen machst.' So wird auch Politik gemacht, das darf man nicht vergessen. Geklüngelt, gemauschelt. Es waren wenige Stimmen, die Bonn fehlten, um Regierungssitz zu bleiben. Darüber wurde viel geredet und spekuliert. Wolfgang Schäuble hat erheblich dazu beigetragen, dass Berlin Hauptstadt geworden ist. Für meine Person habe ich schnell klargemacht, dass man das akzeptieren und damit leben muss. Fast hätte ich in der Nähe des Reichstags in Berlin direkt am Tiergarten aufmachen können. Das habe ich sogar schriftlich! Die Miete dort wäre sehr human gewesen. Jeder andere hätte das sofort gemacht und schüttelt über mich den Kopf. Ich habe es wegen meiner Familie und aus privaten Gründen nicht gemacht, weil ich mir sicher war, dass ich in Bonn gut zurechtkomme.

Gleichwohl habe ich lange nicht realisiert, dass das Bundesbüdchen ein Stück Geschichte ist. Das ist mir erst aufgefallen, als der ganze Umzug und die Pläne rund um das WCCB, der Investor aus Korea und die Errichtung des UNO-Standorts anstanden. Bis 2006 habe ich im Bundesbüdchen gearbeitet und dann kam der Abtransport. Ohne meinen Rechtsanwalt Peter Storsberg, den jetzigen Vorsitzenden des Fördervereins historischer Verkaufspavillon Görresstraße e. V., Johanna Bittner-Kelber, Johanna Hartmann und viele andere, die mir verzeihen mögen, dass ich sie namentlich nicht erwähnen kann, da dies seitenfüllend wäre, würde das Bundesbüdchen nicht mehr existieren. Ich hätte nicht geglaubt, dass der gesamte Prozess 15 Jahre dauert. Ich hatte mich ins Auto gesetzt, bin nach Russland gefahren und habe dort aus Kostengründen ein wunderschönes 50 Quadratmeter großes Rundholzhaus mit Garten und Terrasse gekauft. Es stand dann vor dem Kanzleramt. Dort habe ich in der Übergangszeit einen Imbiss betrieben. Einfache Gastronomie, ohne Zeitungen. Dafür habe ich mich entschieden, weil ich auf keinen Fall in einen Container oder wie meine Mutter in einen Imbisswagen wollte. Die Kundschaft waren andere Menschen, denn die Menschen, die vorher da waren, waren weg und die Ministerien, die in Bonn geblieben sind, waren zum Teil an anderen Standorten. Es waren Leute von der UNO, irgendwelche Anlieger, Anwohner und ganz viele Bauarbeiter. Bis zur Pleite des WCCB, dann kam wieder ein Durchhänger, während dem ich oft mutterseelenallein ohne Kunden dastand. Um den Laden wieder voll zu bekommen, hätte ich umbauen und investieren müssen, aber ich war nur ein geduldetes Provisorium ohne Planungssicherheit. Mehr war man seitens der Stadt Bonn seinerzeit, wo noch keiner so genau wusste wie es weiter geht, nicht bereit zu genehmigen.

Nach 15 Jahren ist das Bundesbüdchen endlich in das Regierungsviertel zurückgekehrt. Es steht heute aus baulichen Gründen nicht mehr an seinem Originalstandort, hat jedoch immer noch einen optischen Bezug zum ehemaligen Bundestag. Beim Rücktransport traf ich einen älteren Herrn, den Architekten Hans Günther Peters, der zu unserem Architekten kam und sagte, dass er früher in dem Büro gearbeitet hatte, das das Bundesbüdchen entworfen hat. Das war das Highlight zum Rücktransport und zur Eröffnung des Bundesbüdchens. Das Bundesbüdchen passt auch neben ein modernes

Kongresszentrum. Es erinnert dort an die „Bonner Republik". Das funktioniert, stellt eine Existenz dar, letztlich auch für mich. Mittlerweile betreibt das Familienunternehmen Mauel (Bäcker) das Büdchen im traditionellen Sinne. Es dient weiterhin als Treff- und Versorgungspunkt. Es gibt ein paar Bücher zu kaufen, ein paar Sachen von damals. Darüber hinaus befindet sich dort ein Bildschirm, der das Objekt als Ort der „Bonner Republik" historisch veranschaulicht. Das Bundesbüdchen ist auch in Führungen der Stadt Bonn und dem „Weg der Demokratie" des Hauses der Geschichte eingebunden. Bisweilen nehme ich an den Führungen teil und stehe Rede und Antwort. Das hält die Geschichte lebendig.

Es ist geplant, das Bundesbüdchen zu einem Meetingpoint „umzugestalten" an dem sich namhafte Menschen aus allen Bereichen treffen und auch medienwirksam ihre Meinung austauschen. Damit soll die Funktion des Ortes, wofür er in der „Bonner Republik" stand, präsent bleiben. Da arbeiten wir dran, das wird aber keine 15 Jahre mehr dauern (lacht).

Herr Rausch, haben Sie vielen Dank für das Gespräch!

Abbildungsnachweis

Archiv des Liberalismus: Abb. 5 (F20-151), Abb. 8 (F20-155)
Archiv Grünes Gedächtnis der Heinrich-Böll-Stiftung: Abb. 9 (FO-02183-01), Abb. 12 (FO-00099-01-cp), Abb. 29
Presse- und Informationsamt der Bundesregierung/Arne Schambeck: Abb. 23 (BArch B 145 Bild-00016942)
Privatbesitz (Günter Bannas): Abb. 56
Privatbesitz (Rolf Beu): Abb. 26f.
Privatbesitz (Dorothee Bracher): Abb. 42
Privatbesitz (Stephan Eisel): Abb. 43, 46
Privatbesitz (Monika Faßbender): Abb. 4
Privatbesitz (Monika Hörig): Abb. 33, 35
Privatbesitz (Jürgen Rausch): Abb. 66
Privatbesitz (Hermann Schäfer): Abb. 17
Stadtarchiv Linz am Rhein: Abb. 3 (StAL BA 1161), Abb. 46 (StAL BA 303)
Stadtarchiv und Stadthistorische Bibliothek Bonn: Abb. 1f., 6f., 10f., 13-16, 18-22, 24f., 28, 30-32, 34, 36-41, 45, 47-55, 57-65, 67

Register

Ortsregister

Aachen 43, 189, 195
Ägypten 135
Ahrweiler 74, 184
Alfter
 – Oedekoven 133
Arlington 212

Baden-Baden 35
Bad Godesberg *Siehe* Bonn
Bad Honnef 194, 201
 – Rhöndorf 31, 82, 178, 189, 201 f., 204 f., 208 f., 236
Bardenberg *Siehe* Würselen
Bayern 65
Belgien 45, 69, 74, 88
Berlin 9, 12–14, 17, 19, 21, 26, 30 f., 35, 41, 48, 52 f., 55, 57 f., 62, 64, 66–68, 70, 74 f., 78, 80, 82, 86, 88 f., 93–97, 105 f., 108 f., 112, 119, 121, 123, 125–131, 135, 137 f., 141–151, 155–160, 162, 164–167, 174 f., 180, 182 f., 185 f., 193, 195, 197 f., 204–211, 214–223, 225, 227, 230, 238–241, 244, 247–249
 – Alexanderplatz 96
 – Borchardt 225
 – Brandenburger Tor 109
 – Bundeskanzleramt 12, 105, 178, 198, 222
 – Bundesrat 247
 – Deutsches Historisches Museum 80, 93, 96
 – FDP-Bundesgeschäftsstelle 35
 – Herz-Jesu-Kloster 41, 55
 – Innenministerium 198
 – Jakob-Kaiser-Haus 222
 – Kindertagesstätte des Bundestags 54
 – Konrad-Adenauer-Haus 218
 – Kreuzberg 239
 – Kulturbrauerei Berlin 94 f.
 – Paul-Löbe-Haus 222
 – Regierungsviertel 142
 – Reichstag 12, 48, 52, 109, 165, 208, 222
 – Ständige Vertretung 193, 220
 – Tiergarten 249
 – Tränenplast 95
 – Zentrum gegen Vertreibungen 93
Bern 151
Beuel *Siehe* Bonn
Bonn 9–21, 26, 28–36, 40–42, 45–50, 52 f., 55–58, 60–62, 64–74, 78, 80–89, 93–97, 101, 103–109, 112, 115–135, 137–151, 155–160, 162–169, 171, 173–180, 182–186, 189–196, 198, 201 f., 204–227, 231, 233–241, 244–249
 – Alter Zoll 207
 – Altes Rathaus 67
 – Altes Wasserwerk 9, 14, 64, 83, 86, 160, 178, 188, 222
 – Alt Rüngsdorf 133
 – Auswärtiges Amt 207, 218
 – Bad Godesberg 15, 34 f., 71, 81, 92, 101, 106, 108, 123, 127–129, 134, 162, 164, 194, 196, 211, 216, 220 f., 226
 – Beethovenhalle 67, 129, 164
 – Beethoven-Haus 207
 – Beethovenplatz 119
 – Bertha-von-Suttner-Platz 31, 192
 – Beuel 15, 123, 162, 180
 – Bonn-Center 193
 – Bonner Münster 130, 238
 – Bouvier 181
 – Bundesbüdchen 157, 160, 168 f., 241–250
 – Bundesgeschäftsstelle DIE GRÜNEN 119
 – Bundeshaus 31, 50, 72, 83 f., 125, 134, 143 f., 146, 178, 196, 205, 207, 218, 222, 233, 236, 238, 241
 – Bundeskanzleramt 31, 48, 83, 103 f., 178, 180, 184, 191 f., 198, 209, 244, 249

- Bundeskanzlerplatz 193
- Bundeskunsthalle 64, 83, 177, 239
- Bundessiedlung 159
- Bundestag 85, 138, 206, 244, 247, 249
- Bundesviertel 20, 30 f., 34, 47–49, 52, 84, 89, 104, 107 f., 115, 122, 125, 143, 145, 151, 160, 168, 177, 180, 204, 207, 241 f., 244–246, 248 f.
- Cäcilienhöhe 108, 194
- Caesar – Center for Advanced European Studies and Research 70
- CDU-Bundesgeschäftsstelle 218, 222
- Deutscher Presseclub e.V. 194
- Dransdorf 124
- Duisdorf 162 f., 165
- Elsässer Weinstuben 193 f.
- Endenich 115, 118, 121, 124, 192
- Erich-Ollenhauer-Haus 119, 125, 190, 218, 245
- Fürstenstraße 30
- Gambrinus 194, 220
- Görresstraße 242
- Graurheindorf 218
- Gronau 241
- Hartberg 123
- Hauptbahnhof 134, 151
- Haus Carstanjen 71, 148
- Haus der Geschichte der Bundesrepublik Deutschland 16, 77–81, 83, 86, 89–91, 93–95, 97, 107, 169, 207, 239, 250
- Hofgarten 17, 30, 32, 99, 103, 105, 120, 127, 131, 190, 207, 245
- Holzlar 68 f.
- Institut Français 192
- Ippendorf 121
- John-Jay-McCloy-Ufer 107
- Juridicum 59
- Kanzlerbungalow 105, 125, 178
- Kennedy-Brücke 192
- Kessenich 115, 118
- Kessenicher Hof 108
- Kreuzbauten 62 f., 84, 222
- Kunstmuseum Bonn 28, 83, 87, 145, 177, 239
- Landesbehördenhaus 125
- Landesvertretungen 20, 62 f., 144, 160, 161
- Langer Eugen 31, 62, 119, 144, 160, 178, 188, 248
- LVR-Landesklinik 134
- LVR-Landesmuseum 134
- Marktplatz 31, 67, 100, 103, 129, 155, 220, 238
- Muffendorf 133
- Museum Bahnhof Rolandseck 67
- Museum Koenig 83, 104, 178, 207
- Museumsmeile 46, 64, 83, 107, 150
- Oper 31, 34, 49, 67, 87, 132, 145, 182, 191, 217
- Pädagogische Akademie 83, 85, 165, 188, 237, 241
- Palais Schaumburg 64, 83, 104, 203–205, 207, 209, 217, 235, 237, 241
- Parlamentarische Gesellschaft 47 f., 108, 194, 218
- Platz der Vereinten Nationen 244
- Plittersdorf 195 f.
- Poppelsdorf 68
- Poppelsdorfer Allee 103
- Post Tower 62, 119, 126
- Provinz 220
- Pützchen 29
- Reuterbrücke 160
- Reutersiedlung 196
- Rheinaue 66
- Rheinhotel Dreesen 107
- Rheinische Friedrich-Wilhelms-Universität Bonn 9, 21, 25, 30 f., 57–60, 69–73, 81, 85, 115, 120, 134, 144 f., 162, 177, 184 f., 204, 206, 217
- Rheinlust 83, 108, 237 f.
- Rigal'sche Wiese 130
- Ristorante Caminetto 194
- Röttgen 124
- Rüngsdorf 133 f., 216, 220, 223
- Sankt-Adelheid-Gymnasium 29
- Sassella 108
- Schumann-Klause 31, 220, 237
- Stadthaus 125
- Stadtmuseum Bonn 87
- Südstadt 31, 124, 144
- Tannenbusch 124, 195
- Thomas-Dehler-Haus 27–29, 245
- Troilokaserne 163
- Tulpenfeld 50, 52, 62, 65, 218 f., 245
- UN-Campus 72
- Villa Hammerschmidt 31, 83, 105, 131, 204 f., 207, 217
- World Conference Center Bonn 30, 194, 218, 243, 245, 249

Ortsregister

Bornheim 68, 119
- Hersel 115
- Roisdorf 119
Brasilien 70
Braunschweig 59, 74 f.
Breslau, heute Wrocław (Polen) 57
Brühl 64
- Schloss Augustusburg 64, 204
Brüssel 59, 61 f., 64, 68 f., 72, 75, 94, 103, 106, 108, 112, 122, 159, 165
Buenos Aires 67
Bulgarien 65
Bundesrepublik Deutschland 9 f., 12–15, 20, 25, 29–32, 35, 42, 45–47, 52 f., 58, 61 f., 64–67, 69 f., 75, 80–82, 84–86, 88–93, 95–97, 103, 106, 108–112, 117 f., 121–123, 125–127, 129, 135, 140–142, 147 f., 151, 156, 158 f., 165, 168, 174 f., 181, 183, 185 f., 195–198, 201 f., 208, 210, 213–217, 219, 221, 233, 240 f.

Chile 70

Darmstadt 94
Deutsche Demokratische Republik 13, 46, 52, 86, 92, 94–97, 109, 111 f., 127, 140, 161 f., 197, 205, 209, 241
Dortmund 224
Dransdorf *Siehe* Bonn
Duisburg 192
- Rheinhausen 192
Duisdorf *Siehe* Bonn
Düsseldorf 14, 52, 61, 67, 94, 122, 134, 145, 193, 223, 239

Eifel 45, 122
Endenich *Siehe* Bonn
Erkelenz 44
Estland 65
Euskirchen 45, 49

Florenz 60
Frankfurt am Main 78, 81 f., 84, 87 f., 106, 183, 216, 223, 241
Frankreich 66, 69, 88, 112, 129
Freiburg 59, 78, 81, 83, 101
Fukushima 42

Geilenkirchen 39, 42 f.
Genf 59, 70, 72, 147
Gleiwitz, heute Gliwice (Polen) 59, 75
Godesberg *Siehe* Bonn
Gorleben 39, 70
Graurheindorf *Siehe* Bonn
Gronau *Siehe* Bonn
Gummersbach 25, 28, 35
- Theodor-Heuss-Akademie 25 f., 28, 33

Hamburg 101, 103, 135, 183, 217
Hamm
- THTR-300 73
Hannover 223 f., 229, 234
Harrisburg
- Three Mile Island 39, 42
Hartberg *Siehe* Bonn
Harz 75
Heidelberg 55
Heinsberg 44, 49
Heisterbacherrott *Siehe* Königswinter
Hersel *Siehe* Bornheim
Holzlar *Siehe* Bonn
Indien 196
Ippendorf *Siehe* Bonn
Iran 29
Israel 135

Japan 134, 204
Jülicher Land 44

Kaiserslautern 178
Kassel 82, 88, 214
Kattowitz, heute Katowice (Polen) 75
Kessenich *Siehe* Bonn
Kiel 25, 32
Kleinmachnow 221
Kleve 134
Koblenz 29
Köln 45, 52, 55, 64, 67, 122, 134, 145, 183, 194, 201, 204, 207 f., 210 f., 214, 216–218, 221, 223, 225, 239
- Dom 49, 178, 189
- Flughafen Köln/Bonn 108
Königswinter 82
- Heisterbacherrott 28 f., 34
- Kloster Heisterbach 28
- Margarethenhöhe 35

- Oberdollendorf 32
- Petersberg 64f., 107, 143, 235

Korea 134
Kosovo 198
Krakau, heute Kraków (Polen) 75
Kreuzberg *Siehe* Berlin
Kroatien 75

Lagos 67
Landau 171
Leipzig 93–96, 137, 140
- Zeitgeschichtliches Forum Leipzig 78, 94–96

Lettland 75
Linz am Rhein 19, 176
Lissabon 64
London 64, 96, 183
Luxemburg 69

Madrid 64, 183
Mainz 184
Mannheim 78
Marburg 171, 174, 176, 180
Margarethenhöhe *Siehe* Königswinter
Mauretanien 134
Meckenheim 162, 220f.
Menden *Siehe* Sankt Augustin
Mittenwald 176
Mönchengladbach 134
Monheim 207
Muffendorf *Siehe* Bonn
München 54, 59, 65, 67, 69, 106, 122, 217, 231, 238f.
Münster 137, 140, 144, 172

Naxos 230
Neu-Delhi 196
New York 53, 147, 206
Niederlande 69, 74, 88, 207
Nürnberg 155

Oberdollendorf *Siehe* Königswinter
Oberhausen 134
Oedekoven *Siehe* Alfter
Ostdeutschland *Siehe* Deutsche Demokratische Republik

Paris 53, 64, 67, 94, 108, 122f., 183, 195, 234
Petersberg *Siehe* Königswinter

Pirmasens 178
Plittersdorf *Siehe* Bonn
Polen 75, 93
Poppelsdorf *Siehe* Bonn
Potsdam 35, 69, 192
Prag 108
Pützchen *Siehe* Bonn

Recklinghausen 135
Regensburg 94
Remagen 197
Rheinaue *Siehe* Bonn
Rheinhausen *Siehe* Duisburg
Rheinisches Revier 74
Rheinland 55, 69, 81, 118, 134, 175, 201, 204, 208, 223, 225
Rheintal 53, 65
Rhöndorf *Siehe* Bad Honnef
Roisdorf *Siehe* Bornheim
Rom 64, 67
Röttgen *Siehe* Bonn
Ruhrgebiet 65, 122, 149, 183, 192, 195
Rumänien 75
Rüngsdorf *Siehe* Bonn
Russland 249

Sankt Augustin 239
- Fachhochschule Bonn-Rhein-Sieg 69
- Menden 192

Schleiden 45
- Vogelsang 45

Schlesien 75
Schweinfurt 155
Schweiz 150
Setterich 39
Siebengebirge 49, 107, 121, 202, 207
Siegburg 49
Sieglar *Siehe* Troisdorf
Spich *Siehe* Troisdorf
Sri Lanka 29
Stuttgart 82, 93, 99, 103
Südstadt *Siehe* Bonn

Tannenbusch *Siehe* Bonn
Trier 81, 88
Troisdorf 192
- Sieglar 192
- Spich 192

Ortsregister

Tschernobyl 39, 42
Tübingen 185

Ukraine 64, 123
Union der Sozialistischen Sowjetrepubliken 50, 65 f., 179

Venezuela 29
Vereinigtes Königreich von Großbritannien und Nordirland 66, 112, 186
Vereinigte Staaten von Amerika 12, 43, 66, 70, 78, 88, 91, 195, 198, 202, 204
Versailles 64
Viersen 134

Wackersdorf 70
Warschau 75, 93, 108
Washington 61, 123, 212
Weimar 10, 12, 217
Wien 94
Wiesbaden 94
Witten 207
Wittlich 78
Wuppertal 201, 211
Würselen 189
 – Bardenberg 189

Xanten 134

Personenregister*

Adenauer, Konrad 19, 26, 52, 82 f., 121, 134, 178 f., 188–190, 201–205, 207–212, 230, 232–234, 236–240
Adenauer, Konrad II. 201, 204, 208, 212
Adenauer, Max 201
Alexander, Robin 225
Allemann, Fritz René 10, 217
Altmaier, Peter 224
Amann, Melanie 225
Arendt, Walter 110
Arndt, Ernst Moritz 207

Baert, Remi 133
Bangemann, Martin 162
Barzel, Rainer 220, 234, 236
Beck, Kurt 224
Beerfeltz, Hans-Jürgen 37
Beethoven, Ludwig van 67, 109, 129, 139, 146, 151, 168
Belafonte, Harry 105
Benda, Ernst 191
Berktold, Ruth 245
Biden, Joseph 188, 197 f.
Bittner-Kelber, Johanna 249
Blüm, Norbert 54, 131, 248
Bluntschli, Johann Caspar 25
Böckle, Franz 184
Böll, Heinrich 191, 212
Borgmann, Annemarie 40
Boutros-Ghali, Boutros 148
Bracher, Karl Dietrich 36, 172, 174, 184
Brandt, Willy 32, 47, 101, 104 f., 108, 132, 161 f., 175, 178, 180, 187, 193, 197, 230, 232, 236–238, 240
Brater, Karl 25
Braunmühl, Gerold von 121
Breschnew, Leonid 107, 179
Buchwald, Adi 19
Bührle, Schwester Cornelia 55
Bülow, Andreas von 61
Bush, George H. W. 198
Buzek, Jerzy 75
Buzek, Ludgarda 75

Carson, Rachel 42
Carter, Jimmy 42, 192
Chamberlain, Neville 107
Clemens August von Bayern 109
Clement, Wolfgang 21
Cullimore, Charles 128

Daniels, Hans 151, 177
Darchinger, Jupp 49
Dehler, Thomas 240
Dickens, Charles 14
Dieckmann, Bärbel 72, 116, 142
Diekmann, Dieter 72
Dörner, Friedrich Karl 137
Dörner, Katja 55
Drautzburg, Friedhelm 193, 220
Dunz, Kristina 225

Echternach, Jürgen 183
Ehmke, Horst 134, 187–189, 194 f., 197 f.
Elisabeth II., Königin des Vereinigten Königreichs Großbritannien und Nordirland 85, 107, 121, 192, 235 f.
Erhard, Ludwig 230, 240
Evren, Kenan 131

Faßbender, Monika 37
Fest, Joachim 138
Fischer, Joschka 11, 55, 102, 117, 198, 220, 245 f.
Foster, Norman 109
Franke, Egon 197
Friedmann, Werner 231

Gabriel, Sigmar 185, 223
Gall, Lothar 91
Gandhi, Indira 196
Gandhi, Rajiv 196
Gauck, Joachim 223 f.
Gauland, Alexander 186
Gaulle, Charles de 129 f., 210
Gaus, Günter 9
Geißler, Heiner 44
Genscher, Hans-Dietrich 25, 27 f., 32 f., 194, 239

---

* Die interviewten Personen finden jeweils im Personenregister nur dann Erwähnung, wenn sie in einem anderen Interview genannt worden sind.

Personenregister

Gerhardt, Wolfgang 37
Gerstenmaier, Eugen 178
Gies, Ludwig 84
Giscard d'Estaing, Valéry 112
Globke, Hans 233
Glos, Michael 155, 158
Goetz, Rainald 215
González, Felipe 66, 112
Gorbatschowa, Raissa 19
Gottschalk, Thomas 197
Grass, Günter 187, 237
Gross, Johannes 88
Gruhl, Herbert 43
Grunert, Harald 220
Gscheidle, Kurt 230, 232 f.
Guillaume, Günter 162
Guttenberg, Karl Theodor 224

Hamm-Brücher, Hildegard 31 f., 36
Hartmann, Johanna 249
Hassel, Tina 225
Hauff, Volker 61
Heinemann, Gustav 240
Helmenstein, Frank 37
Henning, Friedrich 25
Herwegh, Georg 110
Heuss, Theodor 86
Hildebrand, Klaus 91, 184
Hirsch, Burkhard 32
Hitler, Adolf 107
Hoffie, Klaus-Jürgen 162
Höffner, Joseph Kardinal 55
Hollande, François 94
Honecker, Erich 86
Honecker, Martin 184

Ihlefeld, Kurt 229, 231, 234, 239

Jacobsen, Hans-Adolf 36
Jenninger, Philipp 84
Johannes Paul II. 130

Kennedy, John F. 30, 121, 197, 206, 235
Kinkel, Klaus 148, 245 f.
Klein, Hans gen. „Johnny" 51
Kluncker, Heinz 99
Koeppen, Wolfgang 19, 82
Köhler, Horst 144

Kohl, Hannelore 19, 182
Kohl, Helmut 11, 27, 44, 46, 64, 66, 77, 80, 84, 86, 90 f., 93, 95, 100, 103, 108, 110, 112, 116, 165, 171–175, 177 f., 180–182, 184 f., 194, 197 f., 213, 222, 224 f.
Kohl, Peter 182
Kramp-Karrenbauer, Annegret 224
Kuchinke, Kurt 59

Lafontaine, Oskar 160, 227, 246
Lambsdorff, Alexander Graf 245
Lambsdorff, Otto Graf 27, 35, 162, 167, 245
Laschet, Armin 224
Leber, Georg 110
Lenné, Peter Joseph 207
Lever, Paul 128
Löber, Ulrich 91
Lübke, Heinrich 191

Martini, Paul 36
Marx, Werner 178
Mathiopoulos, Margarita 180
Mauel, Peter 169
Maximilian Franz von Österreich 109
Mende, Erich 34
Mende, Margot 34
Merkel, Angela 36, 148, 174, 198, 215, 223–225
Mertes, Alois 178
Mitterrand, François 112
Möller, Horst 91
Moore, Henry 83
Münstermann, Kerstin 225

Nahles, Andrea 224
Niemöller, Martin 191
Niethammer, Lutz 16
Nolte, Claudia 225
Nowottny, Friedrich 244

Opgenoorth, Ernst 25

Paziorek, Peter 172
Penfold, Peter 128
Peters, Hans Günther 249
Petrow, Stanislaw Jewgrafowitsch 50
Philip, Duke of Edinburgh 236
Pilgrim, Hubertus von 209
Pretzel, Ulrich 101

Prill, Norbert J. 172
Purwin, Hilde 231
Quadbeck, Eva 225

Rappe, Hermann 110, 112
Rau, Johannes 131, 194
Rausch, Christel 168, 242, 248 f.
Rausch, Jürgen 168 f.
Reagan, Ronald 192
Renger, Annemarie 230–233
Riber, Jean-Claude 132
Riesenhuber, Heinz 59, 61, 73
Riester, Walter 110
Rösler, Philipp 164, 167, 223 f.
Rüttgers, Jürgen 185

Santer, Jacques 101
Sarkozy, Nicolas 94
Schäuble, Wolfgang 165, 183, 249
Schausten, Bettina 226
Schavan, Annette 224
Scheel, Walter 27, 134, 238 f.
Schiller, Karl 101
Schily, Otto 220
Schmid, Carlo 189 f., 238, 240
Schmidhuber, Peter 101
Schmidt, Hannelore 134
Schmidt, Helmut 27, 34, 43, 101, 110, 112, 116, 134, 172, 178, 197, 213, 215, 230
Scholz, Olaf 224
Schoppe, Waltraud 40
Schröder, Gerhard 11, 40, 55, 101, 198, 220, 224, 227
Schuchardt, Helga 32, 36
Schumann, Resi 204
Schwarz, Hans-Peter 91

Schwarzhaupt, Elisabeth 232
Selbert, Elisabeth 233
Shriver, Eunice 235
Spranger, Carl-Dieter 148
Steinmeier, Frank-Walter 224
Storsberg, Peter 162, 249
Strauß, Franz Josef 178, 193
Süssmuth, Rita 44, 48, 54

Thatcher, Margaret 112
Trittin, Jürgen 223 f.
Troll, Karl 36

Verheugen, Günter 25, 27 f., 32 f.
Vermehren, Isa 30
Vogel, Hans Jochen 108
Vollmer, Antje 40
Von der Leyen, Ursula 224
Voscherau, Henning 227

Wehner, Herbert 178, 197
Weidenfeld, Werner 184
Weizsäcker, Richard von 131
Westerwelle, Guido 45
Wickert, Ulrich 193
Wilhelm II., Deutscher Kaiser 67
Wintgens, Benedikt 19
Wissmann, Matthias 194
Wolfrum, Edgar 55
Wolter, Andreas 45
Wulff, Christian 223 f.
Wulf-Mathies, Carsten 101

Zimmermann, Friedrich 175
Zuckmayer, Carl 176